나홀로 해결하기

형사 사건

처리 및 배상은
이렇게 해결하세요

편저 : 김창범

법문북스

나홀로 해결하기

형사 사건

처리 및 배상은 이렇게 해결하세요

편저 : 김창범

법문 북스

머리말

경제가 발전하고 사회가 복잡해 갈수록 이에 따른 범죄의 태양도 다양화 되고 있어 일상생활을 하다보면 사람 간에 다툼도 생기고 각종 사건, 사고가 발생하게 됩니다. 옛날 우리 조상들은 고조선시대부터 팔조금법을 만들었고, 조선시대에서는 경국대전속에 형전을 별도로 두어 이를 지키지 않는 자에게는 상당한 형벌을 부과하였습니다.

오늘날 형법전에서는 살인사건이나 폭행·상해사건 같이 여러 가지 종류의 중대한 범죄와 사소한 사건이라도 개인들끼리 해결을 하도록 놓아둘 수 없어 국가가 법률로 범죄라고 규정하여 강제로 형벌을 부과하는데, 이러한 즉 형법의 적용을 받게 되는 사건을 형사사건이라 합니다.

형사사건은 그 범죄의 태양이 각양각색이어서 전문가인 법조인들도 형법전을 하나하나 면밀히 따져보지 않고서는 범죄의 가중처벌에 상당한 심혈을 기울여 판단하고 있습니다. 그래서 형사사건의 범법자나 피해자들은 전문법조인의 도움을 받지 않고서는 경찰청이나 검찰청·법원을 오가면서 혼자서 그 해결점을 찾는 다는 것은 상상도 하지 못하고 있습니다.

이 책에서는 이와 같은 복잡한 형사사건의 처리절차와 형사소송
단계에서 피고인이 대처하는 방법, 형사피해자에 대한 배상 및 지
원에 이르기까지 상세한 내용을 상담사례와 관련판례 및 서식을 함
께 수록하여 누구나 쉽게 이해할 수 있도록 하였습니다.

이러한 자료들은 대법원의 최신 판결례와 법제처의 생활법령, 대
한법률구조공단의 상담사례 및 서식 등을 참고하였으며, 이를 종합
적으로 정리, 분석하여 일목요연하게 편집하였습니다,

이 책이 억울하게 형사사건의 피해자나 가해자가 되어 해결하려
고 어려움에 처한 분들과 이들에게 조언을 하고자 하는 실무자에게
큰 도움이 되리라 믿으며, 열악한 출판시장임에도 불구하고 흔쾌히
출간에 응해 주신 법문북스 김현호 대표에게 감사를 드립니다.

2018. 8.
편저자 드림

목 차

제1장 형사사건은 어떻게 처리되나요?

제2장 형사소송단계에서 피고인은 어떻게 대처해야 하나요?

제3장 피해자에 대한 배상 및 지원은 어떻게 하나요?

부 록1 : 형사사건 상담사례 모음집(죄의 성립요건)

부 록2 : 형법 죄명별 공소시효 일람표

제1장

형사사건은
어떻게 처리되나요?

제1장 형사사건은 어떻게 처리되나요?

1. 형사사건의 뜻과 처벌원칙

① 사회생활을 하다보면 사람 간에 다툼도 생기고 사고도 일어나게 됩니다. 그래서 이해관계가 얽혀 원만한 타협이 이루어지지 않게 되면 사람들은 재판을 걸어 시비를 가리게 되는데 이를 민사사건이라 하며 모든 문제의 원칙적인 해결방법인 것입니다.

② 그러나 예를 들어 살인사건처럼 어떤 종류의 문제는 너무나 중대하기 때문에 개인들끼리 해결을 하도록 놓아둘 수 없는 것이 있습니다. 이런 문제는 국가가 법률로 범죄라고 규정하여 강제로 형벌을 부과하는데 이러한 것을 형사사건이라 합니다. 즉 형법의 적용을 받게 되는 사건을 말합니다.

③ 범죄의 성립과 처벌은 행위 시의 법률에 의하며, 범죄 후 법률의 변경에 의하여 그 행위가 범죄를 구성하지 아니하거나 형이 구법보다 경한 때에는 신법에 의합니다.

④ 재판확정 후 법률의 변경에 의하여 그 행위가 범죄를 구성하지 아니하는 때에는 형의 집행을 면제합니다.

2. 형벌의 종류

형법 제41조에 형벌의 종류로 ① 사형, ② 징역, ③ 금고, ④ 자격상실, ⑤ 자격정지, ⑥ 벌금, ⑦ 구류, ⑧ 과료, ⑨몰수의 9가지를 두고 있으며, 형의 무겁고 가벼움도 이 순서에 의합니다(형법 제50조).

① 사 형 : 사형은 수형자의 생명을 박탈하는 것을 내용으로 하는 생명형이며, 가장 중한 형벌입니다. 그 집행방법은 교수형이 원칙이나 군인인 경우 총살형에 처할 수도 있습니다.

현행 형법상 사형을 과할 수 있는 범죄로는 여적죄를 비롯하여 내란죄, 외환죄, 간첩죄, 폭발물사용죄, 방화치사상죄, 살인죄, 강도살인·치사죄 및 해상강도살인·치사·강간죄 등입니다(형법 제87조, 제92조, 제93조, 제98조, 제119조, 제164조, 제250조, 제338조, 제340조). 형벌제도로서 사형을 존치할 것인가 아니면 폐지할 것인가에 대하여 논쟁이 있으며, 사형을 폐지한 국가(포르투칼, 스위스, 독일, 오스트리아, 영국, 스페인, 프랑스 등 서구의 여러 나라, 미국의 일부 주, 남미의 여러 나라)도 많이 있습니다.

② 징 역 : 수형자를 형무소 내에 구치하여 정역(강제노동)에 복무하게 하는 형벌로서(형법 제67조), 수형자의 신체적 자유를 박탈하는 것을 내용으로 한다는 의미에서 금고 및 구류와 같이 자유형이라고 합니다. 징역에는 무기와 유기의 2종이 있고, 무기는 종신형을 말하며, 유기는 1월이상 30년 이하이고, 유기징역에 형을 가중하는 때에는 최고 50년까지로 될 수 있습니다(형법 제42조).

③ 금 고 : 수형자를 형무소에 구치하고 자유를 박탈하는 점에서 징역과 같으나, 정역에 복무하지 않는 점에서 징역과 다릅니다. 금고에 있어서도 무기와 유기가 있으며, 그 기간은 징역형과 같습니다. 금고는 주로 과실범 및 정치상의 확신범과 같은 비파렴치성 범죄자에게 과하고 있습니다. 금고수형자에게 징역을 과하지 않는 것은 노동경시 사상에 근거를 둔 것으로 금고라는 형벌을 폐지 또는 자유형(징역, 금고, 구류)을 단일형벌로 인정하자는 주장도 있습니다.

④ 자격상실 : 수형자에게 일정한 형의 선고가 있으면 그 형의 효력으로서 당연히 일정한 자격이 상실되는 형벌입니다. 범죄인의 일정한 자격을 박탈하는 의미에서 자격정지형과 더불어 명예형 또는 자격형이라고 합니다. 형법상 자격이 상실되는 경우로써 형법 제43조 제1항에 사형, 무기징역 또는 무기금고의 판결을 받은 경우이며, 상실되는 자격은 ㉠ 공무원이 되는 자격, ㉡ 공법상의 선거권과 피선거권, ㉢ 법률로 요건을 정한 공법상의 업무에 관한 자격, ㉣ 법인의 이사, 감사 또는 지배인 기타 법인의 업무에 관한 검사역이나 재산관리인이 되는 자격입니다.

⑤ 자격정지 : 수형자의 일정한 자격을 일정한 기간 정지시키는 경우로 현행 형법상 범죄의 성질에 따라 선택형 또는 병과형으로 하고 있습니다. 유기징역 또는 유기금고의 판결을 받은 자는 그 형의 집행이 종료하거나 면제될 때까지 자격상실의 내용 중 ㉠, ㉡, ㉢의 자격이 당연 정지됩니다. 판결선고에 기하여 다른 형과 선택형으로 되어 있을 때 단독으로 과할 수 있고, 다른 형에 병과할 수 있는 경우 병과형으로 과할 수 있습니다. 자격정지기간은 1년 이상 15년 이하로 하고 그 기산점으로 유기징역 또는 유기금고에 자격정지를 병과하였을 경우 징역 또는 금고의 집행을 종료하거나 면제된 날로부터 정지기간을 기산하고, 자격정지가 선택형인 경우(단독으로 과할 경우) 판결이 확정된 날로부터 기산합니다.

⑥ 벌 금 : 범죄인에 대하여 일정액의 금전을 박탈하는 형벌로 과료 및 몰수와 더불어 재산형이라고 합니다. 형법 제45조에 "벌금은 5만원 이상으로 한다. 다만, 감경하는 경우에는 5만원 미만으로 할 수 있다." 라고 규정하고 있습니다. 벌금은 판결확정일로부터 30일 이내에 납입하여야 하며, 벌금을 납입하지 아니한 자는 1일 이상 3년 이하 노역장에 유치하여 작업에 복무하게 하는데 이를 환형유치라고 합니다.

⑦ 구 류 : 금고와 같으나 그 기간이 1일 이상 30일 미만이라는 점이 다릅니다(형법 제46조). 구류는 형법에서는 아주 예외적인 경우에만 적용되며(형법 제266조 과실상해죄), 주로 경범죄에 과하고 있습니다 (경범죄처벌법상의 경범죄 등). 교도소에 구치하는 것이 원칙이나 실제로는 경찰서의 유치장에 구금하는 경우가 많습니다.

⑧ 과 료 : 벌금과 같으나 그 금액이 2천원 이상 5만원 미만으로, 판결확정일로부터 30일 이내에 납입하여야 하며, 납입하지 아니한 자는 1일 이상 30일 미만의 기간 노역장에 유치하여 작업에 복무하게 합니다.

⑨ 몰 수 : 몰수는 원칙적으로 위에서 언급한 다른 형에 부가하여 과하는 형벌로서, 범죄행위와 관계있는 일정한 물건을 박탈하여 국고에 귀속시키는 처분입니다. 몰수에는 필요적 몰수와 임의적 몰수가 있는데 임의

적 몰수가 원칙입니다. 몰수할 수 있는 물건으로는 ㉠ 범죄행위에 제공하였거나 제공하려고 한 물건, ㉡ 범죄행위로 인하여 생(生)하였거나 이로 인하여 취득한 물건, ㉢, ㉠ 또는 ㉡의 대가로 취득한 물건으로서 범인 이외의 자의 소유에 속하지 아니하거나 범죄 후 범인 이외의 자가 정을 알면서 취득한 물건의 전부 또는 일부입니다. 몰수하기 불가능한 경우 그 가액을 추징합니다(형법 제48조제1항, 제2항).

(관련판례 1)

1억 원 이상의 벌금형을 선고하는 경우 노역장유치기간의 하한을 정한 형법(2014. 5. 14. 법률 제12575호로 개정되어 같은 날 시행된 것, 이하 같다) 제70조 제2항(이하 '노역장유치조항'이라 한다)의 시행 전에 행해진 피고인의 범죄행위에 대하여, 원심이 피고인을 징역 5년 6개월과 벌금 13억 1,250만 원에 처하면서 형법 제70조 제1항, 제2항을 적용하여 '벌금을 납입하지 않는 경우 250만 원을 1일로 환산한 기간 노역장에 유치한다'는 내용의 판결을 선고하였는데, 원심판결 선고 후 헌법재판소가 형법 제70조 제2항을 시행일 이후 최초로 공소 제기되는 경우부터 적용하도록 한 형법 부칙(2014. 5. 14.) 제2조 제1항이 헌법상 형벌불소급원칙에 위반되어 위헌이라고 판단한 사안에서, 헌법재판소의 위헌결정 선고로 위 부칙조항은 헌법재판소법 제47조 제3항 본문에 따라 효력을 상실하였으므로, 노역장유치조항을 적용하여 노역장유치기간을 정한 원심판결은 유지될 수 없다(대법원 2018.2.13. 선고 2017도17809 판결).

(관련판례 2)

죄형법정주의는 국가형벌권의 자의적인 행사로부터 개인의 자유와 권리를 보호하기 위하여 범죄와 형벌을 법률로 정할 것을 요구한다. 그러한 취지에 비추어 보면 형벌법규의 해석은 엄격하여야 하고, 문언의 가능한 의미를 벗어나 피고인에게 불리한 방향으로 해석하는 것은 죄형법정주의의 내용인 확장해석금지에 따라 허용되지 아니한다. 법률을 해석할 때 입법 취지와 목적, 제·개정 연혁, 법질서 전체와의 조화, 다른 법령과의 관계 등을 고려하는 체계적·논리적 해석 방법을 사용할 수 있으나, 문언 자체가 비교적 명확한 개념으로 구성되어 있다면 원칙적으로 이러한 해석 방법은 활용할 필요가 없거나 제한될 수밖에 없다. 죄형법정주의 원칙이 적용되는 형벌법규의 해석에서는 더욱 그러하다(대법원 2017. 12. 21. 선고 2015도8335 전원합의체 판결).

■ 농아자인 경우, 일반인과 같은 처벌을 받게 되나요?

Q. 범행을 저지른 갑이 농아자인 경우, 일반인과 같은 처벌을 받게 되나요?

A. 형법 제11조는 농아자의 행위는 형을 감경한다고 규정하고 있습니다. 임의적으로 감경할 수 있다는 것이 아니라 반드시 감경해야 한다고 규정하고 있으므로 농아자는 같은 범행을 저지른 일반인보다 경한 처벌을 받게 될 것입니다. 다만 농아자임을 입증할 수 있는 자료를 제출해야할 것입니다.

(관련판례)
형법 제11조는 '농아자의 행위는 형을 감경한다'고 규정하고 있고, 이 사건 기록에 의하면, 피고인은 농아자임이 인정되므로, 원심은 처단형을 정함에 있어 형법 제11조에 따른 감경을 하였어야 한다. 그런데 원심은 형법 제11조에 따른 감경을 하지 아니한 채 처단형을 정한 다음 피고인에 대한 선고형을 정하는 위법을 범하였다. 따라서 원심판결 중 피고사건 부분은 더 이상 유지될 수 없다(서울고등법원 2011. 10. 6. 선고 2011노2069,2011전노268 판결).

■ 정신질환자의 범죄에 대한 형법에 의하여 항상 처벌할 수 없는 것인가요?

Q. A가 길을 걷고 있던 중 정신질환자인 B로부터 이른바 "묻지 마 폭행" 피해를 입은 경우 심신장애인에 대한 처벌특례를 정하고 있는 형법 제10조 제1항에 의하여 항상 처벌할 수 없는 것인가요?

A. 형법 제10조 제1항은 "심신장애로 인하여 사물을 분별할 능력이 없거나 의사를 결정할 능력이 없는 자의 행위는 벌하지 아니한다.", 제2항은 "심신장애로 인하여 전항의 능력이 미약한 자의 행위는 형을 감경한다."고 규정하고 있으며, 보통 정신질환자의 범죄에 대하여 형법 제10조가 적용되는 경우가 많습니다.

그러나 정신질환을 앓고 있는 자의 행위라고 하여 무조건 형법 제10조가 적용된다고 할 수는 없고, 판례는 대법원 2013. 1. 24. 선고 2012도12689 판결을 통해 "형법 제10조에 규정된 심신장애는 정신병 또는 비정상적 정신상태와 같은 정신적 장애가 있는 외에 이와 같은 정신적 장애로 말미암아 사물에 대한 변별능력이나 그에 따른 행위통제능력이 결여 또는 감소되었음을 요하므로, 정신적 장애가 있는 자라고 하여도 범행 당시 정상적인 사물변별능력과 행위통제능력이 있었다면 심신장애로 볼 수 없다(대법원 1992. 8. 18. 선고 92도1425 판결 등 참조). 그리고 특별한 사정이 없는 한 성격적 결함을 가진 사람에 대하여 자신의 충동을 억제하고 법을 준수하도록 요구하는 것이 기대할 수 없는 행위를 요구하는 것이라고는 할 수 없으므로, 무생물인 옷 등을 성적 각성과 희열의 자극제로 믿고 이를 성적 흥분을 고취시키는데 쓰는 성주물성애증이라는 정신질환이 있다고 하더라도 그러한 사정만으로는 절도범행에 대한 형의 감면사유인 심신장애에 해당한다고 볼 수 없고, 다만 그 증상이 매우 심각하여 원래의 의미의 정신병이 있는 사람과 동등하다고 평가할 수 있거나, 다른 심신장애사유와 경합된 경우 등에는 심신장애를 인정할 여지가 있으며(대법원 1995. 2. 24. 선고 94도3163 판결 등 참조), 이 경우 심신장애의 인정 여부는 성주물성애증의 정도 및 내용, 범행의 동기 및 원인, 범행의 경위 및 수단과 태양, 범행 전후의 피고인의 행동, 범행 및 그 전후의 상황에 관한 기억의 유무 및 정도, 수사 및 공판절차에서의 태도 등을 종합하여 법원이 독자적으로 판단할 수 있다(대법원 1994. 5. 13. 선고 94도581 판결 등 참조)."고 판시한 바 있습니다.

따라서 사안의 경우 B가 정신질환을 앓고 있는 것이 사실이라 하더라
도 실제 범행 당시 정상적인 사물변별능력과 행위통제능력이 결여 또는
미약한 상태에 있었는지에 대한 법원의 판단 여하에 따라 그 처벌 여부
와 정도가 결정될 것입니다.

(관련판례)

갑이 을 보험회사와 주된 보험계약을 체결하면서 별도로 가입한 재해
사망특약의 약관에서 피보험자가 재해를 직접적인 원인으로 사망하거
나 제1급의 장해상태가 되었을 때 재해사망보험금을 지급하는 것으로
규정하면서, 보험금을 지급하지 않는 경우의 하나로 "피보험자가 고의
로 자신을 해친 경우. 그러나 피보험자가 정신질환상태에서 자신을 해
친 경우와 계약의 책임개시일부터 2년이 경과된 후에 자살하거나 자신
을 해침으로써 제1급의 장해상태가 되었을 때는 그러하지 아니하다."
라고 규정한 사안에서, 위 조항은 고의에 의한 자살 또는 자해는 원칙
적으로 우발성이 결여되어 재해사망특약의 약관에서 정한 보험사고인
재해에 해당하지 않지만, 예외적으로 단서에서 정하는 요건, 즉 피보험
자가 정신질환상태에서 자신을 해친 경우와 책임개시일부터 2년이 경
과된 후에 자살하거나 자신을 해침으로써 제1급의 장해상태가 되었을
경우에 해당하면 이를 보험사고에 포함시켜 보험금 지급사유로 본다는
취지로 이해하는 것이 합리적이고, 약관 해석에 관한 작성자 불이익의
원칙에 부합한다(대법원 2016. 5. 12. 선고 2015다243347 판결).

■ **형사상 미성년자를 고소하면 형사처벌을 받아야 하는지요?**

Q. 13세인 저희 아들은 동네 아이들과 돌을 던지며 장난을 치던 중
甲의 머리를 맞혀 전치 3주의 상해를 입혔습니다. 저는 아들이 잘
못한 일이므로 甲의 부모에게 사과하고 치료비를 부담하려고 하였
으나 甲의 부모는 많은 돈을 요구하며 이를 지급하지 않으면 아들
을 형사고소 하겠다고 합니다. 만일, 甲의 부모가 제 아들을 고소
하면 형사처벌을 받아야 하는지요?

A. 귀하의 아들이 한 행위는 형사상 과실치상죄에 해당하는 행위로 보여지나 「형법」 제9조는 "14세 되지 아니한 자의 행위는 벌하지 아니한다."라고 하여 형사상 미성년자의 행위에 대하여는 형사처벌을 면제한다는 규정을 두고 있습니다.

여기에서 '14세 되지 아니한 자'란 만 14세 미만의 자로 가족관계등록부상의 나이가 아닌 실제상의 나이를 말합니다. 따라서 귀하의 아들 나이가 행위 당시 실제 나이로 만 14세 미만이라면 위와 같은 형사상 처벌은 받지 아니할 것입니다.

그러나 「소년법」 제4조 제1항은 "형벌법령에 저촉되는 행위를 한 10세 이상 14세 미만의 소년은 소년부의 보호사건으로 심리한다."라고 규정하고 있으므로 만약 귀하의 아들이 이에 해당된다면 보호처분의 대상은 될 수 있을 것입니다.

보호처분의 종류로는 1. 보호자 또는 보호자를 대신하여 소년을 보호할 수 있는 자에게 감호 위탁 2. 수강명령 3. 사회봉사명령 4. 보호관찰관의 단기 보호관찰 5. 보호관찰관의 장기 보호관찰 6. 「아동복지법」에 따른 아동복지시설이나 그 밖의 소년보호시설에 감호 위탁 7. 병원, 요양소 또는 「보호소년 등의 처우에 관한 법률」에 따른 소년의료보호시설에 위탁 8. 1개월 이내의 소년원 송치 9. 단기 소년원 송치 10. 장기 소년원 송치가 있습니다(소년법 제32조 제1항).

(관련판례)

피고인은 E생으로서 위 죄를 범할 당시에는 아직 14세가 되지 아니하였음이 역수상 명백하므로, 위 범죄행위는 형법 제9조에 의하여 벌할 수 없는 것이다. 그럼에도 불구하고 원심은 위 범행이 포함된 이 사건 공소사실을 전부 유죄로 인정하여 피고인을 처벌하였으니, 원심판결에는 벌하지 아니하여야 할 형사미성년자의 행위를 처벌한 위법이 있다(대법원 1991. 12. 10. 선고 91도2478 판결).

■ 형법 제12조의 강요된 행위로서 책임이 조각되는지요?

Q. 회사 대표 A가 B로부터 회사공금을 유용하여 제공하지 않으면 A의 외도사실을 폭로하겠다는 협박을 받게 되자, 외도사실이 외부에 알려질 것이 두려워 이에 응한 경우 형법 제12조 강요된 행위로서 책임이 조각되는지요?

A. 형법 제12조에서는 "저항할 수 없는 폭력이나 자기 또는 친족의 생명, 신체에 대하여 위해를 방어할 방법이 없는 협박에 의하여 강요된 행위는 벌하지 아니한다."고 규정하고 있는바, 사안의 경우와 같이 A의 외도사실을 폭로하겠다는 협박은 저항할 수 없는 폭력이나 자기 또는 친족의 생명, 신체에 대하여 위해를 방어할 방법이 없는 협박이라고 보기 어려우므로 A의 형사책임은 면제될 수 없으며, 회사 대표로서 회사자금을 유용한 경우이기 때문에 횡령죄 또는 배임죄로 처벌받게 됩니다.

참고로 판례는 강요된 행위에 대하여 "형법 제12조 소정의 저항할 수 없는 폭력은, 심리적인 의미에 있어서 육체적으로 어떤 행위를 절대적으로 하지 아니할 수 없게 하는 경우와 윤리적 의미에 있어서 강압된 경우를 말하고, 협박이란 자기 또는 친족의 생명, 신체에 대한 위해를 달리 막을 방법이 없는 협박을 말하며, 강요라 함은 피강요자의 자유스런 의사결정을 하지 못하게 하면서 특정한 행위를 하게 하는 것을 말한다."(대법원 1983. 12. 13. 선고 83도2276 판결), "강요된 행위에는 사람의 성장교육과정을 통하여 형성된 내재적인 관념 내지 확신으로 인하여 행위자 스스로의 의사결정이 사실상 강제되는 결과를 낳게 하는 경우까지 의미하지는 않는다."(대법원 1990. 3. 27. 선고 89도1670 판결)고 하여 그 요건을 굉장히 엄격하게 해석하고 있습니다.

3. 수사(搜査)

3-1. 수사기관

3-1-1. 검사

모든 수사의 최종 책임자는 검사입니다. 범죄가 성립되는지, 어떤 처분을 해야 하는지를 결정하는 것은 매우 어렵고 중요하므로 판사와 동등한 자격 및 능력을 갖춘 검사를 책임자로 한 것입니다.

3-1-2. 사법경찰관리

① 사법경찰관리는 검사의 지휘를 받아 수사를 합니다. 사법경찰관리에는 일반형사사건을 취급하는 일반사법경찰관리와 철도공안·산림·소방·해사 등 특별한 사항만 수사할 수 있는 특별사법경찰관리가 있습니다.

② "사법경찰관"이란, 수사관·경무관·경정·총경·경감·경위 등을 말하며, "사법경찰리"란, 경사·경장·순경 등을 말합니다(형사소송법 제196조제1항,제5항).

3-2. 수사의 개시

① 수사가 개시되는 단서로는 고소(형사소송법 제223조), 고발(동법 제234조) 및 자수(동법 제240조), 신고(범죄수사규칙 제29조), 인지(동규칙 제39조제1항) 등이 있습니다.

② 검사는 범죄의 혐의가 있다고 생각되는 때에는 범인, 범죄사실과 증거에 대해 수사해야 합니다(형사소송법 제195조).

③ 사법경찰관은 모든 수사에 관해 검사의 지휘를 받고, 사법경찰리는 수사를 보조해야 하며, 검사의 지휘가 있을 때에는 이에 따라야 합니다(형사소송법 제196조제1항, 제3항, 제5항).

3-3. 수사의 단서

① 수사기관이 수사를 개시하는 단서에는 제한이 없습니다. 고소·고발처

럼 범죄신고를 받거나 풍문이나 신문기사를 보고 시작하거나 우연히 목격하고 수사를 개시 할 수도 있습니다.

② 수사기관은 범죄의 혐의가 있다고 인정되는 때는 범인, 범죄사실과 증거를 수사하여야 합니다. 그러나 범죄의 혐의가 없거나 범죄가 되더라도 처벌할 수 없음이 명백한 때에는 수사를 할 수 없습니다.

■ **수사기관의 위법한 함정수사에 해당하면 처벌할 수 없나요?**

Q. A는 채팅 어플을 이용하여 이른바 조건만남을 하다가 성매매 여성으로 위장한 경찰에 의하여 체포되었는데, 이는 수사기관의 위법한 함정수사에 해당하여 A를 처벌할 수 없는 것은 아니지요?

A. 함정수사란 수사기관 또는 그 의뢰를 받은 자가 범죄를 교사(敎唆)하거나 또는 방조한 후에 용의자가 범죄의 실행에 착수하는 것을 잡는 것을 말하는데, 특히 마약법 위반사건 등의 경우에 그 발견이 어렵기 때문에 주로 쓰이는 수사기법 중 하나입니다. 이에 대하여 범죄를 예방하여야 할 수사기관이 국민으로 하여금 범죄를 저지르도록 한 후 이를 체포하는 것은 국민에 대한 보호의무에 반하는 위법한 수사기법이므로, 이러한 함정수사에 의하여 체포된 범죄자를 처벌하는 것이 적법한 지에 대하여 학설상 의견이 갈리고 있습니다.

이에 대하여 우리나라 판례는, "본래 범의를 가지지 아니한 자에 대하여 수사기관이 사술이나 계략 등을 써서 범의를 유발케 하여 범죄인을 검거하는 함정수사는 위법함을 면할 수 없고, 이러한 함정수사에 기한 공소제기는 그 절차가 법률의 규정에 위반하여 무효인 때에 해당한다 할 것이지만, 범의를 가진 자에 대하여 단순히 범행의 기회를 제공하는 것에 불과한 경우에는 위법한 함정수사라고 단정할 수 없다."(대법원 2007. 5. 31. 선고 2007도1903)는 입장을 밝힌 바 있습니다.

이러한 판례의 입장에 비추어 판단해 볼 때, 사안에서 이미 채팅 어플을 이용하여 성매매를 할 의사를 갖고 있던 A에 대하여 경찰이 성매매 여

성으로 위장하여 접근한 후 체포한 것은 적법한 수사기법을 사용한 것으로 판단되므로, 결국 A는 형사처벌을 면할 수 없을 것으로 보입니다.

(관련판례)

본래 범의를 가지지 아니한 자에 대하여 수사기관이 사술이나 계략 등을 써서 범의를 유발하게 하여 범죄인을 검거하는 함정수사는 위법한 바, 구체적인 사건에 있어서 위법한 함정수사에 해당하는지 여부는 해당 범죄의 종류와 성질, 유인자의 지위와 역할, 유인의 경위와 방법, 유인에 따른 피유인자의 반응, 피유인자의 처벌 전력 및 유인행위 자체의 위법성 등을 종합하여 판단하여야 한다. 수사기관과 직접 관련이 있는 유인자가 피유인자와의 개인적인 친밀관계를 이용하여 피유인자의 동정심이나 감정에 호소하거나, 금전적·심리적 압박이나 위협 등을 가하거나, 거절하기 힘든 유혹을 하거나, 또는 범행방법을 구체적으로 제시하고 범행에 사용될 금전까지 제공하는 등으로 과도하게 개입함으로써 피유인자로 하여금 범의를 일으키게 하는 것은 위법한 함정수사에 해당하여 허용되지 않지만, 유인자가 수사기관과 직접적인 관련을 맺지 아니한 상태에서 피유인자를 상대로 단순히 수차례 반복적으로 범행을 부탁하였을 뿐 수사기관이 사술이나 계략 등을 사용하였다고 볼 수 없는 경우는, 설령 그로 인하여 피유인자의 범의가 유발되었다 하더라도 위법한 함정수사에 해당하지 아니한다(대법원 2007. 7. 12. 선고 2006도2339 판결, 대법원 2007. 11. 29. 선고 2007도7680 판결 등 참조).(대법원 2013. 3. 28. 선고 2013도1473 판결)

3-4. 수사의 종류

① 수사는 임의수사와 강제수사의 2가지로 나눌 수 있다. 임의수사는 수사기관이 피의자·참고인 등의 임의적인 출석·동행을 요구하여 진술을 듣는 수사입니다.

② 형사소송법에 따라 임의수사를 원칙으로 하며, 체포·구금·압수·수색 등의 강제처분은 법률에 특별한 규정이 있는 경우가 아니면 할 수 없습니다(제199조제1항). 임의출석에 의한 피의자신문, 피의자 이외의

증인 및 참고인 등의 조사, 감정·통역·번역의 위촉, 공무소 및 기타 공사단체 등에 대한 조회 등이 이에 속합니다.

③ 강제수사는 임의수사와 상반된 개념으로서, 소송절차의 진행이나 형벌의 집행을 확보하기 위하여 개인의 기본권을 제한하는 강제적 처분에 의한 수사를 말합니다. 형사소송법에서는 강제수사에 대하여 법률에 특별한 규정이 있을 때에만 할 수 있고, 필요한 최소한도의 범위 안에서만 하도록 제한하고 있다(제199조제1항).

④ 강제수사는 대인적 강제처분과 대물적 강제처분으로 나눌 수 있습니다. 대인적 강제처분에는 현행범인의 체포(형사소송법 제212조), 긴급체포(동법 제200조의 3), 구속(동법 제201조) 등이 있습니다. 대물적 강제처분은 증거물이나 몰수물의 수집과 보전을 목적으로 하는 것으로, 압수와 수색(동법 제106조~제138조), 검증(동법 제139조~제145조), 감정(동법 제169조~제179조의2) 등이 여기에 해당합니다.

⑤ 또 강제수사는 또 영장에 의한 강제수사와 영장에 의하지 않는 강제수사로 나눌 수 있습니다. 헌법상 체포·구금·압수·수색에는 원칙적으로 법관의 영장을 요하나, 예외적으로 현행범인의 체포와 장기 3년 이상의 형에 해당하는 죄를 범하고 도피 또는 증거인멸의 염려가 있을 때에는 먼저 강제처분을 한 뒤 사후영장을 청구할 수 있습니다(헌법 제12조제3항, 형사소송법 제200조의 3). 긴급체포한 피의자를 구속하고자 할 때에는 체포한 때부터 48시간 이내에 구속영장을 청구하여야 하며, 구속영장을 청구하지 않거나 발부받지 못한 때에는 즉시 석방해야 합니다(형사소송법 제200조의 4).

⑥ 한편, 형사소송법은 피의자에 대한 수사는 불구속 상태에서 하는 것을 원칙으로 하며, 검사·사법경찰관리와 그밖에 직무상 수사에 관계 있는 자는 피의자 또는 다른 사람의 인권을 존중하고 수사과정에서 취득한 비밀을 엄수하며 수사에 방해되는 일이 없도록 규정하고 있습니다(제198조).

⑦ 수사공무원의 인권침해 행위에 대해서는 형법에서 불법체포 및 불법

감금죄(제124조), 폭행 및 가혹행위의 죄(제125조), 피의사실공표죄(제126조) 등의 규정을 두어 처벌하고 있습니다.

3-5. 입 건

① 수사기관이 수사를 개시하여 형사사건으로 되는 것을 입건한다고 하며, 이와 같이 입건이 되어 수사대상이 되면 형사소송법상 '피의자'가 되는 것입니다.

② 그런데 우리는 가끔 용의자라는 말과 내사라는 말을 듣게 됩니다. 아직 범죄의 혐의는 뚜렷하지 않아 정식으로 입건하기에는 부족하지만 진정이나 투서가 있다든가 또는 진정 등이 없더라도 조사를 해볼 필요가 있는 경우에는 정식입건을 하지 않고 내부적으로 조사를 할 때가 있습니다.

③ 이를 흔히 내사라고 하는데 내사를 할 때에는 내사사건부에 기재함은 물론입니다. 그리고 예컨대 살인사건이 났다고 할 때 범인이 아닌가 하는 상당한 의심이 가는 자가 있으나 범인이라는 뚜렷한 혐의가 아직 발견되지 않은 경우 흔히 그 자를 용의자라고 부릅니다.

④ 이에 대하여 조사가 더 진행되어 범죄의 혐의가 인정됨으로써 정식으로 입건되면 그때부터는 위에서 말한 대로 그 자는 피의자의 신분이 되는 것입니다.

4. 피의자의 체포

4-1. 피의자의 체포

① 입건된 피의자가 죄를 범했다고 의심할 만한 상당한 이유가 있고, 정당한 이유 없이 수사기관의 출석요구에 응하지 않거나 응하지 않을 우려가 있는 때에는 검사는 관할 지방법원 판사에게 청구하여 체포영장을 발부받아 피의자를 체포할 수 있습니다(형사소송법 제200조의2제1항).

② 사법경찰관은 검사에게 신청하여 검사의 청구로 관할 지방법원 판사의 체포영장을 발부받아 피의자를 체포할 수 있습니다(형사소송법 제200조의2제1항).

4-2. 피의자의 긴급체포

① 검사 또는 사법경찰관은 피의자가 사형·무기 또는 장기 3년이상의 징역이나 금고에 해당하는 죄를 범하였다고 의심할 만한 상당한 이유가 있고, 다음 각 호의 어느 하나에 해당하는 사유가 있는 경우에 긴급을 요하여 지방법원판사의 체포영장을 받을 수 없는 때에는 그 사유를 알리고 영장없이 피의자를 체포할 수 있습니다. 이 경우 긴급을 요한다 함은 피의자를 우연히 발견한 경우 등과 같이 체포영장을 받을 시간적 여유가 없는 때를 말합니다.

1. 피의자가 증거를 인멸할 염려가 있는 때
2. 피의자가 도망하거나 도망할 우려가 있는 때

② 사법경찰관이 ①의 규정에 의하여 피의자를 체포한 경우에는 즉시 검사의 승인을 얻어야 합니다.

③ 검사 또는 사법경찰관은 ①의 규정에 의하여 피의자를 체포한 경우에는 즉시 긴급체포서를 작성해야 합니다. 이 긴급체포서에는 범죄사실의 요지, 긴급체포의 사유 등을 기재해야 합니다.

4-3. 현행범인의 체포

① 범죄의 실행 중이거나 실행의 즉후인 자를 현행범인이라 합니다. 현행범인은 누구든지 영장 없이 체포할 수 있습니다.

② 다음에 해당하는 자는 현행범인으로 간주합니다.

    1. 범인으로 호창되어 추적되고 있는 때

    2. 장물이나 범죄에 사용되었다고 인정함에 충분한 흉기 기타의 물건을 소지하고 있는 때

    3. 신체 또는 의복류에 현저한 증적이 있는 때

    4. 누구임을 물음에 대하여 도망하려 하는 때

③ 검사 또는 사법경찰관리 아닌 자가 현행범인을 체포한 때에는 즉시 검사 또는 사법경찰관리에게 인도해야 합니다. 사법경찰관리가 현행범인의 인도를 받은 때에는 체포자의 성명, 주거, 체포의 사유를 물어야 하고 필요한 때에는 체포자에 대하여 경찰관서에 동행함을 요구할 수 있습니다.

5. 피의자의 구속

5-1. 피의자의 구속사유

① 피의자에 대한 수사는 불구속 수사를 원칙으로 합니다(형사소송법 제198조제1항). 그러나 피의자가 죄를 범했다고 의심할 만한 상당한 이유가 있고, 다음 어느 하나에 해당하는 사유가 있는 경우 검사는 관할 지방법원 판사에게 청구하여 구속영장을 발부 받아 피의자를 구속할 수 있습니다(동법 제201조제1항 및 제70조제1항).

    1. 피고인이 일정한 주거가 없는 경우

    2. 피고인이 증거를 인멸할 염려가 있는 경우

    3. 피고인이 도망하거나 도망할 염려가 있는 경우

② 사법경찰관은 검사에게 신청하여 검사의 청구로 관할 지방법원 판사

에게 구속영장을 발부 받아 피의자를 구속할 수 있습니다(형사소송법 제201조제1항).

5-2. 피의자에 대한 구속영장의 청구

① 사법경찰관은 검사에게 구속영장을 신청하여 검사의 청구로 관할 지방법원 판사로부터 구속영장을 발부 받아 피의자를 구속할 수 있습니다(형사소송법 제201조제1항 본문).

② 다만, 다액 50만원 이하의 벌금, 구류 또는 과료에 해당하는 범죄에 대해서는 피의자가 일정한 주거가 없는 경우에만 구속영장을 발부 받을 수 있습니다(형사소송법 제201조제1항 단서).

③ 검사는 지방법원 판사에게 구속의 필요성을 인정할 수 있는 자료의 제출과 함께 구속영장을 청구하며, 지방법원 판사는 아래와 같이 "구속 전 피의자심문(영장실질심사)" 절차를 마친 후 검사의 청구가 상당하다고 인정될 때에는 구속영장을 발부합니다(형사소송법 제201조제2항 및 제4항).

5-3. 구속 전 피의자신문(영장실질심사)

① 체포된 피의자에 대해 구속영장을 청구 받은 지방법원 판사는 특별한 사정이 없는 한 구속영장이 청구된 날의 다음 날까지 피의자를 심문해야 합니다(형사소송법 제201조의2제1항).

② 체포된 피의자 외의 피의자에 대해 구속영장을 청구 받은 판사는 피의자가 죄를 범했다고 의심할 만한 이유가 있는 경우에는 피의자가 도망하는 등의 사유로 심문할 수 없는 경우를 제외하고 구인을 위한 구속영장을 발부하여 피의자를 구인한 후 심문해야 합니다(형사소송법 제201조의2제2항).

5-4. 피의자에 대한 구속영장의 집행

① 구속영장은 검사의 지휘에 따라 사법경찰관리가 신속·정확하게 집행

하고, 구속영장을 집행하는 경우 피의자에게 반드시 이를 제시해야 하며, 신속히 지정된 법원, 그 밖의 장소에 인치해야 합니다(형사소송법 제81조제1항 본문 및 제85조제1항).

② 빠른 집행이 필요한 경우에는 재판장, 수명법관 또는 수탁판사가 그 구속영장의 집행을 지휘할 수 있으며, 사법경찰관리가 이를 즉시 집행합니다(형사소송법 제81조제1항 단서 및 범죄수사규칙 제90조제4항).

5-5. 피의자에 대한 구속기간

① 사법경찰관의 구속기간

사법경찰관이 피의자를 구속한 때에는 10일 이내에 피의자를 검사에게 인치(引致)해야 하며, 이 기간이 경과하면 피의자를 석방해야 합니다(형사소송법 제202조).

② 검사의 구속기간

검사가 피의자를 구속한 때 또는 사법경찰관으로부터 피의자의 인치를 받은 때에는 10일 이내에 공소를 제기해야 하며, 이 기간이 지나면 피의자를 석방해야 합니다(형사소송법 제203조). 다만, 판사의 허가를 받은 경우에는 10일 이내의 범위에서 구속기간을 한 차례 연장할 수 있습니다(동법 제205조).

> **인치(引致)** : 신체의 자유를 구속한 사람을 강제로 특정한 장소로 연행하는 것을 말합니다.

5-6. 피의자 구속 후의 절차

5-6-1. 구속적부심사(拘束適否審査)

"구속적부심사"란, 피의자에 대한 구속의 적부를 법원이 심사하는 것을 말하며, 구속이 위법·부당하다고 인정되는 경우, 법원은 구속된 피의자의 석방을 명하게 됩니다.

5-6-2. 구속적부심사의 청구

① 구속된 피의자 또는 그 변호인, 법정대리인, 배우자, 직계친족, 형제자매나 가족, 동거인 또는 고용주는 관할법원에 피의자의 구속적부심사를 청구할 수 있습니다(형사소송법 제214조의2제1항).

② 피의자를 구속한 검사 또는 사법경찰관은 구속된 피의자와 구속적부심사의 청구권자 중 피의자가 지정하는 사람에게 구속적부심사를 청구할 수 있음을 알려야 합니다(형사소송법 제214조의2제2항).

5-6-3. 법원의 결정

① 구속적부심사의 청구를 받은 법원은 청구서가 접수된 때부터 48시간 이내에 구속된 피의자를 심문하고 수사관계서류와 증거물을 조사하여 그 청구가 이유 없다고 인정되는 경우에는 결정으로 이를 기각하고, 이유 있다고 인정되는 경우에는 결정으로 구속된 피의자의 석방을 명합니다(형사소송법 제214조의2제4항).

② 구속적부심사의 청구 후 피의자에 대해 공소 제기가 있는 경우에도 위의 절차에 따릅니다(형사소송법 제214조의2제4항).

③ 법원은 구속적부심사의 청구가 다음 중 어느 하나에 해당하는 경우에는 심문 없이 결정으로 청구를 기각할 수 있습니다(형사소송법 제214조의2제3항).

  1. 청구권자가 아닌 사람이 청구하거나 동일한 구속영장의 발부에 대해 재청구한 경우

  2. 공범 또는 공동피의자의 순차청구(順次請求)가 수사방해의 목적임이 명백한 경우

④ 위의 법원 결정에 대해서는 항고할 수 없습니다(형사소송법 제214조의2제8항).

⑤ 구속된 피의자에게 변호인이 없는 경우에는 법원에서 직권으로 국선변호인을 선정합니다(형사소송법 제214조의2제10항).

5-6-4. 재구속의 제한

① 법원의 구속적부심사 결정에 따라 석방된 피의자가 도망하거나 범죄의 증거를 인멸하는 경우를 제외하고, 동일한 범죄사실에 관해 피의자를 재차 구속할 수 없습니다(형사소송법 제214조의3제1항).

② 보증금 납입을 조건으로 석방된 피의자에 대해 다음 중 어느 하나에 해당하는 사유가 있는 경우를 제외하고는 동일한 범죄사실에 대해 피의자를 재차 구속할 수 없습니다(형사소송법 제214조의3제2항).

1. 도망한 경우
2. 도망하거나 죄증을 인멸할 염려가 있다고 믿을만한 충분한 이유가 있는 경우
3. 출석요구를 받고 정당한 이유 없이 출석하지 않은 경우
4. 주거의 제한, 그밖에 법원이 정한 조건을 위반한 경우

5-6-5. 보증금 납입조건부 석방(기소 전 보석)

① 법원은 다음 중 어느 하나에 해당하는 경우를 제외하고 구속된 피의자(구속적부심사 청구 후 공소 제기된 사람을 포함)에 대해 피의자의 출석을 보증할만한 보증금의 납입을 조건으로 하여 결정으로 피의자의 석방을 명할 수 있습니다(형사소송법 제214조의2제5항).

1. 죄증을 인멸할 염려가 있다고 믿을만한 충분한 이유가 있는 경우
2. 피해자, 해당 사건의 재판에 필요한 사실을 알고 있다고 인정되는 사람 또는 그 친족의 생명·신체나 재산에 해를 가하거나 가할 염려가 있다고 믿을만한 충분한 이유가 있는 경우

② 석방 결정 시 고려사항

법원은 석방을 결정할 때 다음 사항을 고려해야 합니다(형사소송법 제99조 및 제214조의2제7항).

1. 범죄의 성질 및 죄상(罪狀)
2. 증거의 증명력

3. 피의자의 전과·성격·환경 및 자산

4. 피해자에 대한 배상 등 범행 후의 정황에 관련된 사항

5-6-6. 피의자 신문(訊問)

① 진술거부권 및 변호인의 조력을 받을 권리의 고지

검사 또는 사법경찰관은 피의자를 신문하기 전에 다음의 사항을 알려주어야 합니다(형사소송법 제244조의3제1항).

1. 일체의 진술을 하지 않거나 개개의 질문에 대해 진술을 하지 않을 수 있다는 것

2. 진술을 하지 않더라도 불이익을 받지 않는다는 것

3. 진술을 거부할 권리를 포기하고 행한 진술은 법정에서 유죄의 증거로 사용될 수 있다는 것

4. 신문을 받을 때에는 변호인을 참여하게 하는 등 변호인의 조력을 받을 수 있다는 것

② 검사 또는 사법경찰관의 피의자 신문

㉠ 검사 또는 사법경찰관은 피의자에 대해 범죄사실과 정상에 관한 필요사항을 신문하며, 피의자에게 이익이 되는 사실을 진술할 기회를 줘야 합니다(형사소송법 제242조).

㉡ 검사가 피의자를 신문할 때에는 검찰청수사관 또는 서기관이나 서기를 참여시켜야 하고 사법경찰관이 피의자를 신문할 때에는 사법경찰관리를 참여시켜야 합니다(형사소송법 제243조).

㉢ 불구속 피의자가 피의자 신문 시 변호인의 조언과 상담을 원한다면, 위법한 조력의 우려가 있어 이를 제한하는 다른 규정이 있고 그것이 이에 해당하지 않는 이상 수사기관은 피의자의 변호인의 조력을 받겠다는 요구를 거절할 수 없습니다(헌재 2004. 9. 23, 2000헌마138).

㉣ 피의자의 진술은 피의자 신문조서에 기재되며(형사소송법 제244조제1항), 피의자에게 미리 영상녹화의 사실을 알려주고 영상녹화 할 수 있습니다. 이 경우 조사의 개시부터 종료까지의 전 과정 및 객

관적 정황을 영상으로 녹화해야 합니다(동법 제244조의2제1항).

　ⓛ 피의자 신문 시에는 참고인과 대질하거나(형사소송법 제245조), 전문수사자문위원이 참여하여 전문적인 지식에 의한 설명 또는 의견을 제시할 수 있습니다(동법 제245조의2).

③ 검사의 피의자 신문의 범위

「형사소송법」 제199조, 제200조 및 제242조에 비추어 보면 수사는 수사의 목적을 달성함에 필요한 경우에 한해 상당하다고 인정되는 방법에 따라 이루어져야 하고, 검사는 피의자를 신문하는 경우 범죄사실에 관한 사항으로 범행의 일시, 장소, 수단과 방법, 객체, 결과뿐만 아니라, 그 동기와 공범관계, 범행에 이르게 된 경과 등 범행 전후의 여러 정황도 함께 신문해야 합니다(대법원 2007.11.30. 선고 2005다40907 판결)

■ 진술거부권을 고지하지 않고 작성한 피의자 신문조서는 효력이 없나요?

Q. 저는 폭행·상해죄의 가해자로 얼마 전 검찰청에서 수사를 받았습니다. 피의자에게는 진술거부권(묵비권)이 있다고 들었는데 검사는 수사하는 동안 저에게 그러한 전혀 알려주지 않았습니다. 이 경우 저는 무죄가 되는 것인가요?

A. 「형사소송법」에 따라 보장되는 피의자의 진술거부권은 「대한민국헌법」에 따라 보장되는 형사상 자기에게 불리한 진술을 강요당하지 않는다는 기본권에 터 잡은 것이므로, 수사기관이 피의자를 신문하는 경우 피의자에게 미리 진술거부권을 고지하지 않은 때에는 그 피의자의 진술은 위법하게 수집된 증거로서 진술의 임의성이 인정되는 경우라도 증거능력이 부인되어 유죄의 증거로 인정될 수 없습니다(대법원 2009.8.20. 선고 2008도8213 판결).

즉, 진술거부권을 고지하지 않고 작성한 수사기관의 피의자 신문조서가 유죄의 증거로 인정되지 않을 뿐이며, 이것만으로 곧바로 무죄가 되는 것은 아닙니다.

■ 친구가 폭행치상죄로 유치장에 구속되었을 경우, 풀려나게 할 수 있는 방법은 없나요?

Q. 친구가 폭행치상죄로 경찰서 유치장에 구속되었습니다. 친구를 풀려나게 할 수 있는 방법은 없나요?

A. 구속된 피의자는 법원에 구속적부심사를 청구할 수 있습니다.

구속된 피의자는 구속적부심사를 청구할 때 동시에 보증금 납입을 조건으로 법원에 석방해 달라는 신청을 할 수 있는데, 이때 법원은 여러 상황을 고려하여 석방 여부를 결정할 수 있습니다.

◇ 구속적부심사

① 구속적부심사는 피의자에 대한 구속의 타당성을 법원이 심사하는 것을 말합니다. 구속된 피의자 또는 그 변호인, 법정대리인, 배우자, 직계친족, 형제자매나 가족, 같이 사는 사람 또는 고용주는 관할 법원에 피의자의 구속적부심사를 청구할 수 있습니다.

② 법원은 구속적부심사 청구서가 접수된 때부터 48시간 이내에 구속된 피의자를 심문하고 수사관계서류와 증거물을 조사하여 그 청구가 이유 없다고 인정되면 결정으로 이를 기각하며, 이유 있다고 인정되면 결정으로 구속된 피의자의 석방을 명령합니다.

③ 수사기관은 법원이 내린 구속적부심사 결정에 따라 석방된 피의자가 도망하거나 범죄의 증거를 인멸하는 경우를 제외하고, 동일한 범죄사실에 관해 피의자를 재차 구속할 수 없습니다.

◇ 보증금 납입조건 부 석방

① 법원은 피의자가 증거를 인멸하거나 해를 가할 염려가 있는 경우를 제외하고 구속된 피의자(구속적부심사 청구 후 공소 제기된 사람을 포함)에 대해 피의자의 출석을 보증할만한 보증금의 납입을 조건으로 하여 결정으로 피의자의 석방을 명할 수 있습니다.

(관련판례)

[1] 피의자의 진술을 녹취 내지 기재한 서류 또는 문서가 수사기관에서의 조사 과정에서 작성된 것이라면, 그것이 '진술조서, 진술서, 자술서'라는 형식을 취하였다고 하더라도 피의자신문조서와 달리 볼 수 없다. 형사소송법이 보장하는 피의자의 진술거부권은 헌법이 보장하는 형사상 자기에게 불리한 진술을 강요당하지 않는 자기부죄거부의 권리에 터 잡은 것이므로, 수사기관이 피의자를 신문함에 있어서 피의자에게 미리 진술거부권을 고지하지 않은 때에는 그 피의자의 진술은 위법하게 수집된 증거로서 진술의 임의성이 인정되는 경우라도 증거능력이 부인되어야 한다.

[2] 검사가 국가보안법 위반죄로 구속영장을 발부받아 피의자신문을 한 다음, 구속 기소한 후 다시 피의자를 소환하여 공범들과의 조직구성 및 활동 등에 관한 신문을 하면서 피의자신문조서가 아닌 일반적인 진술조서의 형식으로 조서를 작성한 사안에서, 진술조서의 내용이 피의자신문조서와 실질적으로 같고, 진술의 임의성이 인정되는 경우라도 미리 피의자에게 진술거부권을 고지하지 않았다면 위법수집증거에 해당하므로, 유죄인정의 증거로 사용할 수 없다(대법원 2009.8.20.선고. 2008도8213판결)

■ 구속적부심사권이란 무슨 뜻인가요?

Q. 구속적부심사권이란 무슨 뜻인가요?

A. 구속적부심사청구권은 누구든지 체포·구속을 당했을 때 그 적부의 심사를 법원에 청구할 수 있는 권리를 말합니다.

이것은 영국의 인신보호영장제도에서 유래한 것으로 1679년 영국의 인신보호법의 제정과 더불어 확립된 것으로, 우리나라의 경우 영국과 동일하지는 않지만 제4공화국 헌법을 제외하고는 건국헌법 이래 헌법상의 기본권으로 규정하고 있습니다.

이것은 인신보호를 위한 중요한 사법절차적 기본권으로 남아 있고, 인신보호를 위한 헌법적 기속원리(羈束原理)로서 사전영장주의가 채택되고 있는 우리나라에서 구속적부심사청구권을 국민의 사법절차상의 기본권으로 다시금 인정하고 있는 것은 영장발부에 대한 재심사의 기회를 마련함으로써 인신의 보호에 만전을 기하려는 것이라고 평가됩니다. 즉 구속적부심사청구권은 사전영장주의에 대한 보완적 기능을 갖는 제도일 뿐 아니라, 영장발부에 대한 재심절차 내지 항고적 성격과 기능을 갖는 제도를 말합니다. 따라서 구속영장 발부에 관여한 법관은 구속적부심사 절차에는 참여하지 않는 것이 원칙입니다.

현행법상 구속적부심사를 청구할 수 있는 사람은 형사피의자·변호인·법정대리인·배우자·직계친족·형제자매·호주·가족이나 동거인·고용주 등으로, 형사피의자에 대해서만 권리를 인정할 뿐 형사피고인에 대해서는 권리를 인정하지 않습니다

■ 폭행 · 상해사건에 대한 수사는 어떤 절차로 진행되나요?

Q. 폭행 · 상해사건에 대한 수사는 어떤 절차로 진행되나요?

A. 고소, 고발, 자수, 신고, 인지 등으로 수사기관은 수사를 시작하며, 범죄의 혐의가 있다고 생각되면 범죄사실과 증거에 대해 수사합니다. 수사기관이 수사를 하는 경우 피의자는 상황에 따라 체포되거나 구속될 수 있으며, 수사가 완료되어 혐의가 인정되면 검사는 공소를 제기합니다.

① 수사의 시작

㉠ 고소 : 피해자나 피해자의 법정대리인과 같은 고소권자가 경찰이나 검찰에 고소를 하면 수사가 시작됩니다.

㉡ 고발 : 고소권자가 아니더라도 범죄행위에 대해 누군가가 경찰이나 검찰에 고발을 하면 수사가 시작됩니다.

㉢ 신고 : 누군가가 범죄행위에 대해 경찰에 신고를 한 경우 경찰은 상황을 파악한 후 수사를 시작합니다.

㉣ 인지 : 고소, 고발, 신고 등이 없더라도 범죄행위를 경찰이나 검찰이 스스로 인지한 경우에도 수사를 시작할 수 있습니다.

② 체포·구속

피의자(가해자)가 수사기관의 출석요구에 응하지 않거나, 주거가 일정하지 않거나, 증거를 인멸할 우려가 있거나, 도주 우려 등이 있는 경우에는 검사가 판사에게 체포·구속영장을 청구하여 이를 발부받은 후 체포·구속할 수 있습니다.

③ 수사(경찰)

경찰은 피의자신문, 증거조사 등의 방법으로 수사를 진행합니다.

④ 사건을 검찰로 송치

경찰은 수사가 종료되면 해당 사건을 검찰로 송치합니다.

⑤ 수사(검찰)

검찰은 경찰이 보낸 수사자료를 바탕으로 수사를 진행합니다.

⑥ 공소제기(기소), 불기소처분

경찰로부터 송치 받은 사건이나 검찰 스스로 수사를 한 사건이 종결되면 검찰은 법원에 공소를 제기하거나 불기소처분을 합니다.

(관련판례)

교통안전과 위험방지를 위한 필요가 없음에도 주취운전을 하였다고 인정할 만한 상당한 이유가 있다는 이유만으로 이루어지는 음주측정은 이미 행하여진 주취운전이라는 범죄행위에 대한 증거 수집을 위한 수사절차로서 의미를 가지는데, 도로교통법상 규정들이 음주측정을 위한 강제처분의 근거가 될 수 없으므로 위와 같은 음주측정을 위하여 운전자를 강제로 연행하기 위해서는 수사상 강제처분에 관한 형사소송법상 절차에 따라야 하고, 이러한 절차를 무시한 채 이루어진 강제연행은 위법한 체포에 해당한다. 이와 같은 위법한 체포 상태에서 음주측정요구가 이루어진 경우, 음주측정요구를 위한 위법한 체포와 그에 이은 음주측정요구는 주취운전이라는 범죄행위에 대한 증거 수집을 위하여 연속하여 이루어진 것으로서 개별적으로 적법 여부를 평가하는 것은 적절하지 않으므로 일련의 과정을 전체적으로 보아 위법한 음주측정요구가 있었던 것으로 볼 수밖에 없고, 운전자가 주취운전을 하였다고 인정할 만한 상당한 이유가 있다 하더라도 운전자에게 경찰공무원의 이와 같은 위법한 음주측정요구까지 응할 의무가 있다고 보아 이를 강제하는 것은 부당하므로 그에 불응하였다고 하여 음주측정거부에 관한 도로교통법 위반죄로 처벌할 수 없다(대법원 2012. 12. 13. 선고 2012도11162 판결).

■ **체포의 요건은 어떻게 되나요?**

Q. 체포의 요건은 어떻게 되나요?

A. 입건된 피의자가 죄를 범하였다고 의심할 만한 상당한 이유가 있고 정당한 이유 없이 출석요구에 응하지 아니하거나 응하지 아니할 우려가 있는 때에는 피의자를 체포할 수 있습니다.

  체포를 하기 위해서는 원칙적으로 판사가 발부한 체포영장이 있어야 하며, 사법경찰관이 피의자를 체포하기 위하여는 먼저 검사에게 체포영장을 신청하면 검사는 판사에게 청구하여 체포영장을 발부받게 되는데, 명백히 체포의 필요가 인정되지 아니하는 경우에는 검사나 판사는 체포영장을 기각할 수 있습니다. 또한 수사기관은 피의자가 사형·무기 또는 장기 3년이상의 징역이나 금고에 해당하는 죄를 범하였다고 의심할 만한 상당한 이유가 있고 증거를 인멸할 염려가 있거나 도망 또는 도망할 염려가 있는 경우에 긴급한 사정이 있어 판사의 체포영장을 발급받을 여유가 없을 때에는 그 사유를 알리고 영장없이 피의자를 체포할 수 있는데 이를 긴급체포라 합니다.

  범죄의 실행중이거나 실행의 직후인 자를 현행범인이라 하는데 현행범인은 누구든지 영장없이 체포할 수 있습니다.

  수사기관이 아닌 자가 현행범인을 체포한 때에는 즉시 수사기관에 인도하여야 합니다. 다만, 다액 50만원 이하의 벌금, 구류 또는 과료에 해당하는 사건에 관하여는 피의자가 일정한 주거가 없는 경우 또는 정당한 이유 없이 출석요구에 응하지 아니한 경우에 체포할 수 있고, 현행범인의 경우 범인의 주거가 분명하지 아니한 때에 한하여 체포할 수 있습니다.

■ 수사기관에 의해 체포되었다가 당일 석방된 경우, 벌금형을 선고하면서 위 미결구금일수를 노역장유치기간에 산입해야 하는지요?

Q. 甲은 저작권법 위반으로 수사기관에 의해 체포되었다가 당일 석방이 되었습니다. 법원은 甲의 위 범행에 대하여 벌금형을 선고하였는데 이 경우 수사기관에 의해 체포되었던 미결구금일수 1일도 위 벌금에 대한 노역장유치기간에 산입되는지요.

A. 형법 제57조에 의하면 판결 선고 전의 구금일수는 그 전부를 반드시 유기징역이나 유기금고, 벌금이나 과료에 관한 유치기간 또는 구류에 산입하여야 하는 것입니다. 甲은 저작권법 위반으로 체포되었다가 당일 검사의 석방지휘에 따라 석방되었으므로 법원이 甲에 대하여 벌금형을 선고하면서 위 미결구금일수를 노역장유치기간에 산입하지 아니한 것은 법령을 적용하지 아니하여 판결에 영향을 미친 위법이 있다고 할 것입니다.(대법원 2007.02.09. 선고 2006도7837 판결 참조)

■ 현행범 체포시 변호인선임권 등을 고지하는 시기는 언제입니까?

Q. 저는 다른 사람의 물건을 훔치다가 경찰에게 발견되어 도주하였으나 저를 추격한 경찰에게 잡혀 현행범으로 체포되었습니다. 그런데, 경찰관은 체포 당시 체포의 이유, 변호인 선임권을 고지하지 않고 저를 제압하는 것에만 열중하다가 제압이 끝난 후에야 변호인 선임권 등을 고지해 주었습니다. 경찰관의 이런 행동은 잘못된 것이 아닌지요?

A. 검사 또는 사법경찰관이 현행범인을 체포하는 경우에는 반드시 피의사실의 요지, 체포의 이유와 변호인을 선임할 수 있음을 말하고 변명할 기회를 주어야 합니다.(형사소송법 제213조의2 , 제200조의5). 또한, 이와 같은 고지는 체포를 위한 실력행사에 들어가기 전에 미리 하는 것이 원칙입니다. 그러나 이러한 원칙이 모든 경우에 일률적으로 적용되는 것은 아니고 대법원은 '달아나는 피의자를 쫓아가 붙들거나 폭력으

로 대항하는 피의자를 실력으로 제압하는 경우에는 붙들거나 제압하는 과정에서 고지하거나, 그것이 여의치 않은 경우에는 일단 붙들거나 제압한 후에 지체없이 고지할 수 있다 (대법원 2010. 6. 24. 선고 2008도11226 판결 등 참조).'고 판단하고 있습니다. 따라서 경찰관이 귀하를 추격하여 붙잡고 제압하는 과정에서 체포의 이유 등을 고지하는 것이 여의치 않아 제압이 끝난 후에야 지체없이 체포의 이유, 변호인 선임권 등을 고지한 것이라면 그러한 경찰관의 체포에 어떤 위법이 있다고는 볼 수 없습니다.

[서식 예] 구속적부심사청구서

구 속 적 부 심 사 청 구

사　　　건　　도로교통법위반(음주측정거부) 등
피 의 자　　○　○　○ (주민등록번호 : 111111 - 1111111)
주　　　거　　○○시 ○○길 ○○
구속장소　　○○경찰서 유치장

위 피의자는 도로교통법위반 등 피의사건으로 20○○. ○. ○. 귀원에서 발부한 구속영장에 의하여 현재 ○○경찰서 유치장에 수감중이나, 피의자의 변호인은 다음과 같은 이유로 구속적부심사를 청구하오니 심리하시어 청구취지와 같은 결정을 하여 주시기 바랍니다.

청 구 취 지

"피의자 ○○○의 석방을 명한다"
라는 결정을 구합니다.

청 구 이 유

1. 구속적부심사의 요건
 가. 피의자의 이 사건 범죄사실에 관하여는 경찰 및 검찰에서 충분한 조사가 되어있으므로 죄증인멸의 여지가 전혀 없습니다.
 나. 피의자는 직업 및 주거가 일정하고 가족들과 함께 동거하고 있기 때문에 도주할 염려가 전혀 없습니다.

2. 피의자의 생활환경
  피의자는 한 가족의 가장으로 부인 및 자녀들과 함께 주거지의 주택에서 살고 있으며, ○○시 ○○길에 소재한 "○○식당"을 운영하고 있습니다.

3. 이 사건 발생 당일의 상황
 가. 피의자는 ○○식당을 운영하고 있는데 사건외 □□□은 공사현장의 목수반장으로서 인부들의 식비로 피의자에게 금 1,600,000원을 주기로 하였습니다. 위 □□□은 피의자에게 우선 금 500,000원을 지급한 후 잔금 1,100,000원은 20○○. ○. ○.까지 주기로 했는데 변제기가 지나도 돈을 주지 않은 상태이었습니다.
 나. 피의자는 본 건 발생 당일 오전 ○시경 □□□으로부터 잔금을 받기 위해 피의자의 처인 사건외 김□□가 운전하는 화물트럭을 타고 □□□이 있는 공사현장에 갔습니다. 피의자와 김□□는 □□□에게 대금지급을 요구하다가 김□□는 자신이 운영하는 식당영업을 위해 그곳을 떠나고 피의자는 전날 술을 많이 마신 상태이었기 때문에 공사현장에 있는 사무실 쇼파 위에서 잠이 들었습니다.
 다. 당일 오전 ○○시경 사건외 황□□은 본인 소유의 본 건 전북○○다○○○○호 승용차를 타고 ○○식당 앞에 도착하였는데 그곳은 인적이 드문 곳이었기 때문에 차 열쇠를 열쇠구멍에 그대로 꽂아 놓은 상태로 주차를 해 놓았습니다. 식당안에 피의자가 없자 피의자의 처인 김□□에게 전화를 해보니 공사현장에 있다고 하여 찾아가니 피의자가 자고 있어 피의자를 깨워 피의자와 같이 ○○식당에 돌아왔습니다.

라. 위 황□□은 ○○식당의 칸막이 공사를 하고 있었고 피의 자는 위 식당에서 자고 있었는데 당일 오후 ○시 ○○분 경 음주운전을 하였다는 이유로 경찰에 의해 피의자가 연 행된 것입니다.

4. 피의자 구속의 부당성

가. 피의자는 무면허 상태로 술에 취한 상태에서 본 건 당일 ○ ○:○○경 ○○시 ○○동 ○○보쌈식당 앞에서부터 ○○동 ○○직업훈련원 앞까지 약 1킬로미터 가량을 운전하였다는 혐의를 받고 있으나 이는 다음과 같은 이유로 부당합니다.

나. 피의자는 실제로 운전하다가 단속경찰에 의하여 체포된 것 이 아니고 신고를 받고 출동한 경찰에 의하여 체포된 것 입니다. 따라서 신고자의 진술외에는 피의자를 유죄로 인 정할 증거가 없습니다.

다. 그런데, 신고자는 위 □□□으로서 처음 진술할 때는 '평소 안면이 있는 ○○식당 사장이 전북○○다○○○○호 흰색 차량을 운행하는 것을 보았다'고 하였으나(수사기록 제11 면), 검찰에서 진술할 때는 '누가 운전하는지는 못 보고 차량이 비틀거리는 것만 보았다, 차량 뒷번호는 봤는데 운 전자는 안보여서 못 보았다, 경찰관에게 피의자를 지칭하 지는 않았다, 당일 ○○시 ○○분경 차가 현장 앞에 있길 래 우연히 번호판을 기억했다가 나중에 그 번호를 불러준 것이다'(위 기록 제47면) 등 진술이 일관되지 않습니다.

라. 이에 비해 피의자를 체포하였던 경찰관 고□□은 체포당시 위 □□□이 피의자를 가리키면서 차량의 운전자로 지목했 다고 진술하고 있어(위 기록 제60면) □□□의 진술과 배 치되고 있습니다. 또한 □□□은 피의자가 차량을 운행하 였다는 장소에서 약 25미터 떨어진 곳에 있는 3층 건물에 서 목격하였다고 하는데 그와 같이 근거리에서 차량번호

도 전부 볼 수 있는 사람이 운전자를 보지 못했다고 하는 것은 납득이 되지 않습니다.

마. 이에 비하면 본 건 차량은 당일 오전 ○○시 이후에 계속 위 식당 앞에 주차되어 있는 상태이었고 피의자는 그 시각 이후에 계속 잠을 자고 있었다는 황□□의 진술은 일관되고 있습니다.

바. 또한, 경찰관들이 신고를 받은 시각이 본 건 당일 ○○:○○경이고 피의자가 체포된 시각은 같은 날 ○○:○○경인데 그 동안에 피의자가 운전을 마치고 주차를 한 다음 잠에 깊이 빠진다는 것은 상식적으로 생각하기 힘듭니다.

5. 결어

위와 같이 피의자가 이 사건 범행을 저질렀다는 증거가 없으므로 피의자에게 석방의 은전을 베풀어주시기 바랍니다.

첨 부 서 류

1. 구속영장사본   1통
1. 변호인선임신고서   1통

20○○년 ○월 ○일

위 피의자의 변호인

변 호 사 ○ ○ ○ (인)

○ ○ 지 방 법 원 ○ ○ 지 원 귀 중

[서식 예] 구속취소청구서

구 속 취 소 청 구

사   건   20○○고단○○○호 폭력행위등처벌에관한법률위반
피 고 인   ○ ○ ○

위 사람은 폭력행위등처벌에관한법률위반 사건으로 20○○년 ○
월 ○일 구속되어 현재 ○○구치소에 수용 중에 있는 바, 구속의
사유가 소멸되었으므로 구속을 취소하여 주시기 바랍니다.

　　　　　　　　20○○년   ○월   ○일
　　　　　　　　위 피고인   ○ ○ ○ (인)

○ ○ 지 방 법 원 귀 중

[서식 예] 구속집행정지신청서

구 속 집 행 정 지 신 청

사건번호   20○○고단 ○○○호 ○○

피 고 인   ○ ○ ○

위 피고인은 20○○. ○. ○. 구속되어 현재 ○○구치소에서
수감중에 있는바, 피고인의 변호인은 다음과 같은 사유로 구
속집행정지를 신청합니다.

다 음

1. 피고인은 오래전부터 간경화증세를 보이고 있어서 병원에 매일 치료하러 다니다가 급기야는 1년 전에 입원하여 수술을 하기도 했습니다. 수술 이후 증세가 나아지기는 했으나 담당 의사의 소견에 의하면 신경을 쓰거나 환경이 급격히 바뀌면 증세가 다시 악화될 것이라고 하였습니다.

2. 피고인이 20○○. ○. ○. 구속된 이후 구치소생활에 적응하지 못하여 급격히 건강이 나빠지고 있고 특히 간경화증세가 수술하기 이전만큼 다시 악화되어 그대로 놔두면 생명이 위험한 상태에 있습니다.

3. 따라서 위와 같은 사실로 인하여 위 피고인에 대한 구속집행을 정지하여 주시기 바랍니다.

첨 부 서 류

1. 진단서　　　　　　　　　1통

20○○년　　○월　　○일

위 피고인의 변호인

변호사　○　○　○　(인)

○ ○ 지 방 법 원 ○ ○ 지 원 귀 중

6. 고소(告訴)

6-1. 고소의 의미

① 「고소」란 범죄의 피해자 또는 그와 일정한 관계에 있는 고소권자가 수사기관에 대하여 범죄사실을 특정하여 신고하고, 범인의 처벌을 구하는 의사표시입니다. 수사기관에 대하여 하는 것이므로 법원에 대하여 진정서를 제출하는 것은 고소가 아닙니다. 고소는 그 주체가 피해자 등 고소권자에 한한다는 점에서 고발과 구별됩니다. 고소는 친고죄가 아닌 일반범죄에서는 단순히 수사의 단서가 됨에 불과하지만 친고죄에서는 소송조건이 됩니다.

② 인터넷 명예훼손의 피해자나 일정한 관계에 있는 고소권자는 서면이나 구술로써 검사 또는 사법경찰관에게 고소할 수 있습니다.

③ 고소는 제1심 판결선고 전까지 취소할 수 있는데, 고소를 취소한 자는 다시 고소하지 못합니다.

6-2. 고소권자

① 범죄로 인한 피해자는 고소할 수 있습니다(형사소송법 제223조).

② 비피해자인 고소권자(동법 제225조, 제226조, 제236조).

 1. 피해자의 법정대리인은 독립하여 고소할 수 있습니다.

 2. 피해자가 사망한 때에는 그 배우자, 직계친족 또는 형제자매는 고소할 수 있습니다. 단, 피해자의 명시한 의사에 반하지 못합니다.

 3. 피해자의 법정대리인이 피의자이거나 법정대리인의 친족이 피의자인 때에는 피해자의 친족은 독립하여 고소할 수 있습니다.

---

* 「피의자」란 어느 형사사건에 관하여 형사책임을 져야 할 사람이라는 혐의를 받고 수사기관의 수사의 대상으로 되어 있는 사람으로서 공소가 제기되지 아니한 사람을 말합니다. 이러한 피의자와 구별하여야 할 것으로 피고인이 있는데 피고인은 검사에 의하여 형사책임을 져야 할 사람으로서 공소가 제기된 사람을 말합니다.

---

4. 고소는 대리인으로 하여금 하게 할 수 있습니다.

③ 수인(數人)의 고소권자

고소할 수 있는 자가 수인인 경우에는 1인의 기간의 해태(懈怠)는 타인의 고소에 영향이 없습니다(동법 제231조).

6-3. 고소의 제한

자기 또는 배우자의 직계존속은 고소하지 못합니다(형사소송법 제224조).

6-4. 고소의 방식

① 고소는 서면 또는 구술로써 검사 또는 사법경찰관에게 하여야 합니다(형사소송법 제237조제1항).

② 검사 또는 사법경찰관이 구술에 의한 고소를 받은 때에는 조서를 작성하여야 합니다(동법 제237조제2항).

6-5. 고소와 사법경찰관의 조치

사법경찰관이 고소를 받은 때에는 신속히 조사하여 관계서류와 증거물을 검사에게 송부하여야 합니다(형사소송법 제238조).

6-6. 고소의 취소

① 「고소의 취소」란 고소인이 고소의 효력을 소멸시키는 의사표시를 말합니다.

② 고소는 제1심 판결선고전까지 취소할 수 있습니다(형사소송법 제232조제1항).

③ 고소를 취소한 자는 다시 고소하지 못합니다(동법 제232조제2항).

④ 피해자의 명시한 의사에 반하여 죄를 논할 수 없는 사건에 있어서 처벌을 희망하는 의사표시의 철회에 관하여도 「형사소송법」 제232조제1항과 제2항의 규정을 준용합니다(제232조제3항).

* 「반의사불벌죄」란 피해자가 그 처벌을 희망하지 않는다면 처벌을 할 수 없는 죄를 말합니다. 이는 피해자의 고소가 없이도 처벌할 수 있으나 피해자가 적극적으로 처벌하지 않기를 희망하는 의사를 표시한 때에는 형벌권이 소멸하기 때문에 해제조건부 범죄라고도 합니다. 국가형벌권의 작용을 피해자의 의사에 매이게 하는 점에서 친고죄와 같으나 고소가 없어도 공소를 제기할 수 있는 점에서 친고죄와 다릅니다.

6-7. 고소 취소의 방식

① 고소 취소는 서면 또는 구술로써 검사 또는 사법경찰관에게 하여야 합니다(형사소송법 제239조 및 제237조제1항).
② 고소의 취소는 대리인으로 하여금 하게 할 수 있습니다(동법 제236조).
③ 검사 또는 사법경찰관이 구술에 의한 고소 취소를 받은 때에는 조서를 작성하여야 합니다(동송법 제239조 및 제237조제2항).

6-8. 고소 취소와 사법경찰관의 조치

사법경찰관이 고소 취소를 받은 때에는 신속히 조사하여 관계서류와 증거물을 검사에게 송부하여야 합니다(형사소송법 제239조 및 제238조).

6-9. 허위로 고소하는 경우의 처벌

① 만약 타인으로 하여금 형사처벌 받게 할 목적으로 허위로 고소한 것이 밝혀지면 「형법」상 무고죄가 성립할 수 있습니다(형법 제156조).
② 무고죄가 성립하게 되면 10년 이하의 징역, 1천 5백만원 이하의 벌금에 처하게 되고 실무상으로도 매우 엄하게 처벌되고 있습니다. 따라서 무고죄 성립 여부를 고려해서 신중하게 판단해야 하겠습니다.

6-10. 쌍방고소의 개념

폭행·상해사건의 가해자는 폭행·상해의 원인을 일으킨 사람이 아니고, 폭행·상해를 한 사람이기 때문에 당사자 쌍방이 가해자이자 피해자인 경우가 대부분입니다. 이 경우 당사자 쌍방은 상대방에 대해 서로 고소할 수 있습니다. 이를 쌍방고소라 합니다.

■ 형사고소한 사건의 처리기간은 얼마나 되는지요?

Q. 저는 6개월 전 甲을 사기죄로 고소하였으나 수사기관에서는 매번 조사 중이라고만 할 뿐 처벌하지 않아 그 동안 수차례 진정한 사실이 있습니다. 고소를 접수할 경우 이를 처리하는 기간은 정해져 있는지? 또한, 이 경우 저는 언제까지 기다려야 하는지요?

A. 「형사소송법」 제237조에 의하면 형사사건의 고소·고발은 검사 또는 사법경찰관에게 하도록 규정되어 있고, 사법경찰관(경찰서 등)에게 고소·고발을 한 경우에는 「사법경찰관리 집무규칙」 제45조에 따라 2개월 이내에 수사를 완료하지 못하면 검사에게 소정의 서식에 따른 수사기일연장 지휘 건의서를 제출하여 그 지휘를 받아야 합니다.

그리고 「형사소송법」 제238조는 "사법경찰관이 고소 또는 고발을 받은 때에는 신속히 조사하여 관계서류와 증거물을 검사에게 송부하여야 한다." 라고 규정하고 있고, 같은 법 제246조는 "공소는 검사가 제기하여 수행한다."라고 규정하고 있으므로, 모든 고소·고발사건은 검사에게 송치하여야 하고, 검사가 공소제기여부를 결정하는바, 이것은 검사의 기소독점주의의 원칙에 따른 것입니다(예외 : 재판상의 준기소절차 및 즉결심판).

고소·고발사건의 처리기간에 관하여는 구속사건과 불구속사건으로 나누어지는데 귀하의 경우는 불구속사건으로 보여지며, 그 처리기간에 관하여 같은 법 제257조는 "검사가 고소 또는 고발에 의하여 범죄를 수사할 때에는 고소 또는 고발을 수리한 날로부터 3월 이내에 수사를 완료하여 공소제기여부를 결정하여야 한다."라고 규정하고 있습니다.

그러므로 검사는 고소·고발을 수리한 날로부터 3개월 이내에 수사를 완료하여 공소제기여부를 결정하여야할 것이나 위와 같은 공소제기 기간에 대한 규정은 훈시규정에 불과하여 3개월경과 후의 공소제기여부의 결정도 유효한 것이라 할 것입니다.

따라서 귀하도 수사기관이 고소사건을 처리하지 못하는 사유를 알아보고 신속히 처리될 수 있도록 수사기관에 협조함이 바람직하다고 생각됩니다.

■ **형사고소도 대리하여 할 수 있는지요?**

Q. 70세이신 저희 아버님은 평소 행동이 불량한 동네청년 甲을 꾸짖다가 도리어 甲에게 폭행 당하여 전치 6주의 상해를 입었습니다. 치료를 위해 입원중인 아버님을 대신하여 제가 甲을 직접 고소할 수 있는지요?

A. 범죄의 피해자 기타 고소권자가 수사기관에 대하여 범죄사실을 신고하여 범인의 처벌을 요구하는 의사표시를 고소라고 하며, 「형사소송법」제237조 제1항은 "고소 또는 고발은 서면 또는 구술로써 검사 또는 사법경찰관에게 하여야 한다."라고 규정하고 있습니다.

형사소송법상 고소할 수 있는 사람으로는 ①범죄의 피해자, ②그 피해자의 법정대리인(부모, 후견인 등)이며, ③피해자가 사망한 때에는 그 배우자, 직계친족 또는 형제자매는 피해자의 명시한 의사에 반하지 않는 한 고소할 수 있습니다(형사소송법 제223조, 제225조).

그리고 같은 법 제236조는 고소 또는 그 취소는 대리인으로 하여금 하게 할 수 있다고 규정하고 있는데, 대리인에 의한 고소의 방식 및 그 경우 고소기간의 산정기준에 관하여 판례는 "형사소송법 제236조의 대리인에 의한 고소의 경우, 대리권이 정당한 고소권자에 의하여 수여되었음이 실질적으로 증명되면 충분하고, 그 방식에 특별한 제한은 없으므로, 고소를 할 때 반드시 위임장을 제출한다거나 '대리'라는 표시를 하여야 하는 것은 아니고, 또 고소기간은 대리고소인이 아니라 정당한 고소권자를 기준으로 고소권자가 범인을 알게 된 날부터 기산한다."라고 하였습니다(대법원 2001. 9. 4. 선고 2001도3081 판결).

따라서 위 사안의 경우 귀하는 피해자 또는 피해자의 법정대리인 등이 아니므로 독자적으로 고소할 수는 없으나, 피해자인 부친으로부터 대리권을 수여받아 「형사소송법」제236조 및 「특별사법경찰관리 집무규칙」제44조의 대리에 의한 방법으로 고소하실 수 있을 것입니다.

■ 구술만으로도 고소가 가능한지요?

Q. 甲은 공식석상에서 A정당의 총재인 乙에게 "개XX"라는 심한 욕설을 하였고, 丙은 피해자 乙로부터 위 모욕에 대한 일체의 고소 권한을 위임받은 후 검사에게 위 모욕에 대하여 구술로 고소하였고, 검사는 이에 관하여 진술조서를 작성하였습니다. 이 경우 丙의 고소는 적법한가요?

A. 「형사소송법」제236조는 "고소 또는 그 취소는 대리인으로 하여금하게 할 수 있다."라고 규정하고 있고, 동법 제237조 제1항은 "고소 또는 고발은 서면 또는 구술로써 검사 또는 사법경찰관에게 하여야 한다.", 제2항은 "검사 또는 사법경찰관이 구술에 의한 고소 또는 고발을 받은 때에는 조서를 작성하여야 한다."라고 규정하고 있습니다.

판례 역시 "형사소송법 제236조의 대리인에 의한 고소의 경우 대리권이 정당한 고소권자에 의하여 수여되었음이 실질적으로 증명되면 충분하고 그 방식에 특별한 제한은 없다고 할 것이며, 한편 친고죄에 있어서의 고소는 고소권 있는 자가 수사기관에 대하여 범죄사실을 신고하고 범인의 처벌을 구하는 의사표시로서 서면뿐만 아니라 구술로도 할 수 있는 것이므로, 피해자로부터 고소를 위임받은 대리인은 수사기관에 구술에 의한 방식으로 고소를 제기할 수도 있다."라고 판시하고 있습니다 (대법원 2002.06.14. 선고 2000도4595 판결).

위 사안에서 乙의 대리인으로서의 丙의 고소는 적법합니다.

■ 미성년자도 고소할 수 있는지요?

Q. 미성년자 甲(17세)은 길거리를 가던 중 충돌로 인하여 성인인 乙 과 말싸움을 하게 되었고, 乙로부터 "개XX"라는 심한 욕설을 들었습니다. 이에 甲은 乙을 모욕죄로 고소하고자 합니다. 甲은 乙을 고소할 수 있을까요?

A. 고소는 법률행위적 소송행위이므로 행위자에게 고소의 의미를 이해할 수 있는 사실상의 의사능력인 고소능력이 있어야 합니다.

　판례는 "고소를 함에는 소송행위능력, 즉 고소능력이 있어야 하는바, 고소능력은 피해를 받은 사실을 이해하고 고소에 따른 사회생활상의 이해관계를 알아차릴 수 있는 사실상의 의사능력으로 충분하므로 민법상의 행위능력이 없는 자라도 위와 같은 능력을 갖춘 자에게는 고소능력이 인정된다고 할 것이고, 고소위임을 위한 능력도 위와 마찬가지라고 할 것이다." 라고 판시하고 있습니다(대법원 1999.02.09. 선고 98도2074 판결).

　17세의 甲은 피해를 받은 사실을 이해하고 고소에 따른 사회생활상의 이해관계를 알아차릴 수 있는 사실상의 의사능력이 있는 것으로 보이므로, 甲은 乙을 고소할 수 있습니다.

■ 부(父)를 고소할 수 있는지요?

Q. 甲은 자신의 부(父)인 乙이 자신에게 "개XX"라고 심한 욕설을 하자 乙을 모욕죄로 고소하고자 합니다. 甲은 乙을 고소할 수 있을까요?

A. 「형사소송법」제224조는 "자기 또는 배우자의 직계존속을 고소하지 못한다"라고 규정하고 있습니다. 그러므로 사안에서 원칙적으로는 甲은 乙을 고소할 수 없습니다.

　다만, 「성폭력특례법」 제18조는 "성폭력범죄에 대하여는 「형사소송법」 제224조(고소의 제한) 및 「군사법원법」 제266조에도 불구하고 자기 또는 배우자의 직계존속을 고소할 수 있다."라고 규정하고 있고, 「가정폭력특례법」제6조의 제2항은 "피해자는 「형사소송법」 제224조에도 불구하고 가정폭력행위자가 자기 또는 배우자의 직계존속인 경우에도 고소할 수 있다. 법정대리인이 고소하는 경우에도 또한 같다."라고 규정하고 있습니다. 그러므로 사안에서 甲은 자신의 부(父)인 乙을 모욕죄만으로는 고소할 수 없는 것이 원칙입니다만, 직계존속인 乙의 위 욕설이 성폭력이나 가정폭력에 의한 것이라면, 직계비속인 甲은 고소할 수 있습니다.

■ 고소장 제출과 무고죄의 성립시기는 언제인지요?

Q. 甲은 乙에 대한 허위 내용이 적시된 고소장을 수사기관에 제출하였으나, 담당 경찰관이 그 내용만으로는 형사상 범죄의 혐의가 없는 것이라고 조언하자 그 고소장을 다시 돌려받았습니다. 이 경우 甲은 무고의 죄책을 지게 될까요?

A. 형법 제156조는 "타인으로 하여금 형사처분 또는 징계처분을 받게 할 목적으로 공무소 또는 공무원에 대하여 허위의 사실을 신고한 자는 10년 이하의 징역 또는 1천500만원 이하의 벌금에 처한다."라고 규정하고 있습니다. 그러므로 타인으로 하여금 형사처분 또는 징계처분을 받게 할 목적으로 공무소 또는 공무원에 대하여 허위의 사실을 고소, 고발한 경우 무고죄가 성립할 수 있습니다.

판례는 "피고인이 최초에 작성한 허위내용의 고소장을 경찰관에게 제출하였을 때 이미 허위사실의 신고가 수사기관에 도달되어 무고죄의 기수에 이른 것이라 할 것이므로 그 후에 그 고소장을 되돌려 받았다 하더라도 이는 무고죄의 성립에 아무런 영향이 없다."고 판시하였습니다 (대법원 1985. 2. 8. 선고 84도2215 판결)

그러므로 사안에서 甲은 무고죄의 죄책을 지게 됩니다.

(관련판례)

타인으로 하여금 형사처분 또는 징계처분을 받게 할 목적으로 공무소 또는 공무원에 대하여 허위의 사실을 신고하는 때에 무고죄가 성립한다

(형법 제156조). 무고죄는 부수적으로 개인이 부당하게 처벌받거나 징계를 받지 않을 이익도 보호하나, 국가의 형사사법권 또는 징계권의 적정한 행사를 주된 보호법익으로 한다.

타인에게 형사처분을 받게 할 목적으로 '허위의 사실'을 신고한 행위가 무고죄를 구성하기 위해서는 신고된 사실 자체가 형사처분의 대상이 될 수 있어야 하므로, 가령 허위의 사실을 신고하였더라도 신고 당시 그 사실 자체가 형사범죄를 구성하지 않으면 무고죄는 성립하지 않는다. 그러나 허위로 신고한 사실이 무고행위 당시 형사처분의 대상이 될 수 있었던 경우에는 국가의 형사사법권의 적정한 행사를 그르치게 할 위험과 부당하게 처벌받지 않을 개인의 법적 안정성이 침해될 위험이 이미 발생하였으므로 무고죄는 기수에 이르고, 이후 그러한 사실이 형사범죄가 되지 않는 것으로 판례가 변경되었더라도 특별한 사정이 없는 한 이미 성립한 무고죄에는 영향을 미치지 않는다(대법원 2017. 5. 30. 선고 2015도15398 판결).

■ 범죄사실을 과장하여 고소한 후 합의금을 지급받은 경우 공갈죄가 성립하는지요?

Q. 甲은 2015. 5. 10. 22:00경 호프집에서 술을 마시던 중 옆 테이블에서 술을 마시던 乙과 사소한 일로 말다툼을 하게 되었습니다. 乙은 甲이 자신의 말에 말대꾸를 한다는 이유로 화를 내며 주먹으로 甲의 얼굴을 때렸고, 그 충격으로 甲은 바닥에 넘어졌으며, 甲의 코가 심하게 붓고, 코에서는 코피가 흘러나왔습니다. 하지만 甲은 과거 2012년경 자전거를 타다가 넘어져 코 뼈가 부러진 사실이 있을 뿐 이 사건으로 인해 코뼈가 부러지지는 않았습니다. 그런데 甲은 이 사건이 있은 후 자신의 코뼈가 부러졌다는 이유로 乙을 상해죄로 고소하였고, 乙에게 코뼈가 부러진 것을 이유로 많은 금액의 합의금을 주지 않으면 고소를 취하하지 않겠다고 하였습니다. 乙은 자신이 형사처벌을 받게 될 것이 두려워 결국 甲의 요구대로 많은 합의금을 지급하였습니다. 이 경우 甲에게 공갈죄가 성립할 수 있는지요?

A. 「형법」 제350조는 공갈죄에 관하여 "사람을 공갈하여 재물의 교부를 받거나 재산상의 이익을 취득한 자는 10년 이하의 징역 또는 2천만원 이하의 벌금에 처한다."라고 규정하고 있습니다. 범죄피해자가 가해자를 형사고소하는 것은 범죄피해자의 권리의 행사에 해당하므로 이로 인해 가해자가 겁을 공포심을 갖게 되더라도 협박에 해당한다고 할 수는 없을 것입니다. 하지만 범죄피해자가 허위의 범죄사실로 고소하겠다고 말하면서 합의금을 요구하는 행위는 범죄피해자의 권리행사의 범위를 넘어서는 행동이기 때문에 공갈죄가 성립될 수 있는 여지가 있습니다. 이 사건의 경우 甲은 乙로부터 얼굴을 맞아 코가 붓고, 코피를 흘렸으므로 甲에게는 乙의 폭행으로 인해 甲의 코에 골절상이 발생하였다고 믿을 만한 이유가 있다고 할 것이고, 설령 乙의 폭행으로 인해 코뼈가 부러지지 않았다고 하더라도 코뼈가 부러졌음을 전제로 합의금을 받은 행위를 공갈죄로 의율하기는 어려울 것입니다.(대법원 1984. 1. 24. 선고 83도3023 판결 참조) 따라서 甲이 乙로부터 합의금을 받은 행위를 공갈죄로 처벌할 수는 없을 것입니다.

■ 고소사실이 범죄를 구성하지 않는 경우, 무고죄가 성립하는지요?

Q. 甲은 乙에게 형사처벌을 받게 할 목적으로 경찰서에 '아직 열 살에 불과한 어린 乙이 자신의 시계를 훔쳐갔다'는 허위내용의 고소장을 제출한 경우, 甲에게 무고죄가 인정되는가요?

A. 형법 제156조의 무고죄는 타인으로 하여금 형사처분 또는 징계처분을 받게 할 목적으로 공무소 또는 공무원에 대하여 허위의 사실을 신고함으로써 성립하는 범죄를 말합니다. 위 사례의 경우, 형법 제9조에 따라 만 14가 되지 않은 사람은 형사처벌이 되지 않는데, 이렇게 형사처벌이 되지 않는 乙을 허위 고소한 甲에게 무고죄가 성립할 수 있는지가 문제됩니다.

이와 관련하여 대법원은 "타인에게 형사처분을 받게 할 목적으로 '허위의 사실'을 신고한 행위가 무고죄를 구성하기 위하여는 신고된 사실 자체가 형사처분의 원인이 될 수 있어야 할 것이어서, 가령 허위의 사실을 신고하였다 하더라도 그 사실 자체가 형사범죄로 구성되지 아니한다면 무고죄는 성립하지 아니한다"라고 판단하였습니다(대법원 2007.04.13. 선고 2006도558 판결).

따라서, 甲이 허위사실을 고소하였다고 하더라도 乙이 형사미성년자(즉, 형사처벌하지 못할 정도로 판단능력이 낮은 나이의 어린아이)에 해당하여 그 고소사실 자체가 형사범죄를 구성하지 않는 경우에 해당하므로 甲을 무고죄로 처벌할 수 없습니다.

(관련판례)

형법 제156조에서 정한 무고죄는 타인으로 하여금 형사처분 또는 징계처분을 받게 할 목적으로 허위의 사실을 신고하는 것을 구성요건으로 하는 범죄이다. 자기 자신으로 하여금 형사처분 또는 징계처분을 받게 할 목적으로 허위의 사실을 신고하는 행위, 즉 자기 자신을 무고하는 행위는 무고죄의 구성요건에 해당하지 않아 무고죄가 성립하지 않는다. 따라서 자기 자신을 무고하기로 제3자와 공모하고 이에 따라 무고행위에 가담하였더라도 이는 자기 자신에게는 무고죄의 구성요건에 해당하지 않아 범죄가 성립할 수 없는 행위를 실현하고자 한 것에 지나지 않아 무고죄의 공동정범으로 처벌할 수 없다(대법원 2017. 4. 26. 선고 2013도12592 판결).

[서식 예] 고소장 표준서식

고 소 장

(고소장 기재사항 중 * 표시된 항목은 반드시 기재하여야 합니다.)

1. 고소인*

성 명 (상호·대표자)		주민등록번호 (법인등록번호)	–
주 소 (주사무소 소재지)		(현 거주지)	
직 업		사무실 주소	
전 화	(휴대폰) (자택) (사무실)		
이메일			
대리인에 의한 고소	☐ 법정대리인 (성명 : , 연락처) ☐ 고소대리인 (성명 : 변호사 ,연락처)		

※ 고소인이 법인 또는 단체인 경우에는 상호 또는 단체명, 대표자, 법인등록번호(또는 사업자등록번호), 주된 사무소의 소재지, 전화 등 연락처를 기재해야 하며, 법인의 경우에는 법인등기부 등본이 첨부되어야 합니다.

※ 미성년자의 친권자 등 법정대리인이 고소하는 경우 및 변호사에 의한 고소대리의 경우 법정대리인 관계, 변호사 선임을 증명할 수 있는 서류를 첨부하시기 바랍니다.

2. 피고소인*

성 명		주민등록번호	−
주 소	(현 거주지)		
직 업		사무실 주소	
전 화	(휴대폰)　　　　　　　(자택) (사무실)		
이메일			
기타사항			

※ 기타사항에는 고소인과의 관계 및 피고소인의 인적사항과 연락처를 정확히 알 수 없을 경우 피고소인의 성별, 특징적 외모, 인상착의 등을 구체적으로 기재하시기 바랍니다.

3. 고소취지*

(죄명 및 피고소인에 대한 처벌의사 기재)

고소인은 피고소인을 ○○죄로 고소하오니 처벌하여 주시기 바랍니다.*

4. 범죄사실*

※ 범죄사실은 형법 등 처벌법규에 해당하는 사실에 대하여 일시, 장소, 범행방법, 결과 등을 구체적으로 특정하여 기재해야 하며, 고소인이 알고 있는 지식과 경험, 증거에 의해 사실로 인정되는 내용을 기재하여야 합니다.

5. 고소이유

※ 고소이유에는 피고소인의 범행 경위 및 정황, 고소를 하게 된 동기와 사유 등 범죄사실을 뒷받침하는 내용을 간략, 명료하게 기재해야 합니다.

6. 증거자료 (■ 해당란에 체크하여 주시기 바랍니다)

☐ 고소인은 고소인의 진술 외에 제출할 증거가 없습니다.

☐ 고소인은 고소인의 진술 외에 제출할 증거가 있습니다.

☞ **제출할 증거의 세부내역은 별지를 작성하여 첨부합니다.**

7. 관련사건의 수사 및 재판 여부*

(■ 해당란에 체크하여 주시기 바랍니다)

① 중복고소여부	본 고소장과 같은 내용의 고소장을 다른 검찰청 또는 경찰서에 제출하거나 제출하였던 사실이 있습니다 ☐ / 없습니다 ☐
② 관련 형사사건 수사 유무	본 고소장에 기재된 범죄사실과 관련된 사건 또는 공범에 대하여 검찰청이나 경찰서에서 수사 중에 있습니다 ☐ / 수사 중에 있지 않습니다 ☐
③ 관련 민사소송 유무	본 고소장에 기재된 범죄사실과 관련된 사건에 대하여 법원에서 민사소송 중에 있습니다 ☐ / 민사소송 중에 있지 않습니다 ☐

기타사항

※ ①, ②항은 반드시 표시하여야 하며, 만일 본 고소내용과 동일한 사건 또는 관련 형사사건이 수사·재판 중이라면 어느 검찰청, 경찰서에서 수사 중인지, 어느 법원에서 재판 중인지 아는 범위에서 기타사항 난에 기재하여야 합니다.

8. 기타

(고소내용에 대한 진실확약)

본 고소장에 기재한 내용은 고소인이 알고 있는 지식과 경험을 바탕으로 모두 사실대로 작성하였으며, 만일 허위사실을 고소하였을 때에는 형법 제156조 무고죄로 처벌받을 것임을 서약합니다.

20○○년   월   일*

고소인 _____ (인)*

제출인 _____ (인)

※ 고소장 제출일을 기재하여야 하며, 고소인 난에는 고소인이 직접 자필로 서명 날(무)인 해야 합니다. 또한 법정대리인이나 변호사에 의한 고소대리의 경우에는 제출인을 기재하여야 합니다.

○○지방검찰청 귀중

※ 고소장은 가까운 경찰서에 제출하셔도 되며, 경찰서 제출시에는 '○○경찰서 귀중'으로 작성하시기 바랍니다.

별지 : 증거자료 세부 목록

(범죄사실 입증을 위해 제출하려는 증거에 대하여 아래 각 증거별로 해당 난을 구체적으로 작성해 주시기 바랍니다)

1. 인적증거 (목격자, 기타 참고인 등)

성 명		주민등록번호		–
주 소	자택 : 직장 :		직업	
전 화	(휴대폰) (자택) (사무실)			
입증하려는 내용				

※ 참고인의 인적사항과 연락처를 정확히 알 수 없으면 참고인을 특정할 수 있도록 성별, 외모 등을 '입증하려는 내용'란에 아는 대로 기재하시기 바랍니다.

2. 증거서류 (진술서, 차용증, 각서, 금융거래내역서, 진단서 등)

순번	증거	작성자	제출 유무
1			☐ 접수시 제출 ☐ 수사 중 제출
2			☐ 접수시 제출 ☐ 수사 중 제출
3			☐ 접수시 제출 ☐ 수사 중 제출
4			☐ 접수시 제출 ☐ 수사 중 제출
5			☐ 접수시 제출 ☐ 수사 중 제출

※ 증거란에 각 증거서류를 개별적으로 기재하고, 제출 유무란
에는 고소장 접수시 제출하는지 또는 수사 중 제출할 예정
인지 표시하시기 바랍니다.

3. 증거물

순번	증거	소유자	제출 유무
1			☐ 접수시 제출 ☐ 수사 중 제출
2			☐ 접수시 제출 ☐ 수사 중 제출
3			☐ 접수시 제출 ☐ 수사 중 제출
4			☐ 접수시 제출 ☐ 수사 중 제출
5			☐ 접수시 제출 ☐ 수사 중 제출

※ 증거란에 각 증거물을 개별적으로 기재하고, 소유자란에는
고소장 제출시 누가 소유하고 있는지, 제출 유무란에는 고
소장 접수시 제출하는지 또는 수사 중 제출할 예정인지 표
시하시기 바랍니다.

4. 기타 증거

제출기관	범죄지, 피고인의 주소, 거소 또는 현재지의 경찰서, 검찰청	공소시효	○년(☞공소시효 일람표)
고소권자	피해자(형사소송법 223조) (※ 아래(1)참조)	소추요건	
제출부수	고소장 1부	관련법규	검찰 권장 표준 서식 (2006.5. 15.)
불기소처분 등에 대한 불복절차 및 기간	(항고 및 재항고) · 근거 : 검찰청법 10조 · 기간 : 처분결과의 통지를 받은 날부터 30일(검찰청법 10조4항) (헌법소원) · 근거 : 헌법재판소법 68조 · 기간 : 그 사유가 있음을 안 날로부터 90일 이내에, 그 사유가 있은 날로부터 1년 이내에 청구하여야 한다. 다만, 다른 법률에 의한 구제절차를 거친 헌법소원의 심판은 그 최종결정을 통지받은 날로부터 30일 이내에 청구(헌법재판소법 69조)		

※ (1) 고소권자
(형사소송법 225조)
 1. 피해자가 제한능력자인 경우의 법정대리인
 2. 피해자가 사망한 경우의 배우자, 직계친족, 형제, 자매.
    단, 피해자의 명시한 의사에 반하여 고소할 수 없음
(형사소송법 224조)
 자기 또는 배우자의 직계존속은 고소할 수 없음(단, 성폭력범죄의처벌및피해자보호등에관한법률 제7조에서는 "친족관계에 의한 강간 등은 친고죄에 해당되지 아니할 뿐만 아니라 직계존속에 대하여 고소할 수 있다."고 규정함)

고 소 장(예시 / 사기죄)

1. 고소인

성 명	0 0 0	주민등록 번호	△△△△△△ – ×××××××
주 소	서울 00구 00길 00		
직 업	상업	사무실 주소	서울 00구 00길 00빌딩 00호
전 화	(휴대폰) 010-100-0000, (사무실) 02-200-0000		
이메일	leeby@◇◇.com		
기타사항	피고소인은 고소인의 부동산 거래상대방으로서 친·인척 관계는 없음		

2. 피고소인

성 명	이 사 기	주민등록번호	△△△△△△ – ×××××××
주 소	서울 00구 00길 00		
직 업		사무실 주소	
전 화	(휴대폰) 010-900-0000		
이메일	leesagi@◇◇.com		
기타사항	고소인과의 관계 : 거래상대방으로서 친·인척 관계는 없음		

3. 고소취지

고소인은 피고소인을 사기죄로 고소하오니 처벌하여 주시기 바랍니다.

4. 범죄사실

○ 피고소인은 분양대행사인 (주)00부동산컨설팅 분양팀장으로 행세하는 자입니다.

○ 2013. 3. 2. 16:00경 서울 강남구 00길 00번지에 있는 00커 피숍에서, 피고소인은 서울 00구 00길 00상가를 고소인에게 분양받도록 해 줄 의사나 능력이 없음에도 고소인에게 "00상 가를 급하게 팔려는 사람이 있으니 컨설팅비 1,000만원을 주 면 시세보다 20%정도 싼 가격에 상가를 분양받도록 해 주겠 다"고 거짓말하여 이에 속은 고소인으로부터 2013. 3. 10.경 컨설팅비로 금 1,000만원을 받아 편취하였습니다.

5. 고소이유

○ 고소인은 00주식회사 00부에서 근무 중이며, 피고소인은 고 소인의 친구 강00으로부터 2013. 2.초에 소개받아 알게 되었 습니다.

○ 피고소인은 자신이 (주)00부동산컨설팅 분양팀장으로 근무한다 고 하면서 투자를 할 만한 좋은 부동산이 있으면 소개해 주겠 다고 한 후 2013. 2.말경 고소인의 직장으로 전화를 걸어 방금 나온 좋은 매물이라면서 00상가를 추천하였습니다.

○ 이에 고소인은 2013. 3. 2. 16:00경 서울 강남구 00길 00 번지에 있는 00커피숍에서 피고소인을 만났는데 그 자리에서 피고소인은 "00상가의 주인이 다른 사업자금 조달을 위해 상 가 101호를 급히 매물로 내 놓았다. 컨설팅비 1,000만원을 주면 00상가를 시세보다 20%정도 싼 가격에 상가를 분양받 도록 해 주고 피고소인이 근무하는 회사에서 금융기관 대출 도 알선해 주겠다"고 하기에 이를 믿고 피고소인과 컨설팅계 약서를 작성하였습니다.

○ 고소인은 2013. 3. 10.경 00은행에 있던 고소인의 예금 중 1,000만원을 100만원권 수표로 인출하여 그 날 14:00경 위 00커피숍에서 피고소인에게 컨설팅비조로 주었습니다.

○ 그런데 그로부터 한 달이 지나도록 연락이 없어 (주)00부동산컨설팅으로 피고소인을 찾아갔더니 그 회사에서는 피고소인이 분양팀장으로 근무한 바도 없고 전혀 모르는 사람이라고 하면서 이전에도 유사한 일로 문의전화가 여러 통 왔었다고 하였습니다.

○ 이에 고소인은 00상가 관리사무소에 들러 확인해 보니 101호는 상가 주인이 팔려고 한 사실도 없음을 확인하였고 피고소인은 그 후 연락도 되지 않고 있어 이건 고소에 이르게 되었습니다.

6. 증거자료

□ 고소인은 고소인의 진술 외에 제출할 증거가 없습니다.

■ 고소인은 고소인의 진술 외에 제출할 증거가 있습니다.

☞ **증거자료의 세부내역은 별지를 작성하여 첨부합니다.**

7. 관련사건의 수사 및 재판 여부

① 중복 고소 여부	본 고소장과 같은 내용의 고소장을 다른 검찰청 또는 경찰서에 제출하거나 제출하였던 사실이 있습니다 □ / 없습니다 ■
② 관련 형사사건 수사유무	본 고소장에 기재된 범죄사실과 관련된 사건 또는 공범에 대하여 검찰청이나 경찰서에서 수사 중에 있습니다 □ / 수사 중에 있지 않습니다 ■
③ 관련 민사소송 유무	본 고소장에 기재된 범죄사실과 관련된 사건에 대하여 법원에서 민사소송 중에 있습니다 ■ / 민사소송 중에 있지 않습니다 □

본 고소장에 기재한 내용은 고소인이 알고 있는 지식과 경험을 바탕으로 모두 사실대로 작성하였으며, 만일 허위사실을 고소하였을 때에는 형법 제156조 무고죄로 처벌받을 것임을 서약합니다.

2013년 9월 5일

고소인 김 갑 동 (인).

○○지방검찰청 귀중

별지 : 증거자료 세부 목록

1. 인적증거

성 명	강OO	주민등록번호	6△△△△△ - ××××××		
주 소	자택 : 서울 00구 00길 00 직장 : 서울 00구 00길 00			직업	회사원
전 화	(휴대폰) 010-100-0000 (자택) 02-200-0000 (사무실) 02-100-0000				
입증하려 는 내용	강OO은 고소인의 친구이며, 피고소인이 고소인에게 컨설팅비를 요구하면서 00상가를 싸게 분양받도록 해 주겠다는 말을 2006.3.2. 고소인과 같이 들었음				

성 명	이OO	주민등록번호	5△△△△△ - ××××××	
주 소	자택 : 서울 00구 00길 00 직장 : 서울 00구 00길 00(주)00부동산컨설팅		직업	(주)00부동산컨설팅 총무과장
전 화	(휴대폰) 010-200-0000 (사무실) 02-600-0000			
입증하려 는 내용	피고소인이 (주)00부동산컨설팅 직원도 아니면서 마치 위 회사 분양팀장으로 근무한 것처럼 거짓말한 사실			

성 명	박OO	주민등록번호	6△△△△△ - ××××××

주 소	직장 : 서울 OO구 OO길 OO상가 관리사무소	직업	OO상가 관리사무소장

전 화	(휴대폰) 010-300-0000 (사무실) 02-200-0000

입증하려 는 내용	OO상가 101호는 상가 소유자가 팔려고 한 적도 없 다는 사실

2. 증거서류

순번	증거	작성자	제출 유무
1	컨설팅 계약서(사본)	피고소인	■ 접수시 제출 □ 수사 중 제출
2	예금통장(사본)	고 소 인	■ 접수시 제출 □ 수사 중 제출
3	영수증(사본)	피고소인	■ 접수시 제출 □ 수사 중 제출

※ 예금통장 사본은 고소인이 피고소인의 컨설팅비 1,000만원을 2006.
3. 10. 수표로 인출한 사실을 입증하고자 하는 것이며 증거서류 원
본은 고소인이 소지하고 있음

3. 증거물

순번	증거	소유자	제출 유무
1	피고소인의 명함(사본)	고소인	■ 접수시 제출 □ 수사 중 제출
2			□ 접수시 제출 □ 수사 중 제출

4. 기타 증거
○ 없음

고 소 장

고 소 인 : ○ ○ ○ (주민등록번호 :   -   )
  주소 : ○○시 ○○구 ○○길 ○○
  직업 :   사무실 주소 :
  전화번호 : (휴대폰:) (자택:) (사무실:)
  이메일 :
피고소인 : △ △ △ (주민등록번호 :   -   )
  주소 : ○○시 ○○구 ○○길 ○○
  직업 :   사무실 주소 :
  전화번호 : (휴대폰:) (자택:) (사무실:)
  이메일 :

고 소 요 지

피고소인은 고소인을 피고소인 주소지에 소재한 가옥에 20○
○. ○. ○. ○○:○○- 20○○. ○. ○. ○○:○○까지 ○시간
○분 동안 감금한 자이니 법에 의해 엄중히 처벌하여 주시기
바랍니다.

고 소 내 용

1. 고소인과 피고소인과의 관계
  피고소인은 ○○시 ○○구 ○○길 ○○번지에서 "○○양행"라
  는 상호로 사채업을 하는 자이며 고소인은 20○○. ○. ○.
  피고소인에게서 ○○○원을 월 ○부 이자를 주기로 하고 차
  용한 사실이 있습니다.

2. 피고소인의 범죄사실

 가. 고소인은 피고소인에게 금년 ○월까지는 이자를 지급하여 왔으나 물품대금으로 받은 어음이 부도처리되는 바람에 금년 ○월 이후부터는 이자를 지급하지 못하고 있었습니다. 그러자 피고소인이 20○○. ○. ○. ○○:○○경 고소인의 집을 찾아와 잠깐 이야기를 하자며 피고소인의 집으로 데려가 원금과 연체이자 합계 ○○○원을 모두 갚으라고 요구하였습니다.

 나. 고소인은 물품대금으로 받은 어음이 부도났기 때문에 빌린 돈을 갚지 못하고 있는 형편을 이야기하며 말미를 줄 것을 사정하였으나 피고소인은 돈을 갚기 전에는 나갈 수 없다며 같은 날 ○○:○○ 고소인을 피고소인의 집 지하실에 감금하였습니다. 그리고 이 지하실은 창문도 없어 밖에서 문을 잠그면 어느 곳으로도 나갈 수 없는 장소였습니다.

 다. 고소인이 피고소인과 같이 나간 후 밤 ○○시가 넘도록 돌아오지 않자 걱정이 된 고소인의 처가 경찰에 신고를 하였으며 결국 다음날인 20○○. ○. ○. ○○:○○경에야 고소인은 출동한 경찰의 도움으로 감금상태에서 풀려날 수 있었습니다.

위와 같은 피고소인의 범죄사실에 대해 고소하오니 법에 의해 엄중 처벌하여 주시기 바랍니다.

20○○년   ○월   ○일

고 소 인   ○ ○ ○ (인)

○○경찰서장(또는 ○○지방검찰청 검사장) 귀 중

고 소 장

고 소 인 : ○ ○ ○ (주민등록번호 :   -   )
          주소 : ○○시 ○○구 ○○길 ○○
          직업 :   사무실 주소 :
          전화번호 : (휴대폰:) (자택:) (사무실:)
          이메일 :
피고소인 : △ △ △ (주민등록번호 :   -   )
          주소 : ○○시 ○○구 ○○길 ○○
          직업 :   사무실 주소 :
          전화번호 : (휴대폰:) (자택:) (사무실:)
          이메일 :

고소인은 다음과 같이 피고소인을 고소하오니, 법에 따라 조사하여 처벌하여 주시기 바랍니다.

고 소 사 실

피고소인은 ○○시 ○○구 ○○길 ○○번지에 사는 자인데 20○○. ○. ○. ○○:○○경에 ○○시 ○○구 ○○길 ○○번지 소재 고소인 경영의 술집에서 혼자 영업을 하고 있는 고소인을 손으로 밀쳐 바닥에 눕힌 다음 하의와 속옷을 벗기고 "말을 듣지 않으면 죽여버린다."고 협박하고 이에 반항하는 고소인의 목을 조르고 얼굴을 주먹으로 수회 강타한 후 강제로 자신의 성기를 고소인의 질내에 삽입하여 고소인을 ○회 강간하였습니다. 이로 인하여 피고소인은 고소인으로 하여금 약 ○주간의 치료를 요하는 안면부 타박상 및 외음부 찰과상 등의 상해를 입게 한 사실이 있습니다.
위와 같은 사실을 들어 고소하오니 조사하여 엄벌하여 주시기 바랍니다.

```
           첨 부 서 류
   1. 상해진단서              1통


            20○○년   ○월   ○일
            위 고소인   ○   ○   ○ (인)


  ○○경찰서장(또는 ○○지방검찰청 검사장) 귀중
```

고 소 장

고 소 인 : ○ ○ ○ (주민등록번호 :   -   )

　　　　　주소 : ○○시 ○○구 ○○길 ○○

　　　　　직업 :   사무실 주소 :

　　　　　전화번호 : (휴대폰:) (자택:) (사무실:)

　　　　　이메일 :

피고소인 : △ △ △ (주민등록번호 :   -   )

　　　　　주소 : ○○시 ○○구 ○○길 ○○

　　　　　직업 :   사무실 주소 :

　　　　　전화번호 : (휴대폰:) (자택:) (사무실:)

　　　　　이메일 :

고 소 취 지

피고소인은 고소인을 강간한 사실이 있습니다.

고 소 사 실

1. 피고소인은 ○○시 ○○구 ○○길 ○○번지에 사는 자인데 20
   ○○. ○. ○. ○○:○○경에 ○○시 ○○구 ○○길 ○○번지
   소재 고소인의 집에서 잠을 자고 있는 고소인을 폭행, 협박하
   여 강제로 ○회 성교를 하였습니다.
2. 당시 고소인은 고소인의 방에서 깊은 잠에 빠져 있었는데 고
   소인의 방의 열린 창문을 통하여 침입한 피고소인이 갑자기
   놀라 잠에서 깨어난 고소인의 입을 손으로 틀어막은 후 가만
   히 있지 않으면 죽여 버리겠다고 협박하고 이에 반항하는 고
   소인의 목을 조르고 얼굴을 주먹으로 수회 강타한 후 강제로
   자신의 성기를 고소인의 질내에 삽입해 고소인을 강간한 것
   입니다.
3. 위와 같은 사실을 들어 고소하오니 조사하여 엄벌하여 주시
   기 바랍니다.

```
┌─────────────────────────────────────────────────────┐
│                                                       │
│             소 명 방 법                                │
│                                                       │
│      1. 진단서                                         │
│      2. 세부적인 자료는 추후 제출하겠음.               │
│                                                       │
│                                                       │
│          20○○년   ○월   ○일                          │
│          위    고 소 인   ○  ○  ○ (인)               │
│                                                       │
│  ○○경찰서장(또는 ○○지방검찰청 검사장) 귀중          │
│                                                       │
└─────────────────────────────────────────────────────┘
```

(관련판례)

갑이 을을 강간 등 혐의로 고소하였으나 검사가 혐의 없음 처분을 하고, 오히려 갑을 무고 및 간통 혐의로 기소하여 제1심에서 유죄판결을 받았다가, 항소심과 상고심에서 무죄판결이 선고되어 확정되었고, 그 후 갑이 을을 상대로 강간 등 불법행위에 따른 손해배상금의 지급을 구하는 지급명령을 신청하였다가 각하되자 그로부터 6개월 내에 손해배상청구의 소를 제기한 사안에서, 갑의 강간 고소 부분에 대하여 간통죄나 무고죄가 유죄로 인정되는 경우에는 갑이 을에 대하여 손해배상청구를 하더라도 손해배상을 받기 어렵고 오히려 을에게 무고로 인하여 손해를 배상해 주어야 할 입장에 놓일 수도 있게 되므로, 이와 같은 상황 아래서 갑이 강간으로 인한 손해배상청구를 한다는 것은 사실상 불가능하다고 보이고, 따라서 갑의 손해배상청구는 간통과 무고죄에 대한 무죄판결이 확정된 때에야 비로소 사실상 가능하게 되었다고 보아야 하며, 그 결과 갑의 손해배상청구권은 무죄판결이 확정된 때로부터 소멸시효가 진행하는데, 갑이 지급명령 신청이 각하된 후 6개월이 지나기 전에 소를 제기하였으므로 민법 제170조 제2항에 의하여 최초로 지급명령을 신청한 날에 시효가 중단되었다고 본 원심판단을 수긍한 사례(대법원 2011. 11. 10. 선고 2011다54686 판결).

[서식 예] 강간치상죄

고 소 장

고 소 인 : ○ ○ ○ (주민등록번호 :   -   )
　　　　　주소 : ○○시 ○○구 ○○길 ○○
　　　　　직업 :   사무실 주소 :
　　　　　전화번호 : (휴대폰:) (자택:) (사무실:)
　　　　　이메일 :
피고소인 : △ △ △ (주민등록번호 :   -   )
　　　　　주소 : ○○시 ○○구 ○○길 ○○
　　　　　직업 :   사무실 주소 :
　　　　　전화번호 : (휴대폰:) (자택:) (사무실:)
　　　　　이메일 :

고소인은 다음과 같이 피고소인을 고소하오니, 법에 따라 조사하여 처벌하여 주시기 바랍니다.

고 소 사 실

피고소인은 20○○. ○. ○. ○○:○○경 ○○시 ○○구 ○○길 ○○번지 소재 피고소인의 집에서 전화로 고소인 경영의 ○○ 다방으로 차 주문을 한 후 그 주문을 받고 배달을 나온 고소인을 보고 손으로 고소인을 밀쳐 그곳 방바닥에 눕힌 다음 하의와 속옷을 벗기고 "말을 듣지 않으면 죽여 버린다"고 말하면서 그 옆에 있는 지팡이로 고소인의 머리를 때려 고소인의 반항을 억압한 후 강간하려 하였으나 때마침 고소인을 찾으러 온 위 다방 종업원인 □□□에게 발각되어 강간은 당하지 아니하였으나 이로 인하여 고소인으로 하여금 약 ○주간의 치료를 요하는 두피 좌상 등의 상해를 입게 한 사실이 있습니다.

```
┌─────────────────────────────────────────────────┐
│              첨 부 서 류                          │
│    1. 상해진단서              1통                 │
│                                                   │
│            20○○년   ○월   ○일                  │
│            위 고소인  ○  ○  ○ (인)             │
│                                                   │
│  ○○경찰서장(또는 ○○지방검찰청 검사장) 귀중    │
│                                                   │
└─────────────────────────────────────────────────┘
```

고 소 장

고 소 인 : ○ ○ ○ (주민등록번호 :   －   )
　　　　　주소 : ○○시 ○○구 ○○길 ○○
　　　　　직업 :　　　 사무실 주소 :
　　　　　전화번호 : (휴대폰:) (자택:) (사무실:)
　　　　　이메일 :
피고소인 : △ △ △ (주민등록번호 :   －   )
　　　　　주소 : ○○시 ○○구 ○○길 ○○
　　　　　직업 :　　　 사무실 주소 :
　　　　　전화번호 : (휴대폰:) (자택:) (사무실:)
　　　　　이메일 :

고 소 취 지

피고소인은 아래와 같은 방법으로 강도죄를 저지른 사실이 있습니다.

고 소 사 실

피고소인은 일정한 직업이 없는 자인 바, 20○○. ○. ○. ○○:○○경 ○○ ○○시 ○○길 소재 ○○다방을 운영하고 있는 고소인 소유 건물에 침입하여 그 날 따라 몸이 아파 다방 일을 쉬고 방에서 자고있던 고소인을 깨워 협박하면서 공포심을 갖게 한 후 금전을 내놓으라고 하여 고소인이 가지고 있던 현금이 없다고 하자 고소인을 내실에 가두어 폭행을 가하면서 고소인의 의사 및 반항을 억압하여 반항을 불가능하게 하고 장롱을 뒤져 금반지 3돈 짜리 2개, 시가 40만원 상당의 손목시계 2등

합계 금70만원 상당의 금품을 강취하여 재산상 이득을 취하고 도주하였습니다. 이에 본 고소에 이른 것입니다.

입 증 방 법
추후 조사시에 제출하겠습니다.

20○○. ○. ○.
위 고소인 ○ ○ ○ (인)

○○경찰서장(또는 ○○지방검찰청 검사장) 귀중

고 소 장

고 소 인 : ○ ○ ○ (주민등록번호 :   ―   )
　　　　　주소 : ○○시 ○○구 ○○길 ○○
　　　　　직업 :　　　사무실 주소 :
　　　　　전화번호 : (휴대폰:　　) (자택:　　) (사무실:　　)
　　　　　이메일 :
피고소인 : △ △ △ (주민등록번호 :   ―   )
　　　　　주소 : ○○시 ○○구 ○○길 ○○
　　　　　직업 :　　　사무실 주소 :
　　　　　전화번호 : (휴대폰:　　) (자택:　　) (사무실:　　)
　　　　　이메일 :

고 소 취 지

고소인은 피고소인을 강제추행혐의로 고소하오니 철저히 조사
하여 엄벌하여 주시기를 바랍니다.

고 소 사 실

고소인은 20○○. ○. ○. ○○:○○경 ○○도 ○○군 ○○면
○○길 ○○ 소재 피고소인 경영의 '○○당구장'에서 피고소인
및 고소외 □□□과 같이 술을 마시던 중 고소인이 그 곳 당구
장내에 있는 화장실에 갔다가 나오자 피고소인이 갑자기 위 당
구장의 전등을 소등하고 고소인에게 다가와 손으로 고소인의
가슴부위를 만지고 이에 놀라 뒤따라오던 고소외 □□□에게 안
기자 재차 양손으로 고소인의 가슴을 만진 후 고소인을 밀어
당구대위로 넘어뜨리고 가슴 및 음부를 수회 만져 고소인은 이

를 뿌리치고 나가려고 하자 피고소인은 앞을 가로막고 나가지 못하게 하였으나 고소인이 구토증세를 보이자 어쩔 수 없이 비켜주어 위 당구장을 나오게 되었는 바 위 사고로 고소인은 인간적으로 심한 수치심과 모멸감을 느꼈고 피고소인의 이러한 행위를 법에 따라 엄벌하고자 이건 고소에 이른 것입니다.

소 명 방 법

1. 진단서   1 통
1. 목격자진술서   1 통

20○○년   ○월   ○일
위 고소인   ○ ○   ○ (인)

○○경찰서장(또는 ○○지방검찰청 검사장) 귀 중

고 소 장

고 소 인 : ○ ○ ○ (주민등록번호 :   –   )
　　　　　주소 : ○○시 ○○구 ○○길 ○○
　　　　　직업 :   사무실 주소 :
　　　　　전화번호 : (휴대폰:) (자택:) (사무실:)
　　　　　이메일 :
피고소인 : △ △ △ (주민등록번호 :   –   )
　　　　　주소 : ○○시 ○○구 ○○길 ○○
　　　　　직업 :   사무실 주소 :
　　　　　전화번호 : (휴대폰:) (자택:) (사무실:)
　　　　　이메일 :

고 소 취 지

피고소인은 아래와 같은 방법으로 고소인으로부터 금 200만원을 갈취한 사실이 있습니다.

고 소 사 실

1. 피고소인은 일정한 직업이 없는 자이고 고소인은 가정주부인 바, 피고소인과 고소인은 20○○. ○.경 강남의 한 캬바레에서 우연히 알게 되어 정교관계를 맺은 사실이 있었습니다.
2. 그런데 피고소인은 20○○. ○. ○. ○○:○○경 ○○시 ○○구 ○○길에 있는 ○○○호텔 커피숍으로 나오라고 하고는 피고소인에게 "돈 200만원만 빌려 달라"고 하면서 "만일 빌려주지 않으면 정교사실을 남편에게 알려버리겠다"는 등의 말로 협박을 하였습니다.

3. 이에 고소인은 겁을 먹고 어쩔 수 없이 그 다음날 ○○:○○ 경 위 커피숍에서 피고소인을 다시 만나 금 200만원을 교부한 사실이 있기에 본 고소에 이른 것입니다.

입 증 방 법

추후 조사시에 제출하겠습니다.

20○○년   ○월   ○일
위 고소인   ○   ○   ○ (인)

○○경찰서장(또는 ○○지방검찰청 검사장) 귀 중

고 소 장

고 소 인 : ○ ○ ○ (주민등록번호 :   -   )
　　　　주소 : ○○시 ○○구 ○○길 ○○
　　　　직업 :　　　사무실 주소 :
　　　　전화번호 : (휴대폰:) (자택:) (사무실:)
　　　　이메일 :
피고소인 : △ △ △ (주민등록번호 :   -   )
　　　　주소 : ○○시 ○○구 ○○길 ○○
　　　　직업 :　　　사무실 주소 :
　　　　전화번호 : (휴대폰:) (자택:) (사무실:)
　　　　이메일 :

고 소 취 지

피고소인은 고소인을 교통사고로 전치 ○주의 상해를 가한 사실이 있으므로 피고소인을 철저히 수사하여 엄벌에 처해 주시기 바랍니다.

고 소 사 실

피고소인은 20○○. ○. ○. ○○:○○경 피고소인 소유의 경기 ○○러○○○○호 승용차를 운전하고 ○○에서 ○○ 쪽으로 가는 도중 ○○학교 앞 노상에 이르렀을 때 운전자로서 제한속도를 엄수하고 전후좌우를 잘 살피어 불의에 나타나는 장애물을 피할 수 있도록 주의를 다하고 장애물이 있을 때에는 경적을 울리고 일단 이를 피하도록 한 후 운행함으로써 사고를 미연에 방지하여야할 업무상 주의의무가 있음에도 불구하고 이를 태만

히 하여 앞차를 추월하려고 차도의 중앙선 부분까지 침범하여
운행하다가 때마침 반대쪽에서 오는 차를 보고 우측으로 피하
다가 우측부근에 서있던 고소인을 위 차량 전면으로 들이받아
고소인을 지면에 전도시켜 전치 ○주의 치료를 요하는 두개골
골절, 우측경골 및 비골골절 등의 상해를 입힌바, 조사하여 엄
히 처벌하여 주시기 바랍니다.

첨 부 서 류

1. 진단서
1. 목격자진술

20○○년　○월　○일
고 소 인　○　○　○ (인)

○○경찰서장(또는 ○○지방검찰청 검사장) 귀 중

[서식 예] 명예훼손죄

고 소 장

고 소 인 : ○ ○ ○ (주민등록번호 :   －   )
　　　　　주소 : ○○시 ○○구 ○○길 ○○
　　　　　직업 :   사무실 주소 :
　　　　　전화번호 : (휴대폰:) (자택:) (사무실:)
　　　　　이메일 :
피고소인 : △ △ △ (주민등록번호 :   －   )
　　　　　주소 : ○○시 ○○구 ○○길 ○○
　　　　　직업 :   사무실 주소 :
　　　　　전화번호 : (휴대폰:) (자택:) (사무실:)
　　　　　이메일 :

고 소 사 실

1. 피고소인은 ○○주식회사의 주주입니다.
2. 20○○년 ○월 ○일 ○○시 ○○구 ○○길 ○○번지에서 이 회사의 주주총회시 동 회사의 대표이사인 고소인이 그 동안의 회사의 경영사정에 대하여 고소인의 의사를 피력하는 중 피고소인이 고소인의 의사를 반박함으로써 언쟁이 있었는데 피고소인이 50여명의 주주가 모인 이 자리에서 회사의 공금을 횡령한 사기꾼이 무슨 할 이야기가 많으냐? 근거가 있으니 고소하여 처벌받게 할 것인데 어떻게 생각하느냐고 타인들의 동조를 구하는 등 고소인도 전혀 알지 못하는 사실무근한 허위사실을 들어가면서 고소인의 명예를 훼손한 사실이 있습니다.
3. 위와 같은 사실을 들어 고소하오니 조사하여 엄벌하여 주시기 바랍니다.

20○○년　　○월　　○일
위 고 소 인 ○ ○ ○ (인)

○○경찰서장(또는 ○○지방검찰청 검사장) 귀 중

고 소 장

고 소 인 : ○ ○ ○ (주민등록번호 :   –   )
　　　　　주소 : ○○시 ○○구 ○○길 ○○
　　　　　직업 :   사무실 주소 :
　　　　　전화번호 : (휴대폰:) (자택:) (사무실:)
　　　　　이메일 :
피고소인 : △ △ △ (주민등록번호 :   –   )
　　　　　주소 : ○○시 ○○구 ○○길 ○○
　　　　　직업 :   사무실 주소 :
　　　　　전화번호 : (휴대폰:) (자택:) (사무실:)
　　　　　이메일 :

고소인은 피고소인에 대하여 다음과 같이 고소하오니 철저히 조사
하여 법에 따라서 처벌하여 주시기 바랍니다.

　　　　　　　　　　　　다　　음
1. 피고소인은 일정한 직업이 없는 자로서, 사실은 19○○. ○. ○.
　 갚는 날을 20○○. ○. ○. 이자는 월○푼으로 하는 내용으로 피
　 고소인이 직접 작성한 지불각서를 고소인에게 교부하고 금 ○,○
　 ○○,○○○원을 고소인으로부터 차용하였음에도 불구하고, 고소
　 인이 피고소인에게 갚기를 독촉하자 오히려 고소인이 피고소인
　 의 도장을 이용하여 피고소인 명의의 지불각서를 위조하여 피고
　 소인으로부터 금 ○,○○○,○○○원을 편취하려 한다는 내용의
　 고소장을 20○○. ○. ○일 ○○경찰서에 제출하였습니다.
2. 이는 피고소인이 고소인에 대한 채무를 면해 보고자 고소인
　 을 형사처분 받게 할 목적으로 허위의 사실을 기재 고소인을
　 음해하는 것이므로 피고소인을 무고죄로 고소하오니 조사하

여 엄벌하여 주시기 바랍니다.

20○○년　○월　○일
위 고소인　○　○　○ (인)

○○경찰서장(또는 ○○지방검찰청 검사장) 귀 중

[서식 예] 미성년자에 대한 간음죄등

고 소 장

고 소 인 : ○ ○ ○ (주민등록번호 :   –   )

　　　　　주소 : ○○시 ○○구 ○○길 ○○

　　　　　직업 :   사무실 주소 :

　　　　　전화번호 : (휴대폰:) (자택:) (사무실:)

　　　　　이메일 :

피고소인 : △ △ △ (주민등록번호 :   –   )

　　　　　주소 : ○○시 ○○구 ○○길 ○○

　　　　　직업 :   사무실 주소 :

　　　　　전화번호 : (휴대폰:) (자택:) (사무실:)

　　　　　이메일 :

고 소 취 지

위 피고소인을 미성년자에 대한 간음죄 등으로 고소하니 엄벌에 처해주시기 바랍니다.

고 소 사 실

1. 고소인은 위 주소지인 ○○주택가에 거주하고 있습니다.

2. 피고소인은 주소지에서 ○○어학학원을 경영하면서(그 처인 □□□은 위 학원의 영어교사임)통학 자동차를 운전하던 중 20○○년 ○월 ○일 고소인의 2녀인 피해자 □□□이 고소인이 친척집을 방문하기 위하여 피해자를 데리러 오기로 하여 학원 출입문 입구에서 기다리도록 한 것을 이용하여 사무실 안으로 들어와 기다리라고 꼬여 사무실 출입문을 안에서 잠그고 해괴한 감언이설로 12살 밖에 되지 않은 미성년

자를 간음한 사실이 있습니다.

3. 그 뿐만 아니라 그 후에도 3회에 걸쳐 동일한 수법으로 유
   인하여 간음행위를 함으로써 인륜, 도덕상 도저히 묵과할 수
   없는 범죄를 저질렀으므로 이 건 고소를 제기하오니 철저히
   조사하여 엄벌에 처해주시기 바랍니다.

20○○년   ○월   ○일

고소인(피해자의 모)   ○ ○ ○ (인)

○○경찰서장(또는 ○○지방검찰청 검사장) 귀 중

[서식 예] 불법체포감금죄

고　소　장

고 소 인 :　○ ○ ○ (주민등록번호 :　　　－　　　)

　　　　　주소 :　○○시 ○○구 ○○길 ○○

　　　　　직업 :　　　사무실 주소 :

　　　　　전화번호 :　(휴대폰:　) (자택:　) (사무실:　)

　　　　　이메일 :

피고소인 :　△ △ △ (주민등록번호 :　　　－　　　)

　　　　　주소 :　○○시 ○○구 ○○길 ○○

　　　　　직업 :　　　사무실 주소 :

　　　　　전화번호 :　(휴대폰:　) (자택:　) (사무실:　)

　　　　　이메일 :

고　소　취　지

고소인은 피고소인을 상대로 아래와 같이 불법체포감금죄로 고소하고자 하오니 철저히 조사하여 엄벌에 처해주시기 바랍니다.

고　소　사　실

1. 피고소인 4인은 ○○지방경찰청 마약수사과에 근무하고 있는 자들로서, 주임무로 마약사범 검거 및 수사를 담당하는 등 인신구속에 관한 직무를 행하고 있는 사법경찰관들입니다.
2. 20○○년 ○월 ○일 오후 ○○시경 다방에서 사업관계자와 업무협의를 하고 있던 중 피고소인들이 들이닥쳐 대마초 흡입혐의로 체포한다며 수갑을 채우기에 고소인은 체포영장을 제시하라고 하였으나 들은 척도 하지 않고 고소인을 연행하였습니다.
3. 피고소인들은 고소인을 주소불상의 장소에 데리고 가, 대마

초 흡입사실을 자백하라면서 진술을 강요하였고, 고소인이 위
혐의사실을 자백하지 않아 피고소인들의 생각대로 되지 않자
하는 수 없이 다음날 새벽 ○○시경이 되어서야 고소인을 풀
어주었습니다.

4. 이는 공무원이 직권을 남용하여 고소인을 불법체포·감금한
   것이 명백하므로 피고소인들을 불법체포·감금죄로 고소하오
   니 엄중히 조사하여 처벌해 주시기 바랍니다.

입 증 방 법

1. 진술서

20○○년   ○월   ○일
위 고소인   ○ ○ ○ (인)

○○경찰서장(또는 ○○지방검찰청 검사장) 귀 중

[서식 예] 사기죄

고 소 장

고 소 인 : ○ ○ ○ (주민등록번호 :   -   )

　　　　　주소 : ○○시 ○○구 ○○길 ○○

　　　　　직업 :   사무실 주소 :

　　　　　전화번호 : (휴대폰:) (자택:) (사무실:)

　　　　　이메일 :

피고소인 : △ △ △ (주민등록번호 :   -   )

　　　　　주소 : ○○시 ○○구 ○○길 ○○

　　　　　직업 :   사무실 주소 :

　　　　　전화번호 : (휴대폰:) (자택:) (사무실:)

　　　　　이메일 :

고 소 취 지

피고소인들은 고소인을 속여 고소인으로부터 금 3,000만원을 편취한 자들이므로 이를 고소하니 철저히 조사하여 법에 따라 처벌하여 주시기 바랍니다.

고 소 이 유

1. 고소인은 피고소인들과는 아무런 친·인척관계가 없으며, 피고소인 김△△는 ○○시 ○구 ○○길 ○○번지상의 주택의 소유자이고, 피고소인 이△△는 위 주택의 임차인입니다.

2. 고소인은 20○○년 ○월 ○일 ○○:○○경에 직장이전관계로 급히 주택을 임차하기 위하여 생활정보지의 광고를 보고 피고소인 김△△을 찾아가서 피고소인 이△△이 거주하던 위 주택을 둘러보고 보증금 3,000만원에 임차하기로 계약하면서 고소인이 사정이 급박한 관계로 당일 피고소인 김△△이 있는 자리에서 피고소인 이△△에게 직접 보증금 전액을 모두 지불하고 피고소인 김△△로부터 계약서를 교부받았습

니다.
3. 고소인은 위 계약을 하면서 당일이 토요일인지라 등기부상 권리관계를 확인할 수 가 없어 피고소인들에게 위 주택에 별다른 문제가 없는지 물었으나 피고소인들은 한결같이 아무런 문제가 없다고 하여 이를 믿고 보증금의 전액을 지급하였던 것입니다.
4. 고소인은 다음날 이사를 하고 직장관계로 며칠 뒤 위 주택의 등기부등본을 확인한 결과 위 주택은 이미 오래 전에 ○○은행으로부터 경매가 들어와 ○○법원에서 경매가 진행 중이었던 관계로 곧 낙찰이 될 지경이었습니다.
   고소인이 이러한 사실을 피고소인들에게 항의하고 보증금을 반환해 달라고 하자 피고소인들은 자신들도 몰랐다고 발뺌하며 보증금을 돌려줄 수 없다고 하고 있으나 피고소인 김△△은 집주인으로서 이러한 사실을 몰랐을 리가 없으며, 피고소인 이△△은 배당금을 받기 위하여 법원에 임차인신고를 이미 해 놓았는데 이를 몰랐다는 것은 상식적으로 납득이 되지 않는 것입니다.
5. 따라서 피고소인들은 공모하여 고소인에게 거짓말을 하여 기망한 다음 고소인으로부터 보증금 3000만원을 편취한 것이 분명하므로 조사하여 법에 따라 처벌해 주시기 바랍니다.

첨 부 서 류

1. 전세계약서 사본   1통
1. 생활정보지   1통

20○○년   ○월   ○일
고 소 인   ○ ○ ○ (인)

○○경찰서장(또는 ○○지방검찰청 검사장) 귀 중

[서식 예] 업무상과실치상죄(의료사고)

고　소　장

고 소 인 :　○ ○ ○ (주민등록번호 :　　　　　-　　　　)
　　　　　주소 :　○○시 ○○구 ○○길 ○○
　　　　　직업 :　　　사무실 주소 :
　　　　　전화번호 : (휴대폰: 　) (자택: 　) (사무실: 　)
　　　　　이메일 :
피고소인 :　△ △ △ (주민등록번호 :　　　　　-　　　　)
　　　　　주소 :　○○시 ○○구 ○○길 ○○
　　　　　직업 :　　　사무실 주소 :
　　　　　전화번호 : (휴대폰: 　) (자택: 　) (사무실: 　)
　　　　　이메일 :○길 ○○번지 ○○병원

고　소　취　지

피고소인은 고소인에게 고혈압 및 편두통 치료를 하다가 업무상 과실로 뇌동맥 파열로 인한 지주막하출혈로 사지부전마비 상태에 이르게 한 사실이 있으므로 피고소인을 철저히 수사하여 엄벌에 처해 주시기 바랍니다.

고　소　사　실

1. 고소인은 20○○. ○.경 구토를 동반한 심한 두통으로 피고소인을 사용하고 있는 ○○병원에 내원하여 소화기 내과 전문의인 김△△로부터 진찰을 받았는데, 고혈압으로 의심한 위 의사는 순환기 내과 의사인 A에게 협의진료를 요청하였고, 위 김△△는 검사를 시행한 다음 혈압강하제인 ○○○을 복용토록 하였습니다.

2. 고소인은 위 약물을 계속 복용하였으나 한 달 후인 20○○.
○. 중순경 계속된 통증으로 다시 위 병원에 내원 하였는데,
당시 김△△는 고혈압, 일과성 뇌허혈, 뇌막염 의심 하에 정
밀진단을 위하여 고소인을 입원토록 하였고 당시 고소인은
두통 및 구토와 함께 목이 뻣뻣하고 목 뒤에서 맥박이 뛰는
듯하며, 말이 어둔하고 전신이 쇠약한 상태였습니다. 한편
피고 김△△는 신경학과 의사인 이△△에게 협진 의뢰를 한
바 별다른 이상 없다는 통보를 받고 편두통 진단을 하여 최
종적으로 만성위염, 지방간, 고혈압 진단을 내리고 이에 대
한 약물치료를 한 다음 혈압이 다소 안정되자 같은 달 말경
고소인을 퇴원토록 하였습니다.
3. 고소인은 위 병원에 다녀온 뒤 조금 증상이 호전되는 듯하다
가 퇴원후 ○개월이 지난 20○○. ○. ○경 새벽 무렵 수면
도중 갑작스럽게 비명을 지르면서 의식을 잃고 쓰러져 즉시
응급실에 내원하게 되었고 이△△는 뇌 CT 촬영을 하였던바,
좌측뇌실 내 출혈과 함께 좌측 측두엽 끝과 좌우 내실내 출혈
소견을 보여 일단 동정맥기형 파열과 뇌실내 출혈, 종양 출
혈과 뇌실내출혈, 모야모야병과 뇌실내 출혈, 고혈압성 뇌출
혈과 뇌실내출혈로 진단하였습니다. 그러나 이△△는 고소인
의 상태가 좋지 않아 수술예정만 잡아놓고 합병증 발생 예방
치료만을 하였습니다.
4. 이에 고소인은 수술날짜를 기다릴 수 없어서 다른 병원으로
전원하였던바, 위 병원 의료진은 동맥류파열에 의한 지주막
하출혈로 진단하고 재출혈 방지를 위한 외동맥류 경부 결찰
술을 시행하였습니다. 그러나 고소인은 수술전 이미 심한 뇌
부종에 의한 뇌세포 괴사와 뇌혈관연축에 의한 뇌경색, 뇌수
두증 등으로 뇌손상을 입어 위 병원에서 치료를 받다가 다음
해 ○월경 퇴원하였습니다.
5. 한편 위 병원의 진단 결과 현재의 증상(뇌동맥류 파열에 의
한 지주막하출혈)은 이미 위 피고소인이 고소인을 진찰하고

치료할 당시인 20○○. ○. ○. 및 같은 해 ○경에 이미 나타났던 것으로 드러났습니다. 뇌동맥류 파열에 희한 지주막하출혈은 갑작스러운 두통 및 구토이외에는 뇌신경학적 증상이 없는 경우가 있으므로 이 경우 신경외과 의사인 이△△와 주치의인 김△△로서는 환자나 발병과정을 지켜본 사람에게서 자세한 병력을 들어 지주막하출혈 가능성을 추정하고 소량의 출혈시에는 반드시 뇌 CT 촬영, 뇌척수액검사 및 뇌혈관 촬영 등을 신속히 시행하여 뇌동맥류 파열로 인한 지주막하 출혈을 확인하였어야 하는 업무상 주의 의무를 위반하여 만연히 즉시 위와 같은 조치를 하지 않고 혈압강하제 만을 투약케 한 업무상 과실로 피고소인을 사지부전마비 상태에 빠뜨렸으니, 조사하여 엄히 처벌하여 주시기 바랍니다.

첨 부 서 류

1. 진단서(A병원 피고소인 작성)
1. 진단서(B병원 의사 작성)
1. 진료기록부(A병원)
1. 진료기록부(B병원)

기타 추후 제출하겠습니다.

20○○년   ○년   ○월
고 소 인   ○   ○   ○ (인)

○○경찰서장(또는 ○○지방검찰청 검사장) 귀 중

고 소 장

고 소 인 : ○ ○ ○ (주민등록번호 :   -   )

　　　　　주소 : ○○시 ○○구 ○○길 ○○

　　　　　직업 :　　　　사무실 주소 :

　　　　　전화번호 : (휴대폰:　　) (자택:　　　) (사무실:　　)

　　　　　이메일 :

피고소인 : △ △ △ (주민등록번호 :   -   )

　　　　　주소 : ○○시 ○○구 ○○길 ○○

　　　　　직업 :　　　　사무실 주소 :

　　　　　전화번호 : (휴대폰:　　) (자택:　　　) (사무실:　　)

　　　　　이메일 :

고 소 취 지

위 피고소인을 업무상위력등에 의한 간음죄로 고소하오니 철저한 수사를 하여 의법 조치하여 주시기 바랍니다.

고 소 이 유

1. 고소인은 고향인 ○○도 ○○군에서 고등학교를 졸업하고 가정형편이 어려워 취업을 목적으로 상경하여 현 주소지에 거주하고 있습니다. 특별한 기술이 없던 고소인은 먼저 상경한 고향친구 □□□의 소개로 ○○년 ○월 ○일부터 ○○구 ○○길 소재 ○○○미용학원에서 ○○년 ○월 ○일까지 미용기술을 배우게 되었습니다.

2. 미용기술을 배운 고소인은 상기 ○○미용학원의 원장으로 있는 □□□의 소개로 피고소인이 ○○도 ○○시 ○○구 ○○길에서 원장으로 운영하는 "○○○"이라는 미용업소에서 ○○년 ○월 ○일부터 수습 미용사로서 미용 일을 시작하게 되었

습니다.

3. 피고소인은 고소인이 일을 하게 된 날부터 "미용기술만 잘 배우면 한평생 걱정 없이 살 수 있지만 열심히 내가 시키는 일을 하지 않고 게으름을 피우면 잘라버릴 거야"며 위협적인 분위기를 조성한 사실이 있었습니다. 당시 고소인은 중학교와 초등학교에 다니는 동생들의 학비와 간암말기인 어머니의 병원비를 책임지고 있었고 이런 고소인의 어려운 생활을 피고소인은 알고 있었습니다.

4. 그러던 ○○년 ○월 ○일 ○○:○○경 여느 날과 같이 뒷정리를 하고 퇴근하려고 하던 고소인에게 피고소인은 "오늘 너에게 특별한 기술을 알려 줄 테니 이리와"하며 고소인의 오른쪽 손을 잡아끌며 강제로 미용실 손님들의 대기 의자인 장의자에 고소인을 눕히고 머리를 쓰다듬었습니다.

5. 고소인이 강하게 저항하자 피고소인은 "너 여기서 쫓겨나고 싶어, 다른 곳에 취업 못하게 할 수도 있어. 그러니 가만히 있어"하며 고소인의 입에 피고소인의 입을 맞추며 고소인의 상의를 찢고 가슴을 만지며 간음하였습니다..

6. 피고소인은 인간의 탈을 쓴 파렴치범으로 고소인의 고용인으로서 경제적으로 고소인이 어려운 처지를 약점 삼아 강제로 간음한 자로 현재까지도 아무런 뉘우침이 없어 고소를 제기하오니 법이 적용하는 한 엄벌에 처해 주시기 바랍니다.

입 증 방 법

1. 상해진단서   1부
2. 기타 서류

20○○년   ○월   ○일

위 고소인   ○ ○ ○ (인)

○○경찰서장(또는 ○○지방검찰청 검사장) 귀 중

고 소 장

고 소 인 : ○ ○ ○ (주민등록번호 :   -   )

주소 : ○○시 ○○구 ○○길 ○○

직업 :   사무실 주소 :

전화번호 : (휴대폰:) (자택:) (사무실:)

이메일 :

피고소인 : △ △ △ (주민등록번호 :   -   )

주소 : ○○시 ○○구 ○○길 ○○

직업 :   사무실 주소 :

전화번호 : (휴대폰:) (자택:) (사무실:)

이메일 :

고 소 사 실

고소인은 직장문제로 서울에서 20○○. ○.경 현재 살고 있는 ○○도 ○○시 ○○길 ○○번지의 단독주택으로 이사를 왔습니다. 이사온 주택은 지은 지 5년밖에 되지 않은 주택으로 대문이나 울타리가 콘크리트나 벽돌로 사람의 키만큼 높이 쌓은 담이 아니고 밖에서 울타리 안을 훤히 볼 수 있게 된 철근식 울타리이며 대문도 늘 개방되어 있는 전원주택입니다. 그런데 고소인이 이사온 지 채 한 달이 되기도 전에 옆집에 사는 중년의 피고소인은 열려진 대문으로 수시로 들어와 창문을 열고 거실을 들여다보고, 가끔은 고소인과 눈이 마주쳐 고소인이 놀라기도 했으며 아이들과 아내는 무서워 다시 이사를 가자고 합니다. 피고소인은 심지어 밤에도 위와 같은 행동을 하는 것입니다. 그래서 고소인은 수차례 주의를 주었는데도 상대방은 이를 그만두지 않아 이건 고소를 하게 되었으니 의법 조치해 주시기 바랍니다.

입 증 방 법

피고소인은 동네에서 평판이 좋지 않고 전에도 그런 사실이 있다는 반장의 말이 있으므로 필요하시면 참고인으로 반장을 조사해 주시기 바랍니다.

20○○. ○. ○.

위 고소인   ○ ○ ○ (인)

○○경찰서장(또는 ○○지방검찰청 검사장) 귀 중

고 소 장

고 소 인 : ○ ○ ○ (주민등록번호 :   -   )
          주소 : ○○시 ○○구 ○○길 ○○
          직업 :   사무실 주소 :
          전화번호 : (휴대폰:) (자택:) (사무실:)
          이메일 :
피고소인 : △ △ △ (주민등록번호 :   -   )
          주소 : ○○시 ○○구 ○○길 ○○
          직업 :   사무실 주소 :
          전화번호 : (휴대폰:) (자택:) (사무실:)
          이메일 :

고 소 취 지

피고소인은 20○○. ○. ○. ○○:○○경 ○○시 ○○구 ○○길 ○○번지 소재 '○○○'식당에서 고소인에게 '집을 비워주지 않으면 고소인 및 고소인의 가족을 죽여버리겠다'라는 내용의 협박을 하였으니 피고소인을 엄벌에 처하여 주십시오.

고 소 내 용

1. 사건의 경위
  가. 고소인은 20○○. ○. ○. 피고소인 소유의 위 ○○길 ○○번지 지상 상가를 보증금 ○○○원, 월세 ○○원, 임차기간 20○○. ○. ○.까지로 정하여 임차하여 지금까지 식당업을 하고 있습니다.
  나. 피고소인은 자신이 위 상가에서 식당업을 하겠다며, 임대

차기간이 만료되기 전임에도 수차에 걸쳐 고소인에게 상가를 명도하여 줄 것을 요구하여 오다가, 20○○. ○. ○. ○○:○○경 고소인이 운영하는 위 '○○○'식당에 찾아와서 '일주일 내로 상가를 비워주지 않으면 고소인 및 고소인의 가족을 죽여 버리겠다'는 내용의 협박을 하여 고소인은 심한 공포를 느꼈습니다.

2. 피고소인의 범죄행위로 인한 피해상황

피고소인의 위 협박행위 이 후, 피고소인이 고소인이나 고소인의 아이들에 대하여 신체적 가해를 하지 않나 하는 두려움에 아이들이 학교를 가거나 외출할 때에는 꼭 고소인이 따라 다니고 있는 실정이며, 극심한 정신적인 고통을 겪다가 결국 신경쇠약으로 정신과적 치료를 받기도 하였습니다.

3. 결론

이상의 이유로 피고소인을 협박죄로 고소하오니, 부디 고소인 및 고소인 가족의 안전을 위해서라도 피고소인을 엄벌에 처하여 주시기를 바랍니다.

첨 부 서 류

1. 상가임대차계약서 사본   1통
2. 내용증명   각 1통
3. 국립정신병원 진단서   1통

20○○년   ○월   ○일

위 고소인   ○ ○ ○ (인)

○○경찰서장(또는 ○○지방검찰청 검사장) 귀 중

[서식 예] 고소취하서

고 소 취 하 서

고 소 인   ○ ○ ○
피고소인   △ △ △

고소인이 20○○. ○. ○. 피고소인을 ◎◎혐의로 고소한 사건에 관하여 당사자는 원만히 합의하였기에 고소인은 그 고소를 취하합니다.

20○○. ○. ○.

고 소 인 ○ ○ ○ (인)

○○경찰서장(또는 ○○지방검찰청 검사장) 귀 중

(관련판례)

　형사소송법 제232조에 의하면 고소는 제1심판결 선고 전까지 취소할 수 있되 고소를 취소한 자는 다시 고소할 수 없으며, 한편 고소취소는 범인의 처벌을 구하는 의사를 철회하는 수사기관 또는 법원에 대한 고소권자의 의사표시로서 형사소송법 제239조, 제237조에 의하여 서면 또는 구술로써 하면 족한 것이므로, 고소권자가 서면 또는 구술로써 수사기관 또는 법원에 고소를 취소하는 의사표시를 하였다고 보여지는 이상 그 고소는 적법하게 취소되었다고 할 것이고, 그 후 고소취소를 철회하는 의사표시를 다시 하였다고 하여도 그것은 효력이 없다 할 것이다(대법원 2007. 4. 13. 선고 2007도425 판결 등 참조).

고 소 취 소 장

고 소 인 : 홍 길 동 (600000 - 1000000)
　　　　주소 : 서울시 종로구 내자동 201-11 (⑨ 110-798)
피고소인 : 임 꺽 정 (500000 - 1000000)
　　　　주소 : 서울 서대문구 미근동 224

　위 고소인은 피고소인 임꺽정을 사기 혐의로 ○○경찰서에 고소한 사실이 있는데, 어떤 사유로(예 : '피고소인으로부터 피해액 전액을 변제 받아서', 또는 '이후 변제받기로 하고' 등) 피고소인에 대한 처벌을 원하지 않으므로 고소 내용 전체를 취소하고자 합니다

　　　　　　2018년 5월 15일

　　　　　위 고 소 인 : 홍 길 동 ⑨

　　　○ ○ 경 찰 서 장 귀하

※ 조사계에서 취급중인 사건을 당사자 및 피위임자가 고소취소를 하실 경우 사건취급담당자에게 제출하시고 피위임자는 고소취소장과 위임장 및 인감(개인), 법인등기부등본(법인)이 필요합니다.

합 의 서

피해자 : 홍 길 동 (600000 - 1000000)
　　　주소 : 서울시 종로구 내자동 201-11 (우 110-798)
가해자 : 임 꺽 정 (500000 - 1000000)
　　　주소 : 서울 서대문구 미근동 224

　　피해자 홍길동은 1999. 12. 10. 10:00경 서울 ○○구 ○
○동 ○번지 앞 노상에서 가해자 임꺽정으로부터 8주간의 치료
를 요하는 왼팔 골절상의 폭행을 당하고 가해자 임꺽정을 ○○
경찰서에 신고한 사실이 있는데, 1999. 12. 13. 21:00경 ○○
에서 가해자의 형 임만정으로부터 치료비 명목으로 7,000,000
원을 받아 가해자의 처벌을 원치 않으며 피해자는 차후로 이
사건으로 민·형사상의 이의를 제기하지 않겠습니다.

　　　　　　　20xx년 0월 00일

　　　　　　　위 고 소 인 : 홍 길 동 ㉑

○ ○ 경 찰 서 장 귀하

※ 취급중인 사건을 당사자 및 피위임자가 합의를 하실 경우 사건취급
　담당자에게 제출하시고 피위임자는 합의서와 위임장 및 인감(개인)이
　필요합니다.

7. 고발(告發)

7-1. 고발의 의미

① 「고발」이란 고소와 마찬가지로 범죄사실을 수사기관에 신고하여 범인의 소추를 구하는 의사표시입니다. 고소와 달리 범인 및 고소권자 이외의 제3자는 누구든지 할 수 있습니다. 공무원은 그 직무를 행함에 있어서 범죄가 있다고 사료하는 때에는 고발의 의무가 있습니다.

② 고발은 고소권자가 아닌 자의 의사표시라는 점에서 고소와 구별되며 범인 본인의 의사표시가 아니라는 점에서 자수(自首)와 구별됩니다. 고발은 일반적으로 수사의 단서에 불과하나 예외적으로 관세법 또는 조세범처벌법 위반과 같이 고발이 있어야 죄를 논하게 되는 사건(필요적 고발사건)의 경우 소송조건이 됩니다.

7-2. 고발할 수 있는 사람

① 누구든지 범죄가 있다고 사료하는 때에는 고발할 수 있습니다(형사소송법 제234조제1항).

② 공무원은 그 직무를 행함에 있어 범죄가 있다고 사료하는 때에는 고발하여야 합니다(동법 제234조제2항).

7-3. 고발의 제한

자기 또는 배우자의 직계존속을 고발하지 못합니다(형사소송법 제235조 및 제224조).

7-4. 고발의 방식

① 고발은 서면 또는 구술로써 검사 또는 사법경찰관에게 하여야 합니다(형사소송법 제237조제1항).

② 검사 또는 사법경찰관이 구술에 의한 고발을 받은 때에는 조서를 작성하여야 합니다(동법 제237조제2항).

7-5. 고발과 사법경찰관의 조치

사법경찰관이 고발을 받은 때에는 신속히 조사하여 관계서류와 증거물을 검사에게 송부해야 합니다(형사소송법 제238조).

7-6. 고발의 취소

7-6-1. 고발 취소의 방식

① 고발 취소는 서면 또는 구술로써 검사 또는 사법경찰관에게 하여야 합니다(형사소송법 제239조 및 제237조제1항).

② 검사 또는 사법경찰관이 구술에 의한 고발 취소를 받은 때에는 조서를 작성하여야 합니다(동법 제239조 및 제237조제2항).

7-6-2. 고발의 취소와 사법경찰관의 조치

사법경찰관이 고발 취소를 받은 때에는 신속히 조사하여 관계서류와 증거물을 검사에게 송부하여야 합니다(형사소송법 제239조 및 제238조).

7-7. 고소·고발 시 유의사항

7-7-1. 무고죄

① "무고죄"란, 다른 사람에 대해 형사 처분이나 징계 처분을 받게 하기 위해 공무소 또는 공무원에 대해 허위의 사실을 신고함으로써 성립하는 범죄를 말합니다.

② 무고죄는 자진하여 사실을 고지하는 것을 핵심으로 하기 때문에 무고의 신고에 대한 형식은 묻지 않습니다.

7-7-2. 무고죄의 처벌 등

① 다른 사람에게 형사 처분 또는 징계 처분을 받게 할 목적으로 공무소 또는 공무원에게 허위의 사실을 신고한 경우에는 10년 이하의 징역 또는 1천500만원 이하의 벌금에 처해집니다(형법 제156조).

② 「특정범죄가중처벌 등에 관한 법률」에 따른 범죄에 대해 무고죄를 범한 경우에는 3년 이상의 유기징역에 처해집니다(동법 제14조).

③ 무고죄를 범한 사람이 해당 사건의 재판 또는 징계 처분이 확정되기 전에 자수하거나 자백한 경우에는 형이 감경되거나 면제될 수 있습니다(형법 제157조).

7-7-3. 처벌 의사표시의 철회

① 단순폭행죄와 존속폭행죄와 같이 피해자의 명시적인 의사에 반해 처벌할 수 없는 사건의 경우, 처벌을 희망하는 의사표시의 철회는 제1심 판결의 선고 전까지 할 수 있으며, 처벌 희망 의사표시를 철회한 사람은 다시 고소할 수 없습니다(형사소송법 제232조제3항).

② 반의사불벌죄와 친고죄는 피해자의 의사에 따라 국가형벌권이 작용하거나 작용하지 않는다는 점에서 양자는 유사하지만, 반의사불벌죄는 고소가 없어도 공소를 제기할 수 있는 점에서 친고죄와 구별됩니다.

■ 문방구 약속어음용지를 허위로 작성·교부한 경우, 유가증권위조 등으로 고발할 수 있나요?

Q. 甲은 수차에 걸쳐 乙로부터 금전을 차용하여 대여금채무총액이 증가되어 乙이 적지 않은 급여를 받고 있는 甲의 남편 丙 명의의 약속어음을 받아 달라고 하자, 甲은 丙의 동의없이 丙의 목도장을 새겨 문방구에서 판매하는 3매의 약속어음용지에 발행인을 丙으로 하고, 수취인, 액면금액, 발행지, 지급지, 지급장소, 발행일, 지급기일을 모두 기재하여 乙에게 교부하였습니다. 그 후 乙이 丙에게 위 약속어음을 제시하고 지급을 청구하자 丙이 위 약속어음의 발행사실을 부인하게 되고, 乙은 甲을 유가증권위조 등으로 고발하겠다고 합니다. 문방구에서 판매하는 약속어음용지도 유가증권이 되는지요?

A. 유가증권의 위조 등의 죄에 관하여 「형법」 제214조는 "①행사할 목적

으로 대한민국 또는 외국의 공채증서 기타 유가증권을 위조 또는 변조한 자는 10년 이하의 징역에 처한다. ②행사할 목적으로 유가증권의 권리의무에 관한 기재를 위조 또는 변조한 자도 전항의 형과 같다."라고 규정하고 있으며, 위조유가증권 등의 행사 등의 죄에 관하여 같은 법 제217조는 "위조, 변조, 작성 또는 허위기재한 전3조 기재의 유가증권을 행사하거나 행사할 목적으로 수입 또는 수출한 자는 10년 이하의 징역에 처한다."라고 규정하고 있습니다.

그리고 같은 법 제214조 소정의 '유가증권'의 개념 및 그 판단방법에 관하여 판례는 "형법 제214조의 유가증권이란 증권상에 표시된 재산상의 권리의 행사와 처분에 그 증권의 점유를 필요로 하는 것을 총칭하는 것으로서 재산권이 증권에 화체(化體)된다는 것과 그 권리의 행사와 처분에 증권의 점유를 필요로 한다는 두 가지 요소를 갖추면 족하지 반드시 유통성을 가질 필요는 없고, 또한 유가증권은 일반인이 진정한 것으로 오신(誤信) 할 정도의 형식과 외관을 갖추고 있으면 되므로 증권이 비록 문방구 약속어음용지를 이용하여 작성되었다고 하더라도 그 전체적인 형식·내용에 비추어 일반인이 진정한 것으로 오신 할 정도의 약속어음요건을 갖추고 있으면 당연히 형법상 유가증권에 해당한다."라고 하였습니다(대법원 2001. 8. 24. 선고 2001도2832 판결).

따라서 위 사안에 있어서도 甲은 유가증권위조 및 동행사죄로 처벌될 수 있을 것으로 보입니다. 다만 남편의 동의없이 남편의 목도장을 새긴 것은 인장위조죄에 해당하나 유가증권위조죄에 흡수되어 따로 성립하지 않을 것으로 보입니다.

■ 약속어음발행인이 은행에 신고 안 된 인장을 날인한 경우, 허위유가증권작성죄 등으로 고발할 수 있나요?

Q. 甲은 乙에게 은행을 통하여 지급이 이루어지는 약속어음을 발행하면서 그 약속어음발행을 위하여 은행에 신고한 인장이 아닌 甲의 다른 인장을 사용하였는데, 그 어음이 부도처리되자 乙은 甲을 허위유가증권작성죄 등으로 고발하겠다고 합니다. 이 경우 甲에게 허위유가증권작성죄가 인정되는지요?

A. 「형법」 제216조는 "행사할 목적으로 허위의 유가증권을 작성하거나 유가증권에 허위사항을 기재한 자는 7년 이하의 징역 또는 3천만원 이하의 벌금에 처한다."라고 규정하고 있고, 같은 법 제217조는 허위유가증권을 행사한 자는 10년 이하의 징역에 처한다고 규정하고 있습니다.

위 사안에서 甲이 은행에 신고되지 않은 인장을 날인하여 약속어음을 발행한 경우 위 규정에 위반하여 허위유가증권작성 및 행사죄가 성립될 수 있을 것인지에 관하여 판례는 "은행을 통하여 지급이 이루어지는 약속어음의 발행인이 그 발행을 위하여 은행에 신고된 것이 아닌 발행인의 다른 인장을 날인하였다 하더라도 그것이 발행인의 인장인 이상 그 어음의 효력에는 아무런 영향이 없으므로 허위유가증권작성죄가 성립하지 아니한다."라고 하였습니다(대법원 2000. 5. 30. 선고 2000도883 판결). 따라서 위 사안에서 甲에게 허위유가증권작성 및 행사죄가 인정되지는 않을 것으로 보입니다.

참고로 배서인의 주소기재가 허위로 기재된 경우에 관하여 판례는 "배서인의 주소기재는 배서의 요건이 아니므로 약속어음 배서인의 주소를 허위로 기재하였다고 하더라도 그것이 배서인의 인적 동일성을 해하여 배서인이 누구인지를 알 수 없는 경우가 아닌 한 약속어음상의 권리관계에 아무런 영향을 미치지 않는다할 것이고, 따라서 약속어음상의 권리에 아무런 영향을 미치지 않는 사항은 그것을 허위로 기재하더라도 형법 제216조 소정의 허위유가증권작성죄에 해당되지 않는다."라고 하였습니다(대법원 1986. 6. 24. 선고 84도547 판결).

■ 흉기를 휴대하고 삼촌을 협박하여 돈을 갈취한 경우, 공갈죄로 고발할 수 있나요?

Q. 甲은 삼촌 乙이 운영하는 개인사업체의 고용원으로 일하다가 불화가 발생하여 그만둔 후 야간에 乙을 만나 乙이 탈세한 것을 국세청에 고발하겠다고 하면서 그곳 탁자 위에 있던 맥주병을 깨뜨려 깨진 맥주병을 들이대며 위협하고 300만원을 요구하여 받아갔습니다. 그러나 그 이후에도 甲이 다시 만나자고 전화를 걸어오므로 乙은 甲을 관할 경찰서에 고소하였습니다. 甲의 부모가 고소취소를 간절히 원하고 甲도 뉘우치고 있으므로 乙은 고소를 취하하려고 하는데, 고소를 취하하면 甲이 처벌받지 않을 수 있는지 요?

A. 「형법」제350조 제1항은 공갈죄에 관하여 "사람을 공갈하여 재물의 교부를 받거나 재산상의 이익을 취득한 자는 10년 이하의 징역 또는 2,000만원 이하의 벌금에 처한다."라고 규정하고 있으며, 같은 법 제328조, 제354조는 동거하지 아니하는 친족간에 공갈죄를 범한 경우에도 고소가 있어야 공소를 제기할 수 있다고 규정하고 있습니다.

위 사안에서 甲이 탈세사실을 국세청에 고발한다고 하는 것이 공갈에 해당할 수 있을 것인지에 관련하여 판례는 "피해자의 고용인을 통하여 피해자에게 피해자가 경영하는 기업체의 탈세사실을 국세청이나 정보부에 고발한다는 말을 전하였다면 이는 공갈죄의 행위에 착수한 것이라 할 것이다."라고 하였으며(대법원 1969. 7. 29. 선고 69도984 판결), "정당한 권리가 있다 하더라도 그 권리행사를 빙자하여 사회통념상 용인되기 어려운 정도를 넘는 협박을 수단으로 상대방을 외포(畏怖)케 하여 재물의 교부 또는 재산상의 이익을 받으려 하였다면 공갈죄가 성립한다."라고 하였습니다(대법원 1996. 3. 22. 선고 95도2801 판결, 2000. 2. 25. 선고 99도4305 판결).

따라서 위 사안에서 甲의 乙에 대한 행위는 공갈죄의 공갈에 해당된다고 볼 수 있을 것입니다.

여기서 흉기 기타 위험한 물건을 휴대하고 공갈죄를 범하여 '폭력행위 등

처벌에 관한 법률' 제3조 제1항에 의해 가중처벌되는 경우 친족상도례 규정이 적용되는지에 관하여 판례는 "형법 제354조, 제328조의 규정에 의하면, 직계혈족, 배우자, 동거친족, 동거가족 또는 그 배우자 간의 공갈죄는 그 형을 면제하여야 하고 그 외의 친족 간에는 고소가 있어야 공소를 제기할 수 있는바, 흉기 기타 위험한 물건을 휴대하고 공갈죄를 범하여 '폭력행위 등 처벌에 관한 법률' 제3조 제1항, 제2조 제1항 제3호에 의하여 가중처벌되는 경우에도 형법상 공갈죄의 성질은 그대로 유지되는 것이고, 특별법인 위 법률에 친족상도례에 관한 형법 제354조, 제328조의 적용을 배제한다는 명시적인 규정이 없으므로, 형법 제354조는 ' 폭력행위 등 처벌에 관한 법률 제3조 제1항 위반죄'에도 그대로 적용된다."라고 하였습니다(대법원 2010. 7. 29. 선고 2010도5795 판결).

따라서 위 사안에서 乙이 제1심판결 선고 전에 고소를 취하한다면 甲은 공소기각의 판결을 받아 처벌되지 않을 것 으로 보입니다(형사소송법 제327조 제5호).

■ 부도수표를 제때 회수하지 않은 경우, 부정수표단속법 위반혐의로 고발할 수 있나요?

Q. 저는 며칠 전 거래대금을 결제하기 위하여 주식회사 대표이사로서 액면금 2억원의 당좌수표를 발행하여 거래처에 교부하였습니다. 그런데 다른 거래처에서 들어와야 할 자금이 제때 회수되지 않아 부도를 내고 「부정수표단속법」 위반혐의로 고발되었습니다. 그러나 지금은 거래처로부터 자금이 들어와 위 부도수표를 회수할 수 있게 되었는데, 이를 회수하면 형사책임을 면할 수 있는지요?

A. 수표를 발행한 후 예금부족 등으로 제시기일에 수표금이 지급되지 아니하게 한 때에는 수표발행인은 형사처벌을 받게 되는데, 수표발행인이 법인일 때에는 그 수표에 기재된 대표자 또는 작성자가 처벌받게 됩니다(부정수표단속법 제2조, 제3조).

위 사안처럼 발행한 수표가 부도처리된 후 수표를 회수할 경우 형사책임을 면할 수 있는지에 관하여, 같은 법 제2조 제4항은 "수표를 발행하거나 작성한 자가 수표를 발행한 후에 예금부족·거래정지처분이나 수표계약의 해제 또는 해지로 인하여 제시기일에 지급되지 아니하게 한 때나, 과실로 인하여 동조 제1항 제2항의 죄를 범한 경우에는 수표를 발행하거나 작성한 자가 그 수표를 회수하거나, 회수하지 못하였을 경우라도 수표소지인의 명시한 의사에 반하여는 각 공소를 제기할 수 없다."라고 규정하고 있습니다.

따라서 귀하가 부도수표를 모두 회수한 경우 검찰 수사단계라면 검사가 공소를 제기하지 않을 것이고(공소권 없음 사유임), 재판을 받고 있는 중이라면 공소기각판결을 받게 될 것입니다. 다만, 재판의 경우 부도수표의 회수나 수표소지인의 처벌을 희망하지 아니하는 의사표시는 어디까지나 제1심 판결선고 이전까지 하여야 하는 것으로 해석되므로, 부정수표를 제1심 판결선고 후에 회수하였더라도 「부정수표단속법」 위반책임을 져야 할 것입니다(대법원 1995. 10. 13. 선고 95도1367

판결, 2002. 10. 11. 선고 2002도1228 판결).

　참고로 같은 법 제2조 제2항의 죄의 성립시기에 관하여 판례는 "부정수표단속법 제2조 제2항의 죄는 수표발행인이 예금부족으로 제시일에 지급되지 아니할 것이라는 결과발생을 예견하고 수표를 발행할 때 바로 성립하는 것이고, 지급제시일에 지급되지 아니한 때에 성립하는 것이 아니다."라고 하였습니다(대법원 1996. 5. 10. 선고 96도800 판결, 2003.9.26. 선고 2003도3394 판결).

■ 임금을 체불한 경우 명의상 대표이사도 근로기준법 위반으로 고발할 수 있나요?

Q. 저는 甲주식회사의 대표이사로 등기되어 있었으나 실제로는 甲주식회사와는 전혀 관련이 없고, 단지 甲주식회사의 명의가 필요하여 대가를 지불하고 甲주식회사의 대표이사로 등기한 후 사무실을 일부 빌려 저의 업무를 하였을 뿐 입니다. 그런데 甲주식회사의 근로자들이 임금을 지급하지 않았다며 저를 「근로기준법」 위반으로 고발하여 현재 조사를 받고 있는데, 제가 책임을 져야하는지요?

A. 「근로기준법」 제2조 제1항 제2호는 사용자의 정의에 관하여 "이 법에서 '사용자'라 함은 사업주 또는 사업경영담당자, 그 밖에 근로자에 관한 사항에 대하여 사업주를 위하여 행위하는 자를 말한다."라고 규정하고 있습니다.

이와 관련하여 판례는 "주식회사의 대표이사는 대외적으로는 회사를 대표하고 대내적으로는 회사의 업무를 집행할 권한을 가지는 것이므로, 특별한 사정이 없는 한 근로기준법 제15조(현행 근로기준법 제2조 제1항 제2호) 소정의 사업경영담당자로서 사용자에 해당한다고 할 것이나, 탈법적인 목적을 위하여 특정인을 명목상으로만 대표이사로 등기하여 두고 그를 회사의 모든 업무집행에서 배제하여 실질적으로 아무런 업무를 집행하지 아니하는 경우에 그 대표이사는 사업주로부터 사업경영의 전부 또는 일부에 대하여 포괄적인 위임을 받고 대외적으로 사업주를 대표하거나 대리하는 자라고 할 수 없으므로 사업경영담당자인 사용자라고 볼 수 없다."라고 하였습니다(대법원 2000. 1. 18. 선고 99도2910 판결).

위와 같이 판례는 사업주인 회사로부터 사업경영의 전부 또는 일부에 대하여 포괄적인 위임을 받고 대외적으로 사업주를 대표하거나 대리하는 자라고 할 수 없으면 「근로기준법」 제2조 제1항 제2호 소정의 사업경영담당자인 사용자라고 볼 수 없다면서 「근로기준법」 위반죄(임금미지급)에 관하여 유죄를 인정한 항소심 판결을 파기한 바 있습니다.

따라서 귀하가 甲주식회사로부터 사업경영의 전부 또는 일부에 대하여 포괄적인 위임을 받아 대외적으로 사업주를 대표하거나 대리하는 권한이 없었다면 甲주식회사의 근로자들에 대한 사용자라고 볼 수 없어 「근로기준법」 위반의 죄책을 지지 않을 것입니다.

참고로 법인등기부상 대표이사직에서 사임했으나, 실제로는 회장으로서 회사를 사실상 경영하여 온 경우 「근로기준법」상의 사용자에 해당한다고 한 판례가 있습니다(대법원 1997. 11. 11. 선고 97도813 판결, 2008. 4. 10. 선고 2007도1199 판결 참조).

■ 협박으로 받은 신용카드를 사용한 경우, 여신전문금융업법위반으로 고발이 가능한가요?

Q. 유흥주점 업주가 과다하게 술값을 청구하기에 지급을 거절하였더니, 유흥주점 업주가 협박하였고, 결국 일정 금액을 내기로 합의한 다음 제 신용카드로 결제하였습니다. 이 경우 여신전문금융업법위반으로 고발이 가능한가요?

A. 여신전문금융업법 제70조 제1항 제4호에 의하면, "강취·횡령하거나 사람을 기망·공갈하여 취득한 신용카드 또는 직불카드를 판매하거나 사용한 자"에 대하여 "7년 이하의 징역 또는 5천만 원 이하의 벌금에 처한다"고 규정하고 있는데, 여기서 강취, 횡령, 기망 또는 공갈로 취득한 신용카드는 소유자 또는 점유자의 의사에 기하지 않고, 그의 점유를 이탈하거나 그의 의사에 반하여 점유가 배제된 신용카드를 가리킵니다. 따라서 여신전문금융업법위반죄가 성립되기 위해서는 피해자의 의사에 반하여 점유가 배제되어야만 합니다(대법원 2006. 7. 6. 2006도654 판결).

그러나 위 사안의 경우 업주의 협박이 있은 후, 금액의 합의가 있었고 따라서 합의에 따라 신용카드를 제출하여 결제하였으므로, 질문자 분의 의사에 반하여 신용카드를 사용한 경우에 해당하지 않습니다. 따라서 여신전문금융업법위반에는 해당되지 않는 것으로 판단됩니다.

■ 직상수급인을 근로기준법 위반으로 고발할 수 있나요?

Q. 제가 건축업을 하는데 지난달에 제가 하도급을 준 하수급인이 근로자에게 임금을 지급하지 않아 직상수급인인 저까지 근로기준법으로 고발되었습니다. 그런데 최근 하수급인이 근로자와 합의를 했다고 하는데 합의의 효력이 저에게도 미치나요?

A. 근로기준법 제44조의2 , 제109조는 건설업에서 2차례 이상 도급이 이루어진 경우 건설산업기본법 규정에 따른 건설업자가 아닌 하수급인이 그가 사용한 근로자에게 임금을 지급하지 못할 경우 하수급인의 직상수급인은 하수급인과 연대하여 하수급인이 사용한 근로자의 임금을 지급할 책임을 지도록 하면서 이를 위반한 직상 수급인을 처벌하되, 근로자의 명시적인 의사와 다르게 공소를 제기할 수 없도록 규정하고 있습니다.

이는 직상수급인이 건설업 등록이 되어 있지 않아 건설공사를 위한 자금력 등이 확인되지 않는 사람에게 건설공사를 하도급하는 위법행위를 함으로써 하수급인의 임금지급의무 불이행에 관한 추상적 위험을 야기한 잘못에 대하여, 실제로 하수급인이 임금지급의무를 이행하지 않아 이러한 위험이 현실화 되었을 때 책임을 묻는 취지의 규정입니다.

그런데 판례는 근로자가 하수급인에 대해서 처벌을 원하지 않는다는 의사표시를 할 경우 직상수급인의 경우도 처벌을 원하지 않는다는 의사표시의 효력이 미치는지 여부와 관련해서 직상수급인은 결국 하수급인의 행위에 따라 책임 유무나 범위가 좌우될 수밖에 없는 점, 하수급인의 임금 미지급 사실을 미처 알지 못하는 등의 사유로 직상수급인이 하수급인과 근로자의 합의 과정에 참여할 기회를 얻지 못한 결과 정작 하수급인은 근로자의 의사표시로 처벌을 면할 수 있으나 직상수급인에 대하여는 처벌을 희망하지 아니하는 의사표시가 명시적으로 이루어지지 않게 될 가능성도 적지 아니한 점, 나아가 하수급인에게서 임금을 지급받거나 하수급인의 채무를 면제해 준 근로자가 굳이 직상수급인만 따로 처벌받기를 원하는 경우는 매우 드문 점 등을 고려할 때 직상 수급인을 배제한 채 오로지 하수급인에 대하여만 처벌을 희망하지 아니하는 의사를 표시한 것으로 쉽사리 단정할 것은 아니라고 판시한바 있습니다(2015. 11. 12. 선고 2013도8417 판결).

따라서 위 사안의 경우 근로자가 명시적으로 직상수급인은 배제하고 하수급인과 합의하였다고 기재하고 있지 않는 한, 질문자 분에게도 합의의 효력이 미친다고 보아야 할 것입니다.

■ 부도수표 소지인의 은행에 대한 처벌불원 의사표시를 한 경우 은행이
부정수표단속법 위반의 고발대상에서 제외할 수 있는지요?

Q. 수표부도 시 발행인이 부도수표를 회수하여 금융기관에 제시하거
나, 수표소지인이 당해 금융기관에 서면으로 처벌을 원하지 않는다
는 명시의 의사표시를 하였을 경우 은행이 「부정수표단속법」 위
반의 고발대상에서 제외할 수 있는지요?

A. 「부정수표단속법」제2조는 수표를 발행하거나 작성한 자가 수표를 발행
한 후 예금부족·거래정지처분이나 수표계약의 해제 또는 해지로 인하여
제시기일에 지급되지 아니하게 한 때(과실로 인한 경우 포함) 범죄가
성립되지만, 수표를 회수하거나, 회수하지 못하였을 경우라도 수표소지
인의 명시한 의사에 반하여서는 각 공소를 제기할 수 없다고 규정하고
있습니다.

그리고 같은 법 제7조는 '금융기관에 종사하는 자가 직무상 부정수표
단속법 제2조 제1항(발행인이 법인 기타 단체인 경우 포함)의 부정수
표 또는 부정수표단속법 제5조에 규정된 위조·변조된 수표를 발견한 때
에는 48시간 이내에, 부정수표단속법 제2조 제2항(발행인이 법인 기타
단체인 경우 포함)에 규정된 부정수표를 발견한 때에는 30일 이내에
수사기관에 이를 고발하여야 하며, 이 경우 고발을 하지 아니한 때에는
100만원 이하의 벌금에 처한다'고 규정하고 있습니다.

이와 같이 금융기관의 고발의무를 규정하고 있는 것은 금융기관이 수
표업무처리자의 입장에서 부도 등 범죄성립에 관한 자료를 독점하고 있
을 뿐만 아니라, 금융업무의 신뢰성확보의 책임을 분담하고 있다는 배
경에서 그 근거를 찾을 수 있다 하겠습니다.

그런데 「부정수표단속법」제2조 소정의 공소제기요건의 충족 여부를 확
인하는 것은 수사활동의 주요한 내용이 되고, 「형사소송법」제239조 및
제237조 규정을 보더라도 고소·고발의 취소는 검사 또는 사법경찰관에
게 하도록 되어 있으며, 고소인과 피고소인 사이에 합의서를 작성한 것

만으로는 수사기관이나 법원에 대한 고소취소의 의사표시라고 할 수 없다는 판례도 있으므로(대법원 1983. 9. 27. 선고 83도516 판결), 회수한 수표를 금융기관에 제시하거나 금융기관에게 처벌을 희망하지 않는 의사표시를 한 것만으로는 공소제기요건(소추요건)을 결여한 것으로 인정될 수 없다고 하겠습니다.

따라서 부도수표가 회수되어 금융기관에 제시되거나 금융기관에 대하여 처벌불원의 의사표시를 하였다 하여도 이를 고발장에 첨부하여 수사의 자료로 삼게 하는 것은 별론으로 하고 그러한 사실자체만으로 형사소송절차를 종결할 수 있는 것은 아니고, 그러한 금융기관에 고발의무가 있는 이상 「부정수표단속법」소정의 고발대상에서 제외되지는 않습니다. 더욱이 부정수표발행인이 수표소지인을 다방 등에서 만나 건네 받거나 소지인이 발행인에게 형사처벌을 원하지 아니한다고 말한 그 즉시 사건이 종결되는 것이 아니라, 이러한 사유가 수사기관 또는 법원에 의하여 확인되어야 형사소송법상의 효과를 실제적으로 발생하게 됩니다.

■ 피고발인을 착각하여 잘못 지정한 경우 고발의 효력이 미치는 범위는 어디까지 인지요?

Q. 甲은 농지법을 위반하여 A 농지를 불법전용한 乙을 丙으로 잘못 알고, 丙을 피고발인으로 하여 수사기관에 고발하였습니다. 甲의 고발은 乙에게 효력이 미칠까요?

A. 고발이란 고소권자와 범인 이외의 자가 수사기관에 대하여 범죄사실을 신고하여 범인의 소추를 구하는 의사표시를 말합니다. 사안의 경우, 고발인이 피고발인을 착각하여 다른 사람을 고발한 경우에도 원래의 피고발인에게 고발의 효력이 미칠 것인지가 문제됩니다.

판례는 "고발이란 범죄사실을 수사기관에 고하여 그 소추를 촉구하는 것으로서 범인을 지적할 필요가 없는 것이고 또한 고발에서 지정한 범인이 진범인이 아니더라도 고발의 효력에는 영향이 없는 것이므로, A가 이 사건 농지전용행위를 한 사람을 B로 잘못 알고 B를 피고발인으로 하여 고발하였다고 하더라도 이 사건 농지전용행위를 피고인이 한 이상 피고인에 대하여도 위 고발의 효력이 미치는 것이다"라고 판시하고 있습니다(대법원 1994.05.13. 선고 94도458 판결).

그러므로 사안에서 甲이 농지전용행위를 한 사람을 丙으로 잘못 알고 丙을 피고발인으로 하여 고발하였다고 하더라도 乙이 농지전용행위를 한 이상 乙에 대하여 고발의 효력이 미친다고 할 것입니다.

■ 고발을 요하는 범죄에서 불기소처분 후 나중에 공소를 제기할 경우 고발이 다시 있어야 하는지요?

Q. 甲은 2013년도 국세체납 부분에 관하여 관할 세무서장의 고발을 당했으나 불기소처분을 받았습니다. 그런데 그 후 세무서장이 2014년도 국세체납 부분에 관해 고발하자, 검사는 2014년도 국세체납부분과 함께 종전에 불기소처분하였던 2013년도 국세체납 부분까지 공소를 제기하였습니다. 2013년도 국세체납 부분의 공소제기는 고발 없이 한 것이어서 위법한 것 아닌가요.

A. 조세범처벌법에 따른 범칙행위에 대해서는 국세청장, 지방 국세청장 또는 세무서장의 고발이 없으면 검사는 공소를 제기할 수 없습니다(조세범 처벌법 제21조). 그러나 검사의 불기소처분에는 확정재판에 있어서의 확정력과 같은 효력이 없어 일단 불기소처분을 한 후에도 공소시효가 완성되기 전이면 언제라도 공소를 제기할 수 있으므로, 세무공무원 등의 고발이 있어야 공소를 제기할 수 있는 조세범처벌법 위반죄에 관하여 일단 불기소처분이 있었더라도 세무공무원 등이 종전에 한 고발은 여전히 유효하고, 따라서 나중에 공소를 제기함에 있어 세무공무원 등의 새로운 고발이 있어야 하는 것은 아닙니다(대법원 2009. 10. 29. 선고 2009도6614 판결).따라서 사안의 2013년도 국세체납 부분의 공소제기는 적법하다고 하겠습니다.

■ 영업시설에 대한 인터넷상에 명예훼손을 한 경우 손해배상청구를 할 수 있는지요?

Q. 甲은 '테마동물원 ○○'을 운영하고 있는데, 동물 복지향상과 동물권 증대를 위하여 동물 보호에 관한 교육 사업, 각종 동물 보호 계몽운동 등을 수행하고 있는 동물 보호 단체인 乙은 12차례에 걸쳐 자신이 운영하는 인터넷 사이트에 테마동물원 ○○의 상호를 게시하며 "바다코끼리를 때리고 오랑우탄의 인대를 끊는 만행을 막아주세요!!", "동물학대 동물원 테마동물원 ○○에 요구한다", "동물학대동물원 ○○ 전격고발 기자회견-사진에 나타난 사자 이빨에 대해 전문적인 의견을 주실 야생동물 전문가, 생물학자, 수의사, 치과의사, 의사 등의 다양한 의견을 기다립니다."와 같은 게시물들을 작성·게재하였습니다. 甲은 이로 인해 명예와 신용이 훼손되었고 영업손실이 발생하여, 乙을 상대로 손해배상청구를 할 수 있는지요?

A. 「민법」 제750조는 "고의 또는 과실로 인한 위법행위로 타인에게 손해를 가한 자는 그 손해를 배상할 책임이 있다."라고 규정하고 있습니다. 민법상 불법행위가 되는 명예훼손이란 사람의 품성, 덕행, 명성, 신용 등 인격적 가치에 대하여 사회로부터 받는 객관적인 평가를 침해하는 행위를 말하고, 그와 같은 객관적인 평가를 침해하는 것인 이상, 의견 또는 논평을 표명하는 표현행위에 의하여도 성립할 수 있는바, 다만 단순한 의견 개진만으로는 상대방의 사회적 평가가 저해된다고 할 수 없으므로, 의견 또는 논평의 표명이 사실의 적시를 전제로 하지 않은 순수한 의견 또는 논평일 경우에는 명예훼손으로 인한 손해배상책임은 성립되지 아니합니다(대법원 2000. 7. 28. 선고 99다6203 판결 참조). 한편, 표현행위자가 타인에 대하여 비판적인 의견을 표명하였다는 사유만으로 이를 위법하다고 볼 수는 없지만, 만일 표현행위의 형식 및 내용 등이 모욕적이고 경멸적인 인신공격에 해당하거나 혹은 타인의 신상에 관하여 다소간의 과장을 넘어서서 사실을 왜곡하는 공표행위를 함으로써 그

인격권을 침해한다면, 이는 명예훼손과는 별개 유형의 불법행위를 구성할 수 있습니다(대법원 2009. 4. 9. 선고 2005다65494 판결 참조).

이 사건 게시물들에서는 "학대·가혹행위", "학대정황"이라는 추상적·평가적 표현만이 등장할 뿐 행위태양에 관한 구체적인 기재는 전혀 찾을 수 없으므로, 甲 주장과 같은 사실이 적시되었다고 보기 어렵고, 게시물들의 전체적인 취지는 '동물쇼를 진행하기 위하여 동물에게 정신적·신체적 고통을 주는 행위'가 바로 '학대·가혹행위'라는 전제하에, 동물쇼의 문제점에 대한 대중의 관심과 제도 개선이 필요하다는 것으로 보입니다. 또한 乙의 게시글 중에는 "사진에 나타난 사자 이빨에 대해 전문적인 의견을 주실 야생동물 전문가, 생물학자, 수의사, 치과의사, 의사 등의 다양한 의견을 기다립니다."라는 문구가 기재되어 있어 그 전체적인 취지는 '동물원 사자가 송곳니가 없는 원인에 관한 제보를 기다린다.'는 것에 불과하다고 보이므로, 결국 앞서 본 내용만으로 甲 주장과 같은 구체적 사실이 적시되었다고 보기도 어려워 보입니다. 따라서 위와 같은 단순한 의견 개진만으로는 상대방의 사회적 평가가 저해된다고 할 수 없으므로, 명예훼손으로 인한 손해배상책임은 성립되지 아니한다고 보입니다.

(관련판례)

고소·고발 등을 함에 있어 피고소인 등에게 범죄혐의가 없음을 알았거나 과실로 이를 알지 못한 경우 그 고소인 등은 그 고소·고발로 인하여 피고소인 등이 입은 손해를 배상할 책임이 있다 할 것인바, 이때 고소·고발 등에 의하여 기소된 사람에 대하여 무죄의 판결이 확정되었다고 하여 그 무죄라는 형사판결 결과만으로 그 고소인 등에게 고의 또는 과실이 있었다고 바로 단정할 수는 없고, 고소인 등의 고의 또는 과실의 유무에 대한 판단은 선량한 관리자의 주의를 표준으로 하여 기록에 나타난 모든 증거와 사정을 고려하여 판단하여야 한다(대법원 1996. 5. 10. 선고 95다45897 판결, 대법원 2007. 10. 11. 선고 2006다33241 판결). 한편, 부당고소로 인하여 피고소인 등이 그에 대응하기 위하여 변호사선임비용을 지출하게 되었다면 고소인 등은 위

비용을 상당하다고 인정되는 범위 내에서 배상할 의무가 있다(대법원 1977.4. 12. 선고 76다2491 판결 참조).

■ 노동부에 고발하고도 지급받지 못한 체불임금을 받으려면 별도로 민사소송을 제기해야 되는지요?

Q. 저는 약 15명의 종업원을 두고 甲이 경영하는 의류회사에서 근무하다가 6개월 전 퇴직하였으나 임금 2○○만원을 지급받지 못하였습니다. 이에 체불임금을 지급받고자 관할 지방노동사무소에 구조신청을 하여 甲에게 조속히 임금을 지급하라고 독촉하였음에도 甲은 계속 지급하지 않고 있습니다. 관할 지방노동사무소에서는 甲을 고발조치 하였다면서 저에게 체불임금을 받으려면 별도로 민사소송을 제기하라고 하는데 어떻게 하면 되는지요?

A. 「근로기준법」의 적용범위에 관하여 같은 법 제11조는 "①이 법은 상시 5인 이상의 근로자를 사용하는 모든 사업 또는 사업장에 적용한다. 다만, 동거의 친족만을 사용 하는 사업 또는 사업장과 가사사용인에 대해서는 적용하지 아니한다. ②상시 4인 이하의 근로자를 사용하는 사업 또는 사업장에 대하여는 대통령령이 정하는 바에 따라 이 법의 일부규정을 적용할 수 있다."라고 규정하고 있으며, 같은 법 시행령 제7조에서는 상시 4인 이하의 근로자를 사용하는 사업 또는 사업장에 적용하는 법 규정을 [별표 1]로 정하고 있습니다.

그런데 「근로기준법」이 적용되는 사업 또는 사업장의 사용자는 근로자가 퇴직한 경우에는 당사자 간의 합의로 연장하지 않은 한 그 지급사유가 발생한 때로부터 14일 이내에 임금·보상금 기타 일체의 금품을 지급하여야 합니다(근로기준법 제36조). 그리고 노동부는 이러한 「근로기준법」상의 기준이 제대로 지켜지도록 하기 위하여 그 소속기관에 근로감독관을 두어 그 감독업무를 수행하도록 하고 있습니다.

그러나 노동부도 당해 업체가 이를 위반하면 관할지방노동사무소에서 사용자를 검찰에 고발하여 형사처벌을 의뢰할 수는 있으나 민사적인 강제집행까지 해 줄 수는 없는 것입니다. 통상의 경우 근로감독관이 독촉을 하고 또한 검찰에 의한 고발이 있는 경우 당해 업체는 임금을 지불하는 것이 보통이지만 귀하의 경우와 같이 고발조치가 있었음에도 불구하고 체불임금이 지급되지 않고 있는 때에는 부득이 민사소송절차를 따로 밟아야 할 것입니다.

따라서 귀하는 관할 지방노동사무소로부터 체불임금확인원을 발급받아 이를 증거자료로 하여 민사법원에 지급명령신청이나 소액심판절차를 통한 임금청구를 하시기 바랍니다.

■ 검사의 불기소처분에 대한 고발인의 헌법소원심판청구가 가능한지요?

Q. 제 아들 甲은 병원에서 수술을 받던 중 의사 乙의 업무상과실로 인하여 하반신이 마비되었습니다. 그래서 저는 乙을 업무상과실치상죄로 고발하였으나, 검사는 乙에게 과실이 없었다는 이유로 '혐의 없음'의 불기소처분을 하였고, 저는 이에 불복하여 「검찰청법」 소정의 항고 및 재항고를 하였으나 모두 기각되었습니다. '혐의 없음' 결정을 내린 검사를 상대로 헌법재판소에 헌법소원심판청구를 하고자 하는데, 이와 같은 경우에도 헌법소원심판청구가 가능 한지요?

A. 헌법소원심판의 청구인은 공권력행사에 대하여 자신이 직접 법적으로 관련되어야 하며, 이것을 '자기관련성(自己關聯性)'이라고 합니다.

　사안과 유사한 사례에서 헌법재판소는 "헌법재판소법 제68조 제1항에서는 공권력의 행사 또는 불행사로 인하여 헌법상 보장된 기본권을 침해받은 자는 법원의 재판을 제외하고는 헌법재판소에 헌법소원심판을 청구할 수 있다고 규정하였다. 그러므로 공권력의 행사 또는 불행사로 인하여 현재 직접적으로 자기의 헌법상 보장된 기본권을 침해당한 자만이 헌법소원심판청구를 할 수 있다. 그러므로 피해자가 아닌 타인이 고발한 사건에서의 불기소처분에 대하여 고발인은 자기의 현재의 직접적인 기본권을 침해당한 것이 아니기 때문에 자기관련성의 결여로 헌법소원심판을 청구할 수 있는 적격이 없다 함이 우리 재판소의 확립된 판례이다(헌법재판소 1992.12.24. 선고, 92헌마186 결정 등 참조). 그런데 청구인은 이 사건 의료사고(저자 주 : 척수검사를 시행하게 하는 과정에서 척추신경에 원인불상의 손상으로 인한 하반신 마비가 된 사례임)의 피해자의 아버지일 뿐 그 직접적인 법률상의 피해자가 아니다. 따라서 청구인의 이 사건 고소는 그 실질에 있어 고발에 지나지 않는다. 그러므로 위 청구인은 이 사건 불기소처분으로 인하여 자기의 헌법상 보장된 기본권을 직접 침해받은 자가 아니고 이 사건 불기소처분에 대하여 자기관련성이 없는 자이므로 동 불기소처분에 대한 헌법소원심판청구를 할 수 있는 적

격이 없다. 그렇다면 위 청구인의 이 사건 헌법소원심판청구는 그 심판
청구를 할 적격이 없는 자의 청구로서 부적법하다고 할 것이다."라고 판
단한 바 있습니다(헌법재판소 1993. 11. 25. 자 93헌마81 결정).

위 헌법재판소의 태도에 의하면 귀하는 고소인이 아닌 고발인으로서
의료사고의 직접적인 법률상의 피해자가 아니기 때문에 헌법상 재판절
차진술권(헌법 제27조 제5항)의 주체라고 할 수 없고 검사의 불기소처
분으로 인하여 자기의 헌법에 보장된 기본권을 직접 침해받은 것이 아
니므로 불기소처분에 대하여 자기관련성이 인정되지 아니합니다.

따라서 귀하의 청구는 부적법한 것으로 각하될 것으로 보입니다.

■ 고발요청을 받은 기관이 법률규정을 이유로 고발을 하지 않은 경우 헌법소원심판청구 가능한지요?

Q. 저는 얼마 전 甲백화점에서 생닭 1마리와 버섯 등을 구입하였습니다. 최근 검찰에서는 위 백화점에서 전날 판매하다 남은 정육, 해산물 등 포장식료품을 그 다음날 다시 판매하면서 그것이 마치 새로 들어온 신선한 상품인 것처럼 위장하기 위하여 가공일이 전날로 표시된 바코드라벨과 비닐랩포장지를 뜯어내고 판매 당일을 가공일로 표시한 바코드라벨을 부착하여 재포장하는 방법으로 소비자들을 기망하였다는 수사결과를 발표하고 관련자들을 사기죄로 입건하는 한편, 위와 같은 행위가 「독점규제 및 공정거래에 관한 법률」 위반행위라고 판단하고 공정거래위원회에 「독점규제 및 공정거래에 관한 법률」 제71조에 따른 고발을 요청하였습니다. 그러나 이후 신문기사를 보니 검찰의 고발요청을 받은 공정거래위원회는 위 백화점에 시정명령을 내리고 과징금을 부과하는데 그치고 형사처벌을 위한 고발을 하지 아니하여 이 백화점사업자는 「독점규제 및 공정거래에 관한 법률」 위반죄로 기소되지 아니하였다고 합니다. 제 생각으로는 유독 「공정거래법」 위반죄에 대해서만 공정거래위원회의 고발이 있어야만 기소할 수 있다고 규정하고 있는 「독점규제 및 공정거래에 관한 법률」 제71조는 헌법상의 권리인 재판청구권 등을 침해하는 것이라고 생각하는데, 제가 직접 위 법률규정에 대하여 헌법소원심판을 청구할 수 있는지요?

A. 「독점규제 및 공정거래에 관한 법률」 제71조 제1항은 불공정거래행위는 공정거래위원회의 고발이 있어야 공소를 제기할 수 있다고 규정하고 있습니다.

그런데 「헌법재판소법」 제68조 제1항은 "공권력의 행사 또는 불행사로 인하여 헌법상 보장된 기본권을 침해받은 자는 법원의 재판을 제외하고는 헌법재판소에 헌법소원심판을 청구할 수 있다. 다만, 다른 법률에 구제절차가 있는 경우는 그 절차를 거친 후가 아니면 청구할 수 없다."라고 규정하고 있습니다.

여기의 '공권력의 행사 또는 불행사'에는 입법권의 작용도 포함되는 것이고, 우리 법제상 일반법원에 소송을 제기하여 법령자체의 효력을 직접 다투는 것이 허용되지 않기 때문에 법령에 의하여 헌법상의 기본권을 침해받은 경우에도 헌법소원심판을 청구할 수 있다는 것이 우리 헌법재판소의 확립된 견해입니다(헌법재판소 1989. 3. 17. 선고 88헌마1 결정).

따라서 귀하가 「독점규제 및 공정거래에 관한 법률」 제71조 자체를 대상으로 헌법소원심판을 청구하는 것도 원칙적으로 가능하다고 할 것입니다.

그러나 헌법소원심판청구가 적법하기 위해서는 문제의 공권력의 행사 또는 불행사로부터 '직접' 귀하의 헌법상 기본권이 침해되어야 합니다. 여기서 '직접' 침해된다고 하는 의미는 다른 집행행위를 거치지 아니하고 법률 그 자체에 의하여 자유의 제한, 의무의 부과, 권리 또는 법적 지위의 박탈이 생긴 경우를 뜻한다고 풀이됩니다(헌법재판소 2001. 9. 27. 선고 2000헌마238 결정, 2005. 12. 22. 선고 2004헌마827 결정).

귀하의 경우로 돌아가 보면, 과연 귀하가 「독점규제 및 공정거래에 관한 법률」 제71조 자체에 의하여 바로 헌법상의 기본권을 침해받았다고 할 수 있는지 의문입니다. 귀하의 기본권을 직접 침해하고 있는 '공권력의 행사 또는 불행사'는 위 법률규정 자체가 아니라 이에 근거하여 고발을 하지 않은 공정거래위원회의 부작위라고 보는 것이 옳다고 생각됩니다.

「독점규제 및 공정거래에 관한 법률」 제71조 제1항 자체의 위헌 여부에 대한 헌법소원이 적법한지에 관하여 판례는 "헌법재판소법 제68조 제1항에 의하여 법률 또는 법률조항에 대한 헌법소원을 제기하기 위해서는 그 법률 또는 법률조항에 의하여 구체적인 집행행위를 기다리지 아니하고 직접 현재의 자기의 기본권을 침해받아야 하는 것을 요건으로 하고, 여기서 말하는 '기본권침해의 직접성'이란 '집행행위에 의하지 아니하고 법률 그 자체에 의하여' 자유의 제한, 의무의 부과, 권리 또는 법적 지위의 박탈이 생긴 경우를 뜻하는데, 공정거래법 제71조는 공정거래법위반이라는 범죄행위에 대하여 공정거래법의 집행기관인 공정거래위원회의 고발이 있어야 공소를 제기할 수 있다는 규정, 즉 공정거래법위반죄의 소추요건(訴追要件)을 규정하고 있는 것에 불과하므로, 위 조항 자체를 대상으로 하는 헌법소원청구는 직접관련성이 결여된 부적법한 것이다."라고 하여 「독점규제 및 공정거래에 관한 법률」 제71조 제1항의 위헌 여부에 관한 헌법소원은 부적법하다고 하였습니다(헌법재판소 1995. 7. 21. 선고 94헌마191 결정).

결국 귀하의 헌법소원심판청구는 그 대상을 법률규정으로 삼았다는 점에 있어서는 하자가 없으나, 그 법률규정으로부터 귀하의 기본권을 직접 침해받았다고 할 수 없기 때문에 부적법한 청구라는 판단을 받게 될 것입니다.

바코드 라벨 재부착행위는 구 독점규제및공정거래에관한법률 제23조 제1항 제6호 위반에 해당하였으나, 1999. 2. 5. 동규정이 삭제되면서 사안이 더 이상 독점규제및공정거래에관한법률 위반이 되지 않습니다. 따라서 본 사례는 법률규정에 대한 헌법소원청구의 참고자료로 활용하시기 바랍니다.

■ 신고사실의 진실성을 인정할 근거가 없는 경우, 무고죄로 처벌될 수 있는가요?

Q. 甲은 乙을 처벌받게 하기 위하여 신고하였으나, 甲이 신고한 사실이 객관적 진실에 반하는 허위사실이라는 점이 입증되지 아니하였으나, 신고사실의 진실성을 인정할 근거가 없는 경우 무고죄로 처벌될 수 있는가요?

A. 형법 제156조 (무고)는 "타인으로 하여금 형사처분 또는 징계처분을 받게 할 목적으로 공무소 또는 공무원에 대하여 허위의 사실을 신고한 자는 10년 이하의 징역 또는 1천500만원 이하의 벌금에 처한다."고 규정하고 있습니다.

이와 관련하여 대법원 판례는 "무고죄는 타인으로 하여금 형사처분이나 징계처분을 받게 할 목적으로 신고한 사실이 객관적 진실에 반하는 허위사실인 경우에 성립되는 범죄이므로 신고한 사실이 객관적 진실에 반하는 허위사실이라는 점에 관하여는 적극적인 증명이 있어야 하며, 신고사실의 진실성을 인정할 수 없다는 점만으로 곧 그 신고사실이 객관적 진실에 반하는 허위사실이라고 단정하여 무고죄의 성립을 인정할 수는 없다."(대법원 2014. 2. 13. 선고 2011도15767 판결)고 판단하였습니다.

따라서, 신고한 사실이 객관적 진실에 반하는 허위사실이라는 점에 관하여는 검사의 적극적인 증명이 있어야 하며, 신고사실의 진실성을 인정할 수 없다는 점만으로 곧 그 신고사실이 객관적 진실에 반하는 허위사실이라고 단정하여 무고죄의 성립을 인정할 수는 없다고 하겠습니다.

■ 사실의 일부를 숨긴 경우 무고죄로 처벌될 수 있는가요?

Q. 甲은 乙이 변제의사와 능력이 없이 차용금 명목으로 돈을 빌려가 편취하였다는 내용으로 고소를 하였으나, 사실은 도박자금으로 빌려준 사실을 감추고 신고한 경우 무고죄로 처벌될 수 있는가요?

A. 형법 제156조 (무고)는 "타인으로 하여금 형사처분 또는 징계처분을 받게 할 목적으로 공무소 또는 공무원에 대하여 허위의 사실을 신고한 자는 10년 이하의 징역 또는 1천500만원 이하의 벌금에 처한다."고 규정하고 있습니다.

이와 관련하여 대법원 판례는 "피고인이 돈을 갚지 않는 甲을 차용금 사기로 고소하면서 대여금의 용도에 관하여 '도박자금'으로 빌려준 사실을 감추고 '내비게이션 구입에 필요한 자금'이라고 허위 기재하고, 대여의 일시·장소도 사실과 달리 기재하여 甲을 무고하였다는 내용으로 기소된 사안에서, 피고인의 고소 내용은 甲이 변제의사와 능력도 없이 차용금 명목으로 돈을 편취하였으니 사기죄로 처벌하여 달라는 것이고, 甲이 차용금의 용도를 속이는 바람에 대여하게 되었다는 취지로 주장한 사실은 없으며, 수사기관으로서는 차용금의 용도와 무관하게 다른 자료들을 토대로 甲이 변제의사나 능력 없이 돈을 차용하였는지를 조사할 수 있는 것이므로, 비록 피고인이 도박자금으로 대여한 사실을 숨긴 채 고소장에 대여금의 용도에 관하여 허위로 기재하고 대여 일시·장소 등 변제의사나 능력의 유무와 관련성이 크지 아니한 사항에 관하여 사실과 달리 기재한 사정만으로는 사기죄 성립 여부에 영향을 줄 정도의 중요한 부분을 허위 신고하였다고 보기 어렵다."(대법원 2011. 9. 8. 선고 2011도3489 판결)고 판단하였습니다.

따라서 甲을 무고죄로 처벌할 수는 없다고 하겠습니다.

■ 과장신고한 경우, 무고죄로 처벌될 수 있는가요?

Q. 甲은 乙로부터 폭행을 당하여 신고하였으나, 사실은 주먹으로 2-3
차례 폭행을 당하였으나, 주먹으로 마구 때렸다는 내용으로 신고한
경우 무고죄로 처벌될 수 있는가요?

A. 형법 제156조 (무고)는 "타인으로 하여금 형사처분 또는 징계처분을
받게 할 목적으로 공무소 또는 공무원에 대하여 허위의 사실을 신고한
자는 10년 이하의 징역 또는 1천500만원 이하의 벌금에 처한다."고
규정하고 있습니다.

이와 관련하여 대법원 판례는 "무고죄는 타인으로 하여금 형사처분 또
는 징계처분을 받게 할 목적으로 공무소 또는 공무원에 대하여 허위의
사실을 신고하는 때에 성립하는 것으로, 신고사실의 일부에 허위의 사실
이 포함되어 있다고 하더라도 그 허위 부분이 범죄의 성립 여부에 영향
을 미치는 중요한 부분이 아니고, 단지 신고한 사실을 과장한 것에 불과
한 경우에는 무고죄에 해당하지 아니한다.(대법원 2003. 1. 24. 선고
2002도5939 판결 등 참조)"고 판단하였습니다.

따라서 을로부터 폭행을 당한 것이 사실이므로, 주먹으로 마구 때렸다
는 내용은 신고한 사실을 과장한 것에 불과하므로 무고죄가 성립한다고
보기 어렵습니다.

고 발 장

고 발 인 : ○ ○ ○ (주민등록번호 :　　　　　 －　　　　)
　　　　　주소 : ○○시 ○○구 ○○길 ○○
　　　　　직업 :　　　사무실 주소 :
　　　　　전화번호 : (휴대폰:　) (자택:　　) (사무실:　)
　　　　　이메일 :
피고발인 : △ △ △ (주민등록번호 :　　　　　 －　　　　)
　　　　　주소 : ○○시 ○○구 ○○길 ○○
　　　　　직업 :　　　사무실 주소 :
　　　　　전화번호 : (휴대폰:　) (자택:　　) (사무실:　)
　　　　　이메일 :

고 발 내 용

1. 고발인은 20○○. ○. ○. ◎◎시에서 주관하는 8급공개경쟁채용시험에 응시하였으며, 고발인은 100점만점중 92.5점을 득점하였으나 합격점인 92.6점에 미달하여 불합격된 사실이 있습니다.

2. 그런데 공무원인 피고발인은 위 시험의 출제위원으로서 출제위원의 조카이며 응시자인 고발외 □□□에게 피고발인이 출제를 담당하였던 영어문제지를 시험실시 하루 전에 건네준 사실이 있으며, 위 고발외 □□□은 영어과목에서 95점을 득점하여 100점만점 중 92.6점으로 합격점에 달하여 합격처리된 사실이 있으며, 고발인은 고발외 □□□이 피고발인으로부터 문제지를 사전입수한 사실을 위 □□□의 친구인 ◎◎◎로부터 우연히 알게 되었습니다.

3. 이에 고발인은 위 □□□의 친구인 ◎◎◎로부터 □□□이 시험문제지를 피고발인으로부터 사전 입수한 사실에 대하여 증인확인서를 받고, 이를 녹음하여 속기사사무실에서 녹취록으로

작성을 하고, 위 □□□에게 사실을 확인한 바, 위 □□□은 처음에는 사실을 부인하였으나 고발인이 준비한 증인확인서와 녹취록을 보고는 사실을 시인하였으며, 위 □□□이 사실을 시인하는 자리에는 고발외 ◉◉◉도 동석하고 있었습니다.

4. 위의 사실에 의하면 피고발인은 공무상의 비밀인 시험 문제지를 사전에 유출함으로써 공무상의 비밀을 누설하였으므로 사실관계를 조사하여 엄중 처벌하여 주시기 바랍니다.

첨 부 서 류

    1. 증인확인서 사본　　　　　1부
    1. 녹취록　　　사본　　　　　1부

20○○년　○월　○일

위 고 발 인　○ ○ ○ (인)

○○경찰서장(또는 ○○지방검찰청 검사장) 귀 중

고 발 장

고 발 인 : ○ ○ ○ (주민등록번호 :   -   )

         주소 : ○○시 ○○구 ○○길 ○○

         직업 :   사무실 주소 :

         전화번호 : (휴대폰:) (자택:) (사무실:)

         이메일 :

피고발인 : △ △ △ (주민등록번호 :   -   )

         주소 : ○○시 ○○구 ○○길 ○○

         직업 :   사무실 주소 :

         전화번호 : (휴대폰:) (자택:) (사무실:)

         이메일 :

고 발 사 실

1. 고발인 ○○○과 피고발인 김△△은 20○○년 ○월 ○일 동거에 들어간 사실혼 관계에 있었던 사람들입니다.

2. 고발인은 고발인의 친구인 고발외 □□□에 대한 상해사건에 의해 19○○년 ○월 ○일부터 20○○년 ○월 ○일까지 ○○교도소에 수감된 바 있습니다.

3. 고발인이 ○○교도소에 수감되기 전 피고발인 김△△는 임신 ○주의 임부였던 바, 고발인은 고발인이 수감생활을 하던 20○○년 ○월 ○일 고발인의 수감생활에 따른 생활고와 육아에 대한 부담에 의해 ○○시 ○○구 ○○길 ○○번지 소재 ○○병원 산부인과전문의인 피고발인 이△△에게 임신중의 태아를 낙태하여줄 것을 요청하였고, 피고발인 이△△은 피고발인 김△△의 촉탁을 받아 동 병원 산부인과 수술실에서 임신 ○주의 태아를 낙태하였습니다.

4. 피고발인들은 모자보건법상의 낙태에 대한 규정에 따르지 않고 낙태시술에 이른 것이므로 이들을 모두 의법 조치하여 주시기 바랍니다.

입 증 방 법

1. 진단서
1. 자술서(피고발인 김△△작성)

20○○년   ○월   ○일
위 고 발 인   ○   ○   ○ (인)

○○경찰서장(또는 ○○지방검찰청 검사장) 귀 중

고 발 장

고 발 인　○ ○ ○
　　　　　　○○시 ○○구 ○○길 ○○
피고발인　김　△ △
　　　　　　○○시 ○○구 ○○길 ○○
　　　　　이　△ △
　　　　　　○○시 ○○구 ○○길 ○○
　　　　　박　△ △
　　　　　　○○시 ○○구 ○○길 ○○
　　　　　최　△ △
　　　　　　○○시 ○○구 ○○길 ○○

고 발 사 실

1. 피고발인들은 20○○. ○.경 각자 친구들을 통하여 서로 알게 되어 20○○. ○. ○. ○○시 ○○구 ○○길 ○○모텔에서 ○○:○○경부터 ○○:○○까지 1점당 ○○원씩 수십 회에 걸쳐 금 ○,○○○,○○○원을 걸고 고스톱을 친 사실이 있습니다.

2. 며칠 후인 20○○. ○. ○. 저녁 그들은 ○○시 ○○구 ○○호텔에서 다시 만나 이번에는 기왕 치는 것 화끈하게 치자며 점당 ○,○○○원씩 당일 ○○:○○부터 그 다음날 ○○:○○까지 수십회에 걸쳐 도합 ○○,○○○,○○○원을 걸고 고스톱을 치고,

3. 그 다음날 같은 장소에서 같은 방법으로 점당 ○○,○○○원씩 ○○여회에 걸쳐 도합 금 ○○,○○○,○○○원을 걸고 도박행위를 한 사실이 있는 자들이기에 고발조치 하오니 엄밀히 조사하여 법에 따라 엄격하게 처벌하시기 바랍니다.

입 증 방 법

추후 제출하겠습니다.

20○○년 ○월 ○일
위 고 발 인 ○ ○ ○ (인)

○○경찰서장(또는 ○○지방검찰청 검사장) 귀 중

[서식 예] 수뢰죄

고 발 장

고 발 인 : ○ ○ ○ (주민등록번호 :   -   )
　　　　　주소 : ○○시 ○○구 ○○길 ○○
　　　　　직업 :   사무실 주소 :
　　　　　전화번호 : (휴대폰:) (자택:) (사무실:)
　　　　　이메일 :

피고발인 : △ △ △ (주민등록번호 :   -   )
　　　　　주소 : ○○시 ○○구 ○○길 ○○
　　　　　직업 :   사무실 주소 :
　　　　　전화번호 : (휴대폰:) (자택:) (사무실:)
　　　　　이메일 :

고 소 취 지

피고발인은 고발인의 딸 □□□의 취직과 관련하여 고발인으로부터 금 ○○○만원을 수수한 사실이 있습니다.

고 소 사 실

1. 피고발인은 서울 ○○구청 인사계장으로 근무하는 공무원이고, 고발인은 용역업체에 소속되어 ○○구청 주변의 상가건물을 청소하는 근로자입니다.
2. 고발인은 고등학교를 졸업하고 집에서 쉬고 있는 딸 □□□의 어머니로서 딸의 취직을 걱정하고 있던 중 같이 일하는 동료의 소개로 피고발인을 알게 되었습니다. 고발인은 20○○년 ○월 ○일경 ○○구청부근의 ○○다방에서 피고발인을 만나 딸의 취직을 부탁하였는바, 피고발인은 자신이 근무하는 ○○

구청에서 행정보조원을 채용하고 있으니 딸이 채용되도록 해 주겠다고 하였습니다. 이에 고발인은 그 자리에서 금 ○○○ 만원을 피고발인에게 건네주었고 피고발인은 딸의 취직을 약속했던 사실이 있습니다.

3. 그런데 2년이 지난 현재까지 딸은 채용이 되지 않고 있으며 피고발인은 아무런 대책도 없이 기다리라고만 할 뿐 약속을 지키지 않고 있습니다.

4. 위와 같은 사실을 고발하오니 조사하여 엄벌하여 주시기 바랍니다.

20○○년   ○월   ○일
위   고 발 인   ○ ○ ○ (인)

○○경찰서장(또는 ○○지방검찰청 검사장) 귀 중

8. 사건의 검찰송치

① 형사사건화된 모든 사건은 사건의 크고 작음에 구별이 없이 검사만이 수사를 종결할 수 있습니다. 그러므로 사법경찰관은 그가 수사한 모든 형사사건에 대하여 기록과 증거물을, 그리고 구속한 경우에는 피의자를 검찰청으로 보내야 하는데 이를 송치한다고 합니다.

② 일반인 중에는 간혹 경찰서에서 조사를 받고 다 끝났는데 검찰청에서 또 부르는 것은 무슨 까닭인가라고 묻는 경우가 있는데, 그것은 검사만이 수사를 종결할 수 있는 권한이 있다는 것을 이해하지 못하였기 때문입니다.

③ 그리고 사법경찰관은 송치할 때 그동안 수사한 결과를 종합하여 사법경찰관으로서의 의견(예컨대 기소, 불기소 또는 기소중지, 무혐의 등)을 붙여서 송치하는데 이를 송치의견이라고 합니다. 이 의견은 검사가 수사를 종결하는데 참고가 되지만 그 의견에 기속되는 것은 아닙니다. 검사는 그 책임하에 사건에 대하여 종국결정을 해야 합니다.

■ 경찰관이 고소사건을 처리하지 아니하였음에도 경찰범죄정보시스템에 그 사건을 검찰에 송치한 것으로 허위사실을 입력한 행위가 공전자기록위작죄에 해당하는지요?

Q. 경찰관 甲은 乙에 대한 고소사건을 처리하는 과정에서, 아직 고소사건을 처리하지 아니하였음에도 불구하고 사정을 모르는 조사계 소속 일용직 직원 丙으로 하여금 경찰범죄정보시스템에 위 고소사건을 검찰에 송치한 것으로 허위사실을 입력하게 하였습니다. 이 경우 공전자기록위작죄에 해당하나요?

A. 「형법」 제227조의2에서는 "사무처리를 그르치게 할 목적으로 공무원 또는 공무소의 전자기록등 특수매체기록을 위작 또는 변작한 자는 10년 이하의 징역에 처한다."고 규정하고 있습니다. 이 때 각자의 직무범위에서 입력 권한을 부여받은 사람이 그 권한을 남용하여 허위의 정

보를 입력한 경우에도 '위작'에 해당하는지가 쟁점입니다.

판례는 "위와 같은 시스템을 설치·운영하는 주체와의 관계에서 전자기록의 생성에 관여할 권한이 없는 사람이 전자기록을 작출하거나 전자기록의 생성에 필요한 단위 정보의 입력을 하는 경우는 물론 시스템의 설치·운영 주체로부터 각자의 직무 범위에서 개개의 단위정보의 입력 권한을 부여받은 사람이 그 권한을 남용하여 허위의 정보를 입력함으로써 시스템 설치·운영 주체의 의사에 반하는 전자기록을 생성하는 경우도 형법 제227조의2에서 말하는 전자기록의 '위작'에 포함된다."라고 하였습니다.(대법원 2005. 6. 9. 선고 2004도6132 판결) 따라서 경찰관인 甲이 해당 사건처리에 대한 권한이 있다고 하더라도, 권한을 남용하여 허위의 정보를 입력하였기에 공전자기록위작죄에 해당합니다.

(관련판례)

검찰에 송치되기 전에 구속피의자로부터 받은 검사 작성의 피의자신문조서는 극히 이례에 속하는 것으로, 그와 같은 상태에서 작성된 피의자신문조서는 내용만 부인하면 증거능력을 상실하게 되는 사법경찰관 작성의 피의자신문조서상의 자백 등을 부당하게 유지하려는 수단으로 악용될 가능성이 있어, 그렇게 했어야 할 특별한 사정이 보이지 않는 한 송치후에 작성된 피의자신문조서와 마찬가지로 취급하기는 어렵다(대법원 1994. 8. 9. 선고 94도1228 판결).

9. 검찰 송치 후의 절차

9-1. 사건의 검찰송치

① 사법경찰관이 해당 사건에 대한 수사를 종결하였을 때에는 경찰관서 장 또는 해양경비안전기관의 장의 지휘를 받아 사건을 모두 관할 지 방검찰청 검사장 또는 지청장에게 송치합니다(범죄수사규칙 제189조).

② 사건이 검찰에 송치되면, 검사는 피의자에 대해 불구속 또는 구속상 태로 보강수사를 하여 공소 제기 여부를 판단합니다.

9-2. 공소 제기(기소)

"공소 제기"란, 검사는 사법경찰관으로부터 송치받은 사건이나 직접 인지 등으로 수사한 사건에 대하여 피의자가 재판을 받음이 마땅하다고 판단 되는 경우에는 이를 법원에 회부하게 되는데 이를 공소제기 즉 기소한다 고 하며, 검사에 의하여 기소된 사람을 피고인이라 합니다.

9-3. 검사의 공소 제기 및 취소

9-3-1. 공소 제기 여부 결정

① 검사는 해당 사건에 대해 공소 제기 여부를 결정하여 공소를 제기할 수 있습니다(형사소송법 제246조).

② 고소 또는 고발에 따른 범죄를 수사할 때에는 고소 또는 고발을 수 리한 날부터 3개월 이내에 수사를 완료하여 공소 제기 여부를 결정 해야 합니다(동법 제247조 및 제257조).

9-3-2. 공소 제기의 방법

검사가 ① 피고인의 성명, 그 밖에 피고인을 특정할 수 있는 사항, ② 죄명, ③ 공소사실, ④ 적용법조를 기재한 공소장을 법원에 제출함으로 써 공소가 제기됩니다(형사소송법 제254조제1항 및 제3항).

9-3-3. 공소의 취소

① 제기된 공소는 1심 판결의 선고 전까지 검사가 공소 취소의 이유를 기재한 서면을 제출함으로써 취소됩니다(형사소송법 제255조제1항 및 제2항 본문).

② 다만, 공판정에서는 구술로써 공소를 취소할 수 있습니다(동법 제255조제2항 단서).

9-3-4. 공소 제기 처분에 대한 고지

검사는 고소 또는 고발 사건에 대해 공소 제기 처분을 한 경우에는 그 처분한 날부터 7일 이내에 서면으로 고소인 또는 고발인에게 그 취지를 통지해야 합니다(형사소송법 제258조제1항).

10. 불기소처분

10-1. 불기소 처분의 종류 및 내용

"불기소 처분"이란, 검사가 공소를 제기하지 않는 처분을 말하며, 불기소 처분의 종류에는 기소유예, 혐의 없음, 죄가 안 됨, 공소권 없음, 각하 등이 있습니다.

10-2. 기소유예

① 검사는 사건에 대한 피의사실이 인정되지만 다음의 사항을 참작해볼 때 소추를 필요로 하지 않는 경우에는 '기소유예' 처분을 할 수 있습니다(검찰사건사무규칙 제69조제3항제1호 및 형법 제51조).

1. 범인의 연령, 성행, 지능과 환경
2. 피해자와의 관계
3. 범행의 동기, 수단과 결과
4. 범행 후의 정황

② 검사가 사건에 대해 기소유예 처분을 하는 경우에는 경미한 사건을 제외하고 피의자를 엄중히 훈계하며, 개과천선할 것을 다짐하는 서약서를 받습니다(검찰사건사무규칙 제71조제1항).

③ 검사는 소년인 피의자에 대해 '선도조건부 기소유예' 처분을 하는 경우에는 선도보호에 필요한 조치를 합니다(동 규칙 제71조제3항).

10-3. 혐의 없음

10-3-1. 혐의 없음(범죄 인정 안 됨)

검사는 사건에 대한 피의사실이 범죄를 구성하지 않거나 범죄로 인정되지 않는 경우에는 '혐의 없음(범죄 인정 안 됨)' 처분을 합니다(검찰사건사무규칙 제69조제3항제2호가목).

10-3-2. 혐의 없음(증거 불충분)

① 검사는 사건에 대한 피의사실을 인정할 만한 충분한 증거가 없는 경우에는 '혐의 없음(증거 불충분)' 처분을 합니다(검찰사건사무규칙 제69조제3항제2호나목).

② 검사가 고소 또는 고발 사건에 대해 '혐의 없음'의 처분을 하는 경우에는 고소인 또는 고발인의 무고혐의의 유·무에 대해 판단합니다(동 규칙 제70조).

10-4. 죄가 안 됨

검사는 사건에 대한 피의사실이 범죄구성요건에 해당하지만 법률상 범죄의 성립을 조각하는 사유가 있어 범죄를 구성하지 않는 경우에는 '죄가 안 됨' 처분을 합니다(검찰사건사무규칙 제69조제3항제3호).

10-5. 공소권 없음

① 검사는 사건이 다음 중 어느 하나에 해당하는 경우에는 '공소권 없

음' 처분을 합니다(검찰사건사무규칙 제69조제3항제4호).

1. 법원의 확정 판결이 있는 경우
2. 통고 처분이 이행된 경우
3. 「소년법」, 「가정폭력범죄의 처벌 등에 관한 특례법」 또는 「성매매알선 등 행위의 처벌에 관한 법률」에 따른 보호 처분이 확정된 경우(보호 처분이 취소되어 검찰에 송치된 경우는 제외)
4. 사면(赦免)이 있는 경우
5. 공소시효가 완성된 경우
6. 범죄 후 법령의 개폐(改廢)로 형이 폐지된 경우
7. 법률에 따라 형이 면제된 경우
8. 피의자에 대해 재판권이 없는 경우
9. 동일사건에 대해 이미 공소가 제기된 경우(다만, 다른 중요한 증거를 발견한 경우에는 기소할 수 있음)
10. 동일사건에 대해 공소가 제기되었으나 그 공소를 취소한 적이 있는 경우(다만, 다른 중요한 증거를 발견한 경우에는 기소할 수 있음)
11. 친고죄 및 공무원의 고발이 있어야 논하는 죄의 경우에 고소 또는 고발이 없거나 그 고소 또는 고발이 무효 또는 취소된 경우
12. 반의사불벌죄의 경우 처벌을 희망하지 않는 의사표시가 있거나 처벌을 희망하는 의사표시가 철회된 경우
13. 피의자가 사망하거나 피의자인 법인이 존속하지 않게 된 경우

10-6. 각하

① 검사는 사건이 다음 중 어느 하나에 해당하는 경우에는 각하 처분을 합니다(검찰사건사무규칙 제69조제3항제5호).

1. 고소 또는 고발 사건에 대해 고소인 또는 고발인의 진술이나 고소장 또는 고발장에 따라 '혐의 없음'이나 '죄가 안 됨' 처분의 사유에 해당함이 명백한 경우
2. 자기 또는 배우자의 직계존속을 고소 또는 고발하는 경우(형사소

송법 제224조 및 제235조)

3. 한 번 취하한 고소사건에 대해 다시 고소하는 경우(동법 제232조 제2항)

4. 동일사건에 대해 검사의 불기소 처분이 있는 경우(다만, 새롭게 중요한 증거가 발견된 경우에 고소인 또는 고발인이 그 사유를 소명한 경우에는 각하 처분을 하지 않습니다.)

5. 고소권자가 아닌 사람이 고소한 경우

6. 고소·고발장 제출 후 고소인 또는 고발인이 출석요구에 불응하거나 소재가 불명이 되어 고소·고발사실에 대한 진술을 청취할 수 없는 경우

7. 고소·고발 사건에 대해 사안의 경중 및 경위, 고소인·고발인과 피고소인·피고발인의 관계 등에 비추어 피고소인·피고발인의 책임이 경미하고 수사와 소추할 공공의 이익이 없거나 극히 적어 수사의 필요성이 인정되지 않은 경우

8. 고발이 진위 여부가 불분명한 언론 보도나 인터넷 등 정보통신망의 게시물, 익명의 제보, 고발 내용과 직접적인 관련이 없는 제3자로부터의 전문이나 풍문 또는 고발인의 추측만을 근거로 한 경우 등으로서 수사를 개시할만한 구체적인 사유나 정황이 충분하지 않은 경우

11. 불기소 처분의 통지 등

11-1. 불기소 처분의 통지

① 검사가 사건에 대해 불기소 처분을 한 경우에는 피의자에게 서면(피의사건 처분결과통지서)으로 즉시 통지하며, 7일 이내에 고소인·고발인에게 불기소 처분의 취지를 통지해야 합니다(형사소송법 제258조 및 검찰사건사무규칙 제72조제1항 본문).

② 다만, 다음과 같은 특별한 사유가 있는 경우에는 피의사건 처분결과를 전화, 전자우편, 휴대전화 문자전송 등의 방법으로 통지할 수 있

습니다(검찰사건사무규칙 제72조제1항 단서).

1. 성구매자 교육 프로그램 이수를 조건으로 기소유예 결정을 하는 경우
2. 인지사건의 피의자가 서면 통지를 원하지 않는 경우

11-2. 불기소 처분 이유의 고지

검사의 불기소 처분에 대해 고소인 또는 고발인의 청구가 있는 경우에는 7일 이내에 해당 청구를 한 고소인 또는 고발인에게 서면(불기소이유통지서)으로 그 이유를 설명합니다(형사소송법 제259조 및 검찰사건사무규칙 제72조제3항).

12. 불기소 처분에 대한 고소권자의 재정신청

12-1. 재정신청의 개념

"재정신청"이란, 고소를 한 사람이 검사로부터 공소를 제기하지 않는다는 통지를 받은 경우 그 검사가 소속된 지방검찰청 소재지를 관할하는 고등법원에 그 당부에 관한 결정을 해달라고 신청하는 것을 말합니다(형사소송법 제260조 참조).

12-2. 「검찰청법」에 따른 항고의 전치(前置)

고소권자가 재정신청을 하려면 다음 어느 하나에 해당하는 경우를 제외하고 「검찰청법」 제10조에 따른 항고절차를 거친 후에 해야 합니다(형사소송법 제260조제2항).

1. 항고 이후 재기수사가 이루어진 다음에 다시 공소를 제기하지 않는다는 통지를 받은 경우
2. 항고 신청 후 항고에 대한 처분이 행해지지 않고 3개월이 경과한 경우
3. 검사가 공소시효 만료일 30일 전까지 공소를 제기하지 않는 경우

12-3. 「검찰청법」 제10조에 따른 항고

① 피의자에 대한 검사의 불기소 처분에 불복하는 고소인은 검사의 처분에 따른 통지를 받은 날부터 30일 이내에 그 검사가 속한 지방검찰청 또는 지청을 거쳐 서면으로 관할 고등검찰청 검사장에게 항고할 수 있습니다. 이 경우 해당 지방검찰청 또는 지청의 검사는 항고가 이유 있다고 인정하면 그 처분을 경정(更正)합니다(검찰청법 제10조 제1항 및 제4항).

② 관할 고등검찰청 검사장은 항고가 이유 있다고 인정하면 소속 검사로 하여금 지방검찰청 또는 지청 검사의 불기소 처분을 직접 경정하게 할 수 있습니다. 이 경우 고등검찰청 검사는 지방검찰청 또는 지청의 검사로서 직무를 수행하는 것으로 봅니다(동법 제10조제2항).

12-4. 재정신청 기간 및 방법

관할 고등검찰청으로부터 불기소 처분에 대한 항고의 기각결정을 받은 고소인은 다음의 사유에 따른 신청기일에 지방검찰청검사장 또는 지청장에게 재정신청의 대상이 되는 사건의 범죄사실 및 증거 등 재정신청을 이유 있게 하는 사유를 기재한 재정신청서를 제출해야 합니다(형사소송법 제260조제3항 및 제4항).

1. 항고의 기각결정을 받은 날부터 10일 이내
2. 항고 이후 재기수사가 이루어진 다음에 다시 공소를 제기하지 않는다는 통지를 받은 날부터 10일 이내
3. 항고신청 후 항고에 대한 처분이 행해지지 않고 3개월이 경과한 날부터 10일 이내
4. 검사가 공소시효 만료일 30일 전까지 공소를 제기하지 않는 경우에는 공소시효 만료일 전날까지

12-5. 재정신청서의 송부

① 불기소 처분에 대한 항고의 기각으로 재정신청서를 제출받은 지방검찰청검사장 또는 지청장은 재정신청서를 제출받은 날부터 7일 이내에 재정신청서·의견서·수사 관계 서류 및 증거물을 관할 고등검찰청을 경유하여 관할 고등법원에 송부합니다(형사소송법 제261조 본문).

② 다만, 불기소 처분에 대한 항고가 기각된 경우를 제외하고 항고신청이 이유 있는 것으로 인정하면 즉시 공소를 제기하고 신청이 이유 없는 것으로 인정하면 30일 이내에 관할 고등법원에 재정신청서를 송부합니다(형사소송법 제261조 단서).

12-6. 법원의 심리 및 결정

법원은 재정신청서를 송부 받은 때에는 송부 받은 날부터 10일 이내에 피의자에게 그 사실을 통지하며, 3개월 이내에 신청을 기각하거나 공소제기를 결정합니다(형사소송법 제262조제1항 및 제2항).

■ 불기소처분도 전과기록이 남는지요?

Q. 불기소처분을 받더라도 전과기록같은 것이 남는지 궁금합니다.

A. 엄밀한 의미의 "전과기록"이란 수형인명부(검찰청이나 군검찰부가 관리), 수형인명표(등록기준지에서 관리) 및 범죄경력자료를 말합니다(형의 실효 등에 관한 법률 제2조 제7호).수형인명부나 수형인명표는 자격정지 이상의 형이 선고되어 확정되었을 경우에 작성되며(같은 법 제3조, 제4조 제1항), 범죄경력자료 역시 벌금 이상의 형이 선고, 면제 또는 선고유예되어야 작성됩니다(같은 법 제2조 제5호 가목). 따라서, 불기소처분을 받는다고 해서 전과기록이 남는 것은 아닙니다.다만, 수사경력자료(경찰청에서 관리)에는 기록이 남는데, 혐의없음, 공소권없음, 죄가안됨 또는 기소유예 처분이 있은 경우에는 소정의 보존기간이 지나면 전산입력된 수사경력자료의 해당 사항을 삭제하는 것으로 되어 있습니

다(같은 법 제8조의2 제1항 제1호).

■ 검찰의 불기소 처분에 대한 고소권자는 이에 대응할 방법은 없나요?

Q. 폭행을 당해 경찰에 고소를 했는데 가해자가 검찰로부터 불기소 처분을 받았습니다. 가해자가 불기소 처분을 받은 것이 너무 억울한데 이에 대응할 방법은 없나요?

A. 가해자가 불기소 처분을 받은 것에 불응하는 피해자는 우선 해당 지방검찰청 또는 지청을 경유하여 관할 고등검찰청에 항고할 수 있습니다(검찰청법 제10조).

만약, 항고가 받아들여지지 않는 경우에는 해당 지방검찰청 또는 지청을 경유하여 관할 고등법원에 재정신청을 할 수 있습니다(형사소송법 제260조제3항 및 제4항).

다만, 재정신청권자가 아닌 사람의 경우에는 항고가 받아들여지지 않는 경우에는 재항고할 수 있습니다. 이 경우 법원은 3개월 이내에 고소인의 신청을 기각하거나, 공소 제기를 결정합니다(형사소송법 제262조제1항 및 제2항).

2008년 1월 1일 「형사소송법」이 개정됨에 따라 기존의 한정된 사건이 아닌 모든 사건에 대한 재정신청이 가능하게 되었습니다. 따라서 헌법소원의 원칙인 보충성의 원칙 및 재판소원 금지의 원칙으로 인해 검찰의 불기소처분 또는 재정신청의 기각에 대한 헌법소원은 제기할 수 없습니다(헌법재판소법 제68조제1항).

■ 불기소처분의 종류에는 어떤 것이 있는지요?

Q. 불기소처분이란 무엇이며, 그 종류와 의미에 대해서 알고 싶습니다.

A. 불기소처분이란 고소 또는 고발이 있는 사건에 관하여 공소를 제기하지 아니하는 검사의 처분을 말합니다(형사소송법 제259조).

불기소처분에는 ① 기소유예, ② 혐의 없음, ③ 죄가 안됨, ④ 공소권 없음, ⑤ 기소중지, ⑥ 공소보류 등이 있으며(검찰사건사무규칙 제69조) 그 중 혐의 없음, 죄가 안됨, 공소권 없음을 협의의 불기소처분이라고 하는데 이를 살펴보면 다음과 같습니다.

① 기소유예 : 피의사실이 인정되나 「형법」제51조(범인의 연령, 성행(性行),지능과 환경, 피해자에 대한 관계, 범행의 동기·수단과 결과, 범행 후의 정황)의 사항을 참작하여 공소를 제기하지 않는 것을 말합니다.

② 혐의없음 : 피의사실이 범죄를 구성하지 아니하거나 인정되지 아니하는 경우(범죄인정 안 됨) 또는 피의사실을 인정할 만한 충분한 증거가 없는 경우(증거불충분)에 하는 처분을 말합니다. 검사가 혐의 없음 결정시 고소인 또는 고발인의 무고혐의의 유·무에 관하여 판단하여야 합니다(검찰사건사무규칙 제70조).

③ 죄가 안 됨(범죄 불성립) : 피의사실이 범죄구성요건에 해당하나 법률상 범죄의 성립을 조각하는 사유가 있어 범죄를 구성하지 아니하는 경우로 피의자가 형사미성년자나 심신상실자인 경우, 정당행위, 정당방위, 긴급피난에 해당되는 경우입니다.

④ 공소권 없음 : 확정판결이 있는 경우, 통고처분이 이행된 경우, 「소년법」, 「가정폭력범죄의처벌등에관한특례법」, 또는 「성매매알선 등 행위의 처벌에 관한 법률」에 의한 보호처분이 확정된 경우(보호처분이 취소되어 검찰에 송치된 경우를 제외한다), 사면이 있는 경우, 공소의 시효가 완성된 경우, 범죄 후 법령의 개폐로 형이 폐지된 경우, 법률의 규정에 의하여 형이 면제된 경우, 피의자에 관하여 재판권이 없는 경우, 동일사건에 관하여 이미 공소가 제기된 경우(공소를 취소한 경우를 포함한

다. 다만, 다른 중요한 증거를 발견한 경우에는 그러하지 아니하다) 친고죄 및 공무원의 고발이 있어야 논하는 죄의 경우에 고소 또는 고발이 없거나 그 고소 또는 고발이 무효 또는 취소된 때, 반의사불벌죄의 경우 처벌을 희망하지 아니하는 의사표시가 있거나 처벌을 희망하는 의사표시가 철회된 경우, 피의자가 사망하거나 피의자인 법인이 존속하지 아니하게 된 경우입니다.

⑤ 각하 : 고소 또는 고발이 있는 사건에 관하여 고소인 또는 고발인의 진술이나 고소장 또는 고발장에 의하여 위 ②부터 ④까지의 사유에 해당함이 명백한 경우, 형사소송법상의 고소·고발의 제한이나 고소불가분규정에 위반한 경우, 새로운 증거없는 불기소처분사건인 경우, 고소권자 아닌 자가 고소한 경우, 고소·고발장 제출 후 고소·고발인이 출석요구에 불응하거나 소재불명되어 고소·고발사실에 대한 진술을 청취할 수 없는 경우, 고소·고발 사건에 대하여 사안의 경중 및 경위, 고소·고발인과 피고소·피고발인의 관계 등에 비추어 피고소·피고발인의 책임이 경미하고 수사와 소추할 공공의 이익이 없거나 극히 적어 수사의 필요성이 인정되지 아니하는 경우 및 고발이 진위 여부가 불분명한 언론 보도나 인터넷 등 정보통신망의 게시물, 익명의 제보, 고발 내용과 직접적인 관련이 없는 제3자로부터의 전문(傳聞)이나 풍문 또는 고발인의 추측만을 근거로 한 경우 등으로서 수사를 개시할만한 구체적인 사유나 정황이 충분하지 아니한 경우에는 각하할 수 있습니다.

⑥ 기소중지 : 피의자의 소재불명 또는 검찰사건사무규칙 제74조 참고인중지결정 사유외의 사유로 수사를 종결할 수 없는 경우에는 그 사유가 해소될 때까지 기소중지결정을 할 수 있습니다(검찰사건사무규칙 제73조). 피의자의 소재불명을 이유로 기소중지하는 경우에는 피의자를 지명수배하게 됩니다. 피의자의 소재가 판명되는 등 기소중지 사유가 해소되면 다시 수사를 진행합니다.

⑦ 참고인중지 : 참고인·고소인·고발인 또는 같은 사건 피의자의 소재불명으로 수사를 종결할 수 없는 경우에는 그 사유가 해소될 때까지

참고인중지결정을 할 수 있습니다(검찰사건사무규칙 제74조). 이 경우에는 참고인 등에 대한 소재수사지휘를 하는 경우가 있습니다(검찰사건사무규칙 제77조).

⑧ 공소보류 : 국가보안법위반 피의자에 대하여 「형법」제51조의 사항을 참작하여 공소제기를 보류하는 것으로 「국가보안법」제20조에 규정하고 있습니다.

■ 불구속 기소된 피고인이 무죄판결을 받은 경우 국가에 손해배상을 청구할 수 있는지요?

Q. 저는 절도죄로 불구속·기소되었으나, 재판결과 범죄사실의 존재를 증명함에 충분한 증거가 없다는 이유로 무죄판결을 받아 확정되었습니다. 저는 수사 단계에서부터 계속 결백함을 주장하였으나 수사기관은 이를 묵살하고 불구속·기소하였으므로 「형사보상법」에 의한 보상을 받을 수도 없는바, 이러한 경우 수사기관의 불법행위를 이유로 국가에 손해배상을 청구할 수 있는지요?

A. 「국가배상법」 제2조 제1항 본문에서 국가나 지방자치단체는 공무원 또는 공무를 위탁받은 사인이 직무를 집행하면서 고의 또는 과실로 법령을 위반하여 타인에게 손해를 입히거나, 「자동차손해배상 보장법」에 따라 손해배상의 책임이 있을 때에는 이 법에 따라 그 손해를 배상하여야 한다고 규정하고 있습니다.

그런데 검사 등의 수사기관이 피의자를 수사하여 공소를 제기하였으나 법원에서 무죄판결이 확정된 경우, 수사기관에게 불법행위책임이 인정되기 위한 요건에 관한 판례를 보면, 사법경찰관이나 검사는 수사기관으로서 피의사건을 조사하여 진상을 명백히 하고, 수집·조사된 증거를 종합하여 피의자가 유죄판결을 받을 가능성이 있는 정도의 혐의를 가지게 된 데에 합리적인 이유가 있다고 판단될 때에는 소정의 절차에 의하여 기소의견으로 검찰청에 송치하거나 법원에 공소를 제기할 수 있으므로, 객관적으로 보아 사법경찰관이나 검사가 당해 피의자에 대하여 유죄판결을 받을 가능성이 있다는 혐의를 가지게 된 데에 상당한 이유가 있는 때에는 후일 재판과정을 통하여 그 범죄사실의 존재를 증명함에 충분한 증거가 없다는 이유로 그에 관하여 무죄판결이 확정되더라도, 수사기관의 판단이 경험칙이나 논리칙에 비추어 도저히 그 합리성을 긍정할 수 없는 정도에 이른 경우에만 귀책사유가 있다고 할 것이라고 하였으며, 형사재판에서의 무죄판결의 의미에 관해서는, 형사재판에서의 무죄판결은 공소사실에 대하여 증거능력 있는 엄격한 증거에 의하여 법관으로 하여금 합리적인 의심을 배제할 정도의 확신을 가지게 하는 입증이 없다는 의미일 뿐 공소사실의 부존재가 증명되었다는 의미는 아니라고 하였습니다(대법원 2005. 12. 23. 선고 2004다46366 판결).

따라서 귀하도 단순히 불구속·기소되었다가 무죄판결을 받았다는 것만으로 수사기관의 불법행위를 이유로 국가에 대하여 손해배상을 청구함은 어려울 것으로 보입니다.

■ 불기소처분에 대하여 행정소송을 제기할 수도 있는지요?

Q. 검사도 행정청이고 불기소처분도 행정처분으로 볼 수 있는데, 그렇다면 검사의 불기소처분에 대해 행정소송을 제기할 수도 있는가요?

A. 검사의 불기소처분에 대하여는 「검찰청법」에 의한 항고와 재항고 및 「형사소송법」에 의한 재정신청 절차에 의해서만 불복할 수 있는 것이므로 검사의 불기소처분이나 그에 대한 항고 또는 재항고 결정에 대하여는 행정소송을 제기할 수 없는 것이라 할 것입니다(대법원 1989. 10. 10. 선고 89누2271 판결).

■ 불기소처분이 일사부재리의 효력이 인정되는지요?

Q. A로부터 사기죄와 횡령죄로 고소를 당하였다 증거불충분의 불기소처분을 받았습니다. A는 횡령죄의 불기소처분에 대해 항고하였으나 고등검찰청에서는 항고기각결정을 하였고, 이에 대해 A는 재항고하였습니다. 그런데 최근 대검찰청에서 횡령죄 뿐만 아니라 사기죄에 대해서도 재기수사명령을 하였습니다. 사기죄에 대한 불기소처분에 대해서는 항고를 제기하지도 않았는데 재기수사명령을 할 수 있는 건가요?

A. 유,무죄의 실체 판결이나 면소판결이 확정된 때에는 일사부재리의 효력에 의하여 재차 공소제기할 수 없으며, 공소가 제기되더라도 면소판결을 하여야 하나, 불기소처분의 경우에는 일사부재리의 효력이 미치지 않으므로 새로운 증거 등으로 범죄의 혐의가 인정되는 경우 검사는 언제든지 수사를 재개할 수 있고, 공소시효가 도과하는 등의 소추요건을 구비하지 못한 것이 아닌 이상 공소를 제기하는 것도 가능합니다. 따라서 횡령죄에 대한 불기소처분에 대해서만 불복하여 항고와 재항고를 제기한 경우라고 하더라도 사기죄를 포함한 전체 범죄에 대해 재기수사명령을 하는 것도 가능합니다.

■ 불기소처분에 대한 불복의 경우, 공소시효의 완성시점까지 판결이 내려지지 않으면 어떻게 되나요?

Q. 폭력행위등처벌에관한법률위반(공동폭행)에 대해 고소를 제기하였으나 가해자에 대해 불기소처분이 내려져 검찰청법에 의한 항고와 재항고까지 제기하였으나 모두 기각되었습니다. 이에 마지막으로 헌법소원을 제기한 상태인데 공시시효와 완성시점이 얼마남지 않아 불안합니다. 혹시 공소시효 완성시점까지 판결이 내려지지 않으면 어떻게 되나요?

A. 검사의 불기소처분에 대한 헌법소원에 있어서 그 대상이 된 범죄에 대한 공소시효가 완성되었을 때에는 권리보호의 이익이 없어 헌법소원을 제기할 수 없는바(헌재 1989. 4. 17. 88헌마3, 판례집 1, 31, 38), 헌법소원 제기 후에 그 공소시효가 완성된 경우에도 역시 그 헌법소원은 권리보호의 이익이 없어 부적법하다는 것이 우리 재판소의 확립된 판례입니다(헌재 1995. 1. 20. 94헌마246, 판례집 7-1, 15, 41).따라서 헌법재판소의 판결이 내려지기 전 공소시효가 완성된다면 더 이상 권리보호의 이익이 없다고 하여 각하될 것으로 예상됩니다.

Q. 재정신청사건에 있어서 검사의 무혐의 불기소처분이 위법하다 하더라도 기소유예를 할 만한 사건이라고 인정되는 경우에는 재정신청이 기각되는지요?

A. 재정신청에 관하여 「형사소송법」제260조는 "①고소권자로서 고소를 한 자(형법 제123조 내지 제125조의 죄에 대하여는 고발을 한 자 포함)는 검사로부터 공소를 제기하지 아니한다는 통지를 받은 때에는 그 검사 소속의 지방검찰청 소재지를 관할하는 고등법원에 그 당부에 대한 재정을 신청할 수 있다. ③제1항에 따른 재정신청을 하려는 자는 항고 기각 결정을 통지받은 날부터 10일 이내에 지방검찰청검사장 또는 지청장에게 재정신청서를 제출하여야 한다."라고 규정하고 있고, 같은 법 제262조 제2항은 "법원은 재정신청서를 송부받은 날부터 3개월 이내에 항고의 절차에 준하여 다음 각 호의 구분에 따라 결정한다. 이 경우 필요한 때에는 증거를 조사할 수 있다. ⅰ. 신청이 법률상의 방식에 위배하거나 이유 없는 때에는 신청을 기각한다. ⅱ. 신청이 이유 있는 때에는 사건에 대한 공소제기를 결정한다."라고 규정하고 있습니다.

그런데 검사의 무혐의 불기소처분이 위법하다 하더라도 기소유예를 할 만한 사건이라고 인정되는 경우, 재정신청을 기각할 수 있는지에 관하여 판례는 "공소를 제기하지 아니하는 검사의 처분의 당부에 관한 재정신청이 있는 경우에 법원은 검사의 무혐의 불기소처분이 위법하다 하더라도 기록에 나타난 여러 가지 사정을 고려하여 기소유예의 불기소처분을 할 만한 사건이라고 인정되는 경우에는 재정신청을 기각할 수 있다."라고 하면서, 후보자가 기부행위 제한기간 중에 정가 5,000원인 책자를 권당 1,000원에 판매한 행위는 공직선거및선거부정방지법이 금지하는 기부행위에 해당하므로 검사가 그 점에 대하여 무혐의 불기소처분을 한 것은 잘못이나, 후보자의 홍보부장이 선거관리위원회에 질의한 결과 위 책자를 무료로 배포하면 문제의 소지가 있다는 회답을 듣고 이를 유료로 판매하기만 하면 되는 것으로 오해하여 그와 같은 행위에 이르게 된 것이라는 점을 참작하면 기소유예를 할 만한 사안이라고 보아 재정신청을 기각한 원심결정을 수긍한 사례가 있습니다(대법원 1997. 4. 22. 자 97모30 결정).

따라서 검사의 무혐의 불기소처분이 위법하다 하더라도 기소유예를 할 만한 사건이라고 인정되는 경우, 재정신청을 기각할 수 있다고 할 것입니다.

■ 항고를 거치지 않아도 재정신청을 하는 것이 가능한지요?

Q. 저는 갑을 사기죄로 고소하였으나 검사는 갑에 대하여 혐의없음의 불기소처분을 하였습니다. 억울한 마음에 불기소처분에 대하여 항고를 하였는데 4개월이 지나도록 아무런 결정이 되지 않고 있습니다. 더 이상 기다리기 힘들어 그냥 법원에 재정신청을 하고 싶은데, 항고절차가 진행 중인 지금 재정신청을 하는 것이 가능한지요?

A. 법원에 재정신청을 하기 위하여는 검찰청법 제10조에 따른 항고를 거쳐야 합니다(형사소송법 제260조 제2항 본문). 그러나 ① 항고 이후 재기수사가 이루어진 다음에 다시 공소를 제기하지 아니한다는 통지를 받은 경우 ② 항고 신청 후 항고에 대한 처분이 행하여지지 아니하고 3개월이 경과한 경우 ③ 검사가 공소시효 만료일 30일 전까지 공소를 제기하지 아니하는 경우에는 검찰청법상의 항고를 거치지 않고 곧바로 법원에 재정신청을 할 수 있습니다(형사소송법 제260조 제2항 단서).

따라서 귀하의 사건은 항고를 제기한지 4개월이 경과하도록 항고에 대한 처분이 이뤄지지 않았으므로 귀하는 더 이상 항고의 결과를 기다릴 필요없이 곧바로 법원에 재정을 신청하는 것이 가능할 것입니다.

[서식 예] 항고장(검사의 불기소처분)

항 고 장

항 고 인(고소인)   ○ ○ ○ (전화번호 ○○○ – ○○○○)
                    ○○시 ○○구 ○○길 ○○번지
피 고 소 인   △ △ △ (전화번호 ○○○ – ○○○○)
                    ○○시 ○○구 ○○길 ○○번지

　위 피고소인에 대한 ○○지방검찰청 ○○지청 20○○형제 ○
○○호 횡령사건에 관하여 동 검찰청 지청 검사 이□□은 20○
○. ○. ○. 자로 혐의가 없다는 이유로 불기소처분결정을 하
였으나, 그 결정은 아래와 같은 이유로 부당하므로 이에 불복
하여 항고를 제기합니다.
(고소인은 위 불기소처분결정통지를 20○○. ○. ○. 수령하였
습니다.)

　　　　　　　　　　－ 아 　　 래 －

1. 검사의 불기소이유의 요지는 "피의자는 20○○. ○. ○. 고소
   인의 실소유물인 19톤 트럭(서울 ○○다 ○○○○호) 1대를 강
   제집행 목적으로 회수하여 피의자가 ☆☆보증보험(주)를 퇴사
   하기 전까지는 위 차량을 회사의 주차장에 보관하고 있었고 그
   후 20○○. ○월경 위 회사의 성명불상 직원들이 위 차량을 매
   각이나 경매하지 않고 등록원부상 소유자로 되어 있는 ◎◎중
   기에 반환하여 주었던 것이므로 피의자가 위 차량을 임의로 운
   용하였다고 단정할 자료가 없다"는 것으로 파악됩니다.
2. 그러나 위와 같은 사실은 피고소인의 진술을 그대로 받아들인 것으
   로서 피고소인의 진술을 뒷받침하는 증거로는 ◎◎중기(주) 대표
   이사의 동생인 김□□의 진술 및 피의자가 퇴사하기 전에 위 덤

프트럭을 위 ☆☆보증보험(주)의 주차장에 주차하여 관리하고 있음을 입증하는 차량관리대장과 주차비용지급 기안용지 뿐인 바, 위 김□□은 소유자도 아닌데 위 덤프트럭을 인수하여 이익을 본 입장일 수도 있어 그 진술에 신빙성이 없습니다.

3. 그리고 20○○. ○월경 ☆☆보증보험(주) 직원들이 위 덤프트럭을 ◎◎중기(주)에 반환하였다면 ☆☆보증보험(주)에 그 근거서류가 남아 있거나 그 사실을 누군가 알고 있어야 하는데, 불기소이유에 의하면 ☆☆보증보험(주)의 직원인 박□□은 자신도 위 사실을 알지 못하고 그 사실을 아는 사람이 누구인지도 모른다고 진술한 것으로 되어 있습니다.

따라서 20○○. ○월이면 피의자가 퇴사한지 2년이나 지난 후인데, 회사직원 그 누구도 모르는 사실을 어떻게 2년전에 퇴사한 피고소인만 알고 있는지 도저히 이치에 맞지 않습니다.

4. 또한 피의자가 위 회사를 퇴사하기 전에 위 덤프트럭을 회사의 주차장에 주차하여 관리하고 있었다는 사실이 위 회사의 차량관리대장과 회수중기 보관에 따른 주차비용지급이라는 제목의 기안용지에 의해 입증될 수 있는 것이라면 위 회사가 위 덤프트럭을 20○○. ○월경 ◎◎중기(주)에 반환하기 전까지 주차하여 관리했던 사실 및 위 트럭을 ◎◎중기(주)에 반환하였다는 사실도 위 차량관리대장과 같은 문서에 의해 근거가 남겨져 있어야만 합니다. 위 박□□이 위 사실에 대해 모르는 것으로 미루어 서류상 그러한 근거가 남아 있지 않음이 분명한 바, 그렇다면 피의자의 진술은 거짓임이 분명합니다.

5. 그 뿐만 아니라 위 ☆☆보증보험(주) 직원들이 위 덤프트럭을 반납하였다는 ◎◎중기(주)는 위 덤프트럭의 지입회사이지 소유자가 아니며, 20○○. ○월경 당시 이미 부도처리된 회사이므로 부도난 회사에 위 덤프트럭을 반환하였다는 것도 이해가 가지 않습니다.

그리고 고소인은 고소인의 처인 고소외 김□□ 명의로 위 덤프트럭을 고소외 현대자동차 (주)로부터 대금 76,000,000원에 36

개월 할부로 구입하면서 그 담보로 위 ☆☆보증보험 (주)과 할
부판매보증보험계약을 체결하였고 그 후 고소인이 위 할부금
중 38,000,000원을 납부하고 나머지 대금을 연체하자 ☆☆
보증보험(주)이 위 보증보험계약에 따라 그 잔금 34,742,547원
을 위 현대자동차 (주)에 대신 지급하고 주채무자인 위 김□□
와 연대보증인인 고소인에게 구상금 청구를 하고 있던 상황에
서 피의자가 채권 회수 목적으로 위 덤프트럭을 가져갔던 것이
며 지금도 위 ☆☆보증보험에서는 고소인 및 고소인의 처에게
위 구상금 변제 독촉장을 보내고 있습니다.

위와 같은 경위에 비추어 볼 때, ☆☆보증보험(주)의 직원들로
서는 위 덤프트럭이 지입회사인 ◎◎중기(주)의 소유가 아니
라 고소인 및 고소인 처의 소유라는 사실을 명백히 알고 있었
다고 하므로 위 덤프트럭을 고소인측이 아닌 ◎◎중기(주)에
반환하였다는 진술은 이치에 맞지 않습니다.

6. 또한 피의자가 위 덤프트럭을 회수해 간 후 한 동안은 위 ☆☆보
증보험(주)으로부터 위 구상금을 변제하라는 독촉장이 오지 않다
가 언제부터인가 다시 독촉장이 오기 시작하여 20○○. 말 경
고소인이 위 ☆☆보증보험(주)으로 찾아가니 위 회사 담당직원
이 "피고소인은 이미 퇴사하였고 회사로서는 위 덤프트럭이
어디 있는지 몰라 경매도 못한다"고 말한 사실이 있습니다. 이
건 불기소이유에서 인정한 사실관계에 의하면 위 덤프트럭은
계속 위 ☆☆보증보험(주) 주차장에 보관되어 있다가 20○○.
○월경 위 ◎◎중기(주)에 반환되었다는 것이므로, 당시 위 회
사 담당직원이 고소인에게 한 말과 일치하지 않습니다.

뿐만 아니라 위 ☆☆보증보험(주) 직원들이 20○○. ○월경
위 덤프트럭을 ◎◎중기(주)에 반환하였다면 그 뒤에라도 고
소인에게 이를 알려 주었을 텐데 고소인은 위 회사 직원으
로부터 그런 통보를 받은 사실이 없습니다.

7. 위와 같은 사유로 항고하오니 고소인의 주장을 면밀히 검토
하여 재수사를 명해주시기를 간절히 바랍니다.

첨 부 서 류

1. 불기소처분 통지서   1통
1. 공소부제기이유고지서   1통

20○○. ○. ○.

위 고소인 (항고인) ○ ○ ○ (인)

○ ○ 고 등 검 찰 청   귀 중

[서식 예] 재정신청서

```
                        재 정 신 청 서

신 청 인(고발인)    ○ ○ ○
피신청인(피의자)    △ △ △
                    ○○시 ○구 ○○길 ○○


피신청인(피의자)에 대한 ○○지방검찰청 20○○형제 ○○○호
불법체포·감금죄 피의 사건에 있어서, 동 검찰청 소속 검사 □□
□이 20○○. ○. ○. 한 불기소처분(무혐의 처분)에 대하여 신청
인은 이에 불복하여 항고(200○불항○○○호)하였으나 ○○고등
검찰청 검사○○○은 200○. ○○. ○○.자로 항고기각 처분하
였습니다. 그러나 다음과 같은 이유로 부당하여 재정신청을 하
오니 위 사건을 관할 ○○지방검찰청에서 공소제기하도록 하는
결정을 하여주시기 바랍니다.

신청인이 검사로부터 불기소처분통지를 수령한 날: 20○○.○.○.

                        신 청 취 지

피의자 △△△에 대한 ○○지방검찰청 ○○ 형제 ○○○호 불법체
포·감금 피의사건에 대하여 피의자 △△△을 ○○지방법원의 심
판에 부한다.라는 재판을 바랍니다.

                        신 청 이 유

1. 피의자 △△△의 범죄사실
   별지기재와 같음
2. 피의자의 범죄에 관한 증거설명
```

별지기재와 같음

3. 검사의 불기소 이유의 요지는 피의사실에 대한 증거가 없어
   결국 범죄혐의가 없다는 것인 바, 참고인 진술과 압수한 증
   거물 기타 제반사정을 종합검토하면 본 건 피의사실에 대한
   증거는 충분하여 그 증명이 명백함에도 불구하고 증거가 불
   충분하다는 이유로 불기소처분한 것은 부당하고 검사의 기
   소독점주의를 남용한 것이라 아니할 수 없으므로 재정신청
   에 이른 것입니다.

첨 부 서 류

1. 피의사실 및 증거내용   1통
2. 불기소처분통지서   1통
3. 기타 증거서류 사본   2통

20○○년   ○월   ○일

재정신청인(고발인)   ○ ○ ○ (인)

○ ○ 고 등 법 원 귀 중

13. 수사단계에서의 피해자 보호

13-1. 수사기관의 범죄피해자 보호

수사기관은 범죄피해자와 그 가족(이하 '피해자 등'이라 함)의 심정을 이해하고 그 인격을 존중하며 신체적·정신적·경제적 피해의 회복과 권익증진을 위해 노력할 의무가 있습니다(범죄수사규칙 제200조제1항).

13-2. 피해자 동행 및 조사 시 보호

① 수사기관은 피해자와 경찰관서 등으로 동행할 때 위해나 보복의 우려가 없을 것으로 판단되는 등 특별한 사정이 있는 경우를 제외하고 피의자 등과 분리하여 동행합니다(범죄수사규칙 제201조).

② 수사기관은 피해자 등에게 권위적인 태도, 불필요한 질문으로 수치심 또는 모욕감을 유발하지 않도록 유의합니다(동 규칙 제202조제1항).

③ 수사기관은 피해자 등을 조사할 때 상황을 고려하여 조사에 적합한 장소를 이용하고, 피해자 등이 불안 또는 괴로움을 느끼지 않도록 주의합니다(동 규칙 제202조제2항).

13-3. 피해자 조사 시 신뢰관계가 있는 사람의 동석

① 수사기관은 피해자를 조사하는 경우 연령, 심신의 상태, 그 밖의 사정을 고려하여 피해자가 현저하게 불안 또는 긴장을 느낄 우려가 있다고 인정되는 경우에는 직권 또는 피해자·법정대리인·검사의 신청에 따라 피해자와 신뢰관계에 있는 사람을 동석하게 할 수 있습니다(형사소송법 제221조제3항 및 제163조의 2제1항).

② "피해자와 동석할 수 있는 신뢰관계에 있는 사람"이란, 피해자의 직계친족, 형제자매, 배우자, 가족, 동거인, 보호시설 또는 교육시설의 보호 또는 교육담당자 등 피해자의 심리적 안정과 원활한 의사소통에 도움을 줄 수 있는 사람을 말합니다(범죄수사규칙 제62조제1항).

13-4. 피해자 등에게 정보제공

수사기관은 범죄사건을 처리하는 과정에서 피해자 등의 보호와 피해회복을 위해 피해자 등에게 다음의 정보를 제공합니다(범죄피해자 보호법 제8조의2제1항 및 범죄수사규칙 제203조).

1. 범죄피해자의 해당 재판절차 참여 진술권 등 형사절차상 범죄피해자의 권리에 관한 정보
2. 범죄피해 구조금 지급 및 범죄피해자 보호·지원 단체 현황 등 범죄피해자의 지원에 관한 정보
3. 그 밖에 범죄피해자의 권리보호 및 복지증진을 위하여 필요하다고 인정되는 정보

13-5. 사건처리 상황에 대한 통지

① 수사기관은 피해자 등의 신고·고소·고발·진정·탄원에 따라 수사를 할 때에는 사건처리 진행상황을 구두, 전화, 우편, 모사전송, 이메일, 문자메시지(SMS) 등 사건을 접수할 때 피해자 등이 요청한 방법으로 통지합니다(범죄수사규칙 제204조제1항 및 제5항).

② 수사기관은 사건을 접수한 경우, 접수 후 매 1개월이 경과한 경우, 송치하거나 다른 관서로 이송하는 등 수사를 종결한 경우에는 3일 이내에 피해자, 고소인 또는 고발인에게 구두, 전화, 우편, 모사전송, 이메일, 문자메시지(SMS) 등 사건을 접수할 때 피해자 등이 요청한 방법으로 해당 사실을 통지합니다(동 규칙 제204조제2항 및 제5항).

③ 다만, 피해자가 사망하거나 의사능력이 없거나 미성년자인 경우에는 피해자의 법정대리인, 배우자, 직계친족, 형제자매나 가족 등에게 통지합니다(동 규칙 제204조제3항).

13-6. 피해자 등의 신변안전 조치

① 경찰관서장은 피의자의 범죄수법, 동기, 피해자 등과의 관계, 언동,

그 밖의 상황으로 보아 피해자가 피의자, 그 밖의 사람으로부터 생명·신체에 해를 받거나 받을 염려가 있다고 인정되는 경우에는 직권 또는 피해자의 신청에 따라 신변안전에 필요한 조치를 강구해야 합니다(범죄수사규칙 제205조제1항).

② 신변안전조치의 종류는 다음과 같습니다(동 규칙 제205조제2항).

1. 피해자 보호시설 등 특정시설에서의 보호
2. 외출·귀가 시 동행, 수사기관 출석 동행 및 신변경호
3. 임시숙소 제공
4. 주거지 순찰강화, 패쇄회로 텔레비전의 설치 등 주거에 대한 보호
5. 비상연락망 구축
6. 그 밖에 신변안전에 필요하다고 인정되는 조치

■ 폭행을 당해 신고를 했는데 보복을 당할까봐 두려울 경우, 경찰에 어떤 도움을 받을 수 있나요?

Q. 저는 동네에서 아는 사람에게 폭행을 당해 신고를 했는데 보복을 당할까봐 두렵습니다. 경찰에 도움을 요청하고 싶은데 어떤 도움을 받을 수 있나요?

A. 경찰에 집주변이나 직장의 주기적 순찰이나 동행을 요청할 수 있습니다.

◇ 신변안전 조치

경찰은 피해자의 신변이 위험하다고 염려되는 경우 다음과 같은 신변안전 조치를 취합니다.

① 피해자 보호시설 등 특정시설에서의 보호, ② 외출·귀가 시 동행, 수사기관 출석 동행 및 신변경호, ③ 임시숙소 제공, ④ 주거지 순찰강화, 패쇄회로 텔레비전의 설치 등 주거에 대한 보호, ⑤ 비상연락망 구축, ⑥ 그 밖에 신변안전에 필요하다고 인정되는 조치

◇ 경찰서 동행 시 피의자(가해자)와 분리

경찰이나 검찰은 피해자를 조사할 때 가해자와 분리하여 조사하고,

상황을 고려하여 피해자가 불안해하지 않도록 조사에 적합한 장소를 이용합니다.

◇ **조사 시 신뢰관계자와 동석**

조사 시 피해자가 불안을 느낄 우려가 있는 경우에는 피해자와 신뢰관계가 있는 사람을 함께 있도록 할 수 있습니다.

◇ **정보 제공**

① 경찰이나 검찰은 사건처리 과정에서 피해자의 피해회복을 위해 형사절차, 피해자의 권리에 관한 사항 및 피해자 지원제도 등에 관한 정보를 제공합니다.

② 사건처리상황 통지수사기관은 사건처리상황을 피해자에게 통지합니다.

14. 수사단계에서의 피의자(가해자) 보호

14-1. 피의자 등에 대한 수사의 기본원칙

① 수사기관은 개인의 인권을 존중하고 신속·공정·성실하게 수사하며, 피의자 등의 명예를 훼손하지 않도록 주의해야 합니다(범죄수사규칙 제3조).

② 피의자에 대한 수사는 불구속 상태에서 함을 원칙으로 합니다(형사소송법 제198조제1항).

③ 수사기관은 피의자 또는 다른 사람의 인권을 존중하고 수사과정에서 취득한 비밀을 엄수하며 수사에 방해되는 일이 없도록 해야 합니다(동법 제198조제2항).

(참고) * 소년사건의 수사 및 보호 처분
① 경찰관이 소년사건을 수사할 때에는 소년의 특성에 비추어 되도록 다른 사람의 이목을 끌지 않는 장소에서 온정과 이해를 가지고 부드러운 어조로 조사하도록 하고 있습니다(범죄수사규칙 제208조).
---

② 소년사건에서 "소년"이란, 만 19세 미만인 사람을 말합니다(소년법 제2조).

③ 경찰관이 소년피의자에 대한 출석요구나 조사를 할 경우에는 그 소년의 보호자나 이를 대신할 사람에게 연락해야 합니다. 다만, 연락하는 것이 그 소년의 복리에 부적당하다고 인정될 때에는 연락하지 않을 수 있습니다(범죄수사규칙 제211조).

＊ 소년사건의 송치 등

소년사건을 수사한 결과 다음 중 어느 하나에 해당하는 경우에는 경찰서장이 직접 관할 가정법원 소년부 또는 지방법원 소년부에 직접 소년보호사건으로 송치합니다(소년법 제4조제1항제2호·제3호 및 범죄수사규칙 제214조제1항).

1. 피의자가 폭행·상해사건을 저지른 만 10세 이상 14세 미만의 소년인 경우

2. 다음에 해당하는 사유가 있고 그의 성격이나 환경에 비추어 앞으로 형벌 법령에 저촉되는 행위를 할 우려가 있는 10세 이상인 소년

    가. 집단적으로 몰려다니며 주위 사람들에게 불안감을 조성하는 성벽(性癖)이 있는 것

    나. 정당한 이유 없이 가출하는 것

    다. 술을 마시고 소란을 피우거나 유해환경에 접하는 성벽이 있는 것

※ 보호 처분

가해자가 만 14세 미만인 소년인 경우에는 「형법」에 따른 형사처벌을 받지 않지만(제9조), 만 10세 이상 14세 미만인 소년이라면 「소년법」에 따른 보호사건으로서 보호 처분 등을 받을 수 있습니다.

14-2. 진술거부권(묵비권) 등의 고지

14-2-1. 진술거부권의 개념

"진술거부권"이란, 질문 또는 신문(訊問)에 대해 진술을 거부할 수 있는

권리를 말하며, 피의자는 수사기관의 질문 또는 신문에 대해 진술거부권을 행사할 수 있습니다(대한민국헌법 제12조제2항 및 형사소송법 제244조의3제1항 참조).

14-2-2. 진술거부권 등의 고지

수사기관은 피의자를 신문하기 전에 다음 사항을 알려주어야 합니다(형사소송법 제244조의3제1항).

1. 일체의 진술을 하지 않거나 개개의 질문에 대해 진술을 하지 않을 수 있다는 것
2. 진술을 하지 않더라도 불이익을 받지 않는다는 것
3. 진술거부권을 포기하고 행한 진술은 법정에서 유죄의 증거로 사용될 수 있다는 것
4. 신문을 받을 때에는 변호인을 참여하게 하는 등 변호인의 조력을 받을 수 있다는 것

14-3. 변호인의 선임

14-3-1. 변호인 선임권

① 피의자, 피의자의 법정대리인, 배우자, 직계친족과 형제자매는 독립하여 변호인을 선임할 수 있습니다(형사소송법 제30조).
② 원칙적으로 변호인은 변호사 중에서 선임해야 합니다(동법 제31조).

14-3-2. 변호인의 피의자 신문 등 참여

수사기관은 피의자 및 그 변호인·법정대리인·배우자·직계친족 또는 형제자매의 신청이 있는 경우에는 정당한 사유가 없는 한 변호인을 피의자의 신문과정에 참여시켜야 합니다(범죄수사규칙 제59조제1항).

14-4. 장애인 등 특별히 보호를 필요로 하는 피의자에 대한 특칙 (피의자의 신뢰관계자 동석)

수사기관은 피의자가 다음 중 어느 하나에 해당하는 경우에는 피의자 신문 시 직권 또는 피의자·법정대리인의 신청에 따라 피의자와 신뢰관계에 있는 사람을 동석하게 할 수 있습니다(형사소송법 제244조의5).

1. 피의자가 신체적 또는 정신적 장애로 사물을 변별하거나 의사를 결정·전달할 능력이 미약한 경우
2. 피의자의 연령·성별·국적 등의 사정을 고려하여 그 심리적 안정의 도모와 원활한 의사소통을 위해 필요한 경우

■ 범인을 잡을 때 묵비권을 설명해주지 않으면 무죄인가요?

Q. TV에서 보면 경찰이 범인을 잡을 때 묵비권이 있다고 말해 주던데, 그걸 설명해주지 않으면 무죄인가요?

A. 그렇지는 않습니다.

피의자(가해자)에게는 진술거부권 및 변호인 선임권이 있으며, 수사기관은 피의자를 신문하기 전에 반드시 그 사실을 알려줘야 합니다. 이를 알려주지 않고 받은 진술은 유죄의 증거로 사용할 수 없을 뿐입니다. 이를 알려주지 않았다는 이유로 피의자가 무죄가 되는 것은 아닙니다.

◇ 진술거부권의 개념

진술거부권은 피의자(가해자)에게 질문하거나 신문할 때 답변을 하지 않거나 진술을 거부할 수 있는 권리를 말합니다.

◇ 진술거부권과 변호인 선임권 등의 고지

수사기관은 피의자를 신문하기 전에 다음 사항을 알려줘야 합니다.

① 일체의 진술을 하지 않거나 개개의 질문에 대해 진술을 하지 않을 수 있다는 것, ② 진술을 하지 않더라도 불이익을 받지 않는다는 것, ③ 진술거부권을 포기하고 행한 진술은 법정에서 유죄의 증거로 사용될 수 있다는 것, ④ 신문을 받을 때 변호인을 참여하게 하는 등 변

호인의 도움을 받을 수 있다는 것

(관련판례)

국민의 형사재판 참여에 관한 법률은 제42조 제2항에서 "재판장은 배심원과 예비배심원에 대하여 배심원과 예비배심원의 권한·의무·재판절차, 그 밖에 직무수행을 원활히 하는 데 필요한 사항을 설명하여야 한다."라고 하여 재판장의 공판기일에서의 최초 설명의무를 규정하고 있는데, 이러한 재판장의 최초 설명은 재판절차에 익숙하지 아니한 배심원과 예비배심원을 배려하는 차원에서 국민의 형사재판 참여에 관한 규칙 제35조 제1항에 따라 피고인에게 진술거부권을 고지하기 전에 이루어지는 것으로, 원칙적으로 설명의 대상에 검사가 아직 공소장에 의하여 낭독하지 아니한 공소사실 등이 포함된다고 볼 수 없다(대법원 2014. 11. 13. 선고 2014도8377 판결).

■ 수사기관의 조사과정에서 작성된 자술서가 진술거부권을 고지하지 않은 상태에서 행해진 경우, 이 자술서는 증거능력이 인정이 되는 건가요?

Q. 甲은 형사사건의 피의자로 수사기관에서 조사를 받다가 자신의 죄를 인정하는 내용의 자술서를 작성하였습니다. 다만 이 때 진술거부권은 고지 받지 못하였습니다. 이 자술서는 증거능력이 인정이 되는 건가요?

A. 피의자의 진술을 녹취 내지 기재한 서류 또는 문서가 수사기관에서의 조사 과정에서 작성된 것이라면, 그것이 '진술조서, 진술서, 자술서'라는 형식을 취하였다고 하더라도 그 실질은 피의자신문조서로 보아야 하고, 따라서 그 문서가 작성될 당시 미리 피의자에게 진술거부권을 고지하지 않았다면 그 피의자의 진술은 위법하게 수집된 증거로서 진술의 임의성이 인정되는 경우라도 증거능력이 부인되어야 한다는 것이 판례의 입장입니다(대법원 2011. 11. 10. 선고 2010도8294판결).

따라서 사안에서 자술서의 형식을 가진 문서라고 하더라도 그 실질은 피의자신문조서로 보아야 하므로, 진술거부권의 고지 없이 작성된 경우 그 증거능력은 부정됩니다.

(관련판례)

헌법 제12조는 제1항에서 적법절차의 원칙을 선언하고, 제2항에서 "모든 국민은 고문을 받지 아니하며, 형사상 자기에게 불리한 진술을 강요당하지 아니한다."고 규정하여 진술거부권을 국민의 기본적 권리로 보장하고 있다. 이는 형사책임과 관련하여 비인간적인 자백의 강요와 고문을 근절하고 인간의 존엄성과 가치를 보장하려는 데에 그 취지가 있다. 그러나 진술거부권이 보장되는 절차에서 진술거부권을 고지받을 권리가 헌법 제12조 제2항에 의하여 바로 도출된다고 할 수는 없고, 이를 인정하기 위해서는 입법적 뒷받침이 필요하다(대법원 2014. 1. 16. 선고 2013도5441 판결).

■ 진술거부권을 고지하지 아니하고 받은 피의자의 진술도 증거능력이 인정되는 것인지요?

Q. 저는 절도 혐의로 조사를 받으면서 검사가 질문하는 사항에 관하여 모두 진술을 했습니다. 그러나 이는 검사의 진술거부권에 관한 고지도 없는 상태에서 두려움 속에서 있었던 일입니다. 이러한 상태에서의 진술도 증거능력이 인정되는 것인지요?

A. 「형사소송법」 제244조의 3에서는 검사 또는 사법경찰관은 피의자를 신문하기 전에 "1. 일체의 진술을 하지 아니하거나 개개의 질문에 대하여 진술을 하지 아니할 수 있다는 것, 2. 진술을 하지 아니하더라도 불이익을 받지 아니한다는 것, 3. 진술을 거부할 권리를 포기하고 행한 진술은 법정에서 유죄의 증거로 사용할 수 있다는 것, 4. 신문을 받을 때에는 변호인을 참여하게 하는 등 변호인의 조력을 받을 수 있다는 것"을 알려주어야 하고(동조 제1항), 검사 또는 사법경찰관은 위 사항을 알려 준 때에는 피의자가 진술을 거부할 권리와 변호인의 조력을 받을 권리를 행사할 것인지의 여부를 질문하고, 이에 대한 피의자의 답변을 조서에 기재하여야 하며, 이 경우 피의자의 답변은 피의자로 하여금 자필로 기재하게 하거나 검사 또는 사법경찰관이 피의자의 답변을 기재한 부분에 기명날인 또는 서명하게 하도록 하고 있습니다(동조 제2항).

또한 피의자에게 진술거부권을 고지하지 아니하고 작성한 피의자신문조서의 증거능력에 관하여 대법원 판례는 "형사소송법 제200조 제2항(현행 형사소송법 제244조의3 제1항)은 검사 또는 사법경찰관이 출석한 피의자의 진술을 들을 때에는 미리 피의자에 대하여 진술을 거부할 수 있음을 알려야 한다고 규정하고 있는바, 이러한 피의자의 진술거부권은 헌법이 보장하는 형사상 자기에 불리한 진술을 강요당하지 않는 자기부죄거부의 권리에 터 잡은 것이므로 수사기관이 피의자를 신문함에 있어서 피의자에게 미리 진술거부권을 고지하지 않은 때에는 그 피의자의 진술은 위법하게 수집된 증거로서 진술의 임의성이 인정되는 경우라도 증거능력이 부인되어야 한다."라고 판시한 바 있습니다(대법원 1992. 6. 26. 선고 92도682 판결).

따라서 귀하의 진술이 수사기관으로부터 진술거부권을 고지받지 못한 상태에서 이루어진 것이라면, 공판기일에 증거조사 절차에서 위와 같은 내용을 주장, 소명하여 그 증거능력을 다툴 수 있을 것으로 보입니다.

(관련판례)

형사소송법은 피고인은 진술하지 아니하거나 개개의 질문에 대하여 진술을 거부할 수 있다고 규정하여(제283조의2 제1항), 진술거부권을 피고인의 권리로서 보장하고 있다. 위와 같은 현행 형사소송법 제314조의 문언과 개정 취지, 진술거부권 관련 규정의 내용 등에 비추어 보면, 피고인이 증거서류의 진정성립을 묻는 검사의 질문에 대하여 진술거부권을 행사하여 진술을 거부한 경우는 형사소송법 제314조의 '그 밖에 이에 준하는 사유로 인하여 진술할 수 없는 때'에 해당하지 아니한다(대법원 2013. 6. 13. 선고 판결).

15. 합의

15-1. 합의의 의의

폭행·상해와 같은 형사사건에서 피해자는 가해자를 고소, 고발할 수 있습니다. 그러나 고소, 고발을 취소하는 것도 피해자의 권리 중 하나입니다. 고소, 고발을 취소하는 원인 중의 하나가 고소인과 피고소인의 원만한 합의입니다.

15-2. 합의의 방법

① 합의의 방법에 대해 따로 정해진 것은 없으나 대개 피해의 정도, 사건 발생 상황, 사회적 형평성 등을 고려하여 피의자(피고인)와 피해자가 직접 보상기준을 정하여 이를 실행하고, 합의서를 작성하여 양 당사자 간에 서명날인을 하는 방법이 보통입니다.

② 합의의 방법에 대해 따로 정해진 것이 없기 때문에 피해에 대한 배상과 관련된 부분(민사)과 처벌과 관련된 부분(형사)에 대한 합의를 합쳐서 합의할 수도 있고, 양자를 분리하여 합의할 수도 있습니다.

③ 합의서를 작성할 때에는 가해자에게 합의금을 받고 작성하는 것이 안전합니다.

[서식 예] 합의서(교통사고)

합 의 서

가해자 성명 : ○ ○ ○
        주민등록번호 : ○○○○○○ - ○○○○○○○
        주 소 : 서울 서초구 XXX

피해자 성명 : ○ ○ ○
        주민등록번호 : ○○○○○○ - ○○○○○○○
        주 소 : 서울 동작구 사당동 XXX

가해자는 1999. 10. 15. 서울 서초구 서초동에 있는 삼풍아파트 앞길을 교대전철역 방면에서 고속버스터미널 방면을 향하여 진행하던 중 도로를 횡단하던 피해자를 치어 약 4주간의 치료를 요하는 상해를 가하였는데, 피해자는 가해자로부터 금2,000,000만원을 위로금조로 지급받고, 가해자의 형사상 처벌을 원하지 아니합니다.

첨부서류

    1.인감증명   1통

1999. 12. 5.
가해자 ○○○ (인)
피해자 XXX (인)

15-3. 합의의 효과

① 단순폭행이나 존속폭행사건의 경우 피해자의 의사에 반하여 처벌할 수 없기 때문에(반의사불벌죄) 합의서에 처벌하지 않겠다는 의사를 작성한 경우에는 더 이상 형사절차가 진행되지 않습니다.

② 그러나 반의사불벌죄가 아닌 폭행치상이나 상해사건의 경우에는 피해자가 처벌의사와는 관계없이 형사절차가 진행됩니다. 다만, 합의를 한 경에는 검사나 판사가 형량 결정 시 이를 참작할 수 있습니다.

③ 형사소송 중 배상명령의 신청이 받아들여지는 경우에는 형사재판에서 민사문제를 처리할 수도 있습니다.

15-4. 쌍방피해에 대한 합의

① 쌍방 피해에 대한 합의를 하는 경우에는 상대방의 피해와 자신의 피해를 상계하는 것이 관례입니다. 예컨대, A가 전치 2주간의 상해진단을 받았고, B가 전치 3주간의 상해진단을 받았다면 A는 B의 1주간에 대한 손해를 배상하는 것으로 합의하는 것이 관례입니다.

② 단순폭행으로서 상해에 이르지 않은 사건은 피해자의 의사에 반하여 처벌할 수 없으므로 합의만으로 사건이 종결되어 처벌되지 않지만, 폭행치상이나 상해사건은 피해자의 의사와 상관없이 처벌되는 범죄이기 때문에 합의만으로 처벌을 면할 수 없습니다.

③ 다만, 처벌되는 폭행사건과 상해사건의 경우 쌍방고소를 한 경우에는 법원에서 양 당사자의 피해 정도와 합의 유무 등으로써 처벌의 경중을 판단하여 판결을 내립니다.

■ 범죄사실을 과장하여 고소한 후 합의금을 지급받은 경우 공갈죄가 성립하는지요?

Q. 甲은 2015. 5. 10. 22:00경 호프집에서 술을 마시던 중 옆 테이블에서 술을 마시던 乙과 사소한 일로 말다툼을 하게 되었습니다. 乙

은 甲이 자신의 말에 말대꾸를 한다는 이유로 화를 내며 주먹으로 甲의 얼굴을 때렸고, 그 충격으로 甲은 바닥에 넘어졌으며, 甲의 코가 심하게 붓고, 코에서는 코피가 흘러나왔습니다. 하지만 甲은 과거 2012년경 자전거를 타다가 넘어져 코뼈가 부러진 사실이 있을 뿐 이 사건으로 인해 코뼈가 부러지지는 않았습니다. 그런데 甲은 이 사건이 있은 후 자신의 코뼈가 부러졌다는 이유로 乙을 상해죄로 고소하였고, 乙에게 코뼈가 부러진 것을 이유로 많은 금액의 합의금을 주지 않으면 고소를 취하하지 않겠다고 하였습니다. 乙은 자신이 형사처벌을 받게 될 것이 두려워 결국 甲의 요구대로 많은 합의금을 지급하였습니다. 이 경우 甲에게 공갈죄가 성립할 수 있는지요?

A. 「형법」제350조는 공갈죄에 관하여 "사람을 공갈하여 재물의 교부를 받거나 재산상의 이익을 취득한 자는 10년 이하의 징역 또는 2천만원 이하의 벌금에 처한다."라고 규정하고 있습니다. 범죄피해자가 가해자를 형사고소하는 것은 범죄피해자의 권리의 행사에 해당하므로 이로 인해 가해자가 겁을 공포심을 갖게 되더라도 협박에 해당한다고 할 수는 없을 것입니다. 하지만 범죄피해자가 허위의 범죄사실로 고소하겠다고 말하면서 합의금을 요구하는 행위는 범죄피해자의 권리행사의 범위를 넘어서는 행동이기 때문에 공갈죄가 성립될 수 있는 여지가 있습니다. 이 사건의 경우 甲은 乙로부터 얼굴을 맞아 코가 붓고, 코피를 흘렸으므로 甲에게는 乙의 폭행으로 인해 甲의 코에 골절상이 발생하였다고 믿을 만한 이유가 있다고 할 것이고, 설령 乙의 폭행으로 인해 코뼈가 부러지지 않았다고 하더라도 코뼈가 부러졌음을 전제로 합의금을 받은 행위를 공갈죄로 의율하기는 어려울 것입니다.(대법원 1984. 1. 24. 선고 83도3023 판결 참조) 따라서 甲이 乙로부터 합의금을 받은 행위를 공갈죄로 처벌할 수는 없을 것입니다.

■ 폭행사건에 대해 합의를 하려고 하는데 어떻게 해야 하나요?

Q. 폭행사건에 대해 합의를 하려고 하는데 어떻게 해야 하나요?

A. 합의의 방법에 대해서는 따로 정해진 것은 없으나, 합의서를 작성하는 방법이 가장 확실합니다. 이때 합의서에는 양 당사자의 합의의사가 정확히 기입되어있고, 양 당사자의 서명날인이 되어 있어야 합니다.

　합의서를 작성하는 경우 피해의 배상에 대한 내용을 합의 했으면 그 내용을 적고, 피해자가 가해자의 처벌을 원하지 않는 경우에는 처벌을 원하지 않는다는 내용을 합의했으면 그 내용을 적습니다.

　합의서를 작성할 때에는 가해자에게 합의금을 받고 작성하는 것이 안전합니다. 배상에 대한 내용과 처벌에 대한 내용을 한번에 합의할 수 있으며, 별개의 합의서에 따로 합의할 수도 있습니다.

■ 가해자와 합의를 하여 치료비와 위자료 등을 배상받았고, 가해자가 처벌되는 것을 원치 않을 경우, 가해자는 처벌되지 않나요?

Q. 술집에서 시비가 붙어 싸우다가 일방적으로 맞아서 전치 3주의 상해를 입었습니다. 가해자와 합의를 하여 치료비와 위자료 등을 배상받았고, 저도 잘못한 점이 있기 때문에 가해자가 처벌되는 것을 원치 않습니다. 이 경우 가해자는 처벌되지 않나요?

A. 단순폭행죄와 존속폭행죄의 경우에는 피해자가 처벌을 원하지 않으면 가해자가 처벌되지 않지만, 그 외의 폭행죄·상해죄의 경우에는 피해자의 처벌의사와 관계없이 가해자는 처벌됩니다. 다만, 가해자가 피해자에게 피해를 전부 배상하고, 피해자가 가해자에 대한 처벌을 원하지 않는 경우에는 형사실무상 처벌이 감경될 수도 있습니다.

　술집에서 시비가 붙어 옆자리 사람과 싸움을 하게 되었습니다. 합의를 하고 싶은데 어떻게 해야 하나요?

　폭행·상해와 같은 형사사건이 발생한 경우 가해자는 피해자에게 용서를 구하고, 피해에 대한 합의를 하는 것이 가장 우선적인 방법입니다.

◇ **합의 방법**

① 합의 방법에 대해 따로 정해진 것은 없으나 피해 정도, 사건 발생 상황, 사회적 형평성 등을 고려하여 가해자와 피해자가 직접 보상기준을 정하여 합의하고, 합의서를 작성하여 양 당사자 간에 서명날인을 하는 것이 보통입니다.

② 합의서는 가해자 및 피해자의 성명, 주민등록번호, 주소 등의 인적사항과, 합의 내용, 합의 날짜를 기재하고, 가해자와 피해자의 성명을 쓰고 서명날인을 하는 방법으로 작성하고, 여기에 인감증명서 1부를 첨부합니다.

③ 합의 내용은 일반적으로 "가해자는 2010. 1. 1. 22시경 xxx에서 피해자를 폭행하여 2주간의 상해를 가하였는데 가해자로부터 100만원을 치료비와 위자료로 지급받고, 가해자의 처벌을 원하지 않습니다."라는 내용으로 작성합니다.

④ 합의서를 작성할 때에는 가해자로부터 합의금을 받고나서 작성하는 것이 안전합니다.

◇ **합의의 효과**

① 수사기관이나 법원에 합의서를 제출하면 원래의 형량보다 가벼운 처분이나 판결을 받을 수 있습니다.

② 단순폭행과 같은 사건은 피해자가 처벌을 원하지 않는 경우에는 가해자가 처벌이 되지 않습니다.

따라서 합의서에 처벌을 원하지 않는다는 내용이 포함되어 있으면 가해자는 처벌되지 않습니다.

16. 공탁

16-1. 가해자(피의자·피고인)의 공탁 신청

16-1-1. 형사사건의 공탁

① 폭행·상해사건의 피의자(피고인)가 피해자의 과다한 합의금의 요구 또
는 자력부족 등의 이유로 피해자가 제시하는 보상을 해줄 수 없어
합의가 되지 않을 경우 가해자 나름대로 성의표시로써 가벼운 처벌을
받을 수 있는 근거로 삼고자 할 때 공탁을 하게 됩니다.

② 공탁금의 이자는 연 1천분의 1로 합니다(공탁금의이자에관한규칙 제2조).

16-1-2. 공탁의 신청방법

① 폭행·상해사건의 피의자(피고인)가 공탁을 하려면 다음의 서류를 피해
자의 주소지 관할 법원에 제출하고 지정은행에 공탁금을 입금해야
합니다(공탁법 제4조, 공탁규칙 제20조제1항, 제21조제3항).

1. 피해자의 주민등록표 등본 등 1부(피해자의 주소를 소명할 수 있
는 서면)

2. 공탁서 2통

3. 피공탁자 수만큼의 공탁통지서(우편법 시행규칙 제25조제1항제4호
다목에 따른 배달증명을 할 수 있는 우표도 함께 제출)

4. 공탁금회수제한신고서 1부

16-1-3. 공탁통지서의 발송

공탁금의 입금이 완료되면 폭행·상해사건의 피의자(피고인)가 작성한 공
탁통지서는 법원이 피해자에게 발송합니다(공탁규칙 제29조제1항).

16-2. 피해자의 공탁금 수령

16-2-1. 제출서류

① 폭행·상해사건의 피해자가 공탁금을 출급하려면 다음 서류를 시·군

법원 공탁관에게 제출해야 합니다(공탁규칙 제2조 및 제33조).

1. 공탁금출급청구서 2부
2. 공탁관이 발송한 공탁통지서. 다만, 다음 어느 하나에 해당하는 경우에는 공탁통지서를 제출하지 않아도 됩니다.
   - 출급을 청구하는 공탁금액이 5천만원 이하인 경우
   - 공탁서나 이해관계인의 승낙서를 첨부한 경우
   - 강제집행이나 체납 처분에 따라 공탁물 출급청구를 하는 경우
   - 공탁통지서를 발송하지 않았음이 인정되는 경우
② 출급청구권이 있음을 증명하는 서면. 다만, 공탁서의 내용으로 그 사실이 명백한 경우에는 해당 서면을 제출하지 않아도 됩니다.

16-2-2. 공탁금출급청구서 작성

폭행·상해사건의 피해자가 피의자(피고인)가 공탁한 공탁금을 출급하려면 공탁금출급청구서에 다음 사항을 기재하고 기명날인해야 합니다(공탁규칙 제32조).

1. 공탁번호
2. 출급하려는 공탁금액
3. 출급 청구 사유
4. 이자의 지급을 동시에 받으려는 경우 그 뜻
5. 청구인의 성명·주소·주민등록번호
6. 청구인이 공탁자나 피공탁자의 권리승계인인 경우 그 뜻
7. 공탁법원의 표시
8. 출급 청구 연월일
9. 공탁금출급청구서에 공탁통지서를 첨부할 수 없는 경우에는, 공탁관이 인정하는 2명 이상이 연대하여 그 사건에 관하여 손해가 생기는 때에는 이를 배상한다는 자필 서명한 보증서와 그 재산증명서(등기부등본 등) 및 신분증 사본을 제출하는 경우 그 뜻

16-2-3. 공탁의 효과

폭행·상해사건의 피의자(피고인)는 피해자와 합의가 되지 않을 경우 공탁이라는 절차를 행함으로써 나름의 성의표시를 한 것으로 인정받아 형사실무상 처벌의 강도를 낮출 수 있는 방법으로 사용되고 있습니다.

16-3. 가해자의 공탁금 회수

16-3-1. 공탁금 회수 사유

① 공탁을 한 폭행·상해사건의 가해자는 피해자가 공탁을 승인하거나, 공탁소에 공탁물 받기를 통고하거나, 공탁유효의 판결이 확정되기 전까지 공탁물을 회수할 수 있습니다. 이 경우에는 공탁하지 않은 것으로 봅니다(공탁법 제9조제2항제1호).

② 공탁을 한 폭행·상해사건의 가해자는 착오로 공탁을 하거나, 공탁의 원인이 소멸한 경우에는 공탁금을 회수할 수 있습니다(동법 제9조제2항제2호).

16-3-2. 제출서류

공탁금을 회수하려는 사람은 다음 서류를 공탁법원에 제출해야 합니다(공탁규칙 제34조).

1. 공탁금회수청구서
2. 공탁서. 다만, 다음 어느 하나에 해당하는 경우에는 공탁서를 제출하지 않아도 됩니다.
   - 회수청구하는 공탁금액이 5천만원 이하인 경우(유가증권의 총 액면금액이 5천만원 이하인 경우를 포함)
   - 이해관계인의 승낙서를 첨부한 경우
   - 강제집행이나 체납처분에 따라 공탁물 회수청구를 하는 경우
3. 회수청구권이 있음을 증명하는 서면 다만, 공탁서의 내용으로 그 사실이 명백한 경우에는 제출하지 않아도 됩니다.

16-3-3. 공탁금회수청구서 작성

폭행·상해사건의 가해자가 본인이 공탁한 공탁금을 회수하려면 공탁금회수 청구서에 다음 사항을 기재하고 기명날인해야 합니다(공탁규칙 제32조).

1. 공탁번호
2. 회수하려는 공탁금액
3. 회수 청구 사유
4. 이자의 지급을 동시에 받으려는 경우 그 뜻
5. 청구인의 성명·주소·주민등록번호
6. 청구인이 공탁자나 피공탁자의 권리승계인인 경우 그 뜻
7. 공탁법원의 표시
8. 회수 청구 연월일
9. 공탁물 회수청구서에 공탁서를 첨부할 수 없는 경우에는, 공탁관이 인 정하는 2명 이상이 연대하여 그 사건에 관하여 손해가 생기는 때에는 이를 배상한다는 자필서명한 보증서와 그 재산증명서(등기부등본 등) 및 신분증 사본을 제출하는 경우 그 뜻

■ 피해자와 합의하고 싶은데, 합의를 해주지 않는 경우에는 어떻게 해야 하나요?

Q. 일방적으로 상대방을 때려서 고소당했습니다. 피해자와 합의하고 싶은데 피해자가 합의를 해주지 않네요. 이런 경우에는 어떻게 해야 하나요?

A. 피해자가 합의를 완강히 거부하는 경우에는 가해자가 아무리 반성해도 처분이나 형량을 감면받을 수 없는 문제가 발생합니다.

이런 경우에는 가해자가 지방법원에 공탁금을 공탁함으로써 피해자와의 합의 의사를 검찰이나 법원에 간접적으로나마 전달할 수 있습니다.

◇ 공탁

공탁은 상대방에게 갚을 목적으로 금전이나 유가증권과 같은 물건을

공탁소(법원)에 맡기는 것을 말합니다. 그중에서 돈을 받을 사람이 돈 받기를 거절하거나, 돈을 받을 수가 없는 상황인 경우에 하는 것을 '변제공탁'이라고 합니다.

형사사건에서 피해자와 합의를 할 수 없는 경우에는 이 '변제공탁'을 이용할 수 있습니다.

◇ **공탁 절차**

① 피해자의 주소지 관할 법원에 공탁서를 제출하고 우편료 및 수수료를 납부합니다.

② 법원이 지정한 은행에 공탁하고자 하는 금액을 입금합니다.

③ 법원은 공탁금 입금사실을 확인하고 피해자에게 공탁통지서를 발송합니다.

④ 피해자가 공탁금을 수령해갑니다.

◇ **공탁의 효과**

피해자와 합의가 되지 않을 경우 가해자는 공탁을 하고, 검찰이나 법원에 공탁서를 제출하면 피해자가 공탁금을 수령했는지의 여부에 관계없이 가해자가 피해자에게 나름의 성의표시를 한 것으로 인정받아 합의한 것만큼의 효과는 아닐지라도 어느 정도 처벌의 강도가 낮아질 수는 있습니다.

(관련판례)

채무자가 과실 없이 채권자를 알 수 없는 경우에는 변제의 목적물을 공탁하면 채무를 면하고(민법 제487조 후단), 채권자는 공탁소에 대하여 공탁금출급청구권을 가지게 된다. 이때 피공탁자가 된 채권자가 가지는 공탁금출급청구권은 채무자에 대한 본래의 채권을 갈음하는 권리이므로, 그 귀속 주체와 권리 범위는 본래의 채권이 성립한 법률관계에 따라 정해진다. 따라서 채무자가 누가 진정한 채권자인지를 알 수 없어 상대적 불확지의 변제공탁을 하여 피공탁자 중 1인이 다른 피공탁자들을 상대로 자기에게 공탁금출급청구권이 있다는 확인을 구한 경우에, 피공탁자들 사이에서 누가 진정한 채권자로서 공탁금출급청구권을 가지는지는 피공탁자들과 공탁자인 채무자 사이의 법률관계에서 누가 본래의 채권을 행사할 수 있는 진정한 채권자인지를 기준으로 판단하여야 한다(대법원 2017. 5. 17. 선고 2016다270049 판결).

■ 형사공탁이라는 것이 무엇이며? 어떻게 하는 것인가요?

Q. 상해죄로 기소되었는데, 피해를 배상하고 합의를 보고자 하였으나, 피해자의 태도가 완강하여 합의를 보기 어려울 듯합니다. 이런 경우에 공탁이라는 것을 할 수 있다고 하던데, 공탁이라는 것이 무엇이며 어떻게 하는 것인가요.

A. 일반적으로 공탁이란 법률의 근거가 있는 경우에 금전이나 유가증권 또는 물품을 맡김으로써 소기의 목적을 달성하는 제도를 말합니다.공탁 중에서도 채권자가 변제를 받기를 거절하거나 누가 채권자인지 알 수 없을 경우에 하는 것을 변제공탁이라고 하는데, 형사공탁도 변제공탁의 일종입니다. 다만, 형사사건의 특성상, '금전 공탁서(형사사건용)'와 '금전 공탁통지서(형사사건용)'가 따로 마련되어 있습니다(공탁사무 문서양식에 관한 예규 제1-9호 양식, 제2-4호 양식). 일반적인 금전공탁과의 차이는 공탁서 양식에 '회수제한신고'라는 것을 기재하게 되어 있다는 것입니다. 형사공탁의 기본적 절차는 공탁서 2통, 공탁통지서 1통을 작성하여 공탁관(법원 공탁계)에게 제출하면(신청비용은 없으나 공탁통지를 위한 우편료는 소요됩니다), 공탁관이 공탁서 1통에 수리의 취지를 기재하여 교부해 주고, 이를 갖고서 해당 법원 내 은행에 가서 공탁금을 납입하고 납입증명을 받습니다. 피고인은 위와 같이 납입증명이 된 공탁서를 참고자료로 재판부에 제출하면 되며, 피해자에게는 공탁관이 공탁통지서를 보냅니다. 공탁은 피해자의 주소지를 관할하는 지방법원(본원, 지원)에 함이 원칙이나, 피고인이 사는 곳을 관할하는 지방법원에서도 제출할 수 있는 특례가 마련되어 있습니다. 어떻게 하는지 잘 모르겠으면, 담당 변호사의 도움을 받거나 일반 법무사의 도움을 받으시기 바랍니다.

■ 종친회를 피공탁자로 하여 공탁된 수용보상금을 출급받고 반환을 거부하는 경우, 해당되는 죄명은 무엇인지요?

Q. 甲 종친회의 회장인 乙은 위조한 종친회 규약 등을 공탁관에게 제출하는 방법으로 甲 종친회를 피공탁자로 하여 공탁된 수용보상금을 출급받았고, 종친회를 위하여 이를 업무상 보관하던 중 반환을 거부하였습니다. 이러한 경우 乙을 사기죄 및 업무상 횡령죄로 형사처벌할 수 있는지요?

A. 乙이 위조한 종친회 규약 등을 공탁관에게 제출하여 공탁금을 출급받았다는 점에서 乙에게 사기죄가 성립하는가의 여부는 크게 문제가 되지 않을 것으로 생각되나, 업무상 횡령죄도 성립하는지에 대하여는 의문이 있습니다.

이는 형법이론상 불가벌적 사후행위(범죄에 의하여 획득한 위법한 이익을 확보·사용·처분하는 사후행위가 별개의 구성요건에 해당하지만 그 불법이 이미 주된 범죄에 의하여 완전히 평가되었기 때문에 별죄를 구성하지 않는 것)라는 것이 있기 때문에 乙의 업무상 횡령은 이러한 불가벌적 사후행위에 해당되는 것이 아닌가 하는 점을 검토해 보아야 하기 때문입니다.

관련 판례를 보자면, 대법원은 종친회 회장이 위조한 서류를 이용하여 공탁관을 기망함으로써 종친회를 피공탁자로 하여 공탁된 수용보상금을 출급받은 것에 대하여는 종친회를 피해자로 하는 사기죄가 성립하나, 종친회 회장이 그 후 종친회에 대하여 공탁금의 반환을 거부하였더라도 그 행위는 새로운 법익의 침해를 수반하지 않는 불가벌적 사후행위에 해당할 뿐 별도의 횡령죄가 성립하지는 아니한다고 하였습니다(대법원 2015. 9. 10. 선고 2015도8592 판결).

그러므로 위와 같은 대법원 판례의 입장에 의할 때, 乙에게는 사기죄만이 성립될 뿐 업무상 횡령죄는 성립되지 않을 것으로 생각됩니다.

제2장

형사소송단계에서 피고인은
어떻게 대처해야 하나요?

제2장 형사소송단계에서 피고인은 어떻게 대처해야 하나요?

1. 구속 및 보석제도

1-1. 피고인의 구속

① "피고인의 구속"이란, 이미 공소가 제기된 피고인을 구속영장에 따라 구인 또는 구금하여 재판을 진행하는 것을 말하며, 이 경우에는 보석을 청구할 수 있습니다.

② "구속기소"란, 피의자가 구속된 상태에서 검사가 공소를 제기하는 것을 말하며, 구속기소된 피고인은 구치소 등에 구인·구금된 상태로 법원의 재판을 받게 됩니다.

1-2. 구속사유

① 법원은 피고인이 죄를 범했다고 의심할 만한 상당한 이유와 다음 중 어느 하나에 해당하는 사유가 있는 경우에는 피고인을 구속할 수 있습니다(형사소송법 제70조제1항).

1. 피고인이 일정한 주거가 없는 경우
2. 피고인이 증거를 인멸할 염려가 있는 경우
3. 피고인이 도망하거나 도망할 염려가 있는 경우

② 법원은 구속사유를 심사할 때 범죄의 중대성, 재범의 위험성, 피해자 및 중요 참고인 등에 대한 위해(危害) 우려 등을 고려합니다(동법 제70조제2항).

③ 다액 50만원 이하의 벌금, 구류 또는 과료에 해당하는 사건에 대해서는 피고인이 일정한 주거가 없는 경우를 제외하고 피고인을 구속할 수 없습니다(동법 제70조제3항).

1-3. 구속의 방법

1-3-1. 구속영장의 발부 및 집행

① 법원은 피고인을 구속하려면 구속영장을 발부해야 합니다(형사소송법 제73조).

② 구속영장은 검사의 지휘에 따라 사법경찰관리가 집행합니다. 다만, 긴급한 필요가 있다고 판단되는 경우에는 재판장, 수명법관 또는 수탁판사가 그 집행을 지휘할 수 있습니다(동법 제81조제1항).

③ 교도소 또는 구치소에 있는 피고인에 대해 발부된 구속영장은 검사의 지휘에 따라 교도관이 집행합니다(동법 제81조제3항).

④ 구속영장을 집행할 때에는 피고인에게 반드시 영장을 제시해야 하며 신속히 지정된 법원, 그 밖의 장소에 인치해야 합니다(동법 제85조제1항).

⑤ 구속영장을 집행하는 사람이 구속영장을 소지하지 않았지만 긴급하게 집행할 필요가 있는 경우에는 피고인에 대해 공소사실의 요지와 영장이 발부되었음을 고지하고 이를 집행할 수 있으며, 집행 완료 후 신속히 구속영장을 제시해야 합니다(동법 제85조제3항·제4항).

⑥ 피고인을 구속하려면 피고인이 도망한 경우를 제외하고, 피고인에게 범죄사실의 요지, 구속의 이유와 변호인을 선임할 수 있음을 말하고 변명할 기회를 준 후에 구속해야 합니다(동법 제72조).

1-3-2. 구속의 통지 등

① 피고인을 구속한 때에는 변호인이 있는 경우에는 변호인에게, 변호인이 없는 경우에는 「형사소송법」 제30조제2항에 따른 변호인 선임권자 중 피고인이 지정한 사람에게 사건명, 구속일시·장소, 범죄사실의 요지, 구속의 이유와 변호인을 선임할 수 있는 취지를 지체 없이 서면으로 알려야 합니다(동법 제87조).

② 피고인을 구속한 때에는 즉시 공소사실의 요지와 변호인을 선임할 수 있음을 알려야 합니다(동법 제88조).

③ 그러나 구속 시 공소사실의 요지와 변호인 선임권을 고지하는 것은 사후 청문절차에 관한 규정으로서 이를 위반하였다고 하여 구속영장의 효력에 어떠한 영향을 미치는 것은 아닙니다(대법원 2000. 11. 10. 자 2000모134 결정).

1-4. 구속 기간

① 원칙적으로 피고인의 구속기간은 2개월입니다. 그러나 특별히 구속을 계속할 필요가 있는 경우에는 심급마다 2개월 단위로 2회까지만 결정으로 갱신할 수 있습니다. 다만, 상소심은 피고인 또는 변호인이 신청한 증거의 조사, 상소이유를 보충하는 서면의 제출 등으로 추가 심리가 필요한 부득이한 경우에는 3회까지만 갱신할 수 있습니다(형사소송법 제92조제1항·제2항).

② 공판절차가 정지된 기간 및 공소 제기 전의 체포·구인·구금 기간은 구속 기간에 산입되지 않습니다(동법 제92조3항).

1-5. 구속의 취소 등

① 구속의 사유가 없거나 소멸된 경우 법원은 직권 또는 검사, 피고인, 변호인과 변호인 선임권자의 청구에 따라 결정으로 구속을 취소합니다(형사소송법 제93조).

② 법원은 상당한 이유가 있는 경우에는 검사의 의견을 듣고 결정으로 구속된 피고인을 친족·보호단체, 그 밖의 적당한 사람에게 부탁하거나 피고인의 주거를 제한하여 구속의 집행을 정지할 수 있습니다. 다만, 긴급한 필요가 있다고 판단하는 경우에는 검사의 의견을 묻지 않을 수 있습니다(동법 제101조제1항·제2항).

1-6. 피고인 미결구금일수(未決拘禁日數)의 산입

① 피고인으로써 판결 선고 전에 구속되었던 기간은 징역기간에 포함됩니다(형법 제57조제1항).

② 구금일수의 1일은 징역, 금고, 벌금이나 과료에 관한 유치 또는 구류의 기간의 1일로 계산합니다(동법 제57조제2항).

■ 해외에서 체포된 기간을 미결구금일수로 산입받을 수 있나요?

Q. 甲은 국내에서 특수강도의 범행을 저지르고 필리핀으로 도주하였다가 필리핀 당국에 의해 이민법위반 혐의로 체포된 후 강제로 출국된 경우, 甲이 국내에서 재판받는 경우 해외에서 체포된 기간을 미결구금일수로 산입받을 수 있나요?

A. 미결구금은 공소의 목적을 달성하기 위하여 어쩔 수 없이 피고인 또는 피의자를 구금하는 강제처분이어서 형의 집행은 아니지만, 자유를 박탈하는 점이 자유형과 유사하기 때문에, 형법 제57조는 인권보호의 관점에서 미결구금일수의 전부 또는 일부를 본형에 산입한다고 규정하고 있는 것인바(대법원 2001. 10. 26. 선고 2001도4583 판결 참조), 피고인이 미결구금일수로서 본형에의 산입을 요구하는 일수는 이 사건 공소의 목적을 달성하기 위하여 어쩔 수 없이 이루어진 강제처분 기간이 아니라, 피고인이 필리핀 당국에 의하여 이민법위반 혐의(체류자격외 활동)로 체포된 후 필리핀에서 강제로 출국되기까지의 기간에 불과하므로, 이는 형법 제57조에 의하여 본형에 산입될 미결구금일수에 해당하지 않습니다(대법원 2003. 2. 11. 선고 2002도6606 판결 참조).

따라서 갑은 필리핀 당국에 의하여 이민법위반 혐의로 체포된 후 필리핀에서 강제로 출국되기까지의 기간을 미결구금일수로 산입받을 수는 없습니다.

(관련판례)

헌법재판소는 형법 제57조 제1항 중 '또는 일부' 부분은 헌법에 위반된다고 선언하였는바, 이로써 판결선고 전의 구금일수는 그 전부가 유기징역, 유기금고, 벌금이나 과료에 관한 유치기간 또는 구류에 당연히 산입되어야 하게 되었고, 병과형 또는 수 개의 형으로 선고된 경우 어

느 형에 미결구금일수를 산입하여 집행하느냐는 형집행 단계에서 형집
행기관이 할 일이며, 법원이 주문에서 이에 관하여 선고하였더라도 이
는 마찬가지라 할 것이므로 그와 같은 사유만으로 원심판결을 파기할
수는 없다(대법원 2010. 9. 9. 선고 2010도6924 판결).

■ 노역장 유치기간을 미결구금일수로 보아 본형에 산입하여야 하는지요?

Q. 저는 벌금 100만원의 약식명령을 받고 정식재판청구기간을 도과한
뒤 벌금을 내지 못하여 노역장에 5일 유치되었습니다. 그런데 이후
정식재판청구권회복청구를 하여 사건이 다시 공판절차에 의하여 심
리중인데 노역장 유치기간을 미결구금일수로 보아 본형에 산입될
수 있는지요?

A. 형사소송법 제492조는 '벌금 또는 과료를 완납하지 못한 자에 대한 노
역장유치의 집행에는 형의 집행에 관한 규정을 준용한다.' 고 규정하고
있습니다. 노역장유치는 실질적으로 자유형(특히 징역형)의 집행과 동
일하므로 노역장유치의 집행에 관하여 형의 집행에관한 규정을 준용한
것인데, 이에 따라 판례는 정식재판청구기간을 도과한 약식명령에 기하
여 피고인을 노역장에 유치하는 것은 형의 집행이므로 그 유치기간은
형법 제57조가 규정한 미결구금일수에 해당하지 않는다고 판시하였습니
다(대법원 2004. 7. 9. 2004도908).

따라서 귀하의 경우 비록 정식재판청구권회복결정에 의하여 사건을 공
판절차에 의해 심리하는 경우라 하더라도 노역장 유치기간을 미결구금
일수로 보아 본형에 산입할 수는 없고, 그 유치기간은 나중에 본형의
집행단계에서 그에 상응하는 벌금형이 집행된 것으로 간주될 뿐이라 하
겠습니다(대법원 2007. 5. 10. 2007도2517).

참고로 수사기관에 체포되었다가 석방된 경우 그 미결구금일수는 노역
장 유치기기간에 산입하야 합니다(대법원 2007. 2. 9. 선고 2006도
7837 판결).

(관련판례)

형법 제57조 제1항 중 "또는 일부" 부분은 헌법재판소 2009. 6. 25. 선고 2007헌바25 사건의 위헌결정으로 효력이 상실되었다. 그리하여 판결선고 전 미결구금일수는 그 전부가 법률상 당연히 본형에 산입하게 되었으므로, 판결에서 별도로 미결구금일수 산입에 관한 사항을 판단할 필요가 없다고 할 것이다(대법원 2009. 12. 10. 선고 2009도11448 판결).

■ **확정된 형을 집행함에 있어서 무죄로 확정된 다른 사건에서의 미결구금 일수를 산입할 수 있는지요?**

Q. 甲은 사기죄로 긴급구속되었다가 무죄판결을 선고받아 석방된 후, 위 판결이 확정되었는데, 한편 위 사기죄와 다른 사건에서 무고죄로 징역 10월의 형을 선고받고 확정되어 형을 집행받기 시작하였습니다. 이 경우, 위 사기죄에 있어서의 미결구금일수를 위 무고죄의 형에 산입할 수 있는지요?

A. 검사가 형을 집행함에 있어 판결에서 산입을 명한 당해 사건의 미결구금일수나 그 사건에서 상소와 관련하여 형사소송법 제482조에 의하여 당연히 산입되는 미결구금일수를 제외하고는 다른 사건에서의 미결구금일수는 법률상 산입할 근거도 없으므로, 그와 같은 검사의 처분이 잘못되었다는 주장은 이유 없고 또한 구속은 원칙적으로 구속영장이 발부된 범죄사실에 대한 것이어서 그로 인한 미결구금도 당해 사건의 형의 집행과 실질적으로 동일하다고 보아 그 미결구금일수를 형에 산입하려는 것이므로, 그와 같은 제도의 취지에 비추어 보면 확정된 형을 집행함에 있어 무죄로 확정된 다른 사건에서의 미결구금일수를 산입하지 않는다고 하여 甲의 헌법상의 행복추구권이나 평등권을 침해하였다고 볼 수도 없습니다. 따라서 사기죄에 있어서의 미결구금일수를 무고죄의 형에 산입할 수 없습니다(대법원 1997.12.29. 자 97모112 결정 참조).

■ 미결구금일수 중 일부만을 유기징역 등에 산입할 수 있는지요?

Q. 사기죄를 저지른 갑은 체포 및 구속되어 두 달간 구금되어 있다가 징역 1년형을 선고받았습니다. 이 때, 판결을 선고받은 이후로 몇 개월이 지나야 갑에 대한 형의 집행이 종료되나요?

A. 형법 제57조 제1항은 판결선고 전의 구금일수는 그 전부를 유기징역, 유기금고, 벌금이나 과료에 관한 유치 또는 구류에 산입한다고 규정하고 있습니다. 위와 같이 전부를 산입하는 이유는 헌법상 무죄추정의 원칙에 따라 유죄판결이 확정되기 전에 피의자 또는 피고인을 죄 있는 자에 준해 취급함으로써 법률적 및 사실적 측면에서 유형 및 무형의 불이익을 줘서는 안 되고, 미결구금은 실질적으로 자유형의 집행과 다를 바 없기 때문입니다. 따라서 갑에 대한 형의 집행은 판결을 선고받은 이후 10개월이 경과하면 종료됩니다.

■ 확정 판결을 받기 전까지 구치소에 구금을 당했는데, 미결구금일수도 형기에 포함되나요?

Q. 저는 폭행치상죄로 구속기소되어 확정 판결을 받기 전까지 구치소에 구금을 당했습니다. 법원으로부터 징역 1년의 유죄 판결을 받았는데, 판결을 받은 날부터 앞으로 1년 동안 교도소에 수감되는 것인가요?

A. 법원의 판결선고 전에 피고인의 신분으로써 구금되었던 기간을 미결구금일수라 하며, 그 기간동안은 신체의 자유가 극도로 제한되기 때문에 유죄 판결 후 징역 등 강제로 구금되는 경우에는 미결구금일수를 징역 등의 구금일수에 포함시키도록 하고 있습니다. 따라서 위 사례의 경우 1년의 징역기간에 판결선고 전 구금되었던 일수를 제외한 기간이 징역기간이 됩니다.

2. 보석제도

2-1. 보석제도의 개념

"보석제도"란, 일정한 보증금의 납부를 조건으로 구속의 집행을 정지함으로써 구속된 피고인을 석방하는 제도를 말합니다.

2-2. 보석의 청구

다음 중 어느 하나에 해당하는 사람은 법원에 구속된 피고인의 보석을 청구할 수 있습니다(형사소송법 제94조).

1. 피고인
2. 피고인의 변호인
3. 법정대리인
4. 배우자
5. 직계친족
6. 형제자매
7. 가족
8. 동거인
9. 고용주

2-3. 보석 허가사유

① 법원은 다음 중 어느 하나에 해당하는 경우 외에는 보석신청을 허가해야 합니다(형사소송법 제95조).

1. 피고인이 사형, 무기 또는 장기 10년이 넘는 징역이나 금고에 해당하는 죄를 범한 경우
2. 피고인이 누범에 해당하거나 상습범에 해당하는 죄를 범한 경우
3. 피고인이 죄증을 인멸하거나 인멸할 염려가 있다고 믿을 만한 충분한 이유가 있는 경우
4. 피고인이 도망하거나 도망할 염려가 있다고 믿을 만한 충분한 이

유가 있는 경우

5. 피고인의 주거가 분명하지 않은 경우

6. 피고인이 피해자, 해당 사건의 재판에 필요한 사실을 알고 있다고 인정되는 사람 또는 그 친족의 생명·신체나 재산에 해를 가하거나 가할 염려가 있다고 믿을만한 충분한 이유가 있는 경우

② 다만, 법원은 위의 경우에 해당한다고 하더라도 상당한 이유가 있는 때에는 직권이나 보석청구권자의 청구에 따라 결정으로 보석을 허가할 수 있습니다(동법 제96조).

2-4. 보석의 조건

① 법원은 보석을 허가하는 경우 필요하고 상당한 범위에서 다음의 조건 중 하나 이상의 조건을 정해야 합니다(형사소송법 제98조).

1. 법원이 지정하는 일시·장소에 출석하고 증거를 인멸하지 않겠다는 서약서를 제출할 것

2. 법원이 정하는 보증금 상당의 금액을 납입할 것을 약속하는 약정서를 제출할 것

3. 법원이 지정하는 장소로 주거를 제한하고 이를 변경할 필요가 있는 경우에는 법원의 허가를 받는 등 도주를 방지하기 위해 행하는 조치를 받아들일 것

4. 피해자, 해당 사건의 재판에 필요한 사실을 알고 있다고 인정되는 사람 또는 그 친족의 생명·신체·재산에 해를 가하는 행위를 하지 않고 주거·직장 등 그 주변에 접근하지 않을 것

5. 피고인 외의 사람이 작성한 출석보증서를 제출할 것

6. 법원의 허가 없이 외국으로 출국하지 않을 것을 서약할 것

7. 법원이 지정하는 방법으로 피해자의 권리회복에 필요한 금원을 공탁하거나 그에 상당한 담보를 제공할 것

8. 피고인 또는 법원이 지정하는 사람이 보증금을 납입하거나 담보를 제공할 것

9. 그 밖에 피고인의 출석을 보증하기 위해 법원이 정하는 적당한 조건을 이행할 것

② 법원은 보석조건을 정할 때 다음의 사항을 고려합니다(동법 제99조).

1. 범죄의 성질 및 죄상(罪狀)

2. 증거의 증명력

3. 피고인의 전과·성격·환경 및 자산

4. 피해자에 대한 배상 등 범행 후의 정황에 관련된 사항

2-5. 보석의 집행

① 다음에 해당하는 보석 조건은 이를 이행한 후가 아니면 보석허가 결정을 집행하지 못하고, 법원이 필요하다고 인정하는 경우에는 다른 조건에 대해서도 그 이행 이후 보석허가결정을 집행하도록 정할 수 있습니다(형사소송법 제100조제1항).

1. 법원이 지정하는 일시·장소에 출석하고 증거를 인멸하지 않겠다는 서약서를 제출할 것

2. 법원이 정하는 보증금 상당의 금액을 납입할 것을 약속하는 약정서를 제출할 것

3. 피고인 외의 사람이 작성한 출석보증서를 제출할 것

4. 법원이 지정하는 방법으로 피해자의 권리회복에 필요한 금원을 공탁하거나 그에 상당한 담보를 제공할 것

5. 피고인 또는 법원이 지정하는 사람이 보증금을 납입하거나 담보를 제공할 것

② 법원은 보석청구자 외의 사람에게 보증금의 납입을 허가할 수 있으며, 유가증권 또는 피고인 외의 사람이 제출한 보증금액을 언제든지 납입할 것을 기재한 보증서로써 보증금에 갈음하는 것을 허가할 수 있습니다(동법 제100조제2항부터 제4항까지).

③ 법원은 보석허가결정에 따라 석방된 피고인이 보석조건을 준수하는데 필요한 범위에서 관공서나 그 밖의 공사단체에 대해 적절한 조치를

취할 것을 요구할 수 있습니다(동법 제100조제5항).

2-6. 보석조건의 변경 및 취소

① 법원은 직권 또는 보석청구권자의 신청에 따라 결정으로 피고인의 보석조건을 변경하거나 일정기간 동안 해당 조건의 이행을 유예할 수 있습니다(형사소송법 제102조제1항).

② 법원은 보석 된 피고인이 다음 중 어느 하나에 해당하는 행위를 한 경우에는 직권 또는 검사의 청구에 따라 결정으로 보석을 취소할 수 있습니다(동법 제102조제2항 본문).

1. 도망한 경우
2. 도망하거나 죄증을 인멸할 염려가 있다고 믿을 만한 충분한 이유가 있는 경우
3. 소환을 받고 정당한 사유 없이 출석하지 않은 경우
4. 피해자, 해당 사건의 재판에 필요한 사실을 알고 있다고 인정되는 사람 또는 그 친족의 생명·신체·재산에 해를 가하거나 가할 염려가 있다고 믿을 만한 충분한 이유가 있는 경우
5. 법원이 정한 조건을 위반한 경우

③ 피고인이 정당한 사유 없이 보석조건을 위반한 경우 법원은 결정으로 피고인에게 1천만원 이하의 과태료를 부과하거나 20일 이내의 감치(監置)를 할 수 있습니다(동법 제102조제3항). 이 결정에 대해 피고인은 즉시 항고할 수 있습니다(동법 제102조제4항).

④ 법원은 보석을 취소하는 경우에는 직권 또는 검사의 청구에 따라 결정으로 보증금 또는 담보의 전부 또는 일부를 몰취할 수 있습니다(동법 제103조제1항).

⑤ 보증금의 납입 또는 담보제공을 조건으로 석방된 피고인이 동일한 범죄사실에 대해 형의 선고를 받고 그 판결이 확정된 후 집행하기 위한 소환을 받고도 정당한 사유 없이 출석하지 않거나 도망친 경우에는 직권 또는 검사의 청구에 따라 결정으로 보증금 또는 담보의 전

부 또는 일부를 몰취해야 합니다(동법 제103조제2항).

2-7. 보석의 효력 상실

구속영장의 효력이 소멸된 경우에는 그 즉시 보석조건의 효력은 상실되고, 구속 또는 보석이 취소되거나, 구속영장의 효력이 소멸되면 몰취하지 않은 보증금 또는 담보를 청구한 날부터 7일 이내에 피고인에게 환급해야 합니다(형사소송법 제104조 및 제104조의2제1항).

※ "보석"과 "구속집행정지"의 구별

"구속집행정지"란, 법원이 상당한 이유가 있는 때에 결정으로 구속된 피고인을 친족·보호단체, 그 밖의 적당한 사람에게 부탁하거나 피고인의 주거를 제한하여 구속의 집행을 정지하는 제도를 말합니다(형사소송법 제101조). 이는 보증금을 조건으로 하지 않고, 직권으로 행해진다는 점에서 보석제도와 구별됩니다.

■ 보석 조건 위반 시 무조건 보석이 취소되는 것인지요?

Q. 저희 남편은 구속되어 재판을 받던 중 법원이 지정하는 장소로 주거를 제한한 조건이 부가된 보석허가결정이 나와 석방되었습니다. 그런데 남편이 불가피한 사정이 있어 임시로 주거를 이탈하였습니다. 법원이 정한 조건을 위반한 것은 잘못한 것이지만 불가피한 사정이 있었고 재판에도 빠짐없이 잘 참석하고 있어 위반의 정도가 경미한 것 같은데, 어쨌든 위반은 맞으니까 무조건 보석이 취소되는 것인지요?

A. 형사소송법 제102조는 '법원은 피고인이 정당한 사유 없이 보석조건을 위반한 경우에는 결정으로 피고인에 대하여 1천만원 이하의 과태료를 부과하거나 20일 이내의 감치에 처할 수 있다'라고 규정하고 있습니다. 즉, 보석조건을 위반한 경우에도 일률적으로 보석허가결정의 취소를 하는 것은 아니고 보석조건을 위반하였으나, 보석을 취소하여 재구속

하는 것이 가혹할 경우 보석결정을 취소하는 대신 과태료를 부과하거나 감치처분을 하는 것도 가능합니다. 따라서 귀하의 남편이 보석허가결정의 취소를 피하기 위하여는 위반의 정도가 경미하고 남편을 재구속 하는 것은 가혹한 것임을 적극적으로 소명하실 필요가 있을 것입니다.

(관련판례)

사전에 구속영장을 제시하지 아니한 채 구속영장을 집행하고, 그 구속중 수집한 피고인의 진술증거 중 피고인의 제1심 법정진술은, 피고인이 구속집행절차의 위법성을 주장하면서 청구한 구속적부심사의 심문 당시 구속영장을 제시받은 바 있어 그 이후에는 구속영장에 기재된 범죄사실에 대하여 숙지하고 있었던 것으로 보이고, 구속 이후 원심에 이르기까지 구속적부심사와 보석의 청구를 통하여 구속집행절차의 위법성만을 다투었을 뿐, 그 구속중 이루어진 진술증거의 임의성이나 신빙성에 대하여는 전혀 다투지 않았을 뿐만 아니라, 변호인과의 충분한 상의를 거친 후 공소사실 전부에 대하여 자백한 것이라면, 유죄 인정의 증거로 삼을 수 있는 예외적인 경우에 해당한다(대법원 2009. 4. 23. 선고 2009도526 판결).

■ 보석으로 석방된 사람이 입원치료 중 도주한 경우 보석의 효력은 어떻
게 되는지요?

Q. 저희 부친은 사기죄로 구속·기소되어 재판을 받던 중 질병이 악화
되어 보석을 청구하였고, 법원의 보석허가결정으로 석방되어 병원
에 입원한 후 치료를 받던 중 도주하였습니다. 이 경우 보석의 효
력은 어떻게 되는지요?

A. 「형사소송법」제102조 제2항은 "법원은 직권 또는 검사의 청구에 의하
여 결정으로 보석 또는 구속의 집행정지를 취소할 수 있다."라고 규정
하고 있습니다.

이 경우 보석취소사유로는 피고인이 ①도망한 때, ②도망하거나 또는
죄증을 인멸할 염려가 있다고 믿을 만한 충분한 이유가 있는 때, ③소
환을 받고 정당한 이유없이 출석하지 아니한 때, ④피해자, 당해 사건
의 재판에 필요한 사실을 알고 있다고 인정되는 자 또는 그 친족의 생
명·신체나 재산에 해를 가하거나 가할 염려가 있다고 믿을 만한 충분한
이유가 있는 때, ⑤그 밖에 법원이 정한 조건을 위반한 때 등입니다(다
만, 국회의원에 대하여는 예외규정 있음). 보석이 취소되면 피고인은 그
취소결정서의 등본에 의해서 재수감되며(형사소송규칙 제56조), 납입한
보증금의 전부 또는 일부가 법원의 결정에 의해 몰수될 수 있습니다(형
사소송법 제103조 제1항).

따라서 귀하의 부친이 보석 중 도주하였다면 법원의 직권 또는 검사의
청구에 의해 보석이 취소되어 재수감될 수 있고, 보석보증금 역시 전부
또는 일부가 몰수될 수도 있을 것입니다.

(관련판례)

사회보호법 제13조 제4항은 보호구속된 보호대상자에 대한 형사소송
법 제94조, 제96조의 적용을 배제하고 있으므로 사회보호법에 의하여
보호구속된 자는 보석청구를 할 수 없고 또 이들에 대한 직권보석의
결정도 할 수 없다(대법원 1982. 12. 28. 자 82모53 결정).

■ 보석으로 석방된 사람에 대한 주거의 제한을 조건으로 부가하는 것이 타당한 것인지요?

Q. 저는 형사사건으로 구속되었다가 보석이 허가되어 보석보증금을 납부하고 석방되었으나 주거지에 제한을 받게 되었습니다. 그런데 보석을 허가하면서 주거의 제한을 조건으로 부가하는 것이 타당한 것인지요? 그리고 주거의 제한에도 불구하고 사업상 필요에 의하여 지방을 가기 위해서는 어떠한 절차를 밟아야 하는지요?

A. 「형사소송법」제98조는 "법원은 보석을 허가하는 경우에는 필요하고 상당한 범위 안에서 다음 각 호의 조건 중 하나 이상의 조건을 정하여야 한다."고 하면서 9가지의 조건을 규정하고 있으며, 제3호에서 "법원이 지정하는 장소로 주거를 제한하고 이를 변경할 필요가 있는 경우에는 법원의 허가를 받는 등 도주를 방지하기 위하여 행하는 조치를 수인할 것"을 그 조건 중 하나로 규정하고 있습니다.

그리고 같은 법 제102조는 법원이 직권 또는 검사의 청구에 의하여 결정으로 보석을 취소할 수 있는 경우로서, 피고인이 ①도망한 때, ②도망하거나 죄증(罪證)을 인멸할 염려가 있다고 믿을 만한 충분한 이유가 있는 때, ③소환을 받고 정당한 이유없이 출석하지 아니한 때, ④피해자, 당해 사건의 재판에 필요한 사실을 알고 있다고 인정되는 자 또는 그 친족의 생명·신체나 재산에 해를 가하거나 가할 염려가 있다고 믿을 만한 충분한 이유가 있는 때, ⑤그 밖에 법원이 정한 조건을 위반한 때를 규정하고 있습니다.

보석이 취소되면 보증금의 전부 또는 일부를 몰수할 수 있으며 검사는 취소결정에 의하여 피고인을 다시 구금하게 됩니다. 또한, 보석허가결정의 취소 여부와 상관없이 피고인이 정당한 사유 없이 보석조건을 위반한 경우에는 결정으로 피고인에 대하여 1천만원 이하의 과태료를 부과하거나 20일 이내의 감치에 처할 수도 있습니다(같은 법 제102조 제3항).

따라서 귀하에게 주거의 제한조건이 부가되어 있을 경우에는 법원이 정한 제한을 위반하지 않아야 할 것이며, 주거의 제한을 변경하고자 할 경우에는 법원의 허가를 받아야 할 것입니다.

■ 보석 이외에 급박하게 이용할 수 있는 다른 방법은 없는지요?

Q. 저희 아버지는 현재 구속되어 재판을 받고 계시는 중입니다. 그런데 최근 할아버지가 많이 위독해지셔서 곧 돌아가실 것으로 보여 아버지가 석방되어 할아버지의 임종을 지켜보고 장례식에도 참석하였으면 합니다. 보석을 신청하면 결정까지 일정한 시간이 걸린다고 해서 그러는데 보석 이외에 급박하게 이용할 수 있는 다른 방법은 없는지요?

A. 시간적으로 보석 제도를 이용하기 어려울 정도로 급박한 사정이 있다면 구속의 집행정지 제도를 고려하는 것이 보다 적당할 것으로 보입니다. 즉, 형사소송법 제제101조 제1항은 "법원은 상당한 이유가 있는 때에는 결정으로 구속된 피고인을 친족·보호단체 기타 적당한 자에게 부탁하거나 피고인의 주거를 제한하여 구속의 집행을 정지할 수 있다."고 규정하고 있고 이러한 구속의 집행정지 결정은 심문 없이 법원의 결정으로 이뤄질 수 있으므로 급박한 사정이 있는 경우 이를 이용함이 보다 적당할 것입니다. 다만, 귀하나 귀하의 아버지에게 구속집행정지를 신청할 권리가 있는 것은 아니므로 귀하는 법원에 귀하의 아버지의 상황을 소명하여 구속집행정지에 관한 직권발동을 촉구하여야 할 것이고, 장례식장 참석 등이 반드시 구속집행정지 사유가 되는 것은 아니고 구속의 집행을 정지할만한 상당한 이유가 인정되어야 하므로 상당한 이유에 관한 사정을 적극적으로 소명하실 필요가 있을 것입니다.

■ 보증금 없이 보석결정을 받을 수 있는지요?

Q. 저는 구속되어 있어 보석을 신청하려고 합니다. 그런데 제가 경제적으로 여유가 없어 보증금이 나오면 보증금을 낼 방법이 없을 것 같습니다. 보증금 없이 보석결정을 받을 수 있는 방법은 없는지요?

A. 보석의 조건에 대하여 형사소송법 제98조는 "법원은 보석을 허가하는 경우에는 필요하고 상당한 범위 안에서 다음 각 호의 조건 중 하나 이상의 조건을 정하여야 한다. 1. 법원이 지정하는 일시·장소에 출석하고 증거를 인멸하지 아니하겠다는 서약서를 제출할 것 2. 법원이 정하는 보증금 상당의 금액을 납입할 것을 약속하는 약정서를 제출할 것 3. 법원이 지정하는 장소로 주거를 제한하고 이를 변경할 필요가 있는 경우에는 법원의 허가를 받는 등 도주를 방지하기 위하여 행하는 조치를 수인할 것 4. 피해자, 당해 사건의 재판에 필요한 사실을 알고 있다고 인정되는 자 또는 그 친족의 생명·신체·재산에 해를 가하는 행위를 하지 아니하고 주거·직장 등 그 주변에 접근하지 아니할 것 5. 피고인 외의 자가 작성한 출석보증서를 제출할 것 6. 법원의 허가 없이 외국으로 출국하지 아니할 것을 서약할 것 7. 법원이 지정하는 방법으로 피해자의 권리회복에 필요한 금원을 공탁하거나 그에 상당한 담보를 제공할 것 8. 피고인 또는 법원이 지정하는 자가 보증금을 납입하거나 담보를 제공할 것 9. 그 밖에 피고인의 출석을 보증하기 위하여 법원이 정하는 적당한 조건을 이행할 것"이라고 규정하고 있습니다. 또한 법원이 보석의 조건을 정할 때는 '범죄의 성질 및 죄상, 증거의 증명력, 피고인의 전과·성격·환경 및 자산, 피해자에 대한 배상 등 범행 후의 정황에 관련된 사항'을 고려하여야 하고(형사소송법 제99조 제1항) 법원은 피고인의 자력 또는 자산 정도로는 이행할 수 없는 조건을 정할 수 없습니다. (형사소송법 제99조 제2항) 즉, 법원이 보석을 허가하는 결정을 하면서 반드시 보증금을 조건으로 할 필요가 없고 다른 조건을 부과하는 것도 가능하고 보증금의 납입을 조건으로 정하였다고 하더라도 피

고인의 자력 또는 자산 정도로는 이행할 수 없는 조건을 정할 수 없습니다. 따라서 귀하는 보석을 신청하면서 자력 또는 자산의 정도를 상세히 소명하시고 다른 조건으로도 출석 등을 담보할 수 있음을 적극적으로 소명하실 필요가 있을 것입니다. 또한, 법원은 유가증권 또는 피고인 외의 자가 제출한 보증서로써 보증금에 갈음함을 허가할 수 있으므로 (형사소송법 제100조 제3항) 귀하는 이를 활용하는 방법을 고려해 볼 수도 있을 것입니다.

보 석 허 가 청 구

사건번호 및 재판부 : 20○○고단 ○○○호 (제 ○단독)
사　　건　　명 : 교통사고처리특례법위반
피　　고　　인 : ○　○　○
직　　　　　업 : 회 사 원
생　년　월　일 : 19○○년 ○월 ○○일생

　위사건에 관하여 피고인의 변호인은 아래와 같은 이유로 보석
을 청구합니다.

청 구 취 지

피고인 ○○○의 보석을 허가한다.
라는 결정을 구합니다.

청 구 이 유

1. 피고인은 형사소송법 제95조에 규정된 필요적 보석의 예외
   사유, 즉, 사형, 무기, 또는 10년 이상의 징역에 해당하는
   범죄를 범하지 아니하였으며, 또한 피고인은 모든 범죄사실
   을 시인하고 있을 뿐만 아니라 이에 대하여 충분한 조사가
   완료되어 증거인멸의 우려가 없습니다. 더구나 피고인은 1남
   3녀를 둔 가정의 세대주로서 주거가 분명하여 도주의 우려
   도 없습니다.
2. 피고인의 이 사건 범죄사실은 피고인의 고의에 의한 것이 아
   니고, 작은 과실에서 비롯하여 악천후 속에서 이처럼 큰 결과
   를 가져온 것입니다. 사고 발생일인 20○○. ○. ○. 12:30경

갑자기 쏟아진 우천으로 인하여 도로가 미끄러웠을 뿐만 아니라, 전방의 시야마저 확보되지 못한 상황이었습니다. 당시 피고인은 앞서가던 봉고승합차의 뒤를 따라 진행하고 있었는데, 앞서가던 승합차가 왕복 2차선의 좁은 교량상에서 갑자기 급제동을 하는 것을 보고 추돌을 피하기 위하여 피고인도 순간적으로 급제동 조치를 취하였던 것입니다. 도로가 미끄러운 상태에서의 급제동이 위험한 것은 익히 알고 있었으나, 앞서가던 차량과의 추돌을 방지하기 위해서는 불가피한 것이었습니다. 이러한 순간적인 과실이 화근이 되어 차가 빗길에 미끄러지면서 오른쪽 다리난간을 충격하고는 바로 중앙선을 침범하여 피해자들이 타고 있던 승용차가 피고인 운전의 화물차의 측면을 들이받았던 것입니다. 더구나 당시 폭우로 인하여 반대방향에서 오던 피해차량을 발견하지 못한 것이 원인이 되기도 하였습니다. 이러한 사고 당시의 정황을 잘 살펴주시기 바랍니다.

3. 또한 피고인은 피해자의 유가족에게 피고인의 사정이 허락하는 최대한의 성의를 들여 그 유가족들 및 피해자 이◎◎와 원만히 합의하였고, 이에 피해자 이□□, 전□□의 유가족 및 위 이◎◎도 피고인의 관대한 처벌을 탄원하고 있습니다.

4. 한편 피고인 ○○○는 단 한번의 전과도 없는 초범입니다. 즉, 피고인은 아버지를 전장에서 잃은 국가유공자의 자녀(전몰군경유족)로서, 가난 속에서 어렵게 성장하였습니다. 그러나 피고인은 그 어려운 환경 속에서도 성실히 성장하여 그 동안 단 한번의 처벌도 받은 사실이 없습니다.

5. 피고인 ○○○는 현재 1남3녀의 자녀를 둔 한 가정의 가장입니다. 지난 22년간 피고인은 ○○시 ○○구 ○○길 ○○에 소재한 (주)☆☆에서 근속하였고, 위 회사의 소유주가 바뀌면서 20○○. ○. ○. 현재의 근무지인 ★★제재소로 직장을 바꾸게 되었습니다. 위 ★★제재소의 운전기사로 근무하면서 ○○○원이 조금 넘는 많지 않은 급여를 가지고 1남 3

녀를 양육하는 등 근근히 가계를 이끌어 왔고, 큰 딸은 출가
도 시켰습니다. 그런데 이제 이 사건으로 인하여 피해자들에
게 속죄하기 위하여 그동안 피고인이 모은 재산의 대부분을
지급하였을 뿐만 아니라, 더구나 이제는 피고인의 구속이 장
기화되면서 나머지 가족들의 생계마저 위협받는 상황이 되
었습니다.

6. 경위야 어떻든 피고인 ○○○는 지난 40여일의 긴 구속기간
동안 자신의 잘못을 깊이 뉘우치고 있을 뿐만 아니라, 다시
는 자신의 생업인 운전업무에 있어서 작은 실수도 저지르지
않겠다고 다짐하고 있습니다.

이상과 같은 사실을 참작하여 상당한 보석보증금과 기타 적
당한 조건을 붙여 보석을 허가하여 주시기 바랍니다.

첨　부　서　류

1. 합의서　　　　　　　　　1통
1. 재산관계진술서　　　　　1통
1. 탄원서　　　　　　　　　1통
1. 탄원인명부　　　　　　　1통
1. 국가유공자증명서　　　　1통

20○○.　○.　○.

위 피고인　변호인　○ ○ ○ (인)

○ ○ 지 방 법 원 　귀 중

보석허가청구서

사　　건　2015고단○○○ 죄명
피 고 인　◇ ◇ ◇ (주민등록번호)
　　　　　서울 서초구 △△대로 ▽▽▽

청 구 취 지

피고인의 보석을 허가한다.
보증금은 피고인의 처 ○○○(주민등록번호, 주소 : 서울 서초구
△△대로 ▽▽▽)가 제출하는 보석보증보험증권 첨부의 보증서로
갈음할 수 있다.
라는 결정을 구합니다.

청 구 이 유

1. 피고인은 이 사건 범행을 모두 자백하고 있으며, 이에 죄증을
   인멸할 여지가 전혀 없습니다. 주거가 일정하여 도주의 우려
   가 없을 뿐만 아니라 죄증을 인멸할 염려가 없는 등, 형사소
   송법이 정한 필요적 보석의 요건을 모두 갖추고 있습니다.
2. 피고인은 주거가 일정하고, 주거지에서 가족들과 함께 거주
   하고 있어 도주의 우려가 없습니다. 또한 피고인은 피해자에
   게 용서를 빌고 원만히 합의하였으며, 그동안의 구금생활을
   통하여 깊이 반성하고 있습니다.
3. 이에 피고인이 불구속 상태에서 재판을 받을 수 있도록 피고
   인에 대한 보석을 청구하오니 허가하여 주시기 바라며, 보석
   보증금은 신청인이 보증보험회사와 체결한 보증보험증권으
   로 대체할 수 있도록 하여 주시기 바랍니다.

```
┌─────────────────────────────────────────────────────┐
│                                                       │
│                  첨 부 서 류                           │
│                                                       │
│        1. 청구서 부본            1통                  │
│        1. 재산관계진술서          1통                  │
│        1. 가족관계증명서          1통                  │
│        1. 주민등록표 등본          1통                  │
│                                                       │
│                                                       │
│                  2015.    .    .                      │
│                                                       │
│                        피고인의 처 ○ ○ ○             │
│                                                       │
│   ○○지방법원 귀중                                    │
│                                                       │
└─────────────────────────────────────────────────────┘
```

[서식 예] 보석보증금 납입방법 변경신청서

```
┌─────────────────────────────────────────────────────┐
│                                                       │
│             보석보증금납입방법변경신청                 │
│                                                       │
│  사건명 20○○고단○○○호 사기                         │
│  피 고 인   ○ ○ ○                                   │
│                                                       │
│  위 사건에 관하여 귀원의 20○○. ○. ○.자 보석보증금 금 ○│
│  ○○원으로 하는 보석허가결정이 있었는바, 피고인은 현재 국민│
│  기초생활보장수급자로 가정형편상 동 보증금의 납입이 곤란하 │
│  므로 동 납입방법을 보석보증보험증권을 첨부한 보증서 제출로 │
│  갈음할 수 있도록 변경하여 주시기 바랍니다.             │
│                                                       │
│               20○○년   ○월   ○일                    │
│               위 신청인 피고인   ○  ○  ○ (인)        │
│                                                       │
│   ○ ○ 지 방 법 원  귀 중                             │
│                                                       │
└─────────────────────────────────────────────────────┘
```

3. 약식명령

3-1. 법원의 약식명령

"약식명령(略式命令)"이란, 공판절차 없이 약식절차에 따라 벌금, 과료 또는 몰수 등 재산형을 과하는 지방법원의 재판을 말하며, 약식명령 시에는 추징, 그 밖의 부수의 처분도 할 수 있습니다.

3-2. 검사의 약식명령 청구(구약식)

① 검사는 폭행·상해사건이 벌금, 과료 또는 몰수의 형벌에 해당하여 공판절차 없이 약식명령으로 하는 것이 적당하다고 인정되는 경우에는 지방법원에 공소 제기와 동시에 서면으로 약식명령을 청구합니다(형사소송법 제448조제1항, 제449조 및 제450조).

② 약식명령을 청구 받은 지방법원은 해당 사건이 약식명령으로 할 수 없거나 약식명령으로 하는 것이 적당하지 않다고 인정되는 경우에는 공판절차에 따라 심판합니다(동법 제450조).

3-3. 약식명령의 방식 및 고지

3-3-1. 약식명령의 방식

지방법원은 검사의 약식명령의 청구를 인정하는 경우 청구가 있은 날부터 14일 이내에 약식명령을 하며(형사소송규칙 제171조), 약식명령에는 범죄사실, 적용법령, 주형(主刑), 부수 처분과 약식명령의 고지를 받은 날부터 7일 이내에 정식재판의 청구를 할 수 있다는 사실이 명시됩니다(형사소송법 제451조).

3-3-2. 약식명령의 고지

약식명령은 검사와 피고인에게 재판서를 송달함으로써 고지됩니다(형사소송법 제452조).

3-4. 약식명령의 효력

약식명령은 ① 정식재판의 청구기간이 경과한 때, ② 정식재판 청구의 취하의 결정이 확정된 때, ③ 정식재판 청구기각의 결정이 확정된 때에는 확정 판결과 동일한 효력을 갖습니다(형사소송법 제457조).

■ **법원으로부터 약식명령장이라는 것을 받았는데, 약식명령이 무엇인가요?**

Q. 얼마 전 법원으로부터 약식명령장이라는 것을 받았는데, 약식명령이 무엇인가요?

A. 약식명령은 형사재판에서 공판절차 없이 약식절차에 따라 벌금형 등을 내리는 재판을 말합니다.

법원은 검사가 한 약식명령의 청구를 인정하는 경우 청구가 있은 날부터 14일 이내에 약식명령을 합니다.

◇ **약식명령의 개념**

약식명령은 형사재판에서 공판절차 없이 약식절차에 따라 벌금, 과료 또는 몰수 등의 재산형을 내리는 지방법원의 재판을 말하며, 약식명령 시에는 추징, 그 밖의 부수의 처분도 할 수 있습니다.

◇ **검사의 약식명령 청구(구약식)**

검사는 해당 사건이 벌금, 과료 또는 몰수에 해당하는 형벌인 경우 공판절차 없이 약식명령으로 하는 것이 적당하다고 인정될 때에는 공소를 제기하면서 서면으로 약식명령을 청구합니다.

◇ **법원의 약식명령**

법원은 검사의 약식명령의 청구를 인정하는 경우 청구가 있은 날부터 14일 이내에 약식명령을 하며, 약식명령서에는 범죄사실, 적용법령, 주형(主刑), 부수 처분과 약식명령의 고지를 받은 날부터 7일 이내에 정식재판의 청구를 할 수 있다는 사실이 적혀 있습니다.

법원은 약식명령을 하는 경우 검사와 피고인에게 약식명령서를 송달합니다. 약식명령을 청구 받은 법원은 해당 사건이 약식명령으로 할 수 없거나 약식명령으로 하는 것이 적당하지 않다고 인정되는 경우에는 공판절차에 따라 심판합니다.

◇ **약식명령의 효력**

약식명령은 ① 정식재판의 청구기간(약식명령 고지를 받은 날부터 7일)이 지난 경우, ② 정식재판 청구 취하의 결정이 확정된 경우, ③ 정식재판 청구 기각의 결정이 확정된 경우에는 확정 판결과 동일한 효력을 갖습니다.

3-5. 약식명령에 대한 불복

3-5-1. 약식명령의 불복 시 정식재판 청구

① 법원의 약식명령에 불복하는 피고인은 약식명령의 고지를 받은 날부터 7일 이내에 해당 법원에 서면으로 정식재판의 청구를 할 수 있습니다(형사소송법 제453조제1항 본문·제2항).

② 정식재판의 청구가 있는 때에는 법원은 지체 없이 검사에게 그 사유를 통지합니다(동법 제453조제3항).

3-5-2. 정식재판 청구의 효과

① 약식명령에 대한 정식재판을 청구 받은 법원은 그 청구가 법령상의 방식에 위반되거나 청구권이 이미 소멸한 경우인 것이 명백한 때에는 결정으로 청구를 기각합니다(형사소송법 제455조제1항).

② 피고인은 위의 정식재판 청구 기각에 대해 즉시항고를 할 수 있습니다(동법 제455조제2항).

③ 피고인의 정식재판 청구가 적법한 경우에는 공판절차에 따라 심판합니다(동법 제455조제3항).

④ 약식명령은 정식재판의 청구에 따른 판결이 있는 때에 그 효력이 없어집니다(동법 제456조).

3-6. 불이익변경 금지

3-6-1. 무거운 형벌로의 변경 금지

① 법원은 피고인이 정식재판을 청구한 사건에 대해서는 약식명령에서 정한 형벌보다 무거운 형벌을 선고할 수 없습니다(형사소송법 제457조의2제1항).

② 피고인이 정식재판을 청구한 사건에서 약식명령의 형보다 중한 형을 선고하는 경우에는 판결서에 양형의 이유를 적어야 합니다(동법 제457조의2제2항).

3-6-2. 불이익변경 금지의 판단

① 선고된 형이 피고인에게 불이익하게 변경되었는지에 관한 판단은 형법상 형의 경중을 일응의 기준으로 하되, 병과형이나 부가형, 집행유예, 미결구금일수의 통산, 노역장 유치기간 등 주문 전체를 고려하여 피고인에게 실질적으로 불이익한가의 여부에 따라 판단해야 합니다.

② 더 나아가 피고인이 상소 또는 정식재판을 청구한 사건과 다른 사건이 병합·심리된 후 경합범으로 처단되는 경우에는 해당 사건에 대해 선고 또는 고지 받은 형과 병합·심리되어 선고받은 형을 단순 비교할 것이 아니라, 병합된 다른 사건에 대한 법정형, 선고형 등 피고인의 법률상 지위를 결정하는 객관적 사정을 전체적·실질적으로 고찰하여 병합심판된 선고형이 불이익한 변경에 해당하는지를 판단해야 합니다.

■ 약식명령이란 무엇인지요?

Q. 저는 귀가하던 중 甲과 乙이 싸움하는 것을 보고 이를 말렸으나 甲이 저에게 폭행당했다며 고소하여 경찰서에서 조사를 받았습니다. 그런데 며칠 전 법원으로부터 그 일로 인하여 벌금 10만원에 처한다는 내용의 약식명령을 받았습니다. 저는 甲과 乙간의 싸움을 말린 것 밖에 없는데 도대체 '약식명령'이란 무엇인지요?

A. 약식명령이란 약식절차에 의해 벌금·과료 또는 몰수를 과하는 재판을 말하는데, 약식절차는 공판절차 없이 서면심리만으로 진행되는 간이한 형사절차입니다.

이러한 약식명령은 형사재판의 신속을 기하여 공개재판에 따른 피고인의 심리적·사회적 부담을 덜어준다는 점에 그 의의가 있는바, 이 약식명령이 부당하다고 생각하여 불복하고자 하는 경우에 그 구제방법으로는 정식재판청구권(正式裁判請求權)이 인정되어 있습니다.

「형사소송법」 제453조에 의하면 검사 또는 피고인은 약식명령의 고지를 받은 날로부터 7일 이내에 정식재판의 청구를 할 수 있고, 정식재판의 청구는 약식명령을 한 법원에 서면으로 제출하여야 하며, 제1심 판결선고 전까지 취하할 수 있습니다. 그리고 약식명령은 정식재판의 청구에 의한 판결이 있는 때에는 그 효력을 잃고, 정식재판의 청구기간이 경과하거나 그 청구의 취하 또는 청구기각의 결정이 확정한 때에는 확정판결과 동일한 효력이 있습니다(형사소송법 제456조, 제457조).

위 사안의 경우 귀하는 잘못이 없음을 이유로 약식명령에 불복하려고 하는 것으로 보이는데 이 때에는 약식명령등본을 송달받은 날로부터 7일 이내에 약식명령을 한 법원에 서면(정식재판청구서)으로 정식재판을 청구하여야 합니다.

정식재판의 청구가 법령상의 방식에 위반하거나 청구권의 소멸 후인 것이 명백한 때에는 결정으로 기각하는데, 이 결정에 대해서는 즉시항고를 할 수 있습니다(형사소송법 제455조). 정식재판청구가 적법한 때에는 일반적인 형사재판절차인 공판절차에 의하여 심판하게 됩니다. 또한, 피고인이 정식재판을 청구한 사건에 대하여는 약식명령의 형보다 중한 형을 선고하지 못합니다(불이익변경금지, 형사소송법 제457의2).

(관련판례)

불이익변경금지의 원칙은 피고인의 상소권 또는 약식명령에 대한 정식재판청구권을 보장하려는 것으로, 피고인만이 또는 피고인을 위하여 상소한 상급심 또는 정식재판청구사건에서 법원은 피고인이 같은 범죄사실에 대하여 이미 선고 또는 고지받은 형보다 중한 형을 선고하지 못한다는 원칙이며, 선고된 형이 피고인에게 불이익하게 변경되었는지에 관한 판단은 형법상 형의 경중을 일응의 기준으로 하되, 병과형이나 부가형, 집행유예, 미결구금일수의 통산, 노역장 유치기간 등 주문 전체를 고려하여 피고인에게 실질적으로 불이익한가의 여부에 의하여 판단하여야 할 것이고, 더 나아가 피고인이 상소 또는 정식재판을 청구한 사건과 다른 사건이 병합·심리된 후 경합범으로 처단되는 경우에는 당해 사건에 대하여 선고 또는 고지받은 형과 병합·심리되어 선고받은 형을 단순 비교할 것이 아니라, 병합된 다른 사건에 대한 법정형, 선고형 등 피고인의 법률상 지위를 결정하는 객관적 사정을 전체적·실질적으로 고찰하여 병합심판된 선고형이 불이익한 변경에 해당하는지를 판단하여야 한다(대법원 2004.11.11. 선고 2004도6784).

■ 음주운전에 대한 약식명령이 확정된 후 무면허운전을 처벌할 수 있는지요?

Q. 甲은 무면허 상태에서 음주운전을 하다가 적발되었고 음주운전에 대하여 약식명령이 발령되어 확정되었습니다. 그 후 무면허운전에 대하여 공소가 제기되었는데 甲은 무면허운전으로 처벌되는지요?

A. 판례에 따르면 하나의 운전행위로 무면허, 음주운전을 한 경우에 무면허운전과 음주운전죄는 상상적 경합의 관계에 있습니다(대법원 1987. 2. 24. 선고 86도2731 판결). 상상적 경합관계란 1개의 행위가 수개의 죄에 해당되는 것을 의미합니다. 상상적 경합관계에 있는 죄들 중 하나의 죄에 대하여 약식명령이 확정된 경우에 그 확정된 약식명령의 기판력은 나머지 범죄에 미칩니다. 따라서 이 사안에서 甲의 음주운전에 대한 확정된 약식명령의 기판력은 甲의 무면허운전죄에 대하여도 미치므로 무면허운전죄에 대해 재판하는 법원으로서는 공소사실에 관하여 '확정판결이 있은 때'에 해당한다고 보아 형사소송법 제326조 제1호에 의하여 면소 판결을 선고하게 될 것이고 甲은 무면허운전으로 처벌되지 않을 것으로 보입니다.

(관련판례)

　불이익변경금지의 원칙은 피고인의 상소권 또는 약식명령에 대한 정식재판청구권을 보장하려는 것으로서, 피고인만이 또는 피고인을 위하여 상소한 상급심 또는 정식재판청구사건에서 법원은 피고인이 같은 범죄사실에 대하여 이미 선고 또는 고지받은 형보다 중한 형을 선고하지 못한다는 원칙이다. 이러한 불이익변경금지의 원칙을 적용할 때에는 주문을 개별적·형식적으로 고찰할 것이 아니라 전체적·실질적으로 고찰하여 그 경중을 판단하여야 하는데, 선고된 형이 피고인에게 불이익하게 변경되었는지 여부는 일단 형법상 형의 경중을 기준으로 하되, 한 걸음 더 나아가 병과형이나 부가형, 집행유예, 노역장 유치기간 등 주문 전체를 고려하여 피고인에게 실질적으로 불이익한가에 의하여 판단하여야 한다(대법원 2013. 12. 12. 선고 2012도7198 판결).

■ 약식명령에 대한 정식재판절차에서 유죄판결이 선고되어 확정된 경우 재심청구를 할 수 있는가요?

Q. 甲은 음주운전으로 벌금 150만원의 약식명령을 고지받고 정식재판 청구를 하여 위 벌금형을 그대로 선고받아 확정되었는데, 위 약식 명령에 대하여도 다시 재심청구를 할 수 있는가요?

A. 형사소송법 제420조 본문은 재심은 유죄의 확정판결에 대하여 그 선고를 받은 자의 이익을 위하여 청구할 수 있도록 하고, 같은 법 제456조는 약식명령은 정식재판의 청구에 의한 판결이 있는 때에는 그 효력을 잃도록 규정하고 있습니다. 위 각 규정에 의하면 약식명령에 대하여 정식재판 청구가 이루어지고 그 후 진행된 정식재판 절차에서 유죄판결이 선고되어 확정된 경우, 재심사유가 존재한다고 주장하는 피고인 등은 효력을 잃은 약식명령이아니라 유죄의 확정판결을 대상으로 재심을 청구하여야 합니다(대법원 2013. 4. 11. 선고 2011도10626 판결 참조).

따라서 사안에서 甲이정식재판절차에서 확정된 유죄판결에 대하여 재심청구를 하지 아니하고, 정식재판청구로 인하여 그 효력을 잃은 약식명령에 대하여는 재심청구를 할 수 없습니다.

(관련판례)

형사소송법 제457조의2에서 규정한 불이익변경금지의 원칙은 피고인이 약식명령에 불복하여 정식재판을 청구한 사건에서 약식명령의 주문에서 정한 형보다 중한 형을 선고할 수 없다는 것이므로, 그 죄명이나 적용법조가 약식명령의 경우보다 불이익하게 변경되었다고 하더라도 선고한 형이 약식명령과 같거나 약식명령보다 가벼운 경우에는 불이익변경금지의 원칙에 위배된 조치라고 할 수 없다(대법원 2013. 2. 28. 선고 2011도14986 판결).

■ 정식재판 청구를 함께 하지 아니한 약식명령에 대한 정식재판청구권 회복청구가 적법한지요?

Q. 甲은 자신이 책임질 수 없는 사유로 약식명령이 고지된 사실을 모르고 기간 내에 정식재판을 청구하지 못하였다가 최근에서야 이를 알고서 법원에 서면으로 정식재판청구권의 회복청구서를 작성하여 제출하면서 약식명령에 대한 정식재판청구를 빠뜨린 경우 구제받을 수 있나요?

A. 약식명령에 대하여 정식재판을 청구할 수 있는 자가 자기 또는 대리인이 책임질 수 없는 사유로 인하여 약식명령이 고지된 사실을 모르고 소정기간내에 정식재판을 청구하지 못하였다 하여 정식재판청구권 회복의 청구를 할 경우에는 형사소송법 제458조, 제345조, 제346조 제1항, 제3항의 규정에 따라 위 사유가 종지한 날 즉 약식명령이 고지된 사실을 안 날로부터 정식재판청구기간에 상당한 기간인 7일 이내에 서면으로 정식재판청구권의 회복청구를 함과 동시에 정식재판청구를 하여야 하므로 위 7일 이내에 정식재판청구권 회복청구만을 하였을 뿐 정식재판청구를 하지 아니하였다면 그 정식재판청구권 회복청구는 소정 방식을 결한 것으로서 허가될 수 없습니다(대법원 1983.12.29. 자 83모48 결정 참조).

따라서 甲이 정식재판청구권의 회복청구를 하면서 동시에 약식명령에 대한 정식재판청구를 하지 않은 경우에는 정식재판청구권의 회복허가를 받기 어렵습니다.

(관련판례)

약식명령에 대해 피고인만이 정식재판을 청구한 사건의 항소심에서, 원심법원이 피고인이 출석한 제1회 공판기일에 변론을 종결하고 제2회 공판기일인 선고기일을 지정하여 고지하였는데, 피고인이 출석하지 아니하자 선고기일을 연기하고 제3회 공판기일을 지정하였으나 피고인에게 따로 공판기일 통지를 하지 않은 사안에서, 제3회 공판기일에 대해서는 적법한 통지가 없었으므로 형사소송법 제365조가 적용될 수 없고 약식명령에 피고인만이 정식재판을 청구하여 형사소송법 제370조, 제277조 제4호에 따라 당초 지정한 선고기일에 피고인 출석 없이 판결을 선고할 수 있었으나, 굳이 그 기일을 연기하고 선고기일을 다시 지정한 이상 적법한 기일통지를 해야 한다는 이유로, 피고인의 출석 없이 공판기일을 열어 판결을 선고한 원심의 조치가 위법하다(대법원 2012.6.28.선고 2011도16166판결).

■ 약식명령에 대해 정식재판을 청구할 경우 형이 가중될 수 있는지요?

Q. 저는 얼마 전 저지른 범죄로 벌금 200만원의 약식명령을 받았습니다. 이에 대하여 억울함이 있어서 정식재판을 청구하려고 합니다. 하지만 혹시 판사님이 나름대로 선처를 해주신 것인데 거기에 정식재판을 청구했다가 괘씸하게 보여 벌금이 늘어나거나 수강명령 등을 받게 되는 것은 아닐지 고민입니다.

A. "형사소송법 제457조의2(불이익변경의 금지) 피고인이 정식재판을 청구한 사건에 대하여는 약식명령의 형보다 중한 형을 선고하지 못한다." 위 규정에 따라 약식명령에 대하여 피고인이 정식재판을 청구한 경우 약식명령의 형보다 중한 형을 선고할 수 없습니다. 또한 우리 판례는 "형사소송법 제457조의2 에서 규정하는 불이익변경금지의 원칙은 피고인의 약식명령에 대한 정식재판청구권을 보장하려는 것으로, 피고인이 정식재판을 청구한 사건에서 법원은 같은 범죄사실에 대하여 피고인이 고지받은 약식명령의 형보다 중한 형을 선고하지 못한다는 원칙이며,그 적용에 있어 형의 경중은 이를 개별적·형식적으로 고찰할 것이 아니라 주문 전체를 고려하여 피고인에게 실질적으로 불이익하게 변경되었는지 여부로 판단하여야 한다(대법원 2009. 12. 24. 선고 2009도10754판결)."고 판시하여, 엄격한 의미의 형벌(사형, 징역, 금고, 벌금 등)의 경우에만 불이익변경금지원칙을 적용하는 것은 아니고 실질적으로 형벌과 유사한 효과를 내는 것에는 불이익변경금지를 적용하고 있습니다. 따라서 정식재판 절차에서 귀하가 받은 벌금 200만원 보다 중한 형이 선고되지는 않을 것이며, 수강명령 등은 비록 형벌은 아니지만 실질적으로 귀하에게 불리한 처분이므로 수강명령이 추가되지도 않을 것으로 보입니다.

형사소송법 제457조의2는 1995. 12. 29. 신설된 규정으로, 과거 이 규정이 있기 전에는 약식명령은 상소가 아니므로 불이익변경금지의 원칙이 적용되지 않는다고 보아 약식명령에 대하여 피고인이 정식재판을 청구한 경우 더 중한 형을 선고받는 사례들도 있었습니다.

하지만 위 규정의 신설로 약식명령에 대한 정식재판의 절차에도 불이
익변경금지의 원칙이 적용되도록 입법적 해결이 있었으므로, 억울함이
있으시다면 걱정하지 말고 정식재판을 청구하시기 바랍니다.

정 식 재 판 청 구 서

사　　　건　20○○고약 ○○○ 실화

피 고 인　○ ○ ○

　위 피고인에 대한 귀원 20○○고약 ○○○ 실화사건에 관하여 벌금 ○○○원에 처한다는 약식명령을 20○○. ○. ○. 송달 받은 바, 피고인은 이에 불복하므로 정식재판을 청구합니다.

20○○.　○.　○.

위 피고인 ○　○　○ (인)

○ ○ 지 방 법 원　귀 중

정 식 재 판 청 구 취 하 서

사   건 20○○고약 ○○○ 실화

피 고 인 ○ ○ ○

         ○○시 ○○구 ○○길 ○○

 위 피고인에 대한 귀원 20○○고약 ○○○호 약식명령사건에 관하여 피고인은 20○○. ○. ○. 정식재판을 청구하였는바, 위 정식재판의 청구를 취하합니다.

               20○○. ○. ○.

                   위 피고인 ○ ○ ○ (인)

○ ○ 지 방 법 원 귀 중

정 식 재 판 청 구 권 회 복 청 구

사　　　건　　20○○고약 ○○○ 상해
피 고 인　　○　○　○

청 구 취 지

　피고인에 대한 귀원 20○○고약 ○○○호 상해사건에 관하여 피고인의 정식재판청구권을 회복한다.
라는 재판을 구합니다.

청 구 이 유

1. 본 건 피고인에 대한 약식명령은 송달불능을 이유로 하여 공시송달로 종결되었습니다.
2. 피고인은 20○○. ○. ○. 검찰청으로부터 벌금을 내라는 통보를 받고 비로소 약식명령이 있었던 사실을 알았으며 곧 기록을 조사하여 본즉 위 공시송달은 법원의 착오에 의한 것임을 발견하였습니다. 즉, 피고인의 주거는 ○○시 ○○구 ○○길 ○○번지임에도 불구하고 이를 ○○번지로 송달함으로써 송달불능이 되자 이를 간과하고 그대로 공시송달을 하여 사건을 종결한 것입니다.
3. 따라서 피고인은 피고인이 책임질 수 없는 사유로 인하여 위 약식명령에 대한 정식재판을 소정기간 내에 청구하지 못하였으므로 이 건 청구를 하는 바입니다.

　첨부서류 : 주민등록등본 1통

```
                    20○○.  ○.  ○.
                  위 피고인   ○  ○  ○ (인)

 ○○지방법원 귀중
```

4. 공판

4-1.공판준비

4-1-1. 공소장 부본의 송달 및 의견서 제출

① 법원은 공소의 제기가 있는 경우에는 지체 없이 공소장 부본을 피고인 또는 변호인에게 제1회 공판기일 5일 전까지 송달해야 합니다(형사소송법 제266조).

② 피고인 또는 변호인은 공소장 부본을 송달받은 날부터 7일 이내에 공소사실에 대한 인정 여부, 공판준비절차에 관한 의견 등을 기재한 의견서를 법원에 제출해야 합니다(동법 제266조의2제1항 본문).

③ 피고인이 진술을 거부하는 경우에는 그 취지를 기재한 의견서를 제출할 수 있습니다(동법 제266조의2제1항 단서).

4-1-2. 공판기일의 지정

공판준비절차가 완료되면 재판장은 공판기일을 정합니다(동법 제267조제1항).

4-2. 심리 및 판결

4-2-1. 심리

지정된 공판기일에 공판정에서 심리가 진행됩니다(형사소송법 제275조제1항).

4-2-2. 판결

① 판결의 선고는 변론을 종결한 기일에 무죄, 유죄 등의 방법으로 하며, 특별한 사정이 있는 때에는 따로 선고기일을 지정하여 선고할 수도 있습니다(형사소송법 제318조의4제1항).

② 다만, 실무에서는 많은 경우 변론종결일이 아닌 따로 지정한 선고기일에 판결을 선고하고 있습니다.

■ 공판기일은 어떤 식으로 진행되는지요?

Q. 최근에 기소되어 생전 처음으로 형사재판이라는 것을 받게 되었습니다. 공판기일은 어떤 식으로 진행되는지요?

A. 공판기일은 일반적으로 다음과 같은 순서로 진행됩니다.

① 재판장이 피고인에게 진술거부권을 고지합니다(형사소송법 제283의 2 제2항).

② 재판장이 인정신문을 합니다. 구체적으로는, 성명, 연령, 등록기준지, 주거, 직업을 물어 피고인 본인이 맞는지 확인합니다(같은 법 제284조).

③ 검사가 공소요지를 진술합니다(같은 법 제285조).

④ 재판장이 피고인에게 공소사실을 인정하는지 여부를 묻습니다(같은 법 제286조 제1항).

⑤ 그리고 나서 증거조사를 하는데(같은 법 제290조), 이에 앞서 재판장은 피고인과 변호인에게 쟁점정리를 위한 질문을 하거나(같은 법 제287조 제1항), 양측에게 입증계획 등을 진술하게 할 수도 있습니다(같은 조 제2항).

⑥ 증거조사는 기본적으로 검사가 증거목록을 제출하면, 이에 대해 피고인 측에서 동의하는지 여부를 묻습니다. 즉, 증거목록상의 증거를 채택하여 재판을 하여도 이의가 없는지 묻는 것입니다. 만일 증인으로 불러야 할 사람이 있다든가 하면 그 사람에 대한 증거는 부동의하게 됩니다. 그러면 공판검사가 그 사람을 증인으로 신청하게 되며, 다음 공판기일에 증인신문을 합니다.

⑦ 증거조사를 다 마친 경우에는 피고인신문을 할 수 있습니다(같은 법 제296조의2). 다만, 반드시 하여야 하는 것은 아니고 생략할 수 있습니다.

⑧ 증거조사와 피고인신문까지 다 마치면, 검사가 구형을 합니다(같은 법 제302조).

⑨ 검사가 구형을 한 후, 변호인이 최후변론을 하고, 그리고 나서 피고인에게 최후진술을 할 기회가 주어집니다(같은 법 제303조).

⑩ 피고인 최후진술까지 끝나면 변론을 종결하고 판결선고기일을 지정합니다(같은 법 제318조의4 제1항 단서). 판결선고기일은 2주 뒤로 지정하는 것이 원칙이나(같은 조 제3항), 더 늦게 지정할 수도 있고, 사안에 따라서는 변론을 종결하면서 바로 판결을 선고할 수도 있습니다(같은 항 본문).

(관련판례)

자백의 신빙성 유무를 판단할 때에는 자백 진술의 내용 자체가 객관적으로 합리성이 있는지, 자백의 동기나 이유는 무엇이며, 자백에 이르게 된 경위는 어떠한지, 그리고 자백 외의 정황증거 중 자백과 저촉되거나 모순되는 것은 없는지 등 제반 사정을 고려하여 판단하여야 한다. 나아가 피고인이 수사기관에서부터 공판기일에 이르기까지 일관되게 범행을 자백하다가 어느 공판기일부터 갑자기 자백을 번복한 경우에는, 자백 진술의 신빙성 유무를 살피는 외에도 자백을 번복하게 된 동기나 이유 및 경위 등과 함께 수사기관 이래의 진술 경과와 진술의 내용 등에 비추어 번복 진술이 납득할 만한 것이고 이를 뒷받침할 증거가 있는지 등을 살펴보아야 한다(대법원 2016. 10. 13. 선고 2015도17869 판결).

■ 공판기일에 불출석하면 구속되는지요?

Q. 최근 법원으로부터 공판기일 통지서를 수령하였습니다. 저를 사기죄로 기소하였다고 하는데요, 저는 사기죄를 범한 적이 없습니다. 그래도 이 공판기일에 출석해야 하나요? 출석하지 않으면 불이익이 있을까요?

A. 형사소송법 제70조 제1항, 제2항은 "① 법원은 피고인이 죄를 범하였다고 의심할 만한 상당한 이유가 있고 다음 각호의 1에 해당하는 사유가 있는 경우에는 피고인을 구속할 수 있다. 1. 피고인이 일정한 주거가 없는 때, 2. 피고인이 증거를 인멸할 염려가 있는 때, 3. 피고인이 도망하거나 도망할 염려가 있는 때 ② 법원은 제1항의 구속사유를 심사함에 있어서 범죄의 중대성, 재범의 위험성, 피해자 및 중요 참고인 등에 대한 위해우려 등을 고려하여야 한다. "고 구속에 대하여 규정하고 있습니다.

다시 말해 법원은 불구속 상태로 재판을 받을 피고인이라고 하더라도, 피고인이 범죄를 범하였다고 의심할만한 합리적 이유가 있고 위 제1항 각 호의 사유가 있으며, 제2항에서 고려할 수 있는 요소들을 종합하여 피고인을 구속을 결정할 수 있다는 의미입니다.

만약 귀하와 같이 법원으로부터 공판기일을 통지받은 뒤에도, 지정된 공판기일에 출석하지 않으신다면, 법원은 귀하께서 증거의 인멸할 우려가 있거나, 도망할 염려가 있다고 보아 귀하를 구속할 수 있는 것입니다.

물론 본인은 범죄를 저지르지 않았으므로 범죄를 범하였다고 의심할만한 합리적 이유가 없다고 생각하실 수 있으나, 일단 기소가 되었다면 범죄를 범하였다고 의심할만한 상황이라고 보는 것이 일반적입니다. 따라서 위와 같은 법원의 통지를 수령하신다면 반드시 공판기일에 출석하시기 바라며, 그렇지 않는다면 구속될 위험이 있다는 점을 알고 계셔야 합니다.

(관련판례)

형사소송법 제370조, 제276조에 의하면 항소심에서도 공판기일에 피고인의 출석 없이는 개정하지 못하나, 같은 법 제365조가 피고인이 항소심 공판기일에 출석하지 아니한 때에는 다시 기일을 정하고, 피고인이 정당한 사유 없이 다시 정한 기일에도 출석하지 아니한 때에는 피고인의 진술 없이 판결할 수 있도록 정하고 있으므로 피고인의 출석 없이 개정하려면 불출석이 2회 이상 계속된 바가 있어야 한다(대법원 2016. 4. 2. 선고 2016도2210 판결).

■ **공판절차에서 법률조력인이 출석할 수 있는지요?**

Q. 공판절차에서 법률조력인이 출석할 수 있나요?

A. 가능합니다. 헌법은 제27조 제5항에서 형사피해자는 피해자의 권리구제를 위하여 재판절차에서 진술할 수 있다고 규정하며, 범죄피해자보호법은 제8조에서 범죄피해자가 재판절차에 참여하여 진술하는 등 형사절차상의 권리를 행사할 수 있도록 보장하여야 한다고 규정하고 있습니다. 한편, 아동·청소년의 성보호에 관한 법률 제18조의6은 제3항 내지 제4항에서 법률조력인에게 명시적인 출석권을 부여하고 있습니다.

(관련판례)

원심법원의 재판장이 피고인의 아동·청소년의 성보호에 관한 법률(2011. 9. 15. 법률 제11047호로 개정되기 전의 것) 위반(강간등), 강요, 성폭력범죄의 처벌 등에 관한 특례법 위반(카메라등이용촬영) 범행의 피해자들을 증인으로 신문할 때 증인들이 피고인의 면전에서 충분한 진술을 할 수 없다고 인정하여 피고인의 퇴정을 명하고 증인신문을 진행하였는데, 증인신문을 실시하는 과정에 변호인을 참여시키는 한편 피고인을 입정하게 하고 법원사무관 등으로 하여금 진술의 요지를 고지하게 한 다음 변호인을 통하여 반대신문의 기회를 부여한 사안에서, 원심의 증인신문절차 등 공판절차에 어떠한 위법이 있다고 볼 수 없다(대법원 2012. 2. 23. 선고 2011도15608 판결).

[서식 예] 공판기일 연기신청서

공 판 기 일 연 기 신 청

사   건   20○○노 ○○○호 특정범죄가중처벌등에관한법
위반(절도)

피 고 인   ○ ○ ○

귀원에 계속 중인 위 사건에 관하여 20○○. ○. ○.로 변론기일이 지정되어 있으나, 변호인은 증인소환 절차 준비 미비로 당일 재판준비가 불가능하오니 위 공판기일을 1주일 정도 미루어 주시기를 바랍니다.

20○○. ○. ○.

위 피고인의 변호인 ○ ○ ○ (인)

○ ○ 지 방 법 원 형 사 항 소 제 ○ 부 귀 중

공 판 조 서 낭 독 청 구

사　　건　　20○○고단 ○○○호 ○○
피 고 인　　○　○　○

위 사건에 관하여 피고인은 다음 번 공판의 변론준비를 하고자
하나 피고인은 무학자로서 문맹인 관계로 조서를 읽지 못하는
바, 다음 조서를 낭독하여 주시기 바랍니다.

다　　　　　음

조　서 : 증인 ○ ○ ○의 신문조서(20○○. ○. ○. 신문)

20○○년　　○월　　○일
위 피고인　　○　○　○ (인)

○ ○ 지 방 법 원 귀 중

4-3. 항소

4-3-1. 항소관할법원

제1심법원의 판결에 대해 불복이 있으면 지방법원 단독판사가 선고한 것은 지방법원 본원합의부에 항소할 수 있으며, 지방법원 합의부가 선고한 것은 고등법원에 항소할 수 있습니다(형사소송법 제357조).

4-3-2. 항소이유

다음 중 어느 하나에 해당하는 사유가 있는 경우에는 원심 판결에 대해 항소할 수 있습니다(형사소송법 제361조의5).

1. 판결에 영향을 미친 헌법·법률·명령 또는 규칙의 위반이 있는 경우
2. 판결 후 형의 폐지나 변경 또는 사면이 있는 경우
3. 관할 또는 관할위반의 인정이 법률에 위반한 경우
4. 판결법원의 구성이 법률에 위반한 경우
5. 법률상 그 재판에 관여하지 못할 판사가 그 사건의 심판에 관여한 경우
6. 사건의 심리에 관여하지 않은 판사가 그 사건의 판결에 관여한 경우
7. 공판의 공개에 관한 규정에 위반한 경우
8. 판결에 이유를 붙이지 않거나 이유에 모순이 있는 경우
9. 재심청구의 사유가 있는 경우
10. 사실의 오인이 있어 판결에 영향을 미칠 경우
11. 형의 양정이 부당하다고 인정할 사유가 있는 경우

4-3-3. 항소의 제기

① 항소 제기 기간 및 방식

항소하려는 사람은 제1심 판결의 선고 후 7일 이내에 원심법원에 항소장을 제출해야 합니다(형사소송법 제358조 및 제359조). 원심법원은 항소의 제기가 법률상의 방식에 위반되거나 항소권 소멸 후에 제

기한 것이 명백한 때에는 결정으로 항소를 기각하며, 원심법원이 항
소를 기각하지 않는 경우에는 항소법원에서 이를 기각합니다. 이 결
정에 대해서는 즉시 항고할 수 있습니다(동법 제360조 및 제362조).

4-3-4. 항소이유서와 답변서

① 항소인 또는 변호인은 법원으로부터 소송기록 접수의 통지를 받은 날
부터 20일 이내에 항소이유서를 항소법원에 제출해야 합니다(형사소
송법 제361조의3제1항 전단).

② 교도소 또는 구치소에 있는 피고인이 항소의 제기기간 내에 항소장
을 교도소장·구치소장 또는 그 직무를 대리하는 사람에게 제출한 때
에는 항소의 제기기간 내에 항소한 것으로 간주됩니다(동법 제361조
의3제1항 후단).

③ 항소이유서의 제출을 받은 항소법원은 지체 없이 그 부본 또는 등본
을 상대방에게 송달하며, 송달 받은 상대방은 송달을 받은 날부터
10일 이내에 항소법원에 답변서를 제출해야 합니다(동법 제361조의3
제2항·제3항).

④ 항소법원은 항소인이나 변호인이 정해진 기간 내에 항소이유서를 제
출하지 않은 경우 결정으로 항소를 기각하며(직권조사 사유가 있거나
항소장에 항소이유의 기재가 있는 경우는 제외), 이 결정에 대해서는
즉시항고 할 수 있습니다(동법 제361조의4).

4-3-5. 항소법원의 심판

① 항소법원은 항소이유에 포함된 사유에 관해 심판하며, 판결에 영향을
미친 사유에 관해서는 항소이유서에 포함되지 않은 경우에도 직권으
로 심판할 수 있습니다(형사소송법 제364조제1항·제2항).

② 항소법원은 항소가 이유 없다고 인정되는 경우에는 판결로써 항소를
기각합니다(동법 제364조제4항).

③ 항소법원은 항소가 이유 있다고 인정한 때에는 원심 판결을 파기하고

다시 판결을 해야 합니다(동법 제364조제6항).

4-3-6. 불이익변경의 금지

법원은 검사가 항소한 사건이 아닌 피고인 또는 변호인이 항소한 사건의 경우에는 원심 판결의 형보다 무거운 형을 선고할 수 없습니다(형사소송법 제368조).

> **항소(抗訴):** 제1심법원의 판결에 불복이 있는 경우에 항소인 또는 변호인이 상급법원에 제기하는 불복신청을 말합니다.
>
> **상고(上告):** 항소법원의 판결에 불복이 있는 경우에 상고인 또는 변호인이 상급법원에 제기하는 불복신청을 말합니다.
>
> **항고(抗告):** 법원의 결정에 따른 불복이 있는 경우에 제기하는 불복신청을 말합니다.
>
> **판결(判決):** 피고에 대한 심판을 법원에 신청하면 법원이 일정 절차에 따라 재판을 하는 것으로서 일반적으로 구두변론에 따른 심리를 거쳐 종국 판결로서 종료되며, 3심제도에 따라 종국 판결에 대한 항소와, 항소심의 종국 판결에 대한 상고가 허용됩니다.
>
> **결정(決定):** 재판을 진행시키는데 있어서의 절차상의 문제나 강제집행의 관계에서 행해지는 법원의 결정을 말합니다.
>
> **즉시항고(卽時抗告):** 즉시항고는 항고의 일종으로 항고제기 기간이 3일로 한정되어 있습니다. 이는 집행정지의 효력이 있기 때문에 항고제기 기간 내 또는 그 제기가 있는 때에는 원심재판의 집행이 정지됩니다. 법률이 이러한 즉시항고를 인정한 취지는 집행정지의 효력을 인정하여 원심재판에 불복하는 이익을 확보하는 동시에, 신청기간을 극히 단기간으로 제한함으로써 부당하게 장기간 재판의 집행이 정지되는 것을 방지하려는 데 있습니다.

■ 선고내용을 잘못 듣고 항소하지 못한 때 상소권회복청구 가능한지요?

Q. 甲은 횡령죄로 기소된 형사사건의 제1심 선고기일에 법정에 출석하였으나, 징역 8월의 실형선고를 집행유예를 선고한 것으로 잘못 듣고 항소를 제기하지 않은 채 항소기간을 도과하였습니다. 이 경우 甲이 상소권회복청구를 할 수 없는지요?

A. 「형사소송법」제345조는 "제338조 내지 제341조의 규정에 의하여 상소할 수 있는 자는 자기 또는 대리인이 책임질 수 없는 사유로 인하여 상소의 제기기간 내에 상소를 하지 못한 때에는 상소권회복의 청구를 할 수 있다."라고 규정하고 있습니다.

그런데 위 사안에서와 같이 형의 선고를 잘못 알아듣고 항소를 하지 못한 경우와 관련하여 판례는 "징역형의 실형이 선고되었으나 피고인이 형의 집행유예를 선고받은 것으로 잘못 전해 듣고, 또한 판결주문을 제대로 알아들을 수가 없어서 항소제기기간 내에 항소하지 못한 것이라면 그 사유만으로는 형사소송법 제345조가 규정한 '자기 또는 대리인이 책임질 수 없는 사유로 상소제기기간 내에 상소하지 못한 경우'에 해당된다고 볼 수 없다."라고 하였습니다(대법원 2000. 6. 15.자 2000모 85 결정, 1987. 4. 8.자 87모19 결정).

따라서 위 사안에서 甲이 형의 선고를 잘못 듣게 되어 항소기간 내에 항소를 하지 못한 것이「형사소송법」제345조가 규정한 '자기 또는 대리인이 책임질 수 없는 사유로 상소제기기간 내에 상소하지 못한 경우'에 해당된다고 볼 수 없을 것이므로, 그러한 이유로 상소회복청구를 하지 못할 것으로 보입니다.

(관련판례)

형사소송법은 유죄의 확정판결과 항소 또는 상고의 기각판결에 대하여 각 그 선고를 받은 자의 이익을 위하여 재심을 청구할 수 있다고 규정함으로써 피고인에게 이익이 되는 이른바 이익재심만을 허용하고 있으며(제420조, 제421조 제1항), 그러한 이익재심의 원칙을 반영하여 제439조에서 "재심에는 원판결의 형보다 중한 형을 선고하지 못한다."라고 규정하고 있는데, 이는 단순히 원판결보다 무거운 형을 선고할 수 없다는 원칙만을 의미하는 것이 아니라 실체적 정의를 실현하기 위하여 재심을 허용하지만 피고인의 법적 안정성을 해치지 않는 범위 내에서 재심이 이루어져야 한다는 취지이다.

다만 재심심판절차는 원판결의 당부를 심사하는 종전 소송절차의 후속절차가 아니라 사건 자체를 처음부터 다시 심판하는 완전히 새로운 소송절차로서 재심판결이 확정되면 원판결은 당연히 효력을 잃는다. 이는 확정된 판결에 중대한 하자가 있는 경우 구체적 정의를 실현하기 위하여 그 판결의 확정력으로 유지되는 법적 안정성을 후퇴시키고 사건 자체를 다시 심판하는 재심의 본질에서 비롯된 것이다. 그러므로 재심판결이 확정됨에 따라 원판결이나 그 부수처분의 법률적 효과가 상실되고 형 선고가 있었다는 기왕의 사실 자체의 효과가 소멸하는 것은 재심의 본질상 당연한 것으로서, 원판결의 효력 상실 그 자체로 인하여 피고인이 어떠한 불이익을 입는다 하더라도 이를 두고 재심에서 보호되어야 할 피고인의 법적 지위를 해치는 것이라고 볼 것은 아니다.

따라서 원판결이 선고한 집행유예가 실효 또는 취소됨이 없이 유예기간이 지난 후에 새로운 형을 정한 재심판결이 선고되는 경우에도, 그 유예기간 경과로 인하여 원판결의 형 선고 효력이 상실되는 것은 원판결이 선고한 집행유예 자체의 법률적 효과로서 재심판결이 확정되면 당연히 실효될 원판결 본래의 효력일 뿐이므로, 이를 형의 집행과 같이 볼 수는 없고, 재심판결의 확정에 따라 원판결이 효력을 잃게 되는 결과 그 집행유예의 법률적 효과까지 없어진다 하더라도 재심판결의 형이 원판결의 형보다 중하지 않다면 불이익변경금지의 원칙이나 이익재심의 원칙에 반한다고 볼 수 없다(대법원 2018. 2. 28. 선고 2015도15782 판결).

■ 피고인에게 소송기록접수통지가 되기 전에 변호인이 선임된 경우, 변호인의 항소이유서 제출기간의 기산일은 언제인가요?

Q. 피고인 甲이 2010. 8. 11. 제1심판결을 선고받고 같은 날 항소를 제기하였고, 원심은 2010. 8. 24. 제1심법원으로부터 기록송부를 받게 되자 피고인들에게 소송기록접수통지서를 각 발송하였는데, 피고인 甲은 2010. 8. 30. 11:34, 위 통지서를 송달받았고, 피고인 甲이 2010. 8. 30. 09:00경 변호인 선임서를 원심에 제출하자 원심은 2010. 9. 2. 변호인에게 다시 소송기록접수통지를 하였습니다. 이후 피고인 甲의 변호인은 2010. 9. 24. 원심에 항소이유서를 제출하였습니다(2010. 9. 22. 및 2010. 9. 23.은 추석공휴일이었음). 피고인 甲은 항소이유서 제출기간이 도과하기 전에 적법하게 항소이유서를 제출한 것인지요?

A. 대법원은 2011.5.13, 자, 2010모1741, 결정에서 "「형사소송법」제361조의2와 제361조의3 제1항에 의하면, 항소법원이 기록의 송부를 받은 때에는 즉시 항소인과 그 상대방에게 통지하여야 하고, 이 통지 전에 변호인의 선임이 있는 때에는 변호인에게도 통지를 하여야 하며, 항소인 또는 변호인은 이 통지를 받은 날로부터 20일 이내에 항소이유서를 제출하도록 되어 있다. 그러므로 피고인에게 소송기록접수통지를 한 후에 사선변호인이 선임된 경우에는 변호인에게 다시 같은 통지를 할 필요가 없고, 설령 사선변호인에게 같은 통지를 하였다 하여도 항소이유서의 제출기간은 피고인이 그 통지를 받은 날부터 계산하면 된다(대법원 1965. 8. 25. 자 65모34 결정 등 참조). 그리고 피고인에게 소송기록접수통지가 되기 전에 변호인의 선임이 있는 때에는 변호인에게도 소송기록접수통지를 하여야 하고, 변호인의 항소이유서 제출기간은 변호인이 이 통지를 받은 날부터 계산하여야 한다(대법원 1996. 9. 6. 선고 96도166 판결 등 참조)."고 판시한바 있습니다. 피고인 甲은 소송기록접수통지를 송달받기 전에 원심에 변호인 선임서를 제출하였으므로, 위 피고인을 위한 변호인의

항소이유서 제출기간은 변호인이 소송기록접수통지를 받은 2010. 9. 2. 부터 계산하여야 합니다. 그런데 변호인의 항소이유서 제출기간의 말일인 2010. 9. 22.과 그 다음날은 추석연휴 공휴일로서 위 기간에 산입되지 아니하므로, 그 다음날인 2010. 9. 24.이 위 기간의 말일이 되며, 따라서 2010. 9. 24. 제출된 위 항소이유서는 그 제출기간이 경과되기 전에 적법하게 제출된 것이라고 할 것입니다.

(관련판례)

형사소송법 제361조의4, 제361조의3, 제361조의2에 의하면, 항소인이나 변호인이 항소법원으로부터 소송기록접수통지를 받은 날로부터 20일 이내에 항소이유서를 제출하지 아니하고 항소장에도 항소이유의 기재가 없는 경우에는 결정으로 항소를 기각할 수 있도록 규정되어 있으나, 이처럼 항소이유서 부제출을 이유로 항소기각의 결정을 하기 위해서는 항소인이 적법한 소송기록접수통지서를 받고서도 정당한 이유 없이 20일 이내에 항소이유서를 제출하지 아니하였어야 한다(대법원 2017. 11. 7. 자 2017모2162 결정).

■ 형사사건의 항소절차와 상고절차는 어떻게 되는지요?

Q. 저는 「폭력행위 등 처벌에 관한 법률」 위반사건으로 제1심에서 징역 2년에 집행유예 4년이라는 판결을 선고받았습니다. 사건 당시 제가 술을 마시고 있을 때 피해자가 의도적으로 시비를 걸어왔고 술김에 맥주병을 던진 것이 피해자의 머리에 맞아 4주 진단의 상해를 입혔고 피해자와는 합의를 하였습니다. 제1심 판결결과가 너무 무겁게 나온 것 같아 항소를 제기하여 다시 심판을 받고자 하는데, 이 경우 항소제기절차는 어떻게 되며 항소제기 시 제1심 판결보다 형량이 무거워질 수도 있는지? 그리고 대법원에 상고할 경우 그 절차는 어떻게 되는지요?

A. 항소제기의 절차는 먼저 제1심 판결을 선고한 후 7일 이내에 항소장을 원심법원에 제출하여야 하며(형사소송법 제357조, 제358조, 제359조), 항소장에는 항소의 대상인 판결과 항소를 한다는 취지를 기재하여야 합니다. 항소법원은 제1심 법원으로서 지방법원 단독판사가 선고한 것은 지방법원본원 합의부에, 지방법원 합의부가 선고한 것은 고등법원에 항소하는 것이지만 항소장은 원심법원에 제출합니다. 원심법원은 항소장을 심사하여 항소의 제기가 법률상 방식에 위반하거나 항소권 소멸 후의 것이 명백한 때에는 결정으로 항소를 기각할 수 있습니다(형사소송법 제360조 제1항).

항소기각결정을 하는 경우 이외에는 원심법원은 항소장을 받은 날로부터 14일 이내에 소송기록과 증거물을 항소법원에 송부하여야 하고, 항소법원이 기록송부를 받은 때에는 즉시 항소인과 상대방에게 그 사유를 통지하여야 하고, 기록접수통지 전에 변호인의 선임이 있는 때에는 변호인에게도 통지하여야 합니다(형사소송법 제361조의2).

항소인 또는 변호인은 항소법원의 소송기록접수통지를 받은 날로부터 20일 이내에 항소이유서를 항소법원에 제출하여야 하고, 항소이유서의 제출을 받은 항소법원은 지체없이 그 부본 또는 등본을 상대방에게 송달하여야 하며, 상대방은 항소이유서를 송달받은 날로부터 10일 이내에 답변서를 항소법원에 제출하여야 합니다(형사소송법 제361조의3 제1항 내지 제3항).

항소인이나 변호인이 항소이유서 제출기간 내에 항소이유서를 제출하지 아니하면 결정으로 항소를 기각하게 되는데, 항소장에 항소이유의 기재가 있거나 항소법원의 직권으로 조사할 사유가 있는 때에는 그러하지 않습니다(형사소송법 제361조의4).

항소이유가 있다고 인정한 때는 항소법원은 원심판결을 파기하고 다시 판결하게 됩니다(형사소송법 제364조 제6항).

상고(上告)란 제2심 판결에 대하여 불복이 있는 경우 대법원에 상소하는 것으로서 예외적으로 제1심 판결에 대하여 상고가 인정되는 경우도 있습니다(형사소송법 제371조, 제372조). 이 경우 상고도 7일 내에 상고장을 원심법원에 제출하여야 합니다.

상고심은 일반적으로 법률문제를 심리·판단하기 때문에 변호인이 아니면 피고인을 위하여 변론하지 못하며, 변호인선임이 없거나 변호인이 공판기일에 출석하지 아니한 때에도 필요적 변호사건을 제외하고는 검사의 진술만을 듣고 판결할 수 있습니다(형사소송법 제387조, 제389조). 또한 상고장, 상고이유서 기타 소송기록에 의해 변론없이 서면심리만으로도 판결할 수 있습니다(형사소송법 제390조).

피고인이 항소 또는 상고한 사건과 피고인을 위하여 항소 또는 상고한 사건에 관하여 상소심은 원심판결의 형보다 중한 형을 선고하지 못하는데 이를 불이익변경금지원칙(不利益變更禁止原則)이라고 합니다(형사소송법 제368조, 제399조). 이를 인정하고 있는 이유는 피고인이 중형변경의 위험 때문에 상소제기를 단념함을 방지함으로써 피고인의 상소권을 보장함에 있는 것입니다.

그러나 검사가 형이 가볍다고 판단하여 상소한 경우는 이 적용이 배제됩니다(대법원 1964. 9. 30. 선고 64도420 판결, 1980. 11. 11. 선고 80도2097 판결).

따라서 귀하의 경우 제1심 판결 선고 후 7일 이내에 제1심 법원에 항소장을 제출하여야 하고, 항소법원으로부터 기록접수통지를 받은 날로부터 20일 이내에 항소이유서를 항소법원에 제출하여야 하며, 검사가 형량이 가볍다고 항소한 경우 이외는 귀하의 항소만으로는 제1심 판결의 형보다 무거운 형이 선고되지는 않습니다.

(관련판례)

원고의 청구를 일부 기각하는 제1심판결에 대하여 피고는 항소하였으나 원고는 항소나 부대항소를 하지 아니한 경우, 제1심판결의 원고 패소 부분은 피고의 항소로 인하여 항소심으로 이심되나, 항소심의 심판 대상은 되지 않는다. 항소심이 피고의 항소를 일부 인용하여 제1심판결의 피고 패소 부분 중 일부를 취소하고 그 부분에 대한 원고의 청구를 기각하였다면, 이는 제1심에서의 피고 패소 부분에 한정된 것이며 제1심판결 중 원고 패소 부분에 대하여는 항소심이 판결을 하지 않아서 이 부분은 원고의 상고대상이 될 수 없다. 따라서 원고의 상고 중 상고대상이 되지 아니한 부분에 대한 상고는 부적법하여 이를 각하하여야 한다(대법원 2017. 12. 28. 선고 2014다229023 판결).

■ 형사재판의 항소심에서 형량이 늘어날 수도 있는지요?

Q. 얼마 전 저는 절도죄로 징역 6개월을 선고받았습니다. 이전에도 비슷한 전과가 있어서 실형을 선고받게 될 것으로 보입니다. 하지만 잘못에 비하여 형량이 너무 과한 것 같아 항소를 하고 싶습니다. 그런데 혹시라도 항소심에서 형량이 더 늘어날까봐 걱정이 됩니다. 주변에 물어보니 불이익변경금지의 원칙이라는 것이 있다던데, 이에 따르면 항소심에서는 형량이 늘어날 수 없는 것 아닌가요?

A. "형사소송법 제368조(불이익변경의 금지) 피고인이 항소한 사건과 피고인을 위하여 항소한 사건에 대하여는 원심판결의 형보다 중한 형을 선고하지 못한다."

위 규정과 같이 우리 형사소송법은 불이익 변경 금지의 원칙을 규정하고 있습니다. 원심의 판결에 불합리가 있다면 상소를 하여 이를 바로잡을 수 있습니다. 하지만 만약 항소심에서 형량이 늘어나게 될 것이 두려워 항소를 하지 못하게 된다면 피고인의 항소할 권리를 실질적으로 보장받을 수 없을 것이기 때문에 우리 법이 불이익변경금지의 원칙을 두고 있는 것입니다.

하지만 불이익변경금지의 원칙은 피고인이 항소한 사건과 피고인을 위하여 항소한 사건에만 적용되는 것입니다. 만약 검사도 항소를 하였다면 항소심에서 형량이 늘어나게 될 가능성도 있습니다. 우리 판례도 "불이익변경금지의 원칙은 피고인이 상소한 사건과 피고인을 위하여 상소한 사건에 있어서는 원심판결의 형보다 중한 형을 선고하지 못한다는 것이므로, 피고인과 검사 쌍방이 상소한 사건에 대하여는 적용되지 않는다(대법원 1999. 10. 8. 선고 99도3225 판결, 2006. 1. 26. 선고 2005도8507 판결 등 참조)"고 합니다.

따라서 귀하의 형량이 항소심에서 늘어날 가능성이 있는지는 검사가 항소를 하였는지 안하였는지에 따라 결론이 달라질 것이며, 만약 검사는 항소하지 않고 귀하만이 항소한 경우라면 불이익변경금지의 원칙이 적용되므로 귀하의 형량이 항소심에서 더 늘어나지는 않을 것입니다.

(관련판례)

항소취하가 있으면 소송은 처음부터 항소심에 계속되지 아니한 것으로 보게 되나(민사소송법 제393조 제2항, 제267조 제1항), 항소취하는 소의 취하나 항소권 포기와 달리 제1심 종국판결이 유효하게 존재하므로, 항소기간 경과 후에 항소취하가 있는 경우에는 항소기간 만료 시로 소급하여 제1심판결이 확정된다(대법원 2017. 9. 21. 선고 2017다233931 판결).

[서식 예] 항소장(고등법원)

항 소 장

사 건   20○○고합 ○○○○호 사기
피 고 인   ○   ○   ○

위 사건에 관하여 귀 법원(○○지방법원)은 20○○. ○. ○. 피
고인에 대하여 징역 ○년에 처하고, 다만, 그 형의 집행을 ○년
간 유예하는 판결을 선고한 바 있으나, 피고인은 위 판결에 모
두 불복하므로 항소를 제기합니다.

20○○.   ○.   ○.
위 피고인   ○   ○   ○ (인)

○ ○ 고 등 법 원 귀 중

항 소 이 유 서

사　　건　　20○○노○○○호 상해
피 고 인　　○　　○　　○

위 사건에 관하여 피고인의 변호인은 다음과 같이 항소이유서
를 제출합니다.

다　　음

1. 피고인은 이 사건 공소사실을 모두 인정하며 자신의 잘못을
   깊이 반성하고 있습니다.
2. 피고인의 이 사건 범행은 젊은 혈기에 취중에 우발적으로 저
   질러진 범행입니다. 피고인은 오랜만에 만난 친구인 공소외
   □□□가 피해자와 시비가 붙어 피해자 일행으로부터 폭행을
   당하는 것을 보고 순간적으로 격분하여 이 건 범행에 이르
   게 된 것으로 그 동기에 참작할 만한 점이 있습니다. 당시
   피고인은 상당량의 술을 마셔 만취된 상태여서 경솔하게도
   이 건 범행에 이르게 된 것입니다.
3. 피고인의 범행 정도에 비추어 제1심에서 선고된 형이 결코
   중하다고는 할 수 없을 것입니다. 그러나 피고인은 이 건 범
   행 전에 아무런 범법행위를 저지른 바 없는 초범이고 자신
   의 잘못을 깊이 뉘우치고 있으며 또한 대학교에 재학 중인
   학생입니다. 또한 이 건으로 피고인도 상해를 입었습니다.
   피고인은 어려운 가정형편 속에서도 나름대로 성실히 살아
   오던 학생이었습니다. 이러한 점을 참작하시어 법이 허용하
   는 한 최대한의 관용을 베풀어주시기를 바랍니다.

20○○.　　○.　　○.
위 피고인의 변호인　　○　　○　　○ (인)

○ ○ 지 방 법 원 형 사 항 소 ○ 부 귀 중

항 소 보 충 이 유 서

사   건   20○○노 ○○○○ 상해
피 고 인   ○ ○ ○

위 피고인에 대한 상해 사건에 관하여 위 피고인의 변호인은
다음과 같이 항소이유를 보충합니다.

다   음

1. 원심 판시 범죄사실의 인부

피고인은 원심 판시 범죄사실은 모두 시인합니다.

2. 양형부당의 점

가. 피고인은 정신분열증 진단을 받아 병원에서 입원치료를 받
   은 적이 있고 지금도 약을 복용하고 있으며 장애인복지법
   에 따른 정신지체 3급의 장애인입니다. 피고인은 고등학교
   1학년 때부터 갑자기 학교를 나가지 않는 등 정상인과 같
   은 정도의 사회적응력을 갖추지 못하고 있습니다. 이 사건
   범행도 특별한 동기 없이 범행 당시의 기분에 따라 우발
   적으로 행한 것입니다.

나. 이 사건 피해자는 피고인의 아버지가 운영하는 정육점에
   자주 들러 피고인 부모님과 알고 지내는 사이입니다. 피고
   인의 어머니는 피해자에게 치료비 조로 금 100만원을 주
   려하였으나 피해자가 금 500만원을 요구하여 합의에는 이
   르지 못하였습니다.

다. 피고인에게는 폭력행위로 인하여 벌금 100만원을 선고받
   은 외에는 다른 범죄전력이 없으며 5개월이 넘는 미결구
   금기간을 통해 본 건 범행을 깊이 반성하고 있습니다.

3. 결 론

이상의 정상과 기타 기록상 드러나는 자료를 참작하시어 피고인에게 원심보다 관대한 형을 선고하여 주시기를 바라며, 항소보충이유서를 제출합니다.

20○○. ○. ○.

위 피고인의 변호인 ○ ○ ○ (인)

○ ○ 지 방 법 원 형 사 항 소 제 ○ 부 귀 중

4-4. 상고

제2심 판결에 대해 불복이 있으면 대법원에 상고할 수 있습니다(형사소송법 제371조).

4-4-1. 비약적 상고

① 다음 중 어느 하나에 해당하는 경우에는 제1심 판결에 대해 항소를 제기하지 않고, 바로 대법원에 상고를 할 수 있습니다(형사소송법 제372조).
  1. 원심 판결이 인정한 사실에 대해 법령을 적용하지 않았거나 법령의 적용에 착오가 있는 경우
  2. 원심 판결이 있은 후 형의 폐지나 변경 또는 사면이 있는 경우
② 비약적 상고는 그 사건에 대한 항소가 제기된 때에는 그 효력을 잃습니다. 다만, 항소의 취하 또는 항소기각의 결정이 있는 때에는 효력을 잃지 않습니다(동법 제373조).

4-4-2. 상고이유

다음 중 어느 하나에 해당하는 사유가 있는 경우에는 원심 판결에 대해 상고할 수 있습니다(형사소송법 제383조).
1. 판결에 영향을 미친 헌법·법률·명령 또는 규칙의 위반이 있을 경우
2. 판결 후 형의 폐지나 변경 또는 사면이 있는 경우
3. 재심청구의 사유가 있는 경우
4. 사형, 무기 또는 10년 이상의 징역이나 금고가 선고된 사건에서 중대한 사실의 오인이 있어 판결에 영향을 미친 경우 또는 형의 양정이 심히 부당하다고 인정할 현저한 사유가 있는 경우

4-4-3. 상고의 제기

상고하려는 사람은 항소심 판결의 선고 후 7일 이내에 원심법원에 상고

장을 제출해야 합니다(형사소송법 제374조 및 제375조). 원심법원은 상고의 제기가 법률상의 방식에 위반되거나 상고권 소멸 후에 제기한 것이 명백한 경우에는 결정으로 항소를 기각하며, 이 결정에 대해서는 즉시항고 할 수 있습니다(동법 제376조).

4-4-4. 상고이유서와 답변서

① 상고인 또는 변호인은 법원으로부터 소송기록 접수의 통지를 받은 날부터 20일 이내에 상고이유서를 상고법원인 대법원에 제출해야 합니다(형사소송법 제379조제1항 전단).

② 교도소 또는 구치소에 있는 피고인이 상고의 제기기간 내에 상고장을 교도소장·구치소장 또는 그 직무를 대리하는 사람에게 제출한 때에는 상고의 제기기간 내에 상고한 것으로 간주됩니다(동법 제379조제1항 후단).

③ 상고이유서의 제출을 받은 대법원은 지체 없이 그 부본 또는 등본을 상대방에게 송달하며, 상고이유서를 송달 받은 상대방은 송달을 받은 날부터 10일 이내에 대법원에 답변서를 제출할 수 있습니다(동법 제379조제3항·제4항).

④ 상고법원인 대법원은 상고인이나 변호인이 정해진 기간 내에 상고이유서를 제출하지 않은 경우 결정으로 상고를 기각합니다. 다만, 직권조사 사유가 있거나 상고장에 상고이유의 기재가 있는 경우는 상고를 기각하지 않습니다(동법 제380조제1항).

⑤ 상고장 및 상고이유서에 기재된 상고이유가 상고할 수 있는 사유에 해당하지 않는 것이 명백한 경우에는 결정으로 상고를 기각해야 합니다(동법 제380조제2항 및 제383조).

4-4-5. 상고법원의 심판

① 상고법원은 상고이유서에 포함된 사유에 관해 심판합니다. 다만, 상고제기의 사유가 다음 중 어느 하나에 해당 경우에는 상고이유서에

포함되지 않은 경우에도 직권으로 심판할 수 있습니다(형사소송법 제384조 및 제383조제1호부터 제3호까지).

1. 판결에 영향을 미친 헌법·법률·명령 또는 규칙의 위반이 있을 경우
2. 판결 후 형의 폐지나 변경 또는 사면이 있는 경우
3. 재심청구의 사유가 있는 경우

② 상고법원은 상고에 이유가 있는 경우에는 판결로써 원심 판결을 파기합니다(동법 제391조).

③ 상고법원은 원심 판결을 파기한 경우에 그 소송기록 및 원심법원·제1심법원이 조사한 증거에 따라 판결하기 충분하다고 인정한 때에는 해당 사건에 대해 직접 판결을 할 수 있습니다(동법 제396조제1항).

④ 상고법원은 파기의 이유가 다음 중 어느 하나에 해당하지 않는 경우에는 판결로써 사건을 원심법원에 환송하거나 그와 동등한 다른 법원에 이송합니다(동법 제397조).

1. 적법한 공소를 기각하였다는 이유로 원심 판결 또는 제1심판결을 원심법원 또는 제1심법원에 파기환송하는 경우
2. 관할의 인정이 법률에 위반된다는 이유로 원심 판결 또는 제1심판결을 관할 법원에 이송하는 경우
3. 관할위반을 인정하는 것이 법률에 위반된다는 이유로 원심법원이나 제1심법원에 파기환송된 경우
4. 대법원이 원심 판결을 파기하고 직접 판결을 하지 않는 경우

4-4-6. 불이익변경 금지

법원은 검사가 상고한 사건이 아닌 피고인 또는 변호인이 상고한 사건의 경우에는 원심 판결의 형보다 무거운 형을 선고할 수 없습니다(형사소송법 제396조제2항 및 제368조).

■ 피고인이 항소심 법원 판결에 불복하여 대법원에 상고하였는데, 변론없이 서면심리에 의하여만 판결을 받았을 경우, 이는 피고인 의 재판받을 권리를 침해당한 것이 아닌지요?

Q. 피고인 甲은 항소심 법원 판결에 불복하여 대법원에 상고하였는데, 대법원에서의 변론없이 서면심리에 의하여만 판결을 받았는데, 이는 피고인 甲의 재판받을 권리를 침해당한 것이 아닌지요?

A. 형사소송법 제390조 제1항은 "상고법원은 상고장, 상고이유서 기타의 소송기록에 의하여 변론 없이 판결할 수 있다."고 규정하고 있습니다. 이에 대하여 형사소송법 제383조가 상고이유를 제한하고, 같은법 제390조가 상고법원이 서면심리에 의하여, 변론 없이 판결할 수 있도록 규정한 것이 재판을 받을 권리를 규정한 헌법 제27조에 위반된다고 할 수 없다는 것이 판례의 태도입니다 (대법원 1991.3.27.선고, 91도316 판결).

(관련판례)

소송계속 중 법인 아닌 사단 대표자의 대표권이 소멸한 경우 이는 소송절차 중단사유에 해당하지만(민사소송법 제64조, 제235조) 소송대리인이 선임되어 있으면 소송절차가 곧바로 중단되지 아니하고(민사소송법 제238조), 심급대리의 원칙상 그 심급의 판결정본이 소송대리인에게 송달됨으로써 소송절차가 중단된다. 이 경우 상소는 소송수계절차를 밟은 다음에 제기하는 것이 원칙이나, 소송대리인이 상소제기에 관한 특별수권이 있어 상소를 제기하였다면 상소제기 시부터 소송절차가 중단되므로 이때는 상소심에서 적법한 소송수계절차를 거쳐야 소송중단이 해소된다(대법원 2016. 9. 8. 선고 2015다39357 판결).

■ 양형부당을 이유로 항소한 경우 사실오인을 이유로 상고할 수 있는지요?

Q. 저는 30여 년간 무사고로 택시를 운전한 운전기사입니다. 얼마 전 심야에 신호위반을 하여 교차로를 지나간 후 얼마 안 되어 갑자기 뛰쳐나온 할아버지 한분을 치어 돌아가시게 했습니다. 피해자의 유가족과 원만히 합의하였고 1심에서 징역 6월에 집행유예 1년을 선고받았습니다. 그러나 검찰에서 양형부당을 이유로 항소하였고, 항소심에서는 신호위반을 하여 사람을 치사케 하였다는 이유로 징역 1년에 집행유예 2년이 선고되었습니다. 1심에서는 제가 유가족과 합의하러 다니느라 정신이 없었고 형이 낮아 신경을 쓰지 않고 있었는데, 저는 신호위반은 했지만 신호위반과 피해자의 사망과는 관련이 없다고 생각합니다. 이를 이유로 대법원에 상고할 수 있는지요?

A. 「형사소송법」 제383조는 "1. 판결에 영향을 미친 헌법·법률·명령 또는 규칙의 위반이 있을 때, 2. 판결후 형의 폐지나 변경 또는 사면이 있는 때, 3. 재심청구의 사유가 있는 때, 4. 사형, 무기 또는 10년 이상의 징역이나 금고가 선고된 사건에 있어서 중대한 사실의 오인이 있어 판결에 영향을 미친 때 또는 형의 양정이 심히 부당하다고 인정할 현저한 사유가 있는 때에는 원심판결에 대한 상고이유로 할 수 있다."라고 규정하고 있습니다. 그런데 검사만이 양형부당을 이유로 항소하여 선고된 항소심 판결에 대하여 피고인이 사실오인, 법령위반 등을 이유로 상고할 수 있는지에 관하여 판례는 "제1심 판결에 대하여 검사만이 양형부당을 이유로 항소하였을 뿐이고 피고인들은 항소하지 아니한 경우, 피고인으로서는 사실오인, 채증법칙 위반, 심리미진 또는 법령위반의 사유를 상고이유로 삼을 수 없다."라고 하였습니다(대법원 1996. 10. 11. 선고 96도1212 판결).

또한 판례는 "검사만이 항고한 경우만이 아니라, 피고인이 제1심판결에 대하여 양형부당만을 이유로 항소한 경우, 이를 인용하여 제1심 판

결을 파기하고 그보다 가벼운 형을 선고한 원심판결에 대하여, 피고인
으로서는 사실오인이나 법리오해 등의 점을 상고이유로 삼을 수 없다."
라고 하였습니다(대법원 1996. 11. 8. 선고 96도2076 판결).

위 사안과 같이 제1심 판결에 대하여 검사만이 양형부당을 이유로 항
소하였을 뿐이고 피고인인 귀하는 항소를 하지 않은 경우 귀하는 사실
오인을 이유로 상고를 할 수 없을 것으로 보입니다.

따라서 피고인이 1심 판결에 대하여 가장 관심을 가지는 부분은 양형
이지만, 후에 상고심까지 다툴 수 있다는 것을 염두에 두고 항소를
할 경우에는 양형부당 만이 아니라 문제가 될 수 있는 다른 부분도 항
소 이유에 꼭 포함시켜야 할 것으로 보입니다.

(관련판례)

헌법 제12조 제4항은 "누구든지 체포 또는 구속을 당한 때에는 즉시
변호인의 조력을 받을 권리를 가진다."라고 규정하고 있고, 형사소송법
은 헌법에 의하여 보장된 변호인의 조력을 받을 권리를 보장하기 위해
구속 전 피의자심문 단계에서 "심문할 피의자에게 변호인이 없는 때에
는 직권으로 변호인을 선정하여야 한다."라고 규정하고 있으며(제201
조의2 제8항), '피고인이 구속된 때에 변호인이 없으면 법원이 직권으
로 변호인을 선정하여야 한다.'고 규정하고 있다(제33조 제1항 제1
호). 이와 같은 헌법상 변호인의 조력을 받을 권리와 형사소송법의 여
러 규정, 특히 형사소송법 제70조 제1항, 제201조 제1항에 의하면 구
속사유는 피고인의 구속과 피의자의 구속에 공통되고, 피고인의 경우에
도 구속사유에 관하여 변호인의 조력을 받을 필요가 있는 점 및 국선
변호인 제도의 취지 등에 비추어 보면, 피고인에 대하여 제1심법원이
집행유예를 선고하였으나 검사만이 양형부당을 이유로 항소한 사안에
서 항소심이 변호인이 선임되지 않은 피고인에 대하여 검사의 양형부
당 항소를 받아들여 형을 선고하는 경우에는 판결 선고 후 피고인을
법정구속한 뒤에 비로소 국선변호인을 선정하는 것보다는, 피고인의 권
리보호를 위해 판결 선고 전 공판심리 단계에서부터 형사소송법 제33
조 제3항에 따라 피고인의 명시적 의사에 반하지 아니하는 범위 안에

서 국선변호인을 선정해 주는 것이 바람직하다(대법원 2016. 11. 10.
선고 2016도7622 판결).

■ 상고심에서 그동안 주장하지 않은 새로운 주장을 할 수 있는지요?

Q. 저는 얼마 전 저지른 범죄로 항소심에서 유죄의 판결을 받았습니
다. 1심의 형이 너무 과한 것 같아 양형부당을 이유로 항소를 했던
것이지만 받아들여지지 않았습니다. 이제는 상고를 해서 대법원에
서 재판을 받고 싶은데, 그동안의 재판 과정을 차근차근 살펴보니
저의 유죄판결의 근거가 된 증인의 증언 중 이상한 것이 있는 것
같습니다. 이런 경우 잘못된 증거조사를 이유로 상고를 할 수 있는
지 궁금합니다.

A. 대법원에서 하는 3심을 상고심이라고 합니다. 우리 판례는 상고심은 항
소법원 판결에 대한 사후심이므로 항소심에서 심판대상이 되지 않은 사
항은 상고심의 심판범위에 들지 않는 것이라고 봅니다.
   따라서 피고인이 항소심에서 항소이유로 주장하지 아니하거나 항소심
이 직권으로 심판대상으로 삼은 사항 이외의 사유에 대하여 이를 상고
이유로 삼을 수는 없습니다(대법원 2006. 6. 30. 선고 2006도2104
판결, 대법원 2008. 7. 24. 선고 2008도3808 판결 등 참조).
   항소법원은 직권조사사유에 관하여는 항소제기가 적법하다면 항소이유
서가 제출되었는지 여부나 그 사유가 항소이유서에 포함되었는지 여부
를 가릴 필요 없이 반드시 심판하여야 할 것이고, 직권조사사유가 아닌
것에 관하여는 그것이 항소장에 기재되어 있거나 그렇지 아니하면 소정
기간 내에 제출된 항소이유서에 포함된 경우에 한하여 심판대상으로 할
수 있습니다.
   또한 판결에 영향을 미친 사유에 한하여서는 예외적으로 항소이유서에
포함되지 아니하였다 하더라도 직권으로 심판할 수 있습니다. 이처럼

항소심에서는 항소이유에 기재된 것이 아니라도 심판의 범위에 포함시키는 것이 가능합니다.

하지만 상고심의 경우에는 앞서 말씀드린 판례의 입장대로 항소심에서 항소이유로 주장하지 아니하거나 항소심이 직권으로 심판대상으로 삼은 사항 이외의 사유에 대하여 이를 상고이유로 삼을 수는 없는 것입니다.

그러므로 귀하가 언급하신 증인의 증언을 문제 삼아 귀하가 이를 항소이유에 포함시켰거나 항소심이 직권으로 심판대상으로 삼아 조사한 것이 아니었다면 이 사유만으로 상고를 제기할 수는 없을 것입니다.

(관련판례)

공유물분할청구의 소는 분할을 청구하는 공유자가 원고가 되어 다른 공유자 전부를 공동피고로 하여야 하는 고유필수적 공동소송이고, 공동소송인과 상대방 사이에 판결의 합일확정을 필요로 하는 고유필수적 공동소송에서는 공동소송인 중 일부가 제기한 상소는 다른 공동소송인에게도 효력이 미치므로 공동소송인 전원에 대한 관계에서 판결의 확정이 차단되고 소송은 전체로서 상소심에 이심된다. 따라서 공유물분할 판결은 공유자 전원에 대하여 상소기간이 만료되기 전에는 확정되지 않고, 일부 공유자에 대하여 상소기간이 만료되었다고 하더라도 그 공유자에 대한 판결 부분이 분리·확정되는 것은 아니다(대법원 2017. 9. 21. 선고 2017다233931 판결).

상 고 장

사　　건　20○○노 ○○○○ 교통사고처리특례법위반등
피 고 인　○　○　○

위 사건에 관하여 ○○법원에서 20○○. ○. ○. 피고인에게 징역 ○년 ○월에 처한다는 판결을 선고 하였으나 이에 모두 불복하므로 상고를 제기 합니다.

상 고 이 유

1. 원심판결의 법령위반의 점에 관하여,
   원심판결에서는 증거능력없는 증거를 유죄의 증거로 채택한 위법을 범하여 판결에 영향을 미치고 있습니다.
 (가) 원심법원에서 피고인에 대한 공소사실을 인정하는 증거로서 증인 □□□의 피고인이 범행을 자백하더라는 취지의 증언을 인용하고 있으나, 증인 □□□의 증언은 형사소송법 제316조 제1항의 전문진술에 해당하고, 전문진술의 경우에는 그 진술이 특히 신빙할 수 있는 상태하에서 이루어졌을 때에 한하여 증거로 할 수 있는 것이고 그 특신상태의 인정 여부는 진술당시의 피고인의 상태 등이 참작되어야 하는 것입니다.
 (나) 그런데 증인 □□□은 20○○. ○. ○. 밤에 피고인이 사람을 죽였고 그때 사용한 것이라면서 칼을 꺼내 보였다는 취지의 증언을 하고 있고, 그 진술 중 사람을 칼로 죽였다는 진술부분은 원진술자가 피고인이고 증인 □□□은 피고인의 진술을 법정에서 진술한 것이어서 전문진술에 해당하는바, 피고인은 그와 같은 말을 한 사실이 없다고 부인하고 있는데다가 그 당시 피고인이 몹시 술에 취해있었다

는 점은 증인 □□□의 진술에 의해서도 인정되고 있는 바이며, 피고인이 설사 사람을 죽였더라도 그 사실을 처음 본 사람에게 함부로 말한다는 것은 우리의 경험칙상 이례에 속하는 일이라는 점 등을 종합해 보면 위 전문진술은 특신상태를 인정하기 어렵고 달리 특신상태를 인정할 만한 자료가 없는 본 사건에서 피고인이 범행을 부인하고 있는 상태에서 위 전문진술만을 근거로 범죄사실을 인정한 것은 전문진술의 증거능력에 관한 법리를 오해한 위법을 범하고 있는 것입니다.

(다) 그리고 원심에서 인용한 다른 증거를 보면, 압수조서, 압수물 등을 들고 있으나, 압수조서나 압수물은 범죄사실에 대한 직접적인 증거는 아니고 모두 간접증거일 뿐이어서 증인 □□□의 전문진술 외에는 직접증거가 전혀 없는 것이고, 위 전문진술은 유죄의 증거로 할 수 없는 것이므로, 피고인에 대한 공소사실은 전혀 증거가 없는 것임에도 불구하고 원심은 증거 없이 사실을 인정한 위법을 범하고 있는 것입니다.

이상과 같은 이유로 원심판결은 파기를 면치 못할 것입니다.

20○○.　○.　○.

피 고 인　○　○　○　(인)

○ ○ 법 원 귀 중

답 변 서

사 건   20○○도 ○○○ 폭력행위등처벌에관한법률위반
피 고 인   ○ ○ ○

위 피고인에 대한 폭력행위등처벌에관한법률위반 사건에 대한
검사의 상고이유에 관하여, 피고인은 다음과 같이 답변합니다.

다   음

1. 원심법원이 채용한 반대되는 증거에 관하여

 가. ○○○의 진술부분

  (1) 검사의 상고이유

   ○○○의 진술부분에 관한 원심법원의 판단에 관하여 검사
   는 △△△의 진술부분은 "△△△이 파출소에서 소란을 피
   웠다""△△△의 상처부위를 확인한 응급실의사가 '치과의사
   가 아니라 자세히 모르겠다'고 진술하였다"는 것인데 이는
   피고인인 피해자에게 폭력을 행사하였다거나 행사하지 않
   았다는 것과는 직접 관련이 없고, 상해의 부위와 정도를
   나타내거나 피해자의 상해가 원인불명이라는 것으로 피해
   자 △△△의 진술의 신빙성을 탄핵하기에 적절하지 못하다
   고 주장하고 있습니다.

  (2) ○○○의 법정진술

   그러나 이 사건을 처음 조사한 노형파출소의 ○○○의 원
   심에서의 법정진술 내용은 '조사당시 △△△의 얼굴 및 피
   고인 손등을 관찰하였지만 △△△의 입술부위, 얼굴 그리
   고 잇몸에 상처가 없었고 피고인의 손에도 전혀 상처가 없
   었다', '△△△의 상처를 확인하기 위하여 한국병원에 △△
   △과 함께 갔으나 피고인이 △△△의 얼굴부위를 폭행하였

다고 볼 수 있는 외상을 발견할 수 없었다', '조사당시 △△△은 피고인으로부터 주먹으로 폭행을 당하여 치아가 손상되었다고 주장하였고 넘어져서 다친 얘기는 하지 않았다'는 내용이 그 주요부분입니다.

(3) ○○○의 수사보고서

기록에 편철된 ○○○ 작성의 수사보고서에서도 '병원에 가서 상처부위를 확인하려고 하자 △△△이 이를 거부하며 파출소에서 소란을 피웠고, 병원에 가서도 상처부위를 확인하려 하지 않고 소란을 피웠다', '파출소에서 ○○○이 △△△에게 운전기사에게 택시비는 주라고 하자 택시비를 주었는데도 △△△이 술에 취하여 진술조서 작성 과정에서 택시비는 아직 주지 않았다고 하였다', '피해부위에 대해 알아보려고 집에 전화를 하여 부인에게 피해부위에 대해 조사할 때 부인은 상황설명을 듣기보다는 잠깐 기다리라며 전혀 상황설명을 듣지 않으려고 하였다'는 내용의 기재가 있습니다.

(4) △△△ 진술의 신빙성

위 ○○○의 진술부분은 이 사건의 초기 조사 당시 △△△이 파출소에서는 피고인에게 주먹으로 1회 구타당하여 이빨이 부러졌다고 진술하였음에도 이빨이 부러질 정도로 강하게 주먹으로 구타당하였을 때 생길 수 있는 얼굴 및 잇몸의 상처가 없는 것을 확인하였고 당시 △△△의 진술의 진위를 확인하기 위하여 병원까지 함께 동행하여 의사에게 상처부위를 확인하는 과정과 △△△의 부인에게 이전에 상처부위가 있었는지 여부를 확인하는 과정에서도 소란을 피우는 등 의심가는 부분이 있다는 내용인데 이에 의하여 △△△의 위와 같은 진술의 신빙성에 의심이 있다고 판단한 원심판결에 검사주장과 같은 채증법칙위반이 있다고 할 수 없습니다.

또한 위 ○○○의 진술부분에 의하면 △△△의 처음의 진술내용은 주먹으로 인한 구타로 이빨이 부러졌다는 것인데, 이후 △△△이 이 부분 진술을 주먹으로 구타당하고 넘어져서 이빨이 부러진 취지로 번복하였기 때문에 그 진술의 비일관성을 신빙성을 의심하는 근거로 차용한 원심에 채증법칙위반이 있다고 할 수 없습니다.

나. 상해진단서의 기재부분

(1) 검사의 상고이유

또한 검사는 원심이 상해진단서의 기재는 상해사실 자체에 대한 직접증거가 되는 것은 아니고 다른 증거에 의하여 상해행위가 인정되는 경우에 상해의 부위나 정도의 점에 대한 증거가 될 뿐이라 하여 이 사건 상해가 피고인의 구타에 의한 것인지에 대한 증거가 될 수 없다고 한 점에 관하여, ○○○의 진술부분이나 치과의사 □□□의 진술을 기재한 검찰주사보 △△△ 작성의 수사보고서에서 "△△△의 치아부분에 엑스레이 촬영 후 진단서를 발급하였으나 치아가 상한 원인에 대하여는 타인으로부터 구타당한 것인지 쓰러진 것인지 여부를 치과 의사로서 분별이 불가능하다"라는 부분은 상해의 부위와 정도의 점에 대한 증거가 될 뿐이므로 이를 상해원인의 인정여부에 대한 증거로 사용한 것은 스스로 모순된 판단을 하고 있는 것이라고 주장하고 있습니다.

(2) △△△ 진술의 신빙성

그러나 의사의 소견에 의하여 상처부위가 주먹의 가격에 인한 것인지를 조사하는 것은 주먹으로 강하게 구타당하여 이빨이 부러졌다는 △△△ 진술의 진실성의 근거에 관한 것으로서 피고인에게 유죄를 인정하기 위하여 합리적 의심이 없는 증거를 채택하여야 한다는 점에 비추어 볼 때 주먹의 가격에 의한 것인지가 불명하다는 의사의 소견을 △△△ 진술의 신빙성판단의 기준으로 삼은 것에 검사주장과 같은 채증법칙위반이 있다고 할 수는 없을 것입니다.

2. 본 건 상해의 인정여부에 있어서의 고려요소

가. △△△의 진술부분

(1) 검사의 상고이유

검사는 상고이유에서 '△△△의 1회 진술조서 작성 시 술에 취하였고, 흥분한 상태였으며 피고인을 반드시 처벌하여야 한다는 의사가 강했고, 2회 진술조서 작성 시에는 진술내용을 바꾸었으나 이는 수사경찰의 질문에 따라 대답하다보니 진술의 일관성이 없어 보이는 것일 뿐 오히려 일관되게 피고인의 폭행으로 상해를 입었다고 진술하고 있어 상당한 신빙성이 있다'는 취지로 주장하고 있습니다.

(2) 상해의 원인에 관한 피해자의 진술

그러나, 상해사건에 있어 본건과 같이 가해자와 피해자의 진술이 모순되고 피해자의 진술외에 달리 유력한 증거가 없는 경우에 피해자의 상해의 원인상황에 관한 진술은 과연 가해자의 행위로 인하여 피해자의 상해가 발생하였는가를 판단하는데 있어 가장 중요한 내용이라고 할 것입니다. 따라서 이 부분 진술이 일관되고 있는지의 여부가 △△△ 진술의 신빙성 판단에 중요한 기준이 되지 않을 수 없습니다. △△△은 분명히 상해의 원인에 관하여

진술을 번복하고 있는데도 오직 폭행으로 상해를 입었다는 측면에서만은 진술이 일관되고 있으므로 신빙성이 있다는 검사의 주장은 타당하지 않다고 할 것입니다. 또한 검사는 "피해자의 상해의 부위 및 정도에 관하여"라는 항목에서 △△△의 상처는 주먹으로 가격당한 것을 직접원인으로 하여 발생하였다고 보는 것이 경험칙에 부합한다고 주장하고 있으나 이는 오히려 △△△이 이후 번복한 진술내용에도 부합하지 않는 주장이라고 할 것입니다.

검사는 △△△이 당시 술에 취해있었다는 것을 하나의 이유로 들고 있으나 △△△ 자신이 작성한 진술서의 기재에 의하면 "....실랑이가 붙었다. 순간 내가 술 한잔 먹고 그냥 내렸구나 하는 생각이 들었지만 심한 욕설에 화가 났었고 그러는 와중에 기사가 때리는 주먹에...."라고 되어 있어 △△△의 진술대로라면 구타당시의 상황에 대하여 △△△이 정확히 인

식하고 있었다는 것이고 그렇다면 이후 조사과정에서 이 부분 진술을 달리할 합리적 개연성이 있다고 보기 어렵다고 하여야 할 것입니다.

원심이 이 부분 △△△의 진술에 관하여 신빙성의 의심을 가지게 된 것은 △△△이 처음 조사 당시부터 피고인이 택시요금을 내라고 실랑이를 벌이는 중에 피고인이 손으로 밀쳐 △△△의 등이 택시에 부딪치게 한 사실은 있다고 스스로 인정하고 있음에도 오히려 손으로 밀쳐 몸이 밀리거나 한 사실은 전혀 없다고 강력하게 부인하면서 위 주먹으로 인한 1회구타에 의하여 이빨이 부러졌다고 주장하였으나 피고인이 △△△이 넘어진 것을 부축한 사실이 있다고 진술하고 이후의 조사에서 경찰관이 1회 구타당하여 넘어졌는지에 관한 질문을 하자 그제서야 이에 맞추어 자신의 진술을 바꾸었다는 점에서 신빙성에 의심을 두게 된 것입니다. 그렇다면 상해원인에 관한 △△△ 진술의 비일관성을 신빙성 판단의 하나의 기준으로 채용한 원심의 판결부분에 검사 주장의 채증법칙위반이 있다고는 할 수 없을 것입니다.

나. 상해의 부위 및 정도에 관한 검사의 주장

검사는 상고이유에서 '피해자의 상처는 한정된 부위에 발생하였는데, 이는 주먹의 마디 부분과 같이 돌출한 부분에 강하게 맞았을 경우에 발생하는 것이 일반적이고, 피고인 진술대로 실수로 땅에 넘어졌다면 앞니 1개가 부러지는 정도의 상처가 아니라, 적어도 2개 이상의 이가 손상을 입었을 것이므로, 피해자의 상해는 경험칙상 피고인의 주먹에 의한 가격에 의해서 발생했다고 봄이 타당하다'고 주장하고 있습니다.

그러나 치아의 손상에 관하여 잘 알고 있는 치과의사의 소견에 의해서도 그 원인이 불명하다고 판단되었으며, 일반적으로 검사주장의 위와 같은 경험법칙이 존재한다고 할 수는 없을 것입니다.

3. 결 론

그렇다면 피고인의 주먹에 의한 가격으로 인하여 상해를 입었다는 점에 관한 유력한 증거인 △△△의 진술의 신빙성에 의심이 있어 이를 유죄의 증거로 할 수 없기 때문에 피고인에게 무죄를 선고한 원심판결에 검사주장과 같이 판결에 결정적 영향을 미친 채증법칙위반이나 경험법칙위반이 있다고 할 수 없으므로 검사의 상고는 기각되어야 할 것입니다.

20○○년   ○월   ○일

위 피고인   ○ ○ ○ (인)

대 법 원 귀 중

5. 형사보상제도

5-1. 형사보상의 의의

"형사보상"이란 형사사법 당국의 과오로 죄인의 누명을 쓰고 구속되었거나 형의 집행을 받은 사람에 대해 국가가 그 손해를 보상해주는 제도를 말하며, 이는 헌법상 보장된 권리입니다(대한민국헌법 제28조).

5-2. 형사보상의 요건

5-2-1. 보상의 요건

① 「형사소송법」에 따른 다음 어느 하나에 해당하는 절차에서 무죄 재판을 받아 확정된 사건의 피고인이 미결구금이나 구금을 당했을 때에는 국가에 대해 그 구금에 대한 보상을 청구할 수 있습니다(대한민국헌법 제28조 및 형사보상 및 명예회복에 관한 법률 제2조제1항).

   1. 일반절차

   2. 재심절차

   3. 비상상고절차 : 판결이 확정된 후 그 사건의 심판이 법령에 위반한 것을 발견한 때 대법원에 제소하는 절차를 말합니다(형사소송법 제441조).

   4. 상소권회복에 의한 상소절차

② 다음의 경우에는 무죄 재판을 받지 않았더라도 국가의 구금에 대한 보상을 청구할 수 있습니다(형사보상 및 명예회복에 관한 법률 제26조).

   1. 「형사소송법」에 따라 면소(免訴) 또는 공소기각의 재판을 받아 확정된 피고인이 면소 또는 공소기각의 재판을 할 만한 사유가 없었더라면 무죄재판을 받을 만한 현저한 사유가 있었을 경우

   2. 치료감호의 독립 청구를 받은 피치료감호청구인의 치료감호사건이 범죄로 되지 않거나 범죄사실의 증명이 없는 경우에 해당되어 청구기각의 판결을 받아 확정된 경우

③ 형사보상 요건으로서의 무죄 판결

형사보상의 요건으로서의 무죄 판결은 판결주문에서 무죄가 선고된 경우만을 의미하는 것으로 형식논리적으로 해석할 것이 아니라, 판결 주문에는 무죄의 선고가 없고 판결 이유에서만 무죄로 판단된 경우에도 무죄로 판단된 부분의 수사와 심리에 필요했다고 볼 수 있는 구금일수가 있을 때에는 그 미결구금에 대해서는 판결주문에서 무죄가 선고된 경우와 마찬가지로 형사보상을 청구할 수 있다고 해석해야 합니다(서울고법 2007.3.22. 자 2006코17 결정).

5-2-2. 보상하지 않을 수 있는 경우

다음 어느 하나에 해당하는 경우에는 법원은 재량으로 보상을 하지 않거나 보상금액을 일부 감액할 수 있습니다(형사보상 및 명예회복에 관한 법률 제4조).

1. 형사미성년자라는 이유로 무죄 판결을 받은 경우
2. 심신장애로 사물을 변별할 능력이 없거나 의사를 결정할 능력이 없다는 이유로 무죄판결을 받은 경우
3. 본인이 수사 또는 심판을 그르칠 목적으로 허위의 자백을 하거나 다른 유죄의 증거를 만듦으로써 기소, 미결구금 또는 유죄재판을 받게 된 것으로 인정된 경우
4. 경합범의 일부에 대해서 유죄 판결을 받은 경우

5-3. 형사보상 금액의 결정

① 형사보상은 구금일수에 따라 지급됩니다. 보상금은 구금일수 1일당 보상청구의 원인이 발생한 연도의 「최저임금법」에 따른 최저임금액 이상,구금 당시의 최저임금액의 5배 이하의 비율에 의한 금액입니다(형사보상 및 명예회복에 관한 법률 제5조제1항).
② 법원은 보상금액을 산정할 때 다음의 사항을 고려해야 합니다(동법 제5조제2항).
  1. 구금의 종류 및 기간의 장단

2. 구금기간 중에 입은 재산상의 손실과 얻을 수 있었던 이익의 상실 또는 정신적 고통과 신체 손상

3. 경찰·검찰·법원 각 기관의 고의 또는 과실 유무

4. 그 밖에 보상금액 산정과 관련되는 모든 사정

5-4. 형사보상의 청구

5-4-1. 청구권자

① 형사보상의 청구권자는 무죄 판결을 받은 사람 본인입니다(형사보상 및 명예회복에 관한 법률 제2조제1항).

② 청구권자인 본인이 무죄 판결을 받은 후 보상청구 전에 사망한 때에는 그 상속인이 청구권자가 됩니다(동법 제3조제1항).

③ 한편, 이미 사망한 사람에 대해 재심 또는 비상상고로 무죄 판결을 받은 경우에는 보상의 청구에 대해 사망한 때에 무죄 판결이 있었던 것으로 보기 때문에 사망 당시의 상속인이 형사보상의 청구권자가 됩니다(동법 제3조제2항).

5-4-2. 청구방법

① 관할법원 : 무죄 판결을 한 법원(형사보상 및 명예회복에 관한 법률 제7조)

② 청구기간 : 무죄재판이 확정된 사실을 안 날부터 3년, 무죄재판이 확정된 때부터 5년 이내(동법 제8조)

③ 제출서류(동법 제9조 및 제10조)

1. 보상청구서 : 청구자의 등록기준지, 주소, 성명, 생년월일 및 청구의 원인이 된 사실과 청구액을 적어야 합니다.

2. 무죄 재판서의 등본

3. 무죄 재판의 확정증명서

4. 본인과의 관계와 같은 순위의 상속인의 유무를 소명할 수 있는 자

료 (상속인이 보상을 청구하는 경우)

④ 형사보상 청구는 대리인을 통해서도 할 수 있습니다(동법제13조).

5-5. 청구의 취소 및 중단·승계

5-5-1. 청구의 취소

① 형사보상 청구를 취소한 경우에 보상청구권자는 다시 보상을 청구할 수 없습니다(형사보상 및 명예회복에 관한 법률 제12조제2항).

② 같은 순위의 상속인이 여러 명인 경우에 보상을 청구한 사람은 다른 전원의 동의 없이 청구를 취소할 수 없습니다(동법제12조제1항).

5-5-2. 청구의 중단·승계

① 형사보상을 청구한 사람이 청구절차 중 사망하거나 상속인 자격을 상실한 경우에 다른 청구인이 없을 때에는 형사보상 청구의 절차는 중단됩니다(형사보상 및 명예회복에 관한 법률 제19조제1항).

② 형사보상을 청구한 사람이 청구절차 중 사망하거나 상속인 자격을 상실한 경우에 보상을 청구한 자의 상속인 또는 보상을 청구한 상속 인과 같은 순위의 상속인은 2개월 이내에 청구의 절차를 승계할 수 있습니다(동법 제19조제2항).

5-6. 형사보상 청구에 대한 판단

① 보상청구는 법원 합의부에서 재판하며, 검사와 청구인의 의견을 들은 후에 보상청구에 대한 결정을 해야 합니다(형사보상 및 명예회복에 관한 법률 제14조).

② 법원은 보상청구의 원인이 된 사실인 구금일수 또는 형 집행의 내용 에 관해 직권으로 조사해야 합니다(동법 제15조).

5-7. 보상청구에 대한 결정

① 청구 각하의 결정 : 법원은 다음과 같은 경우 보상청구를 각하하는 결정을 합니다(형사보상 및 명예회복에 관한 법률 제16조 및 제19조 제4항).

  1. 형사보상 청구의 절차가 법령에 따른 방식에 위반하여 보정할 수 없을 경우

  2. 청구인이 법원의 보정명령에 따르지 않을 경우

  3. 청구기간 경과 후에 보상을 청구하였을 경우

  4. 보상청구 절차가 중단되고 2개월 이내에 보상청구 절차를 승계하는 신청이 없을 경우

② 청구기각의 결정 : 형사보상의 청구가 이유 없을 경우에는 청구가 기각됩니다(동법 제17조제2항).

③ 보상결정 : 보상의 청구가 이유 있을 경우에는 보상결정을 합니다(동법 제17조제1항).

④ 청구기각의 결정에 대해서는 3일 이내에 즉시항고를 할 수 있으며 (「형사보상 및 명예회복에 관한 법률」 제20조제2항 및 「형사소송법」 제405조), 보상결정에 대해서는 1주일 이내에 즉시항고를 할 수 있습니다(동법 제20조제1항).

5-8. 형사보상금 지급 청구

① 형사보상금의 지급을 청구하려는 사람은 보상결정이 송달된 후 2년 이내에 보상지급을 결정한 법원에 대응하는 검찰청에 보상지급청구서, 법원의 보상결정서를 제출해야 합니다(형사보상 및 명예회복에 관한 법률 제21조).

② 보상금을 받을 수 있는 사람이 여러 명인 경우, 그 중 1명이 한 보상금 지급청구는 모두를 위해 보상금 전부를 청구한 것으로 봅니다 (동법 제21조제4항).

5-9. 피의자에 대한 형사보상

5-9-1. 피의자보상의 요건

① 피의자로서 구금되었던 사람 중 검사로부터 공소를 제기하지 않는 처분을 받은 사람은 국가에 대해 그 구금에 관한 보상을 청구할 수 있습니다(형사보상 및 명예회복에 관한 법률 제27조제1항본문).

② 다만, 다음 어느 하나에 해당하는 경우에는 피의자보상을 청구할 수 없습니다(동법 제27조제1항단서).

   1. 구금된 이후 공소를 제기하지 않는 처분을 할 사유가 있는 경우

   2. 공소를 제기하지 않는 처분이 종국적인 것이 아닌 경우

   3. 검사가 양형의 조건을 참작하여 공소를 제기하지 않는 경우(형사소송법 제247조)

③ 또한, 다음 어느 하나에 해당하는 경우에는 보상의 전부 또는 일부를 지급하지 않을 수 있습니다(형사보상 및 명예회복에 관한 법률 제27조제2항).

   1. 본인이 수사 또는 재판을 그르칠 목적으로 거짓 자백을 하거나 다른 유죄의 증거를 만듦으로써 구금된 것으로 인정되는 경우

   2. 구금기간 중에 다른 사실에 대해 수사가 이루어지고 그 사실에 관해 범죄가 성립한 경우

   3. 보상을 하는 것이 선량한 풍속이나 그 밖에 사회질서에 위배된다고 인정할 특별한 사정이 있는 경우

5-9-2. 피의자보상의 청구

피의자보상을 청구하려는 사람은 공소를 제기하지 않는 처분을 고지 또는 통지받은 날부터 3년 이내에 해당 처분을 한 검사가 소속된 지방검찰청(지방검찰청 지청의 검사가 처분을 한 경우에는 그 지청이 속한 지방검찰청)의 피의자보상심의회에 ① 보상청구서와 ② 공소를 제기하지 않는 처분을 받은 사실을 증명하는 서류를 제출해야 합니다(형사보상 및

명예회복에 관한 법률 제28조).

5-9-3. 피의자보상금의 청구

피의자보상심의회의 보상결정이 송달된 후 2년 이내에 보상금 지급청구를 하지 않으면 보상금 지급을 청구할 수 없습니다(형사보상 및 명예회복에 관한 법률 제28조제5항).

5-10. 무죄재판서 게재의 청구

5-10-1. 청구대상자

① 형사소송 절차에서 무죄재판 등을 받은 사람은 실질적 명예회복을 위해 무죄재판서 게재를 청구할 수 있습니다(형사보상 및 명예회복에 관한 법률 제1조).

② 무죄재판을 받아 확정된 사건의 피고인은 무죄재판이 확정된 때부터 3년 이내에 확정된 무죄재판사건의 재판서를 법무부 인터넷 홈페이지에 게재하도록 해당 사건을 기소한 검사가 소속된 지방검찰청(지방검찰청지청을 포함)에 청구할 수 있습니다(동법 제30조).

③ 다음의 경우에 해당하는 사람도 확정된 사건의 재판서를 게재하도록 청구할 수 있습니다(동법 제34조, 제26조제1항).

  1. 「형사소송법」에 따라 면소 또는 공소기각의 재판을 받아 확정된 피고인이 면소 또는 공소기각의 재판을 할 만한 사유가 없었더라면 무죄재판을 받을 만한 현저한 사유가 있었을 경우

  2. 「치료감호 등에 관한 법률」 제7조에 따라 치료감호의 독립청구를 받은 피치료감호청구인의 치료감호사건이 범죄로 되지 않거나 범죄사실의 증명이 없는 때에 해당되어 청구기각의 판결을 받아 확정된 경우

5-10-2. 청구방법

① 제출서류(형사보상 및 명예회복에 관한 법률 제31조제1항)

 1. 무죄재판서 게재 청구서

 2. 재판서의 등본

 3. 무죄 재판의 확정증명서

② 상속인이 게재를 청구하는 경우에는 본인과의 관계와 같은 순위의 상
 속인의 유무를 소명할 수 있는 자료를 제출해야 하며, 같은 순위의
 상속인이 여러 명일 때에는 상속인 모두가 무죄재판서 게재 청구에
 동의하였음을 소명하는 자료도 제출해야 합니다(동법 제31조제2항)

③ 상속인에 의한 청구 및 그에 대한 소명, 대리인에 의한 청구, 청구의
 취소 등에 대해서는 형사보상의 청구에 관한 규정을 준용합니다(동법
 제31조).

5-10-3. 청구에 대한 조치

① 청구를 받은 날부터 1개월 이내에 무죄재판서를 법무부 인터넷 홈페
 이지에 게재해야 합니다(형사보상 및 명예회복에 관한 법률 제32조
 제1항).

② 무죄재판서를 법무부 인터넷 홈페이지에 게재한 경우 지체 없이 그
 사실을 청구인에게 서면으로 통지해야 합니다(동법 제33조제1항).

③ 다음 어느 하나에 해당하는 경우 무죄재판서의 일부를 삭제하여 게
 재할 수 있습니다(동법 제32조제2항).

 1. 청구인이 무죄재판서 중 일부 내용의 삭제를 원하는 의사를 명시적
  으로 밝힌 경우

 2. 무죄재판서의 공개로 인해 사건 관계인의 명예나 사생활의 비밀
  또는 생명·신체의 안전이나 생활의 평온을 현저히 해칠 우려가 있는
  경우

④ 무죄재판서의 게재 기간은 1년입니다(동법 제32조제4항).

■ 무죄판결을 받았는데, 보상받을 방법은 없나요?

Q. 누명을 쓰고 구속을 당했다가 재판에서 무죄판결을 받았습니다. 너무나 억울한데 보상받을 방법은 없나요?

A. 사법 당국의 잘못으로 죄인의 누명을 쓰고 구속됐거나 감옥을 간 사람이 나중에 무죄판결을 받은 경우 국가에서 그 손해를 보상하도록 하고 있습니다.

◇ **보상금액**

형사보상은 구금일수에 따라 지급됩니다. 보상금은 구금일수 1일당 보상청구의 원인이 발생한 연도의 「최저임금법」에 따른 최저임금액 이상, 구금 당시의 최저임금액의 5배 이하의 비율에 의한 금액입니다.

법원은 보상금액을 정할 때 구금의 종류, 구금기간의 장단(長短), 재산상 손실과 얻을 수 있었던 이익, 정신적 고통과 신체적 손상, 관계 공무원의 고의·과실 유무, 그 밖의 모든 사정을 고려하여 보상금액을 결정합니다.

◇ **보상 절차**

무죄판결을 받은 사람(사망한 경우에는 상속인)은 무죄재판이 확정된 사실을 안 날부터 3년, 무죄재판이 확정된 때부터 5년 이내에 형사보상청구서, 무죄재판서의 등본, 무죄재판의 확정증명서 등을 무죄판결을 한 법원에 제출해야 합니다.

법원으로부터 보상결정이 송달된 후 2년 이내에 검찰청에 보상지급청구서와 법원의 보상결정서를 제출합니다.

◇ **보상을 받을 수 없는 경우**

다음 어느 하나에 해당하는 경우에는 법원은 보상을 하지 않거나 금액을 일부 감액할 수 있습니다.

① 형사미성년자라는 이유로 무죄판결을 받은 경우

② 심신장애를 이유로 무죄판결을 받은 경우

③ 기소, 미결구금 또는 유죄재판을 받게 된 이유가 본인이 수사나

재판을 그르칠 목적으로 거짓 자백을 하거나 자백 외 다른 유죄 증거를 만든 것 때문인 것이 인정되는 경우

④ 1개의 재판에서 경합범 중 이루는 유죄판결을 받고 일부는 유죄판결을 받은 경우

> ※ **'경합범'**이란, 판결이 확정되지 않은 여러 개의 범죄 또는 금고 이상의 형에 처한 판결이 확정된 죄와 그 판결 확정 전에 저지른 죄를 말합니다.

(관련판례)

국가기관이 수사과정에서 한 위법행위 등으로 수집한 증거 등에 기초하여 공소가 제기되고 유죄의 확정판결까지 받았으나 재심사유의 존재 사실이 뒤늦게 밝혀짐에 따라 재심절차에서 무죄판결이 확정된 후 국가기관의 위법행위 등을 원인으로 국가를 상대로 손해배상을 청구하는 경우, 재심절차에서 무죄판결이 확정될 때까지는 채권자가 손해배상청구를 할 것을 기대할 수 없는 사실상의 장애사유가 있었다고 볼 것이다. 따라서 이러한 경우 채무자인 국가의 소멸시효 완성의 항변은 신의성실의 원칙에 반하는 권리남용으로 허용될 수 없다. 다만 채권자는 특별한 사정이 없는 한 그러한 장애가 해소된 재심무죄판결 확정일로부터 민법상 시효정지의 경우에 준하는 6개월의 기간 내에 권리를 행사하여야 한다. 이때 그 기간 내에 권리행사가 있었는지는 원칙적으로 손해배상을 청구하는 소를 제기하였는지 여부를 기준으로 판단할 것이다. 다만 재심무죄판결이 확정된 경우에 채권자로서는 민사상 손해배상청구에 앞서, 그보다 간이한 절차라고 할 수 있는 '형사보상 및 명예회복에 관한 법률'(이하 '형사보상법'이라 한다)에 따른 형사보상을 먼저 청구할 수 있다. 그런데 형사보상 금액은 구금의 종류 및 기간의 장단 등 관련되는 모든 사정을 고려하여 산정하되, 구금 1일당 보상금 지급한도를 보상청구의 원인이 발생한 해의 최저임금법에 따른 일급 최저임금액을 하한으로 하여 그 금액의 5배까지로 한다고 되어 있어(형사보상법 제5조 제1항, 제2항, 그 시행령 제2조), 구체적인 형사보상금의 액수는 법원의 형사보상결정을 기다려 볼 수밖에 없다. 게다가 형

사보상법 제6조 제3항은 "다른 법률에 따라 손해배상을 받을 자가 같은 원인에 대하여 이 법에 따른 보상을 받았을 때에는 그 보상금의 액수를 빼고 손해배상의 액수를 정하여야 한다."고 규정하고 있다. 따라서 채권자가 재심무죄판결 확정일로부터 6개월 내에 손해배상청구의 소를 제기하지는 아니하였더라도 그 기간 내에 형사보상법에 따른 형사보상청구를 한 경우에는 소멸시효의 항변을 저지할 수 있는 권리행사의 '상당한 기간'은 이를 연장할 특수한 사정이 있다고 할 것이고, 그때는 형사보상결정 확정일로부터 6개월 내에 손해배상청구의 소를 제기하면 상당한 기간 내에 권리를 행사한 것으로 볼 수 있다. 다만이 경우에도 그 기간은 권리행사의 사실상의 장애사유가 객관적으로 소멸된 재심무죄판결 확정일로부터 3년을 넘을 수는 없다고 보아야 한다(대법원 2013.12.12, 선고, 2013다201844, 판결).

■ 판결 이유에서 무죄로 판단된 경우, 형사보상청구를 할 수 있는지요?

Q. 甲은 특정범죄가중처벌등에관한법률위반(절도)으로 구속 기소되어 1심에서 징역 1년 6월을 선고 받은 후 항소심에서 점유이탈물횡령의 점이 예비적 공소사실로 추가되어 특정범죄가중처벌등에관한법률위반(절도) 부분은 무죄를 선고받고 예비적 공소사실에 대하여는 유죄를 인정받아 벌금형이 확정되었습니다. 이런 경우에도 형사보상청구가 가능한가요?

A. 「헌법」제28조는 "형사피의자 또는 형사피고인으로서 구금되었던 자가 법률이 정하는 불기소처분을 받거나 무죄판결을 받은 때에는 법률이 정하는 바에 의하여 국가에 정당한 보상을 청구할 수 있다."라고 규정하고 있습니다.

한편, 형사 판결의 주문이 아닌 판결이유에서 무죄판단이 있을 뿐인 경우 형사보상청구가 가능한지 여부에 대하여 판례는 "「형사보상 및 명예회복에 관한 법률」제2조 제1항은 '형사소송법에 따른 일반 절차 또는 재심이나 비상상고절차에서 무죄 재판을 받아 확정된 사건의 피고인이 미결구금을 당하였을 때에는 이 법에 따라 국가에 대하여 그 구금에 대한 보상을 청구할 수 있다.'라고 규정하고 있고 위와 같은 형사보상 및 명예회복에 관한 법률 조항은 그 입법 취지와 목적 및 내용 등에 비추어 재판에 의하여 무죄의 판단을 받은 자가 그 재판에 이르기까지 억울하게 미결구금을 당한 경우 보상을 청구할 수 있도록 하기 위한 것이므로 판결 주문에서 무죄가 선고된 경우뿐만 아니라 판결 이유에서 무죄로 판단된 경우에도 미결구금 가운데 무죄로 판단된 부분의 수사와 심리에 필요하였다고 인정된 부분에 관하여는 보상을 청구할 수 있고, 다만 형사보상 및 명예회복에 관한 법률 제4조 제3호를 유추 적용하여 법원의 재량으로 보상청구의 전부 또는 일부를 기각할 수 있을 뿐이다."라고 하였습니다(대법원 2016. 3. 11. 자 2014모2521결정).

따라서 甲의 경우 형사보상청구는 가능하지만 법원의 재량에 의하여 전부 또는 일부가 기각 될 수 있습니다.

(관련판례)

　형사보상청구권은 형사보상법에 따라 구체적 내용을 형성하는 공법상의 권리로서 보상의 범위도 같은 법에 규정된 내용에 따라 결정된다. 청구인이 형사보상청구권을 행사함으로써 보상결정이 확정되면, 비로소 국가에 대해 확정된 형사보상금의 지급을 청구할 수 있는 권리, 즉 형사보상금지급청구권이 발생한다(형사보상법 제21조, 제23조 참조). 형사보상법 제23조도 "보상청구권은 양도하거나 압류할 수 없다. 보상금지급청구권도 같다."라고 정하여 형사보상청구권과 그러한 보상청구에 따른 법원의 보상결정이 확정된 때에 발생하는 보상금지급청구권을 명시적으로 구별하고 있다. 이러한 형사보상금지급청구권은 확정된 보상결정의 내용에 따라 청구인이 국가에 대해 확정된 금액을 지급해 달라고 요구할 수 있는 권리이다. 또한 이미 보상결정이 확정되었으므로 보상금의 범위가 추후 변동될 가능성도 없다. 따라서 형사보상금지급청구권은 성질상 국가에 대한 일반 금전채권과 다르지 않다(대법원 2017. 5. 30. 선고 2015다223411 판결).

■ 형사보상청구권자가 사망하였을 경우 상속인이 청구할 수 있는지요?

Q. 乙은 과거 특수절도죄로 징역 2년을 선고받고 그 형의 집행을 완료하였습니다. 형 집행 완료 후 10여년이 지나 진범이 나타났고 이에 乙은 재심청구를 하여 무죄재판을 받아 그 판결이 확정되었으나 판결이 확정된 후 사망하고 말았습니다. 甲은 乙의 직계존속이며 단독상속인입니다. 甲이 乙을 대신하여 형사보상청구를 할 수 있나요?

A. 「헌법」 제28조는 "형사피의자 또는 형사피고인으로서 구금되었던 자가 법률이 정하는 불기소처분을 받거나 무죄판결을 받은 때에는 법률이 정하는 바에 의하여 국가에 정당한 보상을 청구할 수 있다." 라고 규정하고 있습니다. 또한 「형사보상 및 명예회복에 관한 법률」 제3조 제1항은 "제2조에 따라 보상을 청구할 수 있는 자가 그 청구를 하지 아니하고 사망하였을 때에는 그 상속인이 청구할 수 있다." 라고 하고 있습니다.
  따라서 위 사례에서 甲은 사망한 乙의 단독상속인으로서 형사보상청구를 할 수 있습니다.

(관련판례)

  헌법 규정과 형사보상법 규정에 비추어 볼 때 형사보상 청구인은 형사보상법에서 정한 절차에 따라 무죄판결을 선고한 법원으로부터 보상결정을 받아 그 법원에 대응하는 검찰청에 보상금 지급청구서를 제출하면서 보상금의 지급을 청구할 수 있다. 이러한 경우 국가가 청구인에 대한 보상금의 지급을 지체한다면, 금전채무를 불이행한 것으로 보아 국가는 청구인에게 미지급 보상금에 대한 지급 청구일 다음 날부터 민법 제397조에 따라 지연손해금을 가산하여 지급하여야 한다. 그 구체적 이유는 다음과 같다.
  형사보상청구권은 형사보상법에 따라 그 구체적 내용을 형성하는 공법상의 권리로서 그 보상의 범위도 같은 법에 규정된 내용에 따라 결정된다. 청구인이 형사보상청구권을 행사함으로써 보상결정이 확정되면, 비로소 국가에 대해 확정된 형사보상금의 지급을 청구할 수 있는 권리, 즉 형사보상금지급청구권이 발생한다(형사보상법 제21조, 제23조 참조). 형사보상법 제23조도 "보상청구권은 양도하거나 압류할 수 없다. 보상금지급청구권도 같다."라고 정하여 형사보상청구권과 그러한 보상청구에 따른 법원의 보상결정이 확정된 때에 발생하는 보상금지급청구권을 명시적으로 구별하고 있다. 이러한 형사보상금지급청구권은 확정된 보상결정의 내용에 따라 청구인이 국가에 대해 확정된 금액을 지급해 달라고 요구할 수 있는 권리이다. 또한 이미 보상결정이 확정되었으므로 보상금의 범위가 추후 변동될 가능성도 없다. 따라서 형사보상금지급청구권은 그 성질상 국가에 대한 일반 금전채권과 다르지 않다.

 국가가 확정된 형사보상금의 지급을 지체하는 경우 지연손해금을 가산하여 지급하여야 하는지에 관해서는 명문의 규정이 없다. 그러나 위에서 보았듯이 형사보상금지급청구권은 국가에 대한 일반 금전채권과 유사하므로, 민법의 이행지체 규정, 그중에서도 민법 제397조의 금전채무불이행에 대한 특칙이 그대로 적용된다고 보아야 한다. 또한 형사보상금지급청구권은 형사보상법이나 보상결정에서 그 이행의 기한을 정하지 않고 있으므로, 국가는 미지급 형사보상금에 대하여 지급 청구일 다음 날부터 민사법정이율로 계산한 지연손해금을 가산하여 지급하여야 한다고 봄이 타당하다(대법원 2017. 5. 30. 선고 2015다245466 판결).

■ 구속피고인이 무죄확정판결을 받은 경우, 형사보상을 청구할 수 있는지요?

Q. 저는 절도죄로 구속·기소되어 징역 10월에 집행유예 2년의 형을 선고받고 석방된 후 항소하였습니다. 항소심에서 공소사실에 대한 증명이 없다는 이유로 제1심 판결을 파기하고 무죄를 선고하였으며, 이에 검사가 상고하였으나 대법원에서 상고가 기각되어 무죄판결이 확정되었습니다. 이 경우 저는 국가에 대하여 보상을 청구할 수 있는지요?

A. 형사상의 재판절차에서 억울하게 구금 또는 형의 집행을 받은 사람에 대하여 국가가 그 손해를 보상해주는 제도가 있는데 이를 형사보상이라고 합니다. 이에 관하여는「헌법」제28조가 명문으로 규정하고 있으며 또한「형사보상 및 명예회복에 관한 법률」이 이를 구체적으로 규정하고 있습니다. 다만, 적극적 요건을 충족하는 경우에도 ①형사책임능력 없음을 이유로 무죄판결을 받은 경우, ② 본인이 수사나 심판을 그르칠 목적으로 거짓자백을 하거나 다른 유죄의 증거를 만듦으로써 기소, 미결구금, 유죄재판을 받았다고 인정된 경우, ③1개의 재판으로 경합범의 일부에 대하여 무죄, 나머지에 대하여 유죄재판을 받은 경우에는 보상청구의 전부 또는 일부를 기각할 수 있습니다(형사보상 및 명예회복에 관한 법률 제4조).

그리고 보상내용으로는 구금에 대한 보상을 할 때에는 그 구금일수(拘禁日數)에 따라 1일당 보상청구의 원인이 발생한 연도의「최저임금법」에 따른 일급(日給) 최저임금액 이상으로 하고 일급(日給) 최저임금액 5배 이하의 비율에 의한 보상금을 지급합니다(형사보상 및 명예회복에 관한 법률 제5조 제1항, 같은 법 시행령 제2조). 형집행에 대한 보상은「형사보상 및 명예회복에 관한 법률」제5조 제3항 이하에서 규정하고 있습니다.

보상청구는 확정된 무죄판결을 한 법원에 무죄의 판결을 받은 자 본인 또는 그 상속인이 보상청구를 할 수 있습니다. 보상결정 및 보상의 청구를 기각하는 결정에 대하여는 즉시항고를 할 수 있습니다.(같은 법 제20조) 청구기간은 보상청구는 무죄재판이 확정된 사실을 안 날부터 3년, 무죄재판이 확정된 때부터 5년 이내에 하여야 한다.(같은 법 제8조)

보상금 지급청구는 보상을 결정한 법원에 대응한 검찰청에 하여야 하며, 청구서에는 법원의 보상결정서를 첨부하여야 합니다. 보상결정이 도달된 후 2년 이내에 보상금 지급청구를 하지 아니할 때에는 권리를 상실합니다.

한편, 피의자로 구금되었던 자 중 검사로부터 공소를 제기하지 아니하는 처분을 받은 자는 국가에 대하여 그 구금에 관한 보상을 청구할 수 있습니다(다만, 구금된 이후 공소를 제기하지 아니하는 처분을 할 사유가 있는 경우와 공소를 제기하지 아니하는 처분이 종국적인 것이 아니거나 불기소처분의 내용이 기소유예일 경우에는 청구할 수 없음). 이를 '피의자보상'이라 하는데, 피의자보상의 청구는 불기소처분의 고지 또는 통지를 받은 날로부터 3년 이내에 그 보상청구서에 공소를 제기하지 아니하는 처분을 받은 사실을 증명하는 서류를 첨부하여 관할지방검찰청에 설치된 피의자보상심의회에 신청하면 됩니다(형사보상 및 명예회복에 관한 법률 제27조, 제28조).

(관련판례)

국가기관이 수사과정에서 한 위법행위 등으로 수집한 증거 등에 기초하여 공소가 제기되고 유죄의 확정판결까지 받았으나 재심사유의 존재사실이 뒤늦게 밝혀짐에 따라 재심절차에서 무죄판결이 확정된 후 국가기관의 위법행위 등을 원인으로 국가를 상대로 손해배상을 청구하는 경우, 재심절차에서 무죄판결이 확정될 때까지는 채권자가 손해배상청구를 할 것을 기대할 수 없는 사실상의 장애사유가 있었다고 볼 것이다. 따라서 이러한 경우 채무자인 국가의 소멸시효 완성의 항변은 신의성실의 원칙에 반하는 권리남용으로 허용될 수 없다. 다만 채권자는 특별한 사정이 없는 한 그러한 장애가 해소된 재심무죄판결 확정일로부터 민법상 시효정지의 경우에 준하는 6개월의 기간 내에 권리를 행사하여야 한다. 이때 그 기간 내에 권리행사가 있었는지는 원칙적으로 손해배상을 청구하는 소를 제기하였는지 여부를 기준으로 판단할 것이다. 다만 재심무죄판결이 확정된 경우에 채권자로서는 민사상 손해배상청구에 앞서, 그보다 간이한 절차라고 할 수 있는 '형사보상 및 명예회복에 관한 법률'(이하 '형사보상법'이라 한다)에 따른 형사보상을 먼저 청구할 수 있다. 그런데 형사보상 금액은 구금의 종류 및 기간의 장단 등 관련되는 모든 사정을 고려하여 산정하되, 구금 1일당 보상금 지급 한도를 보상청구의 원인이 발생한 해의 최저임금법에 따른 일급 최저임금액을 하한으로 하여 그 금액의 5배까지로 한다고 되어 있어(형사보상법 제5조 제1항, 제2항, 그 시행령 제2조), 구체적인 형사보상금의 액수는 법원의 형사보상결정을 기다려 볼 수밖에 없다. 게다가 형사보상법 제6조 제3항은 "다른 법률에 따라 손해배상을 받을 자가 같은 원인에 대하여 이 법에 따른 보상을 받았을 때에는 그 보상금의 액수를 빼고 손해배상의 액수를 정하여야 한다."고 규정하고 있다. 따라서 채권자가 재심무죄판결 확정일로부터 6개월 내에 손해배상청구의 소를 제기하지는 아니하였더라도 그 기간 내에 형사보상법에 따른 형사보상청구를 한 경우에는 소멸시효의 항변을 저지할 수 있는 권리행사의 '상당한 기간'은 이를 연장할 특수한 사정이 있다고 할 것이고, 그때는 형사보상결정 확정일로부터 6개월 내에 손해배상청구의 소를 제기하면 상당한 기간 내에 권리를 행사한 것으로 볼 수 있다. 다만 이 경우에도 그 기간은 권리행사의 사실상의 장애사유가 객관적으로 소멸된 재심무죄판결 확정일로부터 3년을 넘을 수는 없다고 보아야 한다(대법원 2013. 12. 12. 선고 2013다201844 판결).

형 사 보 상 금 청 구

청 구 인   ○   ○   ○
　　　　19○○년 ○월 ○일생 (주민등록번호 111111 - 1111111)
　　　　등록기준지 : ○○시 ○○구 ○○길 ○○번지
　　　　주거 : ○○시 ○○구 ○○길 ○○번지

청 구 취 지

청구인에게 금 ○○○원을 지급하라.
라는 결정을 구합니다.

청 구 원 인

1. 청구인은 20○○년 ○월 ○일 위증 피의사건으로 구속되어 같은 달 ○일 ○○지방법원 ○○지원에 기소되어, 20○○년 ○월 ○일 동원에서 징역 ○월 처한다는 선고를 받고 불복하여 항소심 공판 도중 구속만기로 20○○년 ○월 ○일 석방되고, 20○○년 ○월 ○일 ○○지방법원에서 무죄의 판결을 선고받았으며, 이에 대한 검사의 상고가 있었으나 대법원에서 20○○년 ○월 ○일 동 상고가 기각됨으로써 위 무죄판결은 확정되었습니다.

2. 그러므로 청구인은 형사보상법에 의하여 청구인이 20○○년 ○월 ○구속되어 20○○년 ○월 ○일 석방됨으로써 ○○일 동안 구금되어 그 구금에 관한 보상을 청구할 수 있다 할 것이므로, 위 보상 금원에 대하여 보건대 청구인이 구금되기 전 중견기업체의 사원으로서 정상적인 사회생활을 하고 있었으며, 이와 같이 구금당함으로 인한 막대한 재산상 손해는 물

론 그 정신적 피해는 이루 말할 수 없다 할 것이므로, 동 법 소정의 보상금액의 범위내인 1일 금 50,000원의 비율에 따라 산정하면 금 ○○○(○○일×50,000원)이 되므로 청구취지와 같이 본 건 청구를 하는 바입니다.

첨 부 서 류

1. 판결등본   2통
2. 확정증명서   1통
3. 주민등록등본   1통

20○○.   ○.   ○.
청구인   ○   ○   ○ (인)

○ ○ 지 방 법 원 귀 중

(참고)
① 제출기관 : 무죄재판을 한 법원
② 청구기간 : 무죄재판이 확정된 사실을 안 날로부터 3년, 무죄재판이 확정된 때부터 5년 이내
③ 청구권자 : 본인, 대리인, 상속인(본인이 청구하지 아니하고 사망하였을 경우
④ 청구요건
  1. 형사소송법에 따른 일반절차, 재심, 비상상고절차에서 무죄재판을 받은 사람이 미결구금을 당한 때
  2. 상소권회복에 의한 상소, 재심, 비상상고 절차에서 무죄재판을 받은 사람이 구금, 형의 집행을 받은 때
  3. 자유형집행 정지 시 검사 처분 전의 구치와 형집행장의 집행에 따른 구속을 당한 때

4. 형사피의자로서 구금되었던 사람중 검사로부터 기소유예처분 이외의 불기소처분을 받은 때(피의자 보상이라 함)

※ 검사의 불기소처분을 받은 사람중
1. 구금된 이후 불기소처분을 할 사유가 발생한 경우(예: 공소권없음)
2. 불기소처분이 종국적인 것이 아닌 경우(예: 기소중지)
3. 형법제51조(범인의 연령, 성행, 지능, 환경등)의 사항을 참작하여 불기소 처분한 때(기소유예)에는 제외됨

⑤ 보상내용
1. 구금(노역장 유치도 해당), 형집행(사형, 벌금, 과료, 몰수, 추징)에 대한 보상
2. 구금, 노역장 유치 : 그 구금 일수에 따라 1일당 보상청구의 원인이 발생한 연도의 「최저임금법」에 따른 일급(日給) 최저임금액 이상 대통령령으로 정하는 금액(1일당 보상청구의 원인이 발생한 해의 「최저임금법」에 따른 일급(日給) 최저임금액의 5배) 이하의 비율에 의한 보상
3. 사형 : 집행 전 구금에 대한 보상금 외에 3천만원 이내에서 모든 사정을 고려하여 법원이 타당하다고 인정하는 금액을 더하여 보상
4. 벌금, 과료 : 이미 징수한 벌금 또는 과료의 금액에 징수일의 다음 날부터 보상 결정일까지의 일수에 대하여 「민법」 제379조의 법정이율을 적용하여 계산한 금액을 더한 금액을 보상
5. 몰수 : 그 몰수물을 반환하고, 그것이 이미 처분되었을 때에는 보상결정 시의 시가(時價)를 보상
6. 추징금 : 그 액수에 징수일의 다음 날부터 보상 결정일까지의 일수에 대하여 「민법」 제379조의 법정이율을 적용하여 계산한 금액을 더한 금액을 보상
⑥ 결정통지 : 피의자보상 : 피의자보상심의회에서 보상청구 받은 날로부터 1개월 내에 심사·결정하여 피의자에게 송달
⑦ 지급 : 보상결정 법원 대응 검찰청에서 지급(보상결정서 송달 후 1년 이내)
⑧ 불복절차 및 기 간 :

6. 국선변호인제도

6-1. 국선변호인제도의 개념

"국선변호인제도"란, 변호인이 선임되지 않은 경우 법원이 국가의 비용으로 변호인을 선정해주는 제도를 말합니다.

6-2. 국선변호인 선정

6-2-1. 필요적 국선변호인 선정

피의자 또는 피고인이 다음 중 어느 하나에 해당하는 경우에 변호인이 없는 때에는 법원이 직권으로 국선변호인을 선정합니다(형사소송법 제33조제1항·제3항, 제201조의2제8항, 제214조의2제10항, 제438조제4항, 제2항 및 치료감호 등에 관한 법률 제15조제2항).

1. 피의자 또는 피고인이 구속된 경우
2. 피의자 또는 피고인이 미성년자인 경우
3. 피의자 또는 피고인이 70세 이상인 경우
4. 피의자 또는 피고인이 농아자(聾啞者)인 경우
5. 피의자 또는 피고인에게 심신장애의 의심이 있는 경우
6. 피고인이 사형, 무기 또는 단기 3년 이상의 징역이나 금고에 해당하는 사건으로 기소된 경우
7. 구속영장이 청구되고 영장실질심문절차에 회부된 피의자에게 변호인이 없는 경우
8. 피고인의 연령, 지능, 교육정도 등을 참작하여 권리보호를 위해 필요하다고 인정되고, 피고인이 국선변호인의 선정을 희망하지 않는다는 명시

적인 의사를 표시하지 않은 경우

9. 사망자 또는 회복할 수 없는 심신장애자를 위한 재심의 청구가 있는 경우

10. 유죄의 선고를 받은 사람이 재심의 판결 전에 사망하거나 회복할 수 없는 심신장애자로 된 경우

11. 체포·구속적부심사를 청구한 피의자에게 변호인이 없는 경우

12. 「치료감호 등에 관한 법률」에 따른 치료감호사건의 경우

6-2-2. 임의적 국선변호인 선정

① 피고인이 빈곤, 그 밖의 사유로 변호인을 선임할 수 없는 경우에 피고인의 청구가 있으면 법원에 소명자료를 제출하여 국선변호인의 선정을 청구할 수 있습니다(형사소송법 제33조제2항 및 동 규칙 제17조의2 본문).

② 다만, 기록으로 그 사유가 소명되었다고 인정될 때에는 소명자료를 제출하지 않아도 됩니다(동 규칙 제17조의2 단서).

③ 이 경우 빈곤, 그 밖의 사유는 법원이 정한 사유에 따르지만, 법원은 그 사유를 점점 넓혀가고 있습니다. 종전에는 국선변호인을 법원에서 일방적으로 선정하였으나 2003. 3. 1.부터 임의적 국선변호인 선택제도의 도입에 따라 피고인이 재판부별 국선변호인 예정자명부에 등재된 변호인 중에서 국선변호를 원하는 변호인을 임의로 선택하여 선정청구를 할 수 있습니다.

6-3. 변호인 선정의 취소

① 법원은 다음 중 어느 하나에 해당하는 사유가 발생한 경우에는 국선변호인의 선정을 취소해야 합니다(형사소송규칙 제18조제1항).

1. 피고인 또는 피해자에게 변호인이 선임된 경우

2. 국선변호인이 그 자격을 상실한 경우

3. 국선변호인이 사임한 경우

② 법원이 국선변호인의 선정을 취소한 경우에는 지체 없이 그 내용을 해당 국선변호인과 피고인 또는 피의자에게 통지해야 합니다(동 규칙 제18조제3항).

■ 국선변호인의 선임절차는 어떻게 되는지요?

Q. 형사사건에 있어서 변호사를 선임할 수 없는 경우 국선변호인을 선임할 수 있다고 하는데, 국선변호인의 선임절차는 어떻게 되는지요?

A. 형사사건의 피고인 및 피의자에 대하여 국선변호인이 선임되는 경우는 다음과 같습니다.

먼저, 피고인이 ①구속된 때 ②미성년자인 때 ③70세 이상의 자인 때 ④농아자인 때 ⑤심신장애의 의심이 있는 자인 때 ⑥사형, 무기 또는 단기 3년 이상의 징역이나 금고에 해당 사건으로 기소된 때에, 피고인에게 변호인이 없는 경우에는 법원은 직권으로 변호인을 선정하여야 합니다(형사소송법 제33조 제1항제1호 내지 6호).

또한, 피고인이 위 항목에 해당하지 않더라도 빈곤 그 밖의 사유로 변호인을 선임할 수 없는 때에는 피고인의 청구에 의하여 국선변호인을 선임할 수 있으며, 피고인은 위 사유에 대한 소명자료(영세민증명 등)를 법원에 제출하여야 하나, 사건기록에 의하여 그 사유가 명백히 소명되었다고 인정될 때에는 그러하지 아니하도록 되어 있습니다(형사소송법 제33조제2항, 동규칙 제17조의 2).

나아가 법원은 피고인의 연령, 지능 및 교육 정도 등을 참작하여 권리보호를 위하여 필요하다고 인정하는 때에는 피고인의 명시적 의사에 반하지 아니하는 범위 안에서 변호인을 선정하도록 하고 있으며, 위와 같은 필요적 변호사건에 변호인이 선임된 경우 법원은 변호인 없이 개정을 하지 못하도록 하고 있습니다(형사소송법 제33조 제3항, 제282조, 제283조).

또한, 재심개시결정이 확정된 사건에 있어서도 일정한 경우에는 국선변호인을 선임하여야 하는 경우가 있습니다(형사소송법 제438조 제4항).

한편, 피의자의 경우에는 구속영장이 청구되어 구속 전 피의자 심문을 받는 피의자에게 변호인이 없는 경우에 법원은 직권으로 국선변호인을 선정하여야 하며(형사소송법 제201조의2 8항), 체포 또는 구속된 피의자가 체포·구속적부심사를 청구한 경우 위 제33조의 국선변호인 선임 사유에 해당하고 변호인이 없는 때에도 국선변호인을 선정하도록 하고 있습니다(형사소송법 제214조의2 10항).

(관련판례)

공소사실 기재 자체로 보아 어느 피고인에 대한 유리한 변론이 다른 피고인에게는 불리한 결과를 초래하는 경우 공동피고인들 사이에 이해가 상반된다. 이해가 상반된 피고인들 중 어느 피고인이 법무법인을 변호인으로 선임하고, 법무법인이 담당변호사를 지정하였을 때, 법원이 담당변호사 중 1인 또는 수인을 다른 피고인을 위한 국선변호인으로 선정한다면, 국선변호인으로 선정된 변호사는 이해가 상반된 피고인들 모두에게 유리한 변론을 하기 어렵다. 결국 이로 인하여 다른 피고인은 국선변호인의 실질적 조력을 받을 수 없게 되고, 따라서 국선변호인 선정은 국선변호인의 조력을 받을 피고인의 권리를 침해하는 것이다(대법원 2015. 12. 23. 선고 2015도9951 판결).

■ 소년 사건에도 국선변호인의 도움을 받을 수 있는지요?

Q. 얼마 전 저희 아이가 절도죄를 저질러서 재판을 받고 있습니다. 저희 부모가 법적인 절차에 대해서 잘 모르고 경제적으로도 어렵다 보니 아이에게 도움을 주지 못하여 안타깝습니다. 형사재판에서 이런 경우 국선변호인이 선임되는 것으로 알고 있는데, 소년 사건의 경우에도 국선변호인 선임을 요청할 수 있나요?

A. 소년사건에도 국선변호인과 같은 제도가 있습니다. 다만 소년 사건인 경우에는 국선변호인이라는 용어를 쓰지 않고 국선보조인이라는 용어를 사용합니다.

소년법 제17조(보조인 선임) ① 사건 본인이나 보호자는 소년부 판사의 허가를 받아 보조인을 선임할 수 있다.

② 보호자나 변호사를 보조인으로 선임하는 경우에는 제1항의 허가를 받지 아니하여도 된다.

③ 보조인을 선임함에 있어서는 보조인과 연명날인한 서면을 제출하여야 한다. 이 경우 변호사가 아닌 사람을 보조인으로 선임할 경우에는 위 서면에 소년과 보조인과의 관계를 기재하여야 한다.

④ 소년부 판사는 보조인이 심리절차를 고의로 지연시키는 등 심리진행을 방해하거나 소년의 이익에 반하는 행위를 할 우려가 있다고 판단하는 경우에는 보조인 선임의 허가를 취소할 수 있다.

⑤ 보조인의 선임은 심급마다 하여야 한다.

⑥ 「형사소송법」 중 변호인의 권리의무에 관한 규정은 소년 보호사건의 성질에 위배되지 아니하는 한 보조인에 대하여 준용한다.

제17조의2(국선보조인) ① 소년이 소년분류심사원에 위탁된 경우 보조인이 없을 때에는 법원은 변호사 등 적정한 자를 보조인으로 선정하여야 한다.

② 소년이 소년분류심사원에 위탁되지 아니하였을 때에도 다음의 경우 법원은 직권에 의하거나 소년 또는 보호자의 신청에 따라 보조인을

선정할 수 있다.

  1. 소년에게 신체적·정신적 장애가 의심되는 경우

  2. 빈곤이나 그 밖의 사유로 보조인을 선임할 수 없는 경우

  3. 그 밖에 소년부 판사가 보조인이 필요하다고 인정하는 경우

③ 제1항과 제2항에 따라 선정된 보조인에게 지급하는 비용에 대하여는 「형사소송비용 등에 관한 법률」을 준용한다.

위 규정들에서 보는 바와 같이 사건 본인이나 보호자는 소년부 판사의 허가를 받아 보조인을 선임할 수 있고 보호자나 변호사를 보조인으로 선임하는 경우에는 허가를 받지 않아도 됩니다.

한편, 귀하의 경우와 같이 경제적으로 어렵거나 법을 잘 몰라 국선보조인의 도움을 받고자 하는 경우, 법원에 국선보조인의 선정을 신청하실 수 있습니다.

(관련판례)

형사소송법 제33조는 제1항 및 제3항에서 법원이 직권으로 변호인을 선정하여야 하는 경우를 규정하면서, 제1항 각 호에 해당하는 경우에 변호인이 없는 때에는 의무적으로 변호인을 선정하도록 규정한 반면, 제3항에서는 피고인의 연령·지능 및 교육 정도 등을 참작하여 권리보호를 위하여 필요하다고 인정하는 때에 한하여 재량으로 피고인의 명시적 의사에 반하지 아니하는 범위 안에서 변호인을 선정하도록 정하고 있으므로, 형사소송법 제33조 제1항 각 호에 해당하는 경우가 아닌 한 법원으로서는 권리보호를 위하여 필요하다고 인정하지 않으면 국선변호인을 선정하지 아니할 수 있을 뿐만 아니라, 국선변호인의 선정 없이 공판심리를 하더라도 피고인의 방어권이 침해되어 판결에 영향을 미쳤다고 인정되지 않는 경우에는 형사소송법 제33조 제3항을 위반한 위법이 있다고 볼 수 없다(대법원 2013. 5. 9. 선고 2013도1886 판결)

■ 즉심에 대한 정식재판청구 시 국선변호인선정이 가능한지요?

Q. 甲은 「도로교통법」 위반으로 벌금 10만원을 부과받고 납부하지 않아 즉결심판에 회부되어 역시 벌금 10만원의 형을 선고받았습니다. 그런데 甲은 즉결심판에 불복하여 정식재판을 청구하였는데, 甲은 71세의 고령으로 자기를 변호하기 어려운 형편인바, 이 경우에도 국선변호인이 선정될 수 있는지요?

A. 「즉결심판에 관한 절차법」제14조에는 "①정식재판을 청구하고자 하는 피고인은 즉결심판의 선고·고지를 받은 날부터 7일 이내에 정식재판청구서를 경찰서장에게 제출하여야 한다. 정식재판청구서를 받은 경찰서장은 지체없이 판사에게 이를 송부하여야 한다. ④형사소송법 제340조 내지 제342조, 제344조 내지 제352조, 제354조, 제454조, 제455조의 규정은 정식재판의 청구 또는 그 포기·취하에 이를 준용한다."라고 규정하고 있습니다.

그리고 「형사소송법」제455조 제3항은 "정식재판의 청구가 적법한 때에는 공판절차에 의하여 심판하여야 한다."라고 규정하고 있고, 「형사소송법」제283조 및 제33조 제1항 제3호는 피고인이 70세 이상의 자인 때에 변호인이 없거나 출석하지 아니한 때에는 법원은 직권으로 변호인을 선정하여야 한다고 규정하고 있습니다.

위 규정에 따라 피고인이 즉결심판에 대하여 적법한 정식재판 청구를 한 경우 공판절차가 개시되고, 귀하께서는 만 70세 이상이므로 위 공판절차의 수행과정에서 변호인이 없을 경우라면 국선변호인 선정이 될 수 있을 것으로 보여 집니다.

(관련판례)

헌법상 보장되는 '변호인의 조력을 받을 권리'는 변호인의 '충분한 조력'을 받을 권리를 의미하므로, 일정한 경우 피고인에게 국선변호인의 조력을 받을 권리를 보장하여야 할 국가의 의무에는 형사소송절차에서 단순히 국선변호인을 선정하여 주는 데 그치지 않고 한 걸음 더 나아가 피고인이 국선변호인의 실질적인 조력을 받을 수 있도록 필요한 업무 감독과 절차적 조치를 취할 책무까지 포함된다고 할 것이다(대법원 2012.2.16. 자 2009모1044 전원합의체 결정).

제3장

피해자에 대한 배상 및 지원은 어떻게 하나요?

제3장 피해자에 대한 배상 및 지원은 어떻게 하나요?

1. 폭행·상해사건의 민사절차

1-1. 민사소송 등 개요

① 폭행·상해사건의 피해자는 가해자와 치료비, 위자료 등이 합의가 되지 않았을 경우 민사조정, 소액사건심판, 민사소송 등을 제기하여 치료비, 위자료 등을 받을 수 있습니다.

② 피해자와 가해자가 피해의 배상에 대해 합의한 경우에는 더 이상의 민사절차가 진행되지 않습니다. 만약 피해자가 합의금을 받고도 민사절차를 진행하면 합의서를 증거로 민사절차에 대응할 수 있습니다.

③ 민사조정, 소액사건심판, 민사소송 등에서 피해자의 치료비, 위자료 등의 청구권이 인정되었으나 가해자가 이를 이행하지 않는 경우에는 강제집행을 할 수 있습니다.

1-2. 민사조정

1-2-1. 민사조정의 의의

① 민사조정은 법관이나 법원에 설치된 조정위원회가 분쟁 당사자의 주장을 듣고 관련 자료 등 여러 사항을 검토해서 당사자들의 합의를 주선함으로써 조정을 하는 제도로 분쟁을 간편하고 신속하게 해결할 수 있습니다(민사조정법 제1조).

② 민사조정 신청을 하면 즉시 조정기일이 정해져서, 한 번의 조정기일에 조정이 끝나는 것이 대부분이며, 소송비용이 정식재판에 따른 소송절차에 비해 적게 듭니다.

③ 민사조정 신청 시 법원에 납부하는 수수료는 기본적으로 소송 제기시 첨부할 인지액의 1/5정도이며, 예납할 송달료도 당사자 1인당 5회분으로 소송절차 중 액수가 가장 적은 소액사건(당사자 1인당 10회분)보다 적습니다.

1-2-2. 민사조정 절차

① 민사조정의 신청

분쟁 당사자 일방이 법원에 조정을 신청하거나 해당 소송사건을 심리하고 있는 판사가 직권으로 조정에 회부하면 민사조정이 시작됩니다(민사조정법 제2조 및 제6조). 민사조정 신청은 서면 또는 말로 할 수 있습니다(동법 제5조).

② 민사조정 기일의 통지

민사조정을 신청하면 분쟁의 당사자에게 조정기일이 통지됩니다(민사조정법 제15조). 분쟁 당사자는 조정기일에 출석해서 조정담당판사 앞에서 진술을 해야 합니다. 다만, 특별한 사정이 있는 경우에는 조정담당판사의 허가를 얻어 대리인을 출석시키거나 보조인을 동반할 수 있습니다(동 규칙 제6조).

③ 민사조정의 성립

당사자 사이에 합의가 이루어져 조정조서가 작성되면 조정이 성립됩니다(동법 제28조). 한편, 피신청인이 조정기일에 출석하지 않거나, 합의가 이루어지지 않거나, 당사자 사이의 합의 내용이 적절하지 않다고 인정한 사건에 관해 법원은 직권으로 조정에 갈음하는 결정을 합니다(동법 제30조 및 제32조).

1-2-3. 민사조정의 효력

① 당사자 사이에 성립된 민사조정은 재판상 화해와 동일한 효력을 갖습니다(민사조정법 제29조).

② 조정에 갈음하는 결정에 대한 결정문을 받은 당사자가 2주 이내에 이의신청을 하지 않거나, 이의신청이 각하되거나, 이의신청이 취하된 경우에는 재판상 화해를 한 것과 동일한 효력을 갖습니다(동법 제34조).

1-2-4. 재판상 화해의 효력

① 「민사소송법」 제220조에 따라 재판상 화해는 확정 판결과 동일한 효력을 갖습니다. 이에 따라 강제집행절차에 의해 권리를 실현할 수 있는 '집행력'이 발생하며, 조정결정사항을 이행하지 않는 경우에는 조정결정문을 채무명의로 삼아 강제집행(간접강제)을 신청하여 권리를 실현할 수 있습니다(민사집행법 제2편 참조).

② 한편, 조정을 하지 않기로 한 결정이 있거나(동법 제26조), 조정이 성립되지 않은 것으로 종결되거나(동법 제27조), 조정에 갈음하는 결정에 대해 2주 이내에 이의신청을 한 경우(동법 제34조)에는 소송이 제기된 것으로 보며, 이 경우 새롭게 소송절차가 진행됩니다(동법 제36조).

1-3. 소액사건심판

1-3-1. 소액사건심판의 개념

"소액사건심판"이란, 민사사건이 소액사건에 해당할 경우 다른 민사사건에 대한 소송보다 간편하게 소를 제기하고 소송을 수행할 수 있는 제도를 말합니다.

1-3-2. 소액사건의 범위

소액사건은 지방법원 및 지방법원지원의 관할사건 중 제소한 때의 소송목적의 값이 3천만원을 초과하지 않는 금전, 그 밖의 대체물이나 유가증권의 일정한 수량의 지급을 목적으로 하는 제1심의 민사사건입니다(소액사건심판법 제2조제1항, 동 규칙 제1조의2 본문).

1-3-3. 소액사건심판의 절차

① 소액사건심판의 제기

소액사건심판을 원하는 피해자는 서면이나 말로 소액사건심판을 제기할 수 있습니다(소액사건심판법 제8조 및 소액사건심판규칙 제3조).

소액사건심판을 제기한 사람을 원고라고 하며, 그 상대방을 피고라
고 합니다.

② 피고에 대한 이행 권고

소송이 제기되면 법원은 피고에게 소장부본이나 제소조서등본 등을
첨부해서 원고의 청구취지대로 이행할 것을 권고할 수 있습니다(동법
제5조의3). 이행의 권고를 받은 피고가 2주 이내에 이의신청을 하면,
변론기일을 정해 소액사건심판절차가 진행됩니다(동법 제5조의4).

※ ① 피고가 「소액사건심판법」 제5조의4제1항의 기간 내에 이의신청
을 하지 않은 경우, ② 이의신청에 대한 각하결정이 확정된 경우,
또는 ③ 이의신청이 취하된 경우 위 이행권고결정은 확정 판결과
같은 효력을 가지게 됩니다(제5조의7제1항).

③ 변론

변론은 보통 1회로 진행되며, 이 변론기일에 판사는 소송 당사자와
관계자를 심문합니다. 이 때 판사가 상당하다고 인정하는 경우 서면
을 대신 제출하게 할 수 있습니다(동법 제7조, 제10조 및 동 규칙
제6조).

④ 판결의 선고

변론이 끝나면 판결이 즉시 선고될 수 있습니다(동법 제11조의2).

1-4. 민사소송

1-4-1. 민사소송의 개념

합의나 조정, 소액사건심판 등의 방법으로도 피해를 구제받지 못한 피해
자는 최종적으로 민사소송을 제기함으로서 분쟁을 해결할 수 있습니다.

1-4-2. 민사소송 절차

① 소장의 제출

분쟁의 해결을 원하는 분쟁 당사자는 소장을 작성해서 법원에 제출

합니다(민사소송법 제248조). 민사소송을 제기한 사람을 원고라고 하고, 그 상대방을 피고라고 합니다.

② 소장부본의 송달과 답변서 제출

　㉠ 소장이 접수되면 법원은 그 소장부본을 피고에게 송달하고, 피고는 30일 이내에 답변서를 제출해야 합니다(동법 제255조 및 제256조).

　㉡ 피고가 답변서를 제출하지 않거나 자백취지의 답변서를 제출하면, 원고의 청구 내용대로 소송이 완료됩니다(동법 제257조).

　㉢ 피고가 청구 내용을 부인하는 취지의 답변서를 제출하는 경우에는 변론준비절차로 이행됩니다(동법 제256조제4항).

③ 변론준비 절차

변론준비절차기간에는 피고가 답변서를 제출하고 이에 대해 원고가 반박 준비서면을 제출하는 준비서면 공방이 이루어집니다(동법 제280조). 또한, 준비서면 및 증거제출과 증인신청, 검증·감정신청을 하는 등 변론기일 전에 증거조사를 모두 끝내야 합니다(동법 제281조부터 제284조까지).

④ 변론준비기일

변론준비절차를 통해 기본서면 공방이 종료되면 재판장은 기록 등을 검토하여 쟁점이 부각되고 변론기일 전 증거제출이 일단 완료되었다고 판단되는 분쟁에 대해 쟁점정리기일(변론준비기일)을 지정할 수 있습니다(동법 제282조). 원고와 피고는 쟁점정리기일에 출석해서 분쟁의 쟁점을 확인하고 서로의 주장에 대해 반박하게 됩니다(동법 제282조).

⑤ 변론기일

제1차 변론기일(집중증거조사기일)에서는 쟁점정리기일에 정리된 결과에 따라서 분쟁에 관련된 원고와 피고 및 양측의 증인을 집중적으로 신문(訊問)하고, 신문을 마치면 그로부터 단기간 내에 판결을 선고받게 됩니다(동법 제287조).

1-4-3. 민사소송의 효력

① 판결에 패소한 당사자가 이의를 제기하지 않으면 판결이 확정됩니다.

② 판결에 이의가 있는 경우에는 판결일부터 2주 이내에 법원에 항소장을 제출할 수 있습니다(민사소송법 제396조 및 제408조).

1-4-4. 민사소송 비용

① 소송비용 패소자 부담 원칙

소송비용에는 인지대, 송달료, 증인·감정인 등의 여비, 일당, 숙박료 등 및 변호사 보수 등이 포함되며 이는 패소자가 부담하는 것이 원칙입니다(민사소송법 제98조). 다만, 법원은 당사자가 기일이나 기간의 준수를 게을리하거나, 당사자가 소송을 지연시키거나 하는 등의 사유가 있는 경우 승소자에게 소송비용의 일부 또는 전부를 부담하게 할 수 있습니다(동법 제99조부터 제102조까지).

② 변호사보수의 소송비용 산입

㉠ 소송을 대리한 변호사에게 당사자가 지급하였거나 지급할 보수는 소송목적의 값(주장하는 값)에 따라 산입할 보수의 기준(변호사보수의소송비용산입에관한규칙 별표 1)에 해당하는 금액이 소송비용으로 산입되며, 인정되는 금액을 초과하는 변호사 수임비용은 재판에서 승소하였다고 하더라도 당사자가 부담해야 합니다(민사소송법 제109조제1항, 변호사보수의소송비용산입에관한규칙 제3조제1항 본문). 다만, 보수의 기준에 따른 금액이 30만원에 미치지 못하는 경우에는 이를 30만원으로 봅니다(동 규칙 제3조제1항 단서).

㉡ 소송비용을 계산할 때에는 여러 명의 변호사가 소송을 대리하였더라도 한 명의 변호사가 대리한 것으로 봅니다(민사소송법 제109조제2항).

㉢ 피고의 전부자백 또는 자백간주에 따른 판결과 무변론 판결의 경우 소송비용에 산입할 변호사의 보수는 「변호사보수의소송비용산입에

관한규칙」별표 1 기준에 따라 산정한 금액의 1/2로 감액됩니다(제
5조).

㉣ 법원은 소송비용에 산입되는 보수의 전부를 소송비용에 산입하는
것이 현저히 부당하다고 인정되는 경우 상당한 정도까지 감액하여
산정할 수 있습니다(동 규칙 제6조제1항).

㉤ 법원은 소송비용에 산입되는 보수의 금액이 소송의 특성 및 이에
따른 소송대리인의 선임 필요성, 당사자가 실제 지출한 변호사보수
등에 비추어 현저히 부당하게 낮은 금액이라고 인정하는 때에는 당
사자의 신청에 따라 위 금액의 1/2의 한도에서 이를 증액할 수 있
습니다(동 규칙 제6조제2항).

[서식 예] 손해배상청구의 소(공갈)

소   장

원   고   ○○○ (주민등록번호)
　　　　　○○시 ○○구 ○○길 ○○(우편번호)
　　　　　전화·휴대폰번호:
　　　　　팩스번호, 전자우편(e-mail)주소:
피   고   ◇◇◇ (주민등록번호)
　　　　　○○시 ○○구 ○○길 ○○(우편번호)
　　　　　전화·휴대폰번호:
　　　　　팩스번호, 전자우편(e-mail)주소:

손해배상청구의 소

청 구 취 지

1. 피고는 원고에게 금 ○○○원 및 이에 대한 20○○. ○. ○. 부터 이 사건 소장부본 송달일까지는 연 5%의, 그 다음날부터 다 갚는 날까지는 연 15%의 각 비율에 의한 돈을 지급하라.
2. 소송비용은 피고의 부담으로 한다.
3. 위 제1항은 가집행 할 수 있다.
라는 판결을 구합니다.

청 구 원 인

1. 손해배상책임의 발생
   피고는 20○○. ○. ○. 16:00 자신의 승용차 안에서 원고에게 칼을 들이대고 말을 듣지 않으면 죽이겠다면서 가지고

있는 돈을 전부 내 놓으라고 하여 원고는 이에 두려움을 느끼고 지갑에 있던 금 ○○○원을 피고에게 교부하였고, 간신히 풀려난 뒤 병원에서 정신과적 치료를 받고 퇴원한 사실이 있으므로, 피고는 이로 인해 원고가 입은 모든 손해를 배상할 책임이 있다고 할 것입니다.

2. 손해배상책임의 범위

가. 피고의 강탈행위로 인한 재산상 손해

원고는 위 일시에 피고에게 금 ○○○원을 강탈당하는 손해를 입었습니다.

나. 치료비

원고는 위 사고 당일 병원 치료비로 금 ○○○원을 지출하는 손해를 입었습니다.

다. 위자료

원고는 위 사고로 인해 대인공포증 등으로 시달리는 등 정신적인 고통을 받았으므로 피고는 이를 금전으로나마 보상할 의무가 있다고 할 것인데, 원고의 나이, 직업, 학력, 가정적인 환경 등을 종합적으로 고려할 때 위자료로는 금 ○○○원이 상당하다고 할 것입니다.

3. 결론

따라서 원고는 피고로부터 금 ○○○원(강탈금액 금 ○○○원＋치료비 금 ○○○원＋위자료 금 ○○○원) 및 이에 대하여 불법행위일인 20○○. ○. ○.부터 이 사건 소장부본 송달일까지는 민법에서 정한 연 5%의, 그 다음날부터 다 갚는 날까지는 소송촉진등에관한특례법에서 정한 연 15%의 각 비율에 의한 지연손해금을 지급 받기 위하여 이 사건 청구에 이른 것입니다.

입 증 방 법

1. 갑 제1호증　　　　　　고소장

1. 갑 제2호증   고소장접수증명원

1. 갑 제3호증   진단서

1. 갑 제4호증   치료비영수증

첨 부 서 류

1. 위 입증방법   각 1통

1. 소장부본   1통

1. 송달료납부서   1통

20○○.　○.　○.

위 원고　○○○　(서명 또는 날인)

○○지방법원　귀중

소   장

원   고   ○○○ (주민등록번호)
　　　　　○○시 ○○구 ○○길 ○○(우편번호)
　　　　　전화·휴대폰번호:
　　　　　팩스번호, 전자우편(e-mail)주소:
피   고   ◇◇◇ (주민등록번호)
　　　　　○○시 ○○구 ○○길 ○○(우편번호)
　　　　　전화·휴대폰번호:
　　　　　팩스번호, 전자우편(e-mail)주소:

손해배상청구의 소

청 구 취 지

1. 피고는 원고에게 금 ○○○원 및 이에 대한 20○○. ○. ○.
   부터 이 사건 소장부본 송달일까지는 연 5%의, 그 다음날부
   터 다 갚는 날까지는 연 15%의 각 비율에 의한 돈을 지급
   하라.
2. 소송비용은 피고가 부담한다.
3. 위 제1항은 가집행 할 수 있다
라는 판결을 구합니다.

청 구 원 인

1. 피고는 20○○. ○. ○. 원고의 집에서 갚을 의사나 능력이
   없음에도 불구하고, 남편이 음주운전 중 교통사고를 내어 사
   람을 다치게 하여, 피해자와의 합의금이 급히 필요하니 이틀
   만 빌려주면 곧 갚겠다고 거짓말하여 원고는 피고의 말에

속아 금 ○○○원을 피고에게 무통장으로 입금시켜 주었습
니다.

2. 그러나 피고의 말은 모두 거짓말이었고, 이틀이 아니라 현재
까지도 위 돈을 갚지 아니하고 있습니다.

3. 그러므로 원고는 피고로부터 금 ○○○원 및 이에 대한 20○
○. ○. ○.부터 이 사건 소장부본 송달일까지는 민법에서 정
한 연 5%의, 그 다음날부터 다 갚는 날까지는 소송촉진등에
관한특례법에서 정한 연 15%의 각 비율에 의한 지연손해금
의 지급을 청구하기 위하여 이 사건 소를 제기합니다.

입 증 방 법

1. 갑 제1호증　　　　　　　　무통장입금증

첨 부 서 류

1. 위 입증방법　　　　　　　1통
1. 소장부본　　　　　　　　　1통
1. 송달료납부서　　　　　　　1통

　　　　　　　　20○○.　○.　○.
　　　　　　위 원고　○○○　(서명 또는 날인)

○○지방법원　귀중

소 장

원 고   ○○○ (주민등록번호)
         ○○시 ○○구 ○○길 ○○(우편번호)
         전화·휴대폰번호:
         팩스번호, 전자우편(e-mail)주소:
피 고   ◇◇◇ (주민등록번호)
         ○○시 ○○구 ○○길 ○○(우편번호)
         전화·휴대폰번호:
         팩스번호, 전자우편(e-mail)주소:

손해배상청구의 소

청 구 취 지

1. 피고는 원고에게 금 ○○○원 및 이에 대한 20○○. ○. ○. 부터 이 사건 소장부본 송달일까지는 연 5%의, 그 다음날부터 다 갚는 날까지는 연 15%의 각 비율에 의한 돈을 지급하라.
2. 소송비용은 피고의 부담으로 한다.
3. 위 제1항은 가집행 할 수 있다.
라는 판결을 구합니다.

청 구 원 인

1. 손해배상책임의 발생
   피고는 20○○. ○. ○. 16:00 ○○로타리에서 길을 걷고 있던 원고를 불러, 아무 이유도 없이 시비를 걸다가 원고가 이에 대꾸하지 않는다는 이유로 각목으로 원고의 머리를 때려 원고는 그 자리에서 쓰러져 병원으로 후송된 뒤 한 달간의 치료를 받은 사실이 있으므로, 피고는 이로 인해 원고가 입은 모든 손해를 배상할 책임이 있다고 할 것입니다.

2. 손해배상책임의 범위

　가. 치료비

　　원고는 병원 치료비로 금 ○○○원을 지출하는 손해를 입었습니다.

　나. 일실수입

　　원고는 원래 회사원으로서 월 평균 금 ○○○원을 급여로 받아 왔는데 20○○. ○. ○.부터 20○○. ○. ○.까지 한 달 동안 병원을 다니며 치료를 받느라 한 달 간 일을 하지 못하였으므로, 이로 인한 일실수입은 금 ○○○원{금 ○○○원×1(100%)×0.9958(1개월간에 상당한 호프만수치)}입니다.

　다. 위자료

　　원고는 위 사고로 인해 대인공포증 등으로 시달리는 등 정신적인 고통을 받았으므로 피고는 이를 금전으로나마 위자할 의무가 있다고 할 것인데, 원고의 나이, 직업, 학력, 가정적인 환경 등을 종합적으로 고려할 때 위자료로는 금 ○○○원이 상당하다고 할 것입니다.

3. 결론

　　따라서 원고는 피고로부터 금 ○○○원(치료비 금 ○○○원 + 일실수입 금 ○○○원 + 위자료 금 ○○○원) 및 이에 대한 20○○. ○. ○.부터 이 사건 소장부본 송달일까지는 민법에서 정한 연 5%의, 그 다음날부터 다 갚는 날까지는 소송촉진등에관한특례법에서 정한 연 15%의 각 비율에 의한 지연손해금을 지급 받기 위하여 이 사건 청구에 이른 것입니다.

입 증 방 법

1. 갑 제1호증   고소장
1. 갑 제2호증   고소장접수증명원
1. 갑 제3호증   진단서
1. 갑 제4호증   치료비영수증
1. 갑 제5호증   재직증명서
1. 갑 제6호증   급여명세서
1. 갑 제7호증   근로소득세원천징수영수증

첨 부 서 류

1. 위 입증방법   각 1통
1. 소장부본   1통
1. 송달료납부서   1통

20○○.　○.　○.

위 원고　○○○　(서명 또는 날인)

○○지방법원　귀중

소   장

원   고   ○○○ (주민등록번호)
         ○○시 ○○구 ○○길 ○○(우편번호)
         전화·휴대폰번호:
         팩스번호, 전자우편(e-mail)주소:
피   고   ◇◇◇ (주민등록번호)
         ○○시 ○○구 ○○길 ○○(우편번호)
         전화·휴대폰번호:
         팩스번호, 전자우편(e-mail)주소:

손해배상청구의 소

청 구 취 지

1. 피고는 원고에게 금 ○○○원 및 이에 대한 20○○. ○. ○. 부터 이 사건 소장부본 송달일까지는 연 5%의, 그 다음날부터 다 갚는 날까지는 연 15%의 각 비율에 의한 돈을 지급하라.
2. 소송비용은 피고의 부담으로 한다.
3. 위 제1항은 가집행 할 수 있다.
라는 판결을 구합니다.

청 구 원 인

1. 손해배상책임의 발생
   피고는 20○○. ○. ○. 16:00 원고의 주거지에 찾아와 흉기를 보이며 '빨리 빚을 갚지 않으면 네 아이들까지 전부 죽이겠다'고 원고를 협박하였고, 이로 인해 원고는 충격을 받고 그 자리에서 쓰러져 병원으로 후송된 뒤 치료를 받고 퇴원한 사실이 있으므로, 피고는 이로 인해 원고가 입은 모든 손해를 배상할 책임이 있다고 할 것입니다.

2. 손해배상책임의 범위

  가. 치료비

    원고는 위 사고 당일 병원 치료비로 금 ○○○원을 지출하는 손해를 입었습니다.

  나. 위자료

    원고는 위 사고로 인해 대인공포증 등으로 시달리는 등 정신적인 고통을 받았으므로 피고는 이를 금전으로나마 위자할 의무가 있다고 할 것인데, 원고의 나이, 직업, 학력, 가정적인 환경 등을 종합적으로 고려할 때 위자료로는 금 ○○○원이 상당하다고 할 것입니다.

3. 결론

  따라서 원고는 피고로부터 금 ○○○원(치료비 금 ○○○원 + 위자료 금 ○○○원) 및 이에 대한 20○○. ○. ○.부터 이 사건 소장부본 송달일까지는 민법에서 정한 연 5%의, 그 다음 날부터 다 갚는 날까지는 소송촉진등에관한특례법에서 정한 연 15%의 각 비율에 의한 지연손해금을 지급 받기 위하여 이 사건 청구에 이른 것입니다.

입 증 방 법

1. 갑 제1호증	고소장
1. 갑 제2호증	고소장접수증명원
1. 갑 제3호증	진단서
1. 갑 제4호증	치료비영수증

첨 부 서 류

1. 위 입증방법   각 1통
1. 소장부본   1통
1. 송달료납부서   1통

2000.   ○.   ○.

위 원고   ○○○   (서명 또는 날인)

○○지방법원 귀중

소　　장

원　　고　　주식회사 ○○건설
　　　　　　○○시 ○○구 ○○로 ○○ (우편번호)
　　　　　　대표이사 ○○○
　　　　　　전화·휴대폰번호:
　　　　　　팩스번호, 전자우편(e-mail)주소:
피　　고　　◇◇◇ (주민등록번호)
　　　　　　○○시 ○○구 ○○로 ○○(우편번호)
　　　　　　전화·휴대폰번호:
　　　　　　팩스번호, 전자우편(e-mail)주소:

손해배상청구의 소

청 구 취 지

1. 피고는 원고에게 금 10,000,000원 및 이에 대한 20○○. 3. 5.
   부터 이 사건 소장부본 송달일까지는 연 5%의, 그 다음날부터
   다 갚는 날까지는 연 15%의 각 비율에 의한 돈을 지급하라.
2. 소송비용은 피고가 부담한다.
3. 위 제1항은 가집행 할 수 있다.
라는 판결을 구합니다.

청 구 원 인

1. 당사자들의 관계
   피고는 2000. 1. 5. 원고회사의 직원으로 채용되어 20○○. 5.
   30. 징계해직 된 사람입니다.
2. 손해배상책임의 발생
   피고는 원고회사의 경리과 직원으로 재직하면서 거래처로부터 물

품대금을 받아 원고회사 예금계좌에 입금하는 업무를 담당하고 있던 중, 20○○. 3. 5. 원고회사의 거래처인 주식회사◉◉에서 지급한 금 10,000,000원을 회사통장에 입금하지 아니하고 횡령, 개인용도로 소비한 사실이 뒤늦게 밝혀져 같은 해 4. 10.자로 징계해직 된 사람인바, 횡령을 하여 원고에 손해를 입힌 사실이 명백하므로 금 10,000,000원을 원고에게 배상하여야 할 것입니다.

3. 사정이 위와 같으므로 원고는 피고로부터 피고가 횡령한 금 10,000,000원 및 이에 대한 20○○. 3. 5.부터 이 사건 소장부본 송달일까지는 민법에서 정한 연 5%의, 그 다음날부터 다 갚는 날까지는 소송촉진등에관한특례법에서 정한 연 15%의 각 비율에 의한 지연손해금을 지급 받고자 이 사건 소송에 이르게 된 것입니다.

입 증 방 법

1. 갑 제1호증　　　　　　　사실확인서
1. 갑 제2호증　　　　　　　입금표

첨 부 서 류

1. 위 입증방법　　　　　　각 1통
1. 법인등기사항증명서　　　1통
1. 소장부본　　　　　　　　1통
1. 송달료납부서　　　　　　1통

20○○.　○.　○.
위 원고　주식회사○○건설
대표이사 ○○○ (서명 또는 날인)

○○지방법원　귀중

2. 형사상 배상명령

2-1. 배상명령의 개념

① "배상명령"이란, 제1심 또는 제2심의 형사공판절차에서 법원이 유죄 판결을 선고할 경우에 그 유죄 판결과 동시에 범죄행위로 발생한 직접적인 물적 피해 및 치료비 등에 대한 배상을 명하거나, 피고인과 피해자 사이에 합의된 손해배상액에 관해 배상을 명하는 것을 말합니다.

② 즉, 피해자가 민사절차 등 다른 절차에 따르지 않고 가해자인 피고인에 대한 형사재판절차에서 간편하게 피해배상을 받을 수 있는 제도입니다.

2-2. 배상명령의 신청

2-2-1. 폭행·상해사건 중 배상명령을 신청할 수 있는 사건

① 법원은 폭행·상해 사건 중 다음 어느 하나에 해당하는 사건에 대해 유죄 판결을 선고할 경우 피해자나 그 상속인 또는 대리인(이하 "피해자"라 함)의 신청에 따라 범죄행위로 발생한 직접적인 물적 피해, 치료비 및 위자료의 배상을 명할 수 있습니다(소송촉진 등에 관한 특례법 제25조제1항).

1. 상해(형법 제257조제1항)

2. 중상해(형법 제258조제1항 및 제2항)

3. 특수상해(형법 제258조의2, 다만 단체 또는 다중의 위력을 보이거나 위험한 물건을 휴대하여 자기 또는 배우자의 직계 존속의 신체를 상해한 경우, 그들의 신체를 상해하여 생명에 대한 위험을 발생하게 한 경우 및 그들의 신체의 상해로 인해 불구 또는 불치나 난치의 질병에 이르게 한 경우는 제외)

4. 상해치사(형법 제259조제1항)

5. 폭행치사상[형법 제262조(존속폭행치사상의 죄는 제외)], 상해 미

수 및 상습 상해·중상해(형법 제257조제3항 및 제264조)

② 법원은 위에서 정한 죄 및 그 외의 죄에 대한 해당 사건에서 피고인과 피해자 사이에 합의된 손해배상액에 관해서도 배상을 명할 수 있습니다(소송촉진 등에 관한 특례법 제25조제2항).

2-2-2. 배상명령신청 방법

① 서면신청

피해자는 제1심 또는 제2심 형사공판의 변론 종결 시까지 소송이 진행 중인 법원에 배상명령신청서와 상대방 피고인의 수에 해당하는 배상명신청서 부본을 제출하여 배상명령을 신청할 수 있습니다(소송촉진 등에 관한 특례법 제26조제1항·제2항). 배상명령신청서에는 증거서류를 첨부할 수 있습니다(동법 제26조제3항).

② 구술신청

피해자가 증인으로 법정에 출석한 때에는 말로 배상명령을 신청할 수 있습니다. 이 때에는 공판조서에 신청의 취지를 기재해야 합니다(동법 제26조제5항).

2-2-3. 배상명령신청의 제한

피해자는 해당 범죄행위로 발생한 피해에 대해 다른 절차에 따른 손해배상청구소송이 진행 중인 때에는 배상명령신청을 할 수 없습니다(소송촉진 등에 관한 특례법 제26조제7항).

2-2-4. 배상명령신청의 효력

배상명령신청은 민사소송에서의 소의 제기와 동일한 효력이 있습니다(소송촉진 등에 관한 특례법 제26조제8항).

2-2-5. 배상명령신청의 취하

배상명령의 신청인은 배상명령이 확정되기 전까지는 언제든지 그 신청을 취하할 수 있습니다(소송촉진 등에 관한 특례법 제26조제6항).

2-2-6. 배상명령신청의 각하 등

① 법원은 배상명령신청이 부적법한 때 또는 신청이 이유 없거나 배상명
령을 하는 것이 상당하지 않다고 인정될 때에는 결정으로 이를 각하
해야 합니다(소송촉진 등에 관한 특례법 제32조제1항).

② 배상명령신청이 각하되거나 그 일부가 인용된 재판에 대해 신청인은
불복을 신청하지 못하며, 다시 동일한 배상신청을 할 수 없습니다(동
법 제32조제4항).

2-3. 법원의 배상명령

2-3-1. 배상명령의 방법

① 법원은 유죄 판결의 선고 시에 배상명령을 함께 하며, 이는 배상의
대상과 금액을 유죄 판결의 주문에 표시하는 것으로 합니다(소송촉진
등에 관한 특례법 제31조제1항·제2항).

② 법원은 배상명령을 하는 경우 가집행할 수 있다는 것을 선고할 수
있습니다(동법 제31조제3항).

2-3-2. 배상명령의 효력

① 확정된 배상명령 또는 가집행선고가 포함된 배상명령이 기재된 유죄
판결서의 정본은 「민사집행법」에 따른 강제집행에 관해서는 집행력
있는 민사 판결 정본과 동일한 효력이 있습니다(소송촉진 등에 관한
특례법 제34조제1항).

② 배상명령이 확정된 경우에는 그 인용금액 범위에서 피해자는 다른 절
차에 따른 손해배상을 청구할 수 없습니다(동법 제34조제2항).

2-3-3. 배상명령에 대한 불복

① 유죄 판결에 대한 상소의 제기가 있는 때에는 배상명령은 해당 사건과 함께 상소심으로 이심됩니다(소송촉진 등에 관한 특례법 제33조 제1항).

상소(上訴): 재판이 확정되기 전에 상급법원에 취소·변경을 구하는 불복신청을 말하며, 항소와 상고가 있습니다.

　상소는 미확정의 재판에 대해 제기하는 것이므로 미확정 재판이 아닌 재심의 소나 형사소송에서의 비상상고는 상소가 아닙니다. 또한 상소는 상급법원에 대한 것이므로 같은 심급 내에서의 이의는 상소가 아닙니다.

---

② 상소심에서 원심의 유죄 판결을 파기하고 해당 사건에 대해 무죄·면소 또는 공소기각의 재판을 하는 경우에는 원심의 배상명령을 취소해야 합니다. 상소심에서 원심의 배상명령을 취소하지 않은 경우에는 이를 취소한 것으로 봅니다(동법 제33조제2항).

③ 원심에서 배상명령을 한 경우에는 위의 사항(소송촉진 등에 관한 특례법 제33조제2항)을 적용하지 않습니다(동법 제33조제3항).

면소(免訴): 기소된 형사사건에서 공소권이 없어져 기소의 면제를 선고하는 판결을 의미합니다. 이는 공소시효의 완성, 확정 판결, 사면, 범죄 후 법령의 개폐(改廢) 등의 경우에 이루어집니다.

공소기각(公訴棄却): 사건에 대해 관할권 외에 형식적 소송조건이 결여된 경우에 절차상의 하자를 이유로 공소를 부적법하다고 인정하여 사건의 실체에 대한 심리를 하지 않고 소송을 종결시키는 형식재판을 말합니다.

※ 결정으로 공소를 기각해야 하는 경우

1. 공소가 취소되었을 경우
2. 피고인이 사망하거나 피고인인 법인이 존속하지 않게 된 경우
3. 관할의 경합으로 재판할 수 없는 경우
4. 공소장에 기재된 사실이 진실이라 하더라도 범죄가 될만한 사실이

※ 판결로 공소를 기각해야 하는 경우
1. 피고인에 대해 재판권이 없는 경우
2. 공소 제기의 절차가 법률에 위반하여 무효인 경우
3. 공소가 제기된 사건에 대해 다시 공소가 제기된 경우
4. 공소취소 후 다른 중요한 증거를 발견하지 않았음에도 불구하고 공소가 제기된 경우
5. 친고죄(親告罪)의 경우에 고소의 취소가 있은 경우
6. 반의사불벌죄(反意思不罰罪)의 경우에 피해자가 처벌의 의사표시를 철회했을 경우

④ 상소심에서 원심 판결을 유지하는 경우에도 배상명령에 대해서는 이를 취소하거나 변경할 수 있습니다(동법 제33조제4항).

⑤ 피고인은 유죄 판결에 대해서는 상소를 제기하지 않고 배상명령에 대해서만 상소제기 기간에 「형사소송법」에 따른 즉시항고를 할 수 있습니다. 다만, 즉시항고 제기 후 상소권자의 적법한 상소가 있는 경우에는 즉시항고는 취하된 것으로 봅니다(동법 제33조제5항).

■ 배상명령을 받은 이후, 배상명령에 대한 금액을 지급하지 않는 데 어떻게 해야 하나요?

Q. 저는 甲으로부터 1,000만원의 사기를 당하여 고소를 하였고 甲에 대한 형사재판절차에서 배상명령을 신청하여 배상명령결정을 받았습니다. 이후 甲이 위 배상명령에 대한 금액을 지급하지 않는 데 어떻게 해야 하나요?

A. 「소송촉진등에관한특례법」 제34조 제1항은 "확정된 배상명령 또는 가집행선고가 있는 배상명령이 기재된 유죄판결서의 정본은 민사집행법에 따른 강제집행에 관하여는 집행력 있는 민사판결 정본과 동일한 효력이 있다."라고 규정하고 있습니다. 즉 위와 같이 형사재판절차에서 피고인

에 대한 유죄판결과 함께 배상명령결정까지 받았음에도 불구하고 피고인이 배상명령결정에 따른 금액을 임의로 지급하지 아니할 경우, 위 배상명령결정은 민사판결 정본과 동일한 효력이 있으므로 甲은 그 결정문에 의거하여 민사집행법에 따라 강제집행을 신청하시면 될 것으로 보입니다. 그리고 배상명령은 확정되더라도 기판력이 발생하는 것은 아니고 단지 집행력만 있는 것이므로 형사상 유죄판결에도 불구하고 추후 손해배상책임이 없는 것이 밝혀진다면 채무자는 청구이의의 소나 부당이득반환청구소송을 통해 다툴 수 있습니다.

(관련판례)

소송촉진 등에 관한 특례법 제25조 제1항의 규정에 의한 배상명령은 피고인의 범죄행위로 피해자가 입은 직접적인 재산상 손해에 대하여 피해금액이 특정되고 피고인의 배상책임 범위가 명백한 경우에 한하여 피고인에게 배상을 명함으로써 간편하고 신속하게 피해자의 피해회복을 도모하고자 하는 제도로서, 위 특례법 제25조 제3항 제3호의 규정에 의하면 피고인의 배상책임의 유무 또는 그 범위가 명백하지 아니한 경우에는 배상명령을 하여서는 아니 되고, 그와 같은 경우에는 위 특례법 제32조 제1항에 따라 배상명령신청을 각하하여야 한다. 이러한 취지에 비추어 볼 때, 피고인이 재판과정에서 배상신청인과 민사적으로 합의하였다는 내용의 합의서를 제출하였고, 합의서 기재 내용만으로는 배상신청인이 변제를 받았는지 여부 등 피고인의 민사책임에 관한 구체적인 합의 내용을 알 수 없다면, 사실심법원으로서는 배상신청인이 처음 신청한 금액을 바로 인용할 것이 아니라 구체적인 합의 내용에 관하여 심리하여 피고인의 배상책임의 유무 또는 그 범위에 관하여 살펴보는 것이 합당하다(대법원 2013. 10. 11. 선고 2013도9616 판결).

■ 범죄행위로 발생한 손해의 배상은 형사소송에서도 청구가 가능합니까?

Q. 범죄행위로 발생한 손해의 배상은 민사소송뿐만 아니라 형사소송에서도 청구가 가능합니까?

A. 가능합니다. 제1심 또는 제2심의 형사공판절차에서 법원이 유죄 판결을 선고할 경우 피해자의 신청에 따라 범죄행위로 발생한 직접적인 물적 피해 및 치료비 손해의 배상을 유죄 판결과 동시에 명하거나, 피고인과 피해자 사이에 합의된 손해배상액에 관해 유죄 판결과 동시에 배상을 명할 수 있습니다.

◇ **피해자가 배상명령을 신청할 수 있는 경우**

다음 어느 하나에 해당하는 형사사건에 대해서는 범죄행위로 발생한 직접적인 물적 피해, 치료비 및 위자료의 배상을 형사법원에 신청할 수 있습니다.

① 상해, ② 중상해, ③ 특수상해, ④ 상해치사, ⑤ 폭행치사상, ⑥ 상해 미수 및 상습 상해·중상해

◇ **절차**

① 피해자는 제1심 또는 제2심 형사공판의 변론이 종결하기 전까지 소송이 진행 중인 법원에 배상명령신청서와 상대방 피고인의 수에 해당하는 배상명신청서 부본 및 증거서류를 제출합니다.

② 피해자가 증인으로 법정에 출석한 때에는 구두(말)로 배상명령을 신청할 수 있습니다.

◇ **법원의 배상명령**

① 법원은 유죄 판결을 선고할 때 배상명령을 함께 선고하고, 배상의 대상과 금액을 유죄 판결의 주문에 표시하며, 가집행할 수 있다는 것을 선고할 수 있습니다.

② 확정된 배상명령 또는 가집행선고가 포함된 배상명령이 기재된 유죄 판결서의 정본은 「민사집행법」에 따른 강제집행에 관해서는 집행력 있는 민사 판결 정본과 동일한 효력이 있습니다.

◇ **배상명령을 형사법원에 신청할 수 없는 경우**

피해자는 해당 범죄행위로 발생한 피해에 대해 다른 절차에 따른 손해배상청구소송이 진행 중인 때에는 배상명령신청을 할 수 없습니다.

(관련판례)

배상명령에 관한 소송촉진등에 관한 특례법 제25조 제1항, 제3항 제2호 및 제3호 규정의 취지는 피고인의 범죄행위로 피해자가 입은 직접적인 재산상 손해에 대하여 그 피해금액이 특정되고 피고인의 배상책임의 범위가 명백한 경우에 한하여 피고인에게 그 배상을 명함으로써 간편하고 신속하게 피해자의 피해회복을 도모하고자 하는 데에 있다(대법원 1985. 11. 12. 선고 85도1765 판결).

■ 허위자백으로 벌금형 받은 후 정식재판에서 번복하려고 하는데, 이 경우 책임을 면할 수 있는지요?

Q. 저는 평소 잘 알고 지내는 甲과 언쟁하던 중 일방적으로 폭행을 당하여 甲을 상해죄로 고소하였고, 甲은 허위의 내용으로 맞고소를 하면서 제가 甲을 폭행하여 2주 정도의 상해를 입혔다고 하였습니다. 그 후 甲은 제가 甲을 폭행하였다고 경찰에 자백해주면 벌금 등 형사처벌에 대하여는 甲이 배상하겠다고 간청하였고, 저는 甲을 폭행한 사실이 없으면서도 있다고 허위진술을 하여 벌금 50만원의 약식명령을 받았습니다. 그러나 甲은 벌금을 부담하지 않고 피하고만 있어 정식재판을 청구하여 위 자백을 번복하려고 하는데, 이 경우 저는 책임을 면할 수 있는지요?

A. 형사소송법 제312조 제3항에는 "검사 이외의 수사기관이 작성한 피의자 신문조서는 적법한 절차와 방식에 따라 작성된 것으로서 공판준비 또는 공판기일에 그 피의자였던 피고인 또는 변호인이 그 내용을 인정한 때에 한하여 증거로 할 수 있다"고 규정되어 있습니다. 즉, 귀하가 경찰에서 한 진술이 경찰의 고문이나 유혹 등으로 인해 진술한 것이 아니라 甲의 요청에 의해 임의로 진술하였다고 하더라도 그 내용이 사실이 아니라면 귀하가 경찰에서 한 진술이 사실이 아님을 정식재판절차에서 진술을 하면 경찰에서 한 피의자신문조서를 증거로 사용할 수 없게 됩니다.

따라서 이 사건의 경우 귀하가 법정에서 한 진술을 토대로 甲이 수사기관에서 한 진술 및 이를 뒷받침하는 증거(예를 든다면 甲에 대한 상해 진단서 등)가 사실과 다르다는 사실을 정식재판에서 증인신문 및 다른 증거조사를 통해 밝힐 수 있고, 甲의 진술 및 甲의 진술을 뒷받침하는 증거를 탄핵하여 이를 증거로 쓸 수 없게 된다면 귀하는 상해죄의 죄책을 면할 수 있을 것입니다.

그리고 판례는 "수사기관에 대하여 피의자가 허위자백을 하거나 참고인이 허위진술을 한 사실만으로서는 위계에 의한 공무집행방해죄가 성립된다고 할 수 없다."라고 한 바 있으므로(대법원 1971. 3. 9. 선고 71도186 판결, 2007. 10. 11. 선고 2007도6101 판결), 귀하가 허위진술을 한 부분에 대하여는 귀하에게 위계에 의한 공무집행방해도 문제되지는 않을 것으로 보입니다.

(관련판례)

배상명령제도는 범죄행위로 인하여 재산상 이익을 침해당한 피해자로 하여금 당해 형사소송절차내에서 신속히 그 피해를 회복하게 하려는데 그 주된 목적이 있으므로 피해자가 이미 그 재산상 피해의 회복에 관한 채무명의를 가지고 있는 경우에는 이와 별도로 배상명령 신청을 할 이익이 없다(대법원 1982.7.27. 선고 82도1217 판결).

■ 형사재판절차에서 상해로 인한 치료비를 받을 수 있는지요?

Q. 저는 甲으로부터 12주의 치료를 요하는 상해를 입었으며 甲은 그
사건으로 구속·기소되어 현재 재판 중에 있습니다. 저는 개인사정
상 치료비 등 손해배상에 대하여 甲을 상대로 민사소송을 제기할
형편이 못되어 형사재판절차에서 바로 치료비 등을 청구하려고 하
는데 그 절차가 어떻게 되는지요?

A. 「소송촉진등에관한특례법」 제25조는 "① 제1심 또는 제2심의 형사공판 절
차에서 「형법」 제257조제1항, 제258조제1항 및 제2항, 제258조의2제1항
(제257조 제1항의 죄로 한정한다), 제258조의2제2항(제258조제1항·제2항
의 죄로 한정한다), 제259조제1항, 제262조(존속폭행치사상의 죄는 제외한
다), 같은 법 제26장, 제32장(제304조의 죄는 제외한다), 제38장부터 제
40장까지 및 제42장에 규정된 죄,「성폭력범죄의 처벌 등에 관한 특례법」제
10조부터 제14조까지, 제15조(제3조부터 제9조까지의 미수범은 제외한다),
「아동·청소년의 성보호에 관한 법률」제12조 및 제14조에 규정된 죄에 관하
여 유죄판결을 선고할 경우, 법원은 직권에 의하여 또는 피해자나 그 상속
인(이하 "피해자"라 한다)의 신청에 의하여 피고사건의 범죄행위로 인하여
발생한 직접적인 물적(物的) 피해, 치료비 손해 및 위자료의 배상을 명할
수 있다. ② 법원은 제1항에 규정된 죄 및 그 외의 죄에 대한 피고사건에서
피고인과 피해자 사이에 합의된 손해배상액에 관하여도 제1항에 따라 배상
을 명할 수 있다."라고 규정하고 있습니다. 이는 형사사건의 피해자가 피고
인의 형사재판 과정에서 간편한 방법으로 민사적인 손해배상명령까지 받아
낼 수 있는 제도로 배상명령의 대상으로 상해, 폭행, 과실치사, 절도, 강도,
사기, 공갈, 횡령, 배임 및 성폭력범죄 등도 배상명령의 대상으로 하고 있
고, 그 이외의 죄에 대한 형사사건에 있어서는 피고인과 피해자 사이에 손
해배상액에 관한 합의가 이루어진 경우에도 배상을 명할 수 있습니다.
　배상명령신청을 할 수 있는 손해배상의 범위는 피고인과 피해자 사이에
손해배상액이 합의된 경우 이외에는 피고사건의 범죄행위로 인하여 발생

한 직접적인 물적 손해 및 치료비손해에 한정되었으나, 2005. 12. 14. 개정·공포(법률 제7728호)되고 2006. 6. 15.부터 시행된 「소송촉진등에관한특례법」 제25조 제1항에 따라 위자료도 청구가 가능합니다.

이러한 배상명령의 신청방법은 같은 법 제26조에 규정하고 있는데, 피해자나 그 상속인이 제1심 또는 제2심 공판의 변론종결시까지 배상명령신청서를 사건이 계속된 법원에 제출하면 되고, 다만 피해자나 그 상속인이 증인으로 법정에 출석할 때에는 피해자는 말로써 배상신청을 할 수 있으므로 별도로 신청서를 제출할 필요는 없습니다.

신청서에는 배상의 대상과 그 내용, 배상을 청구하는 금액 등 일정사항을 기재하여야 하며 필요한 경우 증거서류를 첨부할 수 있습니다. 신청서를 제출할 때에는 상대방 피고인의 수에 상응한 신청서 부본을 제출하여야 하고 인지는 첨부하지 않아도 됩니다.

그리고 확정된 배상명령 또는 가집행선고가 있는 배상명령이 기재된 유죄판결서의 정본은 「민사집행법」에 따른 강제집행에 관하여는 집행력 있는 민사판결의 정본과 동일한 효력이 있습니다(소송촉진등에관한특례법 제34조 제1항).

한편 「소송촉진등에관한특례법」 제25조 제3항은 "①피해자의 성명·주소가 분명하지 아니한 경우, ② 피해금액이 특정되지 아니한 경우, ③ 피고인의 배상책임의 유무 또는 그 범위가 명백하지 아니한 경우, ④배상명령으로 인하여 공판절차가 현저히 지연될 우려가 있거나 형사소송절차에서 배상명령을 함이 타당하지 아니하다고 인정되는 경우에는 배상명령을 하여서는 아니된다."라고 규정하고 있습니다. 이와 관련하여 배상책임의 유무 또는 범위가 명백하지 아니한 경우 판례는 "배상책임의 유무 또는 범위가 명백하지 아니하여 배상명령을 할 수 없음에도 불구하고 이를 지나친 나머지 피고인에 대하여 편취금액 전액의 배상을 명한 원심판결의 배상명령 부분은 배상명령에 관한 법리를 오해한 위법이 있다는 이유로 원심판결 중 배상명령 부분을 취소하고 배상명령 신청을 각하하였습니다(대법원 1996. 6. 11. 선고 96도945 판결).

배상명령신청을 각하하거나 그 일부만을 인정한 재판에 대하여 신청인은 불복을 신청하지 못하며 다시 동일한 배상신청을 할 수 없습니다. 다만, 민사소송절차에 의하여 손해배상을 청구할 수는 있습니다(소송촉진등에관한특례법 제32조 제4항).

■ 배상명령 확정 후 인용금액을 넘어선 부분에 대해서 소를 제기할 수 있는지요?

Q. 甲은 형사공판절차에서 피해배상을 신청하여 일정액의 금전의 지급을 명하는 배상명령을 선고받고 그 배상명령이 확정되었는데, 배상명령에서 인용된 금액을 넘어선 금액을 지급받기 위해서 별도로 손해배상소송을 제기할 수 있나요?

A. 확정된 배상명령이 기재된 유죄판결의 정본은 강제집행에 관하여는 집행력 있는 민사판결정본과 동일한 효력이 있습니다(소송촉진등에관한특례법 제34조 제1항). 그래서 배상명령이 확정된 때에는 그 인용금액의 범위 내에서는 피해자는 민사소송 등 다른 절차에 의한 배상청구를 할 수 없지만, 인용금액을 넘어선 부분에 대해서는 별도의 소를 제기할 수 있습니다(소송촉진등에관한특례법 제34조 제2항).

따라서 甲은 형사공판절차에서 피해배상을 신청하여 일정액의 지급을 명하는 배상명령을 선고받고 그 배상명령이 확정되었다 하더라도 배상명령에서 인용된 금액을 넘어선 금액을 지급받기 위해서 손해배상소송을 제기할 수 있을 것으로 보입니다.

배 상 명 령 신 청

사 건   20○○ 고단 ○○○호 ○○
신 청 인   ○ ○ ○
         ○○시 ○○구 ○○길 ○○번지
피 고 인   △ △ △
         ○○시 ○○구 ○○길 ○○번지

신 청 취 지

1. 피고인 △△△은 배상신청인에게 금 ○○○원을 지급하라.
2. 이 명령은 가집행 할 수 있다.
라는 배상명령을 구합니다.

신 청 원 인

피고인은 20○○. ○. ○.경 소외 □□□에게 피고인 소유의 건
물 150평을 임대기간 ○년으로 하여 임대하여 동인으로 하여금
사용수익하게 하고 있었으므로 위 건물을 재차 임대하여 줄 수
없다는 사정을 잘 알면서도, 그 사실을 모르는 배상신청인에게
이를 즉시 임대하여주겠다고 거짓말을 하여 이에 속은 배상신
청인과 20○○. ○. ○.경 임대차계약을 체결하여 당일 계약금
○○○원을 수령하여 이를 편취함으로써 배상신청인에게 동액
상당의 손해를 가하였으므로 그 피해를 보상받기 위하여 본 건
신청에 이르게 된 것입니다.

첨 부 서 류

1. 전세계약서 사본
2. 영수증 사본

20○○.　○.　○.
위 배상신청인　○　○　○ (인)

○○지방법원 귀중

3. 피해자에 대한 국가의 지원

3-1. 범죄피해자구조제도

"범죄피해자구조제도"란, 범죄행위로 사망하거나 장해 또는 중상해를 입었음에도 불구하고 범죄피해의 전부 또는 일부를 보상받지 못하는 등의 사유가 발생한 경우에 국가에서 피해자 또는 유족에게 일정한도의 구조금을 지급하는 제도를 말합니다.

3-2. 범죄피해 구조금 지급절차

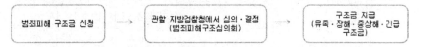

3-3. 범죄피해자구조의 적용범위

3-3-1. 구조금 지급대상 범죄

① 범죄피해 구조금(이하 "구조금"이라 함)의 지급대상이 되는 범죄는 대한민국의 영역 안 또는 대한민국의 영역 밖에 있는 대한민국 선박·항공기 안에서 행해진 사람의 생명 또는 신체를 해치는 범죄입니다(범죄피해자 보호법 제3조제1항제4호).

② 형법상 처벌되지 않는 형사미성년자의 행위(제9조), 심신장애인의 행위(제10조제1항), 강요된 행위(제12조), 긴급피난(제22조제1항)의 경우에도 범죄피해의 구조대상에 해당합니다(범죄피해자 보호법 제3조제1항제4호).

③ 다만, 정당방위(형법 제20조), 정당행위(형법 제21조제1항)에 따른 처벌되지 않는 행위 및 과실에 따른 행위의 경우에는 구조금 지급대상에서 제외됩니다(동법 제3조제1항제4호).

④ 외국인이 구조대상 범죄피해를 받은 사람(이하 "구조피해자"라 함)이거나 유족인 경우에는 해당 국가 간의 상호 보증이 있는 경우에만 구조금을 지급 받을 수 있습니다(동법 제23조).

3-3-2. 구조피해자의 사망, 장해 또는 중상해

① 위의 범죄로 사망하거나 장해 또는 중상해를 입은 경우에 구조금을 지급 받을 수 있습니다(범죄피해자 보호법 제3조제1항제4호).

② "장해"란 범죄행위로 입은 부상이나 질병이 치료(그 증상이 고정된 때를 포함함)된 후에 남은 신체의 장해로서 「범죄피해자 보호법 시행령」 제2조제1항 및 별표 1에 해당하는 경우를 말합니다(동법 제3조제1항제5호).

③ 신체의 장해가 중복될 경우

㉠ 범죄피해로 인한 신체상의 장해 부위가 2개인 경우에는 위에 따른 부위별 등급을 정한 후 「범죄피해자 보호법 시행령」 별표 2에 따라 종합평가등급을 정합니다(동법 제3조제1항제5호, 동법 시행령 제2조제2항 및 별표 2).

㉡ 신체상의 장해 부위가 3개 이상인 경우에는 먼저 최상급 부위 2개에 대하여 「범죄피해자 보호법 시행령」 별표 2에 따른 종합평가등급을 정한 후 그 등급과 나머지 부위 중 최상급 부위 1개를 「범죄피해자 보호법 시행령」 별표 2에 따라 다시 종합평가하여 등급을 정합니다(동법 제3조제1항제5호, 동법 시행령 제2조제3항 및 별표 2).

㉢ "중상해"란 범죄행위로 인하여 신체나 그 생리적 기능에 손상을 입은 것으로서 다음의 어느 하나에 해당하고, 해당 부상이나 질병을 치료하는 데에 필요한 기간이 2개월 이상인 경우를 말합니다(동법 제3조제1항제6호 및 동법 시행령 제3조).

1. 사람의 생명 및 기능과 관련이 있는 주요 장기에 손상이 발생한 경우

2. 신체의 일부가 절단 또는 파열되거나 중대하게 변형된 경우

3. 1 및 2에서 정한 사항 외에 신체나 그 생리적 기능이 손상되어 1주 이상 입원치료가 필요한 경우로서 1 또는 2에 준하는 경우

4. 범죄피해로 인한 중증의 정신질환으로서 3일 이상 입원치료가 필요한 경우

3-4. 범죄피해 구조금의 종류 및 금액

3-4-1. 구조금의 구분

구조금은 유족구조금과 장해구조금, 중상해구조금으로 구분합니다(범죄
피해자 보호법 제17조제1항 전단).

3-4-2. 유족구조금 지급대상자

① 구조피해자가 사망하였을 때 다음의 순서에 따라 맨 앞의 순위인 유
족에게 지급됩니다. 다만, 순위가 같은 유족이 2명 이상이면 똑같이
나누어 지급됩니다(범죄피해자 보호법 제17조제2항 및 제18조제1항).

1. 배우자(사실상 혼인관계를 포함), 피해자의 사망 당시 피해자의 수
입으로 생계를 유지하고 있던 피해자의 자녀

2. 피해자의 사망 당시 피해자의 수입으로 생계를 유지하고 있던 부모

3. 피해자의 사망 당시 피해자의 수입으로 생계를 유지하고 있던 손
자·손녀

4. 피해자의 사망 당시 피해자의 수입으로 생계를 유지하고 있던 조
부모

5. 피해자의 사망 당시 피해자의 수입으로 생계를 유지하고 있던 형
제자매

6. 위에 해당하지 않는 피해자의 자녀

7. 위에 해당하지 않는 피해자의 부모

8. 위에 해당하지 않는 피해자의 손자녀

9. 위에 해당하지 않는 피해자의 조부모

10. 위에 해당하지 않는 피해자의 형제자매

② 유족구조금의 지급 순위를 정하는 경우 태아는 이미 출생한 것으로
봅니다(동법 제18조제2항).

③ 부모의 경우에는 양부모가 선순위가 되며, 친생부모가 후순위가 됩니
다(동법 제18조제3항).

④ 다음의 경우에는 유족구조금을 지급받을 수 있는 유족으로 보지 않습니다(동법 제18조제4항).

1. 구조피해자를 고의로 사망하게 한 경우

2. 구조피해자가 사망하기 전에 그가 사망하면 유족구조금을 받을 수 있는 선순위 또는 같은 순위의 유족이 될 사람을 고의로 사망하게 한 경우

3. 구조피해자가 사망한 후 유족구조금을 받을 수 있는 선순위 또는 같은 순위의 유족을 고의로 사망하게 한 경우

3-4-3. 유족구조금의 금액

① 유족구조금은 구조피해자의 사망 당시(신체 손상으로 인해 사망한 경우에는 신체에 손상을 입은 당시를 말함)의 월급액이나 월실수입액 또는 평균임금에 다음의 구분에 따른 개월 수를 곱한 금액으로 합니다(범죄피해자 보호법 제22조제1항 및 동법 시행령 제22조 본문 및 별표 4).

관계	월급액 등에 곱하게 될 개월 수
1. 배우자(사실상 혼인관계 포함) 및 범죄행위 발생 당시 구조피해자의 수입으로 생계를 유지하고 있는 자녀	40개월 × 6/6
2. 구조피해자의 사망 당시 구조피해자의 수입으로 생계를 유지하고 있는 부모, 손자·손녀, 조부모 및 형제자매	유족 수가 2명 이상인 경우: 32개월 × 6/6 유족 수가 1명인 경우: 32개월 × 5/6
3. 1 및 2에 해당하지 않는 구조피해자의 자녀 및 부모	24개월 × 3/6
4. 1 및 2에 해당하지 않는 구조피해자의 손자·손녀, 조부모 및 형제자매	24개월 × 1/6
① 구조피해자의 수입으로 생계를 유지하고 있는 구조피해자의 자녀, 손자·손녀, 형제자매는 각각 19세 미만인 사람으로 한정하고, 구조피해자의 수입으로 생계를 유지하고 있는 구조피해자의 부모, 조부	

> 모는 각각 60세 이상인 사람으로 한정합니다.
> ② 「장애인복지법」 제32조에 따라 장애인으로 등록된 사람은 이와 같
> 은 연령 제한을 받지 않습니다.

② 다만, 유족구조금액은 평균임금의 48개월분을 초과할 수 없습니다(동법 제22조제1항 및 동법 시행령 제22조 각호 외의 부분 중 단서).

3-4-4. 장해구조금 및 중상해구조금

① 장해구조금 및 중상해구조금은 해당 피해자에게 지급됩니다(범죄피해자 보호법 제17조제3항).

② 장해구조금의 금액

장해구조금은 구조피해자가 신체에 손상을 입은 당시의 월급액이나 월실수입액 또는 평균임금에 다음의 구분에 따른 개월 수를 곱한 금액으로 합니다(동법 제22조제2항, 동법 시행령 제23조 및 별표 5).

등급	월급액 등에 곱하게 될 개월 수	
1급: 40개월 2급: 36개월 3급: 32개월 4급: 28개월 5급: 24개월	1. 배우자(사실상 혼인관계를 포함) 또는 범죄행위 발생 당시 구조피해자 또는 그 배우자의 수입으로 생계를 유지하고 있는 자녀가 있는 경우	등급에 따른 개월 수 × 6/6
6급: 20개월 7급: 16개월 8급: 12개월 9급: 8개월	2. 1의 친족이 없더라도 범죄행위 발생 당시 구조피해자 또는 그 배우자의 수입으로 생계를 유지하고 있는 부모, 손자·손녀, 조부모 및 형제자매가 있는 경우	등급에 따른 개월 수 × 5/6
10급: 4개월 11급 또는 12급: 3개월 13급 또는 14급: 2개월	3. 1 및 2 외의 경우	등급에 따른 개월 수 × 3/6
① 구조피해자 또는 그 배우자의 수입으로 생계를 유지하고 있는 구조피해		

> 자의 자녀, 손자·손녀, 형제자매는 각각 19세 미만인 사람으로 한정하
> 고, 구조피해자 또는 그 배우자의 수입으로 생계를 유지하고 있는 구조
> 피해자의 부모, 조부모는 각각 60세 이상인 사람으로 한정합니다.
> ② 「장애인복지법」 제32조에 따라 장애인으로 등록된 사람은 이와 같은
> 연령 제한을 받지 않습니다.

② 다만, 장해구조금액은 평균임금의 40개월분을 초과할 수 없습니다(동
법 제22조제2항, 동법 시행령 제23조 각호 외의 부분 중 단서).

③ 중상해구조금의 금액

중상해구조금은 구조피해자가 신체에 손상을 입은 당시의 월급액이나
월실수입액 또는 평균임금에 다음의 구분에 따른 개월 수를 곱한 금액
으로 합니다. 다만, 중상해구조금액은 평균임금의 40개월분을 초과할
수 없습니다(동법 제22조제2항, 동법 시행령 제24조제1항 및 별표 5).

구분	월급액 등에 곱하게 될 개월 수
1. 배우자(사실상 혼인관계를 포함) 또는 범죄행위 발생 당시 구조피해자 또는 그 배우자의 수입으로 생계를 유지하고 있는 자녀가 있는 경우	'병원급 의료기관'에 속하는 의사가 발행한 진단서 등에 따라 해당 중상해의 치료에 필요하다고 인정되는 개월 수(이하 "개월 수"라 함) × 6/6
2. 1의 친족이 없더라도 범죄행위 발생 당시 구조피해자 또는 그 배우자의 수입으로 생계를 유지하고 있는 부모, 손자·손녀, 조부모 및 형제자매가 있는 경우	개월 수 × 5/6
3. 1 및 2 외의 경우	개월 수 × 3/6

> 1. 구조피해자 또는 그 배우자의 수입으로 생계를 유지하고 있는 구조피
> 해자의 자녀, 손자·손녀, 형제자매는 각각 19세 미만인 사람으로 한정
> 하고, 구조피해자의 수입으로 생계를 유지하고 있는 구조피해자의 부
> 모, 조부모는 각각 60세 이상인 사람으로 한정합니다.
> 2. 「장애인복지법」 제32조에 따라 장애인으로 등록된 사람은 이와 같은

연령 제한을 받지 않습니다.

3. 진단서 등에 기재된 치료기간이 일(日) 단위인 경우 30일을 1개월로
환산하여 개월 수를 정하고, 치료기간이 주(週) 단위인 경우 일 단위
로 환산한 후 30일을 1개월로 환산한 비율로 개월 수를 정합니다(범
죄피해자 보호법 시행령 제24조제2항 및 제3항).

3-4-5. 긴급구조금

① 범죄피해구조심의회는 범죄피해구조금 지급신청이 있는 경우에 피해자
의 장해 또는 중상해의 정도가 명확하지 않거나 그 밖의 사유로 신
속하게 결정을 할 수 없는 사정이 있는 때에는 직권 또는 신청으로
긴급구조금 지급 결정 시 예상되는 구조금액의 2분의 1의 범위에서
긴급구조금을 지급하는 결정을 할 수 있습니다(범죄피해자 보호법 제
28조제1항 및 동법 시행령 제38조제1항).

② 긴급구조금을 지급받은 사람에 대해 구조금을 지급하는 결정을 한
때에는 긴급구조금으로 지급된 금액을 제외한 부분만 구조금으로 지
급됩니다(동법 제28조제4항).

③ 반대로, 긴급구조금을 지급받은 사람은 해당 구조결정에 따라 지급되
는 구조금의 금액이 긴급구조금으로 지급된 금액보다 적은 때에는
그 차액을 국가에 반환해야 하며, 구조금을 지급하지 않는다는 결정
이 있는 때에는 해당 긴급구조금으로 지급된 금액 전부를 국가에 반
환해야 합니다(동법 제28조제5항).

3-5. 범죄피해 구조금 지급 신청

3-5-1. 유족구조금 또는 긴급구조금 지급 신청

유족구조금이나 긴급구조금의 지급을 신청하려는 사람은 그 주소지, 거
주지 또는 범죄 발생지를 관할하는 지방검찰청의 범죄피해구조심의회(이
하, "지구심의회"라 함)에 다음의 서류를 제출해야 합니다. 다만, 동일
순위의 유족 2명 이상이 신청하는 경우에는 「범죄피해자 보호법 시행규

칙」별지 제9호 서식의 비고란에 그 뜻을 기재하되 중복되는 서류는 첨부하지 않을 수 있습니다(범죄피해자 보호법 제25조제1항, 동법 시행규칙 제6조제1항 및 제2항).

1. 구조금 지급신청서(동법 시행규칙 별지 제9호서식)
2. 구조피해자의 사망진단서, 사체검안서 또는 그 밖에 구조 피해자의 사망사실 및 사망일을 증명할 수 있는 서류
3. 신청인의 성명, 생년월일, 등록기준지 및 구조피해자와의 친족관계를 증명할 수 있는 서류(가족관계증명서, 기본증명서, 주민등록표 등본 및 주민등록표 초본으로 확인할 수 없는 경우로 한정)
4. 신청인이 구조피해자와 혼인신고를 하지 않았으나, 피해자의 사망 당시 사실상 혼인관계에 있던 경우에는 그 사실을 증명할 수 있는 서류
5. 신청인이 배우자(사실상 혼인관계를 포함) 및 구조피해자의 사망 당시 구조피해자의 수입으로 생계를 유지하고 있는 구조피해자의 자녀가 아닐 경우에는 신청인보다 선순위인 유족이 없다는 사실을 증명할 수 있는 서류
6. 신청인이 범죄피해가 발생할 당시 구조피해자의 수입으로 생계를 유지하고 있던 사실을 인정할 수 있는 서류(신청인이 피해자의 배우자인 경우는 제외)
7. 가족관계증명서, 기본증명서, 주민등록표 등본 및 주민등록표 초본(행정정보의 공동이용에 동의한 경우는 제외)

3-5-2. 장해구조금, 중상해구조금 또는 긴급구조금 지급 신청

장해구조금, 중상해구조금 또는 긴급구조금의 지급을 신청하려는 사람은 다음의 서류를 그 주소지, 거주지 또는 범죄발생지를 관할하는 지구심의회에 제출해야 합니다(범죄피해자 보호법 제25조제1항, 동법 시행규칙 제7조).

1. 구조금 지급신청서(동법 시행규칙 별지 제11호서식)
2. 신체상의 장해·중상해 부위 및 상태를 증명할 수 있는 의사, 치과의사 또는 한의사의 진단서, 소견서 등의 서류

3. 신청인에게 범죄피해 발생 전에 동일한 부위에 대하여 이미 신체장해 가 있었던 경우에는 그 장해 부위 및 상태에 관한 의사, 치과의사 또는 한의사의 진단서, 소견서 등의 서류

4. 중상해구조금의 경우에는 입원기간과 치료기간을 증명할 수 있는 입 원·퇴원 확인서 등의 서류

3-5-3. 구조금 지급신청 기간

구조금은 해당 범죄피해의 발생을 안 날부터 3년이 지나거나 해당 범죄 피해가 발생한 날부터 10년이 지나면 신청할 수 없습니다(범죄피해자 보 호법 제25조제2항).

3-6. 범죄피해 구조금 지급 결정

3-6-1. 범죄피해구조심의회

① 구조금의 지급에 관한 사항을 심의·결정하기 위해 각 지방검찰청에 지구심의회를 둡니다(범죄피해자 보호법 제24조제1항 전단).

② 지구심의회는 설치된 지방검찰청 관할 구역(지청이 있는 경우에는 지 청의 관할 구역 포함)의 구조금 지급에 관한 사항을 심의·결정합니다 (동법 제24조제2항).

3-6-2. 결정을 위한 조사 등

① 지구심의회는 구조금의 지급에 관한 사항을 심의하기 위해 필요한 경 우에는 신청인, 그 밖의 관계인을 조사하거나 의사의 진단을 받게 할 수 있고 행정기관이나 공공기관이나 그 밖의 단체에 조회하여 필요한 사항을 보고하게 할 수 있습니다(범죄피해자 보호법 제29조제1항).

② 지구심의회는 신청인이 정당한 이유 없이 조사에 따르지 않거나 의사 의 진단을 거부한 경우에는 그 신청을 기각할 수 있습니다(동법 제 29조제2항).

3-6-3. 지급 결정 및 지급

① 구조금 신청이 있는 경우 지구심의회는 신속하게 구조금의 지급 여부를 결정(지급한다는 결정을 하는 경우에는 그 금액을 포함)해야 합니다(범죄피해자 보호법 제26조).

② 지구심의회에서 구조금 지급신청을 기각(일부기각된 경우 포함) 또는 각하하면 신청인은 결정의 정본이 송달된 날부터 2주일 이내에 그 지구심의회를 거쳐 범죄피해구조본부심의회(이하, "본부심의회"라 함)에 재심을 신청할 수 있고, 이 경우 본부심의회는 4주일 이내에 결정해야 합니다(동법 제27조제1항 및 제3항).

③ 구조금은 일시금으로 지급됩니다(동법 제17조제1항 후단).

3-7. 범죄피해 구조금 지급 제한
3-7-1. 친족관계에 따른 구조금 지급 제한

① 범죄행위 당시에 구조피해자(맨 앞의 순위인 유족 포함)와 가해자 사이에 다음 중 어느 하나에 해당하는 친족관계가 있는 경우에는 구조금이 지급되지 않습니다(범죄피해자 보호법 제19조제1항 및 제5항).
 1. 부부(사실상 혼인관계를 포함)
 2. 직계혈족
 3. 4촌 이내의 친족
 4. 동거친족

② 범죄행위 당시 구조피해자(맨 앞의 순위인 유족 포함)와 가해자 사이에 위의 경우를 제외한 그 밖의 친족관계가 있는 경우에는 구조금의 일부가 지급되지 않습니다(동법 제19조제2항 및 제5항).

3-7-2. 귀책사유 등에 따른 구조금 지급 제한

① 구조피해자(맨 앞의 순위인 유족 포함)가 다음 중 어느 행위를 한 경우에는 구조금이 지급되지 않습니다(범죄피해자 보호법 제19조제3항

및 제5항).

1. 해당 범죄행위를 교사 또는 방조하는 행위
2. 과도한 폭행·협박 또는 중대한 모욕 등 해당 범죄행위를 유발한 행위
3. 해당 범죄행위에 관련된 현저하게 부정한 행위
4. 해당 범죄행위를 용인하는 행위
5. 집단적 또는 상습적으로 불법행위를 행할 우려가 있는 조직에 속하는 행위(다만, 그 조직에 속하고 있는 것이 해당 범죄피해를 당한 것과 관련이 없다고 인정되는 경우는 제외)
6. 범죄행위에 대한 보복으로 가해자 또는 그 친족이나 그 밖에 가해자와 밀접한 관계가 있는 사람의 생명을 해치거나 신체를 중대하게 침해하는 행위

② 구조피해자(맨 앞의 순위인 유족 포함)가 다음 어느 행위를 한 때에는 구조금의 일부가 지급되지 않습니다(동법 제19조제4항 및 제5항).

1. 폭행·협박 또는 모욕 등 해당 범죄행위를 유발하는 행위
2. 해당 범죄피해의 발생 또는 증대에 가공한 부주의한 행위 또는 부적절한 행위

3-7-3. 사회통념 등에 따른 구조금 지급 제한

구조피해자 또는 그 유족과 가해자 사이의 관계, 그 밖의 사정을 고려하여 구조금의 전부 또는 일부를 지급하는 것이 사회통념에 위배된다고 인정될 때에는 구조금의 전부 또는 일부를 지급하지 않을 수 있습니다 (범죄피해자 보호법 제19조제6항).

3-7-4. 특별한 사정을 고려한 구조금 지급

구조금 지급 제한사유에 해당하더라도 구조금을 지급하지 않는 것이 사회통념에 위배된다고 인정할 만한 특별한 사정이 있는 경우에는 구조금의 일부를 지급할 수 있습니다(범죄피해자 보호법 제19조제7항).

3-7-5. 다른 법령에 따른 보상 또는 급여를 받을 수 있는 경우

① 구조피해자나 유족이 해당 범죄피해를 원인으로 다음과 같은 급여 등을 받을 수 있는 경우에는 구조금을 지급받을 수 없습니다(범죄피해자 보호법 제20조 및 동법 시행령 제16조).

1. 「국가배상법」에 따른 손해배상 급여
2. 「산업재해보상보험법」에 따른 장해급여·유족급여·상병보상연금
3. 「자동차손해배상 보장법」에 따른 손해보상
4. 「의사상자 등 예우 및 지원에 관한 법률」에 따른 보상금
5. 「선원법」에 따른 재해보상
6. 「어선원 및 어선 재해보상보험법」에 따른 상병급여·장해급여·일시보상급여·유족급여
7. 「근로기준법」에 따른 재해보상
8. 「의용소방대 설치 및 운영에 관한 법률」에 따른 보상
9. 「국가공무원법」 제77조, 「지방공무원법」 제68조 및 「공무원연금법」 제42조제2호·제3호가목(퇴직연금 수급권자의 사망에 따른 유족연금은 제외한다) 및 사목, 「군인연금법」 제6조제6호·제7호(퇴역연금 수급권자의 사망에 따른 유족연금은 제외) 및 제13호에 따른 급여
10. 「사립학교법」및 「사립학교교직원 연금법」에 따른 급여

② 구조피해자나 유족이 해당 구조대상 범죄피해를 원인으로 하여 손해배상을 받았으면 그 범위에서 구조금을 지급받을 수 없습니다(동법 제21조제1항).

③ 국가로부터 이미 구조금을 지급받은 경우에는 지급받은 구조금의 범위에서 국가가 그 손해배상청구권을 대위하게 됩니다(동법 제21조제2항).

④ "청구권 대위"란 채권자가 자기의 채권을 보전하기 위하여 채무자가 자신의 다른 채무자에게 가지고 있는 다른 채권을 채무자에 갈음하여 행사하는 것을 말합니다. 여기서는 구조금반환청구권자인 국가가

구조금반환채무자인 피해자나 유족이 가지는 손해배상청구권을 대신 행사하는 것을 말합니다.

3-8. 범죄피해 구조금의 환수 등

3-8-1. 구조금의 환수

국가는 구조금을 받은 사람이 다음 어느 하나에 해당하는 경우에는 지구심의회 또는 본부심의회의 결정을 거쳐 그가 받은 구조금의 전부 또는 일부를 환수할 수 있습니다(범죄피해자 보호법 제30조제1항).

1. 거짓이나 그 밖의 부정한 방법으로 구조금을 지급받은 경우
2. 구조금을 지급받은 후에 구조금 지급 제한 사유(범죄피해자 보호법 제19조)가 발견된 경우
3. 구조금이 잘못 지급된 경우

3-8-2. 구조금 지급 청구권의 시효

구조금 지급 청구권은 그 구조결정이 해당 신청인에게 송달된 날부터 2년간 행사하지 않으면 시효로 인하여 소멸됩니다(범죄피해자 보호법 제31조).

■ 범죄피해자는 어떤 보호를 받을 수 있나요?

Q. 저의 남편은 귀가길에 불량배들과 시비가 붙어 집단폭행을 당한 후 병원으로 옮겨졌으나 다음날 사망하였습니다. 가해자들 모두가 도주하여 현재까지 검거되지 않고 있어 손해배상금을 한 푼도 받지 못하였는데 이 경우 어떻게 하면 되는지요?

A. 타인의 범죄행위와 같은 불법행위로 인하여 피해를 입은 경우에는 그 가해자를 상대로 손해배상을 청구하는 것이 원칙이라고 하겠습니다.

　　그러나 「범죄피해자보호법」에 의하여 타인의 범죄행위로 인하여 생명·신체에 피해를 당한 사람과 그 배우자(사실상의 혼인관계를 포함), 직계친족 및 형제자매는 대한민국의 영역 안에서 또는 대한민국의 영역 밖에 있는 대한민국의 선박이나 항공기 안에서 행하여진 사람의 생명 또는 신체를 해치는 죄에 해당하는 행위(「형법」 제9조, 제10조제1항, 제12조, 제22조제1항에 따라 처벌되지 아니하는 행위를 포함하며, 같은 법 제20조 또는 제21조제1항에 따라 처벌되지 아니하는 행위 및 과실에 의한 행위는 제외한다)로 인하여 사망하거나 대통령령이 정하는 장해 또는 중상해를 입은 경우 국가로부터 일정금액의 구조금을 지급받을 수 있고, 범죄피해 방지 및 범죄피해자 구조 활동으로 피해를 당한 사람도 범죄피해자로 봅니다.(같은 법 제3조, 제16조).

　　그러나 ①피해자와 가해자간에 부부 또는 직계혈족 등 일정한 친족관계(사실상 혼인관계를 포함)가 있는 경우, ②피해자가 범죄행위를 유발하였거나 당해 범죄피해의 발생에 관하여 피해자에게 귀책사유가 있는 경우, ③기타 사회통념상 구조금의 전부 또는 일부를 지급하지 아니함이 상당하다고 인정되는 경우 등에는 구조금을 지급하지 않을 수 있으며, 다만 위와 같은 경우에도 구조금의 실질적인 수혜자가 가해자로 귀착될 염려가 없는 경우 등 구조금을 지급하지 아니하는 것이 사회통념에 위배된다고 인정할 만한 특별한 사정이 있는 경우에는 구조금의 전부 또는 일부를 지급할 수 있습니다.(같은 법 제19조). 한편 구조피해자나 유족이 해당 구조대상 범죄피해를 원인으로 하여 손해배상을 받았으면 그 범위에서, 「국가배상법」이나 그 밖의 법령에 따른 급여 등을 받을 수 있는 경우에는 대통령령으로 정하는 바에 따라 각각 구조금을 지급하지 않습니다(같은 법 제20조, 제21조).

구조금액에 대하여 같은 법 제22조는 "①유족구조금은 구조피해자의 사망 당시(신체에 손상을 입고 그로 인하여 사망한 경우에는 신체에 손상을 입은 당시를 말한다)의 월급액이나 월실수입액 또는 평균임금에 24개월 이상 48개월 이하의 범위에서 유족의 수와 연령 및 생계유지상황 등을 고려하여 대통령령으로 정하는 개월 수를 곱한 금액으로 한다. ②장해구조금과 중상해구조금은 구조피해자가 신체에 손상을 입은 당시의 월급액이나 월실수입액 또는 평균임금에 2개월 이상 48개월 이하의 범위에서 피해자의 장해 또는 중상해의 정도와 부양가족의 수 및 생계유지상황 등을 고려하여 대통령령으로 정한 개월 수를 곱한 금액으로 한다."라고 규정하고 있습니다.

구조금 지급신청은 법무부령으로 정하는 바에 따라 그 주소지, 거주지 또는 범죄 발생지를 관할하는 지구심의회에 신청하여야 하고 이러한 신청은 해당 구조대상 범죄피해의 발생을 안 날부터 3년이 지나거나 해당 구조대상 범죄피해가 발생한 날부터 10년이 지나면 할 수 없습니다(같은 법 제25조).

구조금 지급에 관한 사항을 심의·결정하기 위하여 각 지방검찰청에 범죄피해구조심의회(이하 "지구심의회"라 한다)를 두고 법무부에 범죄피해구조본부심의회(이하 "본부심의회"라 한다)를 두고, 지구심의회는 설치된 지방검찰청 관할 구역(지청이 있는 경우에는 지청의 관할 구역을 포함한다)의 구조금 지급에 관한 사항을 심의·결정합니다(같은 법 제24조).

한편, 구조금을 받을 권리는 그 구조결정이 해당 신청인에게 송달된 날부터 2년간 행사하지 아니하면 시효로 인하여 소멸됩니다(같은 법 제31조).

(관련판례)

　범죄피해자 보호법에 의한 범죄피해 구조금 중 위 법 제17조 제2항의 유족구조금은 사람의 생명 또는 신체를 해치는 죄에 해당하는 행위로 인하여 사망한 피해자 또는 그 유족들에 대한 손실보상을 목적으로 하는 것으로서, 위 범죄행위로 인한 손실 또는 손해를 전보하기 위하여 지급된다는 점에서 불법행위로 인한 소극적 손해의 배상과 같은 종류의 금원이라고 봄이 타당하다.

　한편 범죄피해자 보호법 제20조는 "구조피해자나 유족이 해당 구조대상 범죄피해를 원인으로 하여 국가배상법이나 그 밖의 법령에 따른 급여 등을 받을 수 있는 경우에는 대통령령으로 정하는 바에 따라 구조금을 지급하지 아니한다."라고 규정하고, 범죄피해자 보호법 시행령 제16조는 "법 제16조에 따른 구조피해자(이하 '구조피해자'라 한다) 또는 그 유족이 다음 각 호의 어느 하나에 해당하는 보상 또는 급여 등을 받을 수 있을 때에는 법 제20조에 따라 그 받을 금액의 범위에서 법 제16조에 따른 구조금(이하 '구조금'이라 한다)을 지급하지 아니한다."라고 규정하면서 제1호에서 "국가배상법 제2조 제1항에 따른 손해배상 급여"를 규정하고 있다. 이는 수급권자가 동일한 범죄로 범죄피해자 보호법 소정의 구조금과 국가배상법에 의하여 국가 또는 지방자치단체의 부담으로 되는 같은 종류의 급여를 모두 지급받음으로써 급여가 중복하여 지급되는 것을 방지하기 위한 조정조항이라 할 것이다.

　따라서 구조대상 범죄피해를 받은 구조피해자가 사망한 경우, 사망한 구조피해자의 유족들이 국가배상법에 의하여 국가 또는 지방자치단체로부터 사망한 구조피해자의 소극적 손해에 대한 손해배상금을 지급받았다면 지구심의회는 유족들에게 같은 종류의 급여인 유족구조금에서 그 상당액을 공제한 잔액만을 지급하면 되고, 유족들이 지구심의회로부터 범죄피해자 보호법 소정의 유족구조금을 지급받았다면 국가 또는 지방자치단체는 유족들에게 사망한 구조피해자의 소극적 손해액에서 유족들이 지급받은 유족구조금 상당액을 공제한 잔액만을 지급하면 된다고 봄이 타당하다(대법원 2017. 11. 9. 선고 2017다228083 판결).

■ 범죄피해구조금 제도는 무엇인지요?

Q. 범죄피해구조금 제도는 무엇인가요?

A. 범죄피해자 구조금이란 생명 또는 신체를 해치는 범죄로 인하여 사망·장해 등을 입은 피해자가 범죄로 인한 손해의 전부 또는 일부를 배상받지 못한 경우 국가가 범죄피해자보호법 제16조 내지 제32조에 따라 피해자에게 지급하는 보전적 성격의 금원을 의미합니다.

■ 피해자 증인신문시 심리비공개요청이 가능한지요?

Q. 피해자 증인신문시 심리비공개요청이 가능한지요?

A. 가능합니다. 형사소송법 제294조의3은 법원은 범죄로 인한 피해자를 증인으로 신문하는 경우 당해 피해자·법정대리인 등의 신청에 따라 필요가 인정되는 경우 심리를 공개하지 아니할 수 있다고 규정하고 있습니다.

■ 피고인이 기록 열람·등사를 하여 피해자 정보 알게 되는지요?

Q. 피고인이 기록 열람·등사를 하여 피해자 정보 알게 되나요?

A. 아니라고 보입니다. 법률조력인이 피해자 인적정보 등을 누설할 수 있는지에 관하여 아동청소년의 성보호에 관한 법률 제19조 및 성폭력범죄의 처벌 등에 관한 특례법 제22조의 '타인'에는 당해 사건의 '피고인'도 포함된다고 봄이 상당하므로 피해자의 동의가 있는 범위 내에서만 허용하여야 할 것입니다. 실무도 이러한 기준으로 운영되는 것으로 사료됩니다.

■ 형사사건의 피해자가 공판정에서 진술할 권리가 있는지요?

Q. 저는 얼마 전 여자친구와 길을 가던 중 50대 중반의 만취한 아저씨가 여자친구에게 시비를 걸어와 말리는 과정에서 폭행당하여 상해를 입었습니다. 그런데 그 아저씨는 경찰조사에서 "시비는 있었지만 폭행한 적은 없다."라고 주장합니다. 너무 억울하여 법정에서 진술을 하고 싶은데 피해자가 형사재판절차에 참여할 수도 있는지요?

A. 형사재판은 원칙적으로 범죄자의 범죄행위를 국가가 처벌하기 위한 재판절차입니다. 따라서 국가의 대리인인 검사와 피고인이 당사자가 되어 법원에서 유·무죄 여부와 형량에 대하여 다투는 재판입니다.

한편, 형사피해자의 권리에 관하여 「형사소송법」제294조의2 제1항은 "법원은 범죄로 인한 피해자 또는 그 법정대리인(피해자가 사망한 경우에는 배우자·직계친족·형제자매를 포함한다. 이하 이 조에서 "피해자등"이라 한다)의 신청이 있는 때에는 그 피해자등을 증인으로 신문하여야 한다. 다만, 피해자등이 이미 당해 사건에 관하여 공판절차에서 충분히 진술하여 다시 진술할 필요가 없다고 인정되는 경우, 피해자등의 진술로 인하여 공판절차가 현저하게 지연될 우려가 있는 경우에는 그러하지 아니할 수 있다."라고 규정하고 있고, 같은 법 제294조의2 제2항은 "법원은 제1항에 따라 피해자등을 신문하는 경우 피해의 정도 및 결과, 피고인의 처벌에 관한 의견, 그 밖에 당해 사건에 관한 의견을 진술할 기회를 주어야 한다."라고 규정하여 피해자가 형사재판과정에 참여를 원하는 경우에는 그 참여를 허용하고 있습니다.

또한, 구형사소송법(2008.1.1.법률 제8496호)의 일부개정으로 도입된 제294조의3은 "법원은 범죄로 인한 피해자를 증인으로 신문하는 경우 당해 피해자·법정대리인 또는 검사의 신청에 따라 피해자의 사생활의 비밀이나 신변보호를 위하여 필요하다고 인정하는 때에는 결정으로 심리를 공개하지 아니할 수 있다."고 규정하고 있으며, 제294조의4는 "소송계속 중인 사건의 피해자(피해자가 사망하거나 그 심신에 중대한 장애가 있는 경우에는 그 배우자·직계친족 및 형제자매를 포함한다), 피해자 본인의 법정대리인 또는 이들로부터 위임을 받은 피해자 본인의 배우자·직계친족·형제자매·변호사는 소송기록의 열람 또는 등사를 재판장에게 신청할 수 있다."고 규정하여 피해자의 재판절차진술권을 강화하고 있습니다.

따라서 귀하가 경찰이나 검찰단계에서 진술하지 못한 다른 중요한 사항이 있다고 생각한다면 당해 사건을 심리하고 있는 재판부에 증인으로 법정에서 진술하고 싶다는 취지의 증인신청을 하여 증인의 자격으로 진술을 할 수 있을 것입니다.

피해자 보호명령 청구서

피 해 자 　○ ○ ○ （주민등록번호）

　　　　　주　　　소　○○시 ○○구　○○길 （우편번호）

　　　　　등록기준지　　　　○○시 ○○○ ○○○

　　　　　전화▪휴대폰 번호 :

　　　　　팩스번호, 전자우편(e-mali)주소 :

행 위 자 　○ ○ ○ （주민등록번호）

　　　　　주　　　소　○○시 ○○구　○○길 （우편번호）

　　　　　등록기준지　　　　○○시 ○○○ ○○○

　　　　　전화▪휴대폰 번호 :

　　　　　팩스번호, 전자우편(e-mali)주소 :

청 구 취 지

　행위자는 피해자의 의사에 반하여 피해자의 주거, 직장 등에서 100미터 이내로 접근하여서는 아니된다.

라는 결정을 구합니다.

청 구 원 인

1. 피해자와 행위자는 1996. ○. ○. 혼인신고를 마친 법률상의 부부이고, 슬하에 자녀 ○○○, ○○○을 두고 있습니다.

2. 행위자는 결혼 초기부터 도박을 많이 하였습니다. 피해자는 ○○○년 ○○월 경 행위자가 도박으로 많은 빚을 지고 있다는 사실을 알게 되었습니다. 그리하여 집이 경매가 되고, 빚 독촉이 들어와 많은 고생을 하였습니다. 그러다가 ○○○이 초등학교 저학년 무렵부터 피해자가 행위자에게 빚 문제로 잔

소리를 하면 피해자를 폭행하기 시작하였습니다.

3. ○○○. ○월 경, 행위자는 현금서비스를 받고, 카드깡을 하는 등 도박자금을 카드빚이 많았습니다. 피해자는 다시 한 번 행위자를 믿고 가지고 있던 비상금으로 행위자의 빚을 갚아주었습니다.

4. ○○○. ○월 경, 행위자가 새벽에 들어왔길래 피해자가 잔소리를 하였더니 행위자는 피해자를 발로 차고 손으로 때리면서 욕설을 하였습니다. 그리하여 자녀들이 행위자를 말렸지만 아랑곳하지 않았고, 자녀들까지 같이 때렸습니다. 그 이후로 피해자와 행위자는 대화를 잘 하지 않았고, 행위자는 생활비를 주지 않고 술만 마시고 새벽에 집에 들어왔다가 나가는 일을 반복하였습니다. 이에 피해자가 생활비를 달라고 하자 행위자는 피해자가 다른 사람들과 약속을 하여 밖에 나다닌다는 이유로 주지 않았습니다. 행위자는 그 이후 계속해서 생활비를 주지 않고, 가요주점에서 술을 마시고 여자들과 노는 일이 많아졌습니다.

5. 이와 같은 행위자의 행동은 민법 제840조 제3호 '배우자로부터 심히 부당한 대우를 받았을 때', 동조 제6호 '기타 혼인을 계속하기 어려운 중대한 사유가 있었을 때'에 해당한다고 할 것이고 이를 이유로 피해자는 행위자를 상대로 **재판상 이혼 청구**를 한 상태입니다.

6. 현재 행위자는 집을 나가 들어오지 아니하고 있는데, 피해자 및 자녀들은 행위자가 언제 집으로 들어와 폭행, 협박을 할지 몰라 두려워하고 있고, 특히 피해자는 행위자가 피해자가 근무하고 있는 직장에 와서 다른 사람이 보는 앞에서 행패를 부릴까봐 노심초사 하고 있습니다. 따라서 행위자에게 피해자의 의사에 반하여 피해자의 주거, 직장 등에서 100미터 이내로 접근하여서는 아니된다는 피해자보호명령을 내려주시기 바랍니다.

소 명 방 법

1. 소갑 제1호증의 1,2,3,4	각	기본증명서
1. 소갑 제2호증의 1,2	각	혼인관계증명서
1. 소갑 제3호증의 1,2,3,4	각	가족관계증명서
1. 소갑 제4호증의 1		상해진단서
1. 소갑 제4호증의 2		진단서
1. 소갑 제5호증의 1		증인진술서(○○○)
1. 소갑 제5호증의 2		인감증명서(○○○)
1. 소갑 제6호증의 1		증인진술서(○○○)
1. 소갑 제6호증의 2		신분증사본(○○○)
1. 소갑 제7호증의 1		증인진술서(○○○)
1. 소갑 제7호증의 2		인감증명서사본(○○○)

201○.   ○.   ○.

피해자 ○ ○ ○

○○가정법원 ○○지원   귀중

[서식 예] 유족구조금, 긴급구조금 지급신청서

[ ]유족구조금 [ ]긴급구조금 지급신청서

접수번호	접수일자	처리일자	처 리 기 간

신청인	성명		주민등록번호	
	주소			
	피해자와의 관계			

범죄피해		발생일시			
		발생장소			
	피해자	성명(한글)		성명(한자)	
		주민등록번호		성별	[ ]남 [ ]녀
		주소			
		직업(근무처 명칭 및 소재지)			
		사망일	년 월 일		
		00지방검찰청 (00지청)			

제1순위 유족	성명	피해자와의 관계	주소

손해배상금 수령 여부	※ 해당란에 √ [ ]유 [ ]무	※ '유'에 √ 하였을 시 기재 수령한 손해배상금액 : 원
긴급구조금 신청 사유		
신청인 계좌번호	은행 : 계좌번호 :	
비고		

년   월   일

신청인   (서명)

00지방검찰청 범죄피해구조심의회 귀중

3. 피해자에 대한 국가의 지원   355

[서식 예] 장해구조금, 중상해구조금, 긴급구조금 지급신청서

[ ]장해구조금 [ ]중상해구조금 [ ]긴급구조금 지급신청서

접수번호		접수일자	처리일자	처리기간

신청인	성명(한글)		성명(한자)	
	주민등록번호			
	주소			

범죄피해	발생일시				
	발생장소				
	피해자	성명(한글)		성명(한자)	
		주민등록번호		성별	[ ]남[ ]녀
		주소			
		직업(근무처 명칭 및 소재지)			
	① 신체상의 장해(중상해) 부위 및 상태				
	관할 검찰청	00지방검찰청 (00지청)			

② 기존 신체상의 장해 상태

손해배상금 수령 여부	※ 해당란에 √ [ ]유 [ ]무	※ '유'에 √ 하였을 시 기재 수령한 손해배상금액 : 원
긴급구조금 신청 사유		
신청인 계좌번호	은행 :	계좌번호 :
비고		

년   월   일

신청인   (서명)

00지방검찰청 범죄피해구조심의회 귀중

4. 법률구조제도

4-1. 법률구조제도의 개념

① "법률구조제도"란, 경제적으로 어렵거나 법의 보호를 충분히 받지 못하는 사람들에게 법률상담, 소송대리 및 형사변호 등의 방법으로 법률구조를 해주는 제도를 말하며, 형사사건의 피해자는 일정요건에 해당하는 경우 무료로 법률구조를 받을 수 있습니다(법률구조법 제1조, 제2조, 제7조 및 동법 시행령 제4조제3항제5호).

② 다른 사람의 범죄행위로 피해를 당한 사람과 그 배우자(사실상의 혼인관계 포함), 직계친족 및 형제자매(이하 "피해자"라 함)는 대한법률구조공단에서 무료로 법률구조를 받을 수 있습니다.

4-2. 법률구조의 처리절차

< 형사사건 처리절차 >

4-3. 법률구조의 대상

4-3-1. 법률구조 대상사건

타인의 범죄행위로 인해 발생한 피해관련 민사가사사건, 행정심판사건, 행정소송사건, 헌법소원사건(이하 "민사사건 등"이라 함)과 다음의 형사사건이 법률구조 대상이 됩니다(법률구조법 제21조의2, 제22조, 동 사건처리규칙 제5조 및 제36조).

1. 성범죄 피해 아동청소년 등에 대한 변호인선임 특례 사건
2. 성폭력범죄피해자에 대한 변호사선임 특례 사건
3. 아동학대범죄 피해아동에 대한 변호사 선임의 특례 사건

4-3-2. 법률구조 대상자

① 법률구조대상자는 「국민기초생활보장법」에 따라 보건복지부장관이 고시하는 기준 중위소득의125% 이하인 국민 또는 국내 거주 외국인 중에서 공단이 지원할 필요가 있다고 인정하는 사람은 법률구조를 받을 수 있습니다(법률구조법 제21조의2, 제22조 및 동 사건처리규칙 제5조제1항).

② 다음에 해당하는 사람은 대한법률구조공단이 필요하다고 인정하는 경우 법률구조를 받을 수 있습니다(동법 제21조의2, 제22조 및 동 사건처리규칙 제5조제2항).

1. 임금 및 퇴직금 체불로 인한 피해근로자(국내 거주 외국인 포함). 다만, 임금 및 퇴직금 체불당시 최종 3월분의 월평균 임금이 400만원 미만인 자에 한함

2. 선원법상의 임금·퇴직금 체불 및 재해보상 사고와 관련된 피해선원(국내 거주 외국인 포함)

3. 농업인과 어업인

4. 법원으로부터 「민사소송법」에 의한 소송구조결정 또는 「가사소송법」에 의한 절차구조결정을 받은 사건의 피구조자 및 법원이 소속변호사 또는 공익법무관을 법원소송구조 지정변호사로 지정한사건의 신청인. 다만, 인지대 등 소송비용에 관한 소송구조결정만을 받은 피구조자는 제외함

5. 헌법재판소가 소속변호사 또는 공익법무관을 국선대리인으로 선정한 사건의 청구인

6. 법원이 소속변호사 또는 공익법무관을 국선변호인, 국선보조인으로 선정한 사건(이하 "국선변호사건"이라 함)의 피의자, 피고인, 행위자

(인신보호법상의 피수용자 포함)

7. 검사가 소속변호사 또는 공익법무관을 피해자 국선변호인으로 선정한 사건의피해자 및 그 법정대리인(국내 거주 외국인 및 외국인 피해아동을 포함)

8. 그 밖에 생활이 어렵고 법을 몰라 스스로 법적 수단을 강구하지 못하는 국민 또는 국내 거주 외국인

4-3-3. 법률구조의 내용

① 폭행·상해사건의 피해자는 법률상담, 변호사나 공익법무관에 의한 소송대리, 그 밖의 법률 사무에 관한 모든 지원을 받을 수 있습니다(법률구조법 제2조).

② 현재 대한법률구조공단에서는 범죄피해자에게 가해자를 상대로 한 손해배상청구소송이나 국가에 청구하는 범죄피해자구조금신청을 지원하고 있습니다.

4-3-4. 법률구조의 신청

법률구조를 받고자 하는 범죄피해자(이하 "의뢰자"라 함) 또는 그 대리인은 다음의 서류를 대한법률구조공단 지부, 출장소 및 지소(이하 "지부등"이라 함)에 제출해야 합니다(법률구조법 제21조의2, 제22조 및 동 사건처리규칙 제7조제1항 본문·제2항제3항).

1. 법률구조신청서
2. 주민등록표등본 1부(주민등록증사본 등 의뢰자 본인임을 확인할 수 있는 서류로 대체가능)
3. 구조대상자임을 소명할 수 있는 서류 1부
4. 주장사실을 입증할 수 있는 서류
5. 대리인인 경우 의뢰자의 대리인임을 증명할 수 있는 서류

4-3-5. 법률구조 중단

① 수임변호사는 소송구조결정 후 다음의 어느 하나에 해당하는 사유가 있다고 인정할 경우에는 그 사유를 명시한 의견서를 첨부하여 지부장 등에게 구조 중단을 요청하며, 구조 중단의 요청을 받은 지부장 등은 구조 중단 여부를 결정하고 그 결정내용을 지체 없이 의뢰자에게 통지해야 합니다(법률구조법 제21조의2, 제22조, 동 사건처리규칙 제29조제1항·제2항 및 제45조제6항·제7항·제10항·제11항).

1. 의뢰자가 구조대상자가 아님이 밝혀지는 등 법률구조사유가 없음이 판명된 때
2. 의뢰자가 법률구조계약을 위반한 때
3. 의뢰자가 수임변호사의 소송수행에 필요한 협조요청에 불응한 때
4. 그 밖에 사정변경으로 법률구조의 실익이나 타당성이 없게 된 때
5. 의뢰자가 소송비용을 예납하지 않은 때

② 국선대리인으로 선정된 소속변호사 또는 공익법무관에 대하여 헌법재판소, 법원 또는 검사가 국선대리인의 선정을 취소한 때에는 구조 중단이 결정된 것으로 봅니다(동법 제21조의2, 제22조, 동 사건처리규칙 제29조제3항 전단 및 제45조제8항).

③ 법원소송구조사건이 해당 심급이 완결되기 전에 법원에 의해 구조결정이 취소되거나 사건이 변론을 거치지 않고 종결된 때에는 구조 중단이 결정된 것으로 봅니다(동법 제21조의2, 제22조 및 동 사건처리규칙 제29조제4항 전단).

4-4. 법률상담

4-4-1. 법률상담 대상

범죄피해자는 대한법률구조공단에서 해당 범죄의 법률사무에 관한 상담을 받을 수 있습니다(법률구조법 제21조의2, 제22조 및 동 사건처리규칙 제50조].

4-4-2. 법률상담 방법

법률상담은 면접, 서신, 전화, 사이버상담 등의 방법으로 실시합니다(법률구조법 제22조 및 동 사건처리규칙 제52조제1항).

4-4-3. 법률구조 여부 등 결정

법률상담을 한 직원은 그 상담결과 법률구조가 필요하다고 인정되는 경우에는 법률구조에 필요한 절차를 밟아야 하며, 다른 지부 등 또는 다른 기관에서 처리하는 것이 적절하다고 인정되는 경우에는 해당 범죄피해자를 해당 지부 등 또는 다른 기관으로 안내할 수 있습니다(법률구조법 제22조 및 동 사건처리규칙 제52조제2항·제3항).

부 록 I

형사사건 상담사례 모음집

(죄의 성립요건)

■ 싸움하다가 근처의 유리창을 가격하여 깨진 경우에는 어떠한 책임을 지게 되나요?

Q. A가 B와 싸움을 하다가 B에게 상해를 입힐 의도로 주먹을 휘둘렀는데, 주먹이 빗나가는 바람에 싸움을 말리던 C가 맞아 상해를 입은 경우에 C를 때리거나 상해를 입힐 의도가 없었던 A에게 C에 대한 상해죄의 책임을 물을 수 있는지요? 또는 B가 아니라 근처의 유리창을 가격하여 유리창이 깨진 경우에는 어떠한 책임을 지게 되나요?

A. 사안에서와 같이 행위의 방법이 잘못되어 의도한 객체가 아닌 다른 객체에 결과가 발생한 경우를 형법상 방법의 착오(타격의 착오)라 말하며, 예를 들어 갑을 향해 총을 쏘았는데 옆에 있던 을이 맞은 경우를 말합니다.

이러한 방법의 착오에 대하여 판례는 "갑이 을 등 3명과 싸우다가 힘이 달리자 식칼을 가지고 이들 3명을 상대로 휘두르다가 이를 말리면서 식칼을 뺏으려던 피해자 병에게 상해를 입혔다면, 갑에게 상해의 범의가 인정되며 상해를 입은 사람이 목적한 사람이 아닌 다른 사람이라 하여 과실상해죄에 해당한다고 할 수 없다."고 하여 그대로 상해죄의 책임을 인정한 바 있습니다. 따라서 사안에서 A는 C에 대한 상해죄로 처벌받게 됩니다.

나아가 B에게 상해를 입힐 의도로 휘두른 주먹이 빗나가 근처의 유리창을 깨트린 경우는 형법상 추상적 사실의 착오(중에서도 방법의 착오)라 하는데, 이에 대하여 확립된 판례는 없으나, 다수설적인 입장은 B에 대한 상해미수죄와 유리창을 깨트린 데 대한 과실손괴죄의 상상적 경합이 성립하지만 죄형법정주의원칙상 과실손괴죄에 대하여는 따로 처벌규정이 없기 때문에 A는 상해미수죄로만 처벌되어야 한다고 보고 있습니다(다만, A는 실수로 유리창을 깨트린 행위에 대하여 형사책임을 면하는 것과는 별개로 민사적인 손해배상책임은 그대로 부담하여야 합니다).

■ 대리운전기사가 차량을 이탈하여 잠시 안전장소로 운전한 경우, 음주운전으로 처벌받게 되는지요?

Q. 甲은 술을 마시고 대리운전기사를 불러 집으로 귀가하던 중 대리운전기사가 甲과 언쟁을 벌이다가 차를 도로 한복판에 방치하고 떠나는 바람에 부득이하게 300m 남짓 차를 운전하여 안전한 장소에 주차하게 되었습니다. 이 경우 甲이 음주운전으로 처벌받게 되는지요?

A. 형법 제21조는 긴급피난이라는 표제 하에 "자기 또는 타인의 법익에 대한 현재의 위난을 피하기 위한 행위는 상당한 이유가 있는 때에는 벌하지 아니한다."고 규정하고 있으며, 판례는 이러한 긴급피난이 인정되기 위해서는 "첫째 피난행위는 위난에 처한 법익을 보호하기 위한 유일한 수단이어야 하고, 둘째 피해자에게 가장 경미한 손해를 주는 방법을 택하여야 하며, 셋째 피난행위에 의하여 보전되는 이익은 이로 인하여 침해되는 이익보다 우월해야 하고, 넷째 피난행위는 그 자체가 사회윤리나 법질서 전체의 정신에 비추어 적합한 수단일 것을 요하는 등의 요건을 갖추어야 한다.(대법원 2006. 4. 13.선고 2005도9396판결 등)"고 판시하고 있습니다. 예를 들어 "임신의 지속이 모체의 건강을 해칠 우려가 현저할 뿐더러 기형아 내지 불구아를 출산할 가능성마저도 없지 않다는 판단 하에 부득이 취하게 된 산부인과 의사의 낙태 수술행위는 정당행위 내지 긴급피난에 해당되어 위법성이 없는 경우에 해당된다." (대법원 1976. 7. 13. 선고 75도1205 판결)고 할 것입니다.

사안의 경우 甲의 운전은 대리운전기사로부터 초래된 위급 상황을 피하기 위한 행위로서 甲이 직접 운전하지 않고서는 단시간 내에 사고위험을 없애기 어려운 경우에 해당하므로, 위에서 살펴본 긴급피난 규정에 따라 음주운전에도 불구하고 처벌을 면하게 된다고 할 것입니다.

■ 음주운전 후 지인에게 허위자수를 교사한 자는 어떠한 처벌받게 되나요?

Q. 甲이 음주운전을 하다가 도로변의 가드레일을 들이받는 교통사고를 일으키자, 지인인 乙에게 대신 운전을 한 것으로 하여달라고 부탁하여 乙이 처음에는 이를 거절하였으나, 다음날 乙이 마음을 바꿔 음주운전을 하다가 사고를 일으켰다고 자수한 경우(이후 위와 같은 사실이 모두 발각됨) 甲과 乙은 어떻게 처벌받게 되나요?

A. 먼저 甲은 음주운전과 교통사고를 일으킨데 대하여 관련규정(도로교통법)에 따른 처벌을 받게 되며, 나아가 乙에 대하여 허위로 자수하게 하는 등으로 甲의 범죄사실을 은폐하도록 교사하였기 때문에, 형법 제31조에 의해 乙에 대한 범인도피죄의 교사범으로 처벌받게 됩니다.

즉, "범인이 타인으로 하여금 허위의 자백을 하게 하는 등으로 범인도피죄를 범하게 하는 경우와 같이 그것이 방어권의 남용으로 볼 수 있을 때에는 범인도피교사죄에 해당"(대법원 2014. 4. 10. 선고 2013도12079 판결)하며, 乙이 처음에는 甲의 제의를 거절하였다고 하더라도 "피교사자가 교사자의 교사행위 당시에는 일응 범행을 승낙하지 아니한 것으로 보여진다 하더라도 이후 그 교사행위에 의하여 범행을 결의한 것으로 인정되는 이상 교사범의 성립에는 영향이 없다."(대법원 2013. 9. 12. 선고 2012도2744 판결)는 것이 판례의 입장이기 때문입니다.

수사기관에 허위로 자수하여 甲의 음주운전 및 교통사고 범죄사실을 은폐하고자 시도한 乙은 형법상 범인도피죄로 처벌될 것입니다.

■ 정범이 교사범위를 초과한 범죄를 실행할 경우 교사범은 어떻게 처벌되는지요?

Q. 폭력조직의 두목인 甲이 조직원인 乙에 대하여 막연하게 "적당히 기회를 봐서 丙을 칼로 찔러 불구로 만들어 버려라."고 하여 丙에 대한 상해 또는 중상해를 교사하였는데, 乙이 이를 넘어 丙을 살해한 경우에 甲은 어떻게 처벌되는지요?

A. 형법 제31조는 "타인을 교사하여 죄를 범하게 한 자는 죄를 실행한 자와 동일한 형으로 처벌한다."고 규정하고 있으며, 이때 교사의 범위는 "교사범이 성립하기 위하여는 범행의 일시, 장소, 방법 등의 세부적인 사항까지를 특정하여 교사할 필요는 없는 것이고, 정범으로 하여금 일정한 범죄의 실행을 결의할 정도에 이르게 하면 교사범이 성립된다." (대법원 1991. 5. 14. 선고 91도 542 판결)는 것이 판례의 입장이므로, 甲이 구체적으로 일시나 장소 등을 특정하여 지시하지 않았다고 하더라도 乙에 대한 교사범이 성립하는 데에는 아무런 문제가 없습니다.

다만, 甲이 丙에 대한 살해를 지시한 것으로 볼 수는 없기 때문에 살인죄의 교사범으로 처벌되지는 않습니다. 이에 대해 판례는 "교사자가 피교사자에 대하여 상해 또는 중상해를 교사하였는데 피교사자가 이를 넘어 살인을 실행한 경우에, 일반적으로 교사자는 상해죄 또는 중상해죄의 죄책을 지게 되는 것이지만 이 경우에 교사자에게 피해자의 사망이라는 결과에 대하여 과실 내지 예견가능성이 있는 때에는 상해치사죄의 죄책을 지울 수 있다."(대법원 2002. 10. 25. 선고 2002도4089 판결)고 판시한 바 있습니다.

사안의 경우 폭력조직의 두목인 甲은 丙의 사망 결과에 대하여 과실 내지 예견가능성이 있다고 볼 수 있기 때문에 상해치사죄의 죄책을 지게 될 것입니다.

■ 주택 건물에 옮겨 붙기 전에 스스로 끈 경우에도 현주건조물방화죄로 처벌되는지요?

Q. A가 친구 B로부터 모욕적인 언사를 듣게 되자 이에 앙심을 품고 B의 집 마당에 몰래 들어가 휘발유를 뿌리고 불을 붙였으나, 불길이 치솟는 것을 보고 순간적으로 겁을 먹어 불이 B의 주택 건물에 옮겨 붙기 전에 스스로 끈 경우에도 현주건조물방화죄로 처벌되는지요?

A. 판례는 현주건조물방화죄에 있어 "매개물을 통한 점화에 의하여 건조물을 소훼함을 내용으로 하는 형태의 방화죄의 경우에, 범인이 그 매개물에 불을 켜서 붙였거나 또는 범인의 행위로 인하여 매개물에 불이 붙게 됨으로써 연소작용이 계속될 수 있는 상태에 이르렀다면, 그것이 곧바로 진화되는 등의 사정으로 인하여 목적물인 건조물 자체에는 불이 옮겨 붙지 못하였다고 하더라도, 방화죄의 실행의 착수가 있었다고 보아야 할 것이고, 구체적인 사건에 있어서 이러한 실행의 착수가 있었는지 여부는 범행 당시 피고인의 의사 내지 인식, 범행의 방법과 태양, 범행 현장 및 주변의 상황, 매개물의 종류와 성질 등의 제반 사정을 종합적으로 고려하여 판단하여야 한다(대법원 2002.3.26. 선고 2001도6641 판결)."는 입장이므로, 사안에서 A에게 현주건조물방화죄가 적용되는 데에는 문제가 없고, 다만 A가 스스로 불을 껐다는 점에서 형법 제26조 "범인이 자의로 실행에 착수한 행위를 중지하거나 그 행위로 인한 결과의 발생을 방지한 때에는 형을 감경 또는 면제한다."는 규정에 따라 형이 필요적으로 감경 또는 면제되는지가 문제됩니다.

그러나 판례는 "피고인이 장롱 안에 있는 옷가지에 불을 놓아 건물을 소훼하려 하였으나 불길이 치솟는 것을 보고 겁이 나서 물을 부어 불을 끈 것이라면, 위와 같은 경우 치솟는 불길에 놀라거나 자신의 신체안전에 대한 위해 또는 범행 발각시의 처벌 등에 두려움을 느끼는 것은 일반 사회통념상 범죄를 완수함에 장애가 되는 사정에 해당한다고 보아야 할 것이므로, 이를 자의에 의한 중지미수라고는 볼 수 없다."(대법원

1997. 6. 13. 선고 97도957 판결)고 보고 있습니다.

따라서 A는 현주건조물방화죄의 중지미수가 아닌 장애미수범에 해당하여 형법 제25조에 따라 판사의 재량에 의하여 형의 감경 여부가 결정될 것입니다.

■ 베란다에서 떨어지면서 입은 충격에 의하여 사망에 이른 경우 어떠한 죄로 처벌받게 되나요?

Q. A가 B를 구타하여 B가 바닥에 쓰러진 채 정신을 잃어버리자, A는 B가 사망한 것으로 오인하고, B가 자살한 것처럼 위장하기 위하여 B를 베란다에서 떨어뜨렸는데, B가 실제로는 베란다에서 떨어지면서 입은 충격에 의하여 사망에 이른 경우 A는 어떠한 죄로 처벌받게 되나요?

A. 형법 제15조 제1항은 "특별히 중한 결과가 되는 사실을 인식하지 못한 행위는 중한 죄로 벌하지 아니한다.", 제2항은 "결과로 인하여 형이 중할 죄에 있어서 그 결과의 발생을 예견할 수 없었을 때에는 중한 죄로 벌하지 아니한다."고 규정하고 있으며, 판례도 "행위자가 행위시에 그 결과의 발생을 예견할 수 없을 때에는 비록 그 행위와 결과 사이에 인과관계가 있다 하더라도 중한 죄로 벌할 수 없다."(대법원 1988. 4. 12. 선고 88도178 판결)는 입장입니다.

다만, 판례는 위와 유사한 사안에서 "피고인이 피해자에게 우측 흉골골절 및 늑골골절상과 이로 인한 우측 심장벽좌상과 심낭내출혈 등의 상해를 가함으로써, 피해자가 바닥에 쓰러진 채 정신을 잃고 빈사상태에 빠지자, 피해자가 사망한 것으로 오인하고, 피고인의 행위를 은폐하고 피해자가 자살한 것처럼 가장하기 위하여 피해자를 베란다로 옮긴 후 베란다 밑 약 13m 아래의 바닥으로 떨어뜨려 피해자로 하여금 현장에서 좌측 측두부 분쇄함몰골절에 의한 뇌손상 및 뇌출혈 등으로 사망에 이르게 하였다면, 피고인의 행위는 포괄하여 단일의 상해치사죄에 해당한다."(대법원 1994. 11. 4. 94도2361 판례)고 판시한 바 있습니다.

이에 따르면 사안에서 A는 B에 대한 상해치사죄로 처벌받게 될 것입니다.

■ 미성년자가 다이아몬드를 훔쳤을지도 모른다는 의심은 하였으나, 제대로 확인하지 아니하고 매입한 경우 형사적으로 문제가 될 수 있는지요?

Q. 금은방을 하는 A가 고가의 다이아몬드를 들고 찾아온 미성년자 B가 이를 훔쳤을지도 모른다는 의심은 하였으나, "그 다이아몬드를 어디서 났느냐,"는 질문에 B가 "그냥 집에 있는 걸 가지고 왔다."고 하자 더 이상 확인하지 아니하고 다이아몬드를 매입한 경우 형사적으로 문제가 될 수 있는지요?

A. 형법 제13조에 의하면 "죄의 성립요소인 사실을 인식하지 못한 행위는 벌하지 아니한다."고 규정되어 있는데, 이때 범죄의 고의는 확정적인 인식일 것을 요하지는 아니하고 결과의 발생이 불확실한 경우 즉 행위자에 있어서 그 결과발생에 대한 확실한 예견은 없으나 그 가능성은 인정하는 것으로 충분하며, 이러한 미필적 고의가 있었다고 하려면 결과발생의 가능성에 대한 인식이 있음은 물론 나아가 결과발생을 용인하는 내심의 의사가 있음을 요한다고 할 것입니다(대법원 1987. 2. 10. 선고 86도2338 판결).

또한 "장물취득죄에 있어서 장물의 인식은 확정적 인식임을 요하지 않으며 장물일지도 모른다는 의심을 가지는 정도의 미필적 인식으로서도 충분하고, 또한 장물인 정을 알고 있었느냐의 여부는 장물 소지자의 신분, 재물의 성질, 거래의 대가 기타 상황을 참작하여 이를 인정할 수밖에 없다."(대법원 1995. 1. 20. 선고 94도1968 판결)는 것이 판례의 입장인바, 사안에서 A는 B가 가지고 온 다이아몬드가 장물일 가능성에 대해 충분히 인식하고 이를 용인하는 내심의 의사가 있었다고 볼 수 있으므로, 장물취득죄로 처벌될 것입니다.

■ 자동차의 유리창을 통하여 그 내부를 손전등으로 비추어 보았을 경우도
절도죄의 미수범으로 처벌할 수 있는지요?

Q. 甲이 절도할 목적으로 노상에 주차되어 있는 자동차의 유리창을 통
하여 그 내부를 손전등으로 비추어 보았으나, 더 이상 행동에 나아
가지는 않고 그대로 현장을 떠난 경우 甲을 절도죄의 미수범으로
처벌할 수 있는지요?

A. 형법 제28조 제1항은 "범죄의 음모 또는 예비행위가 실행의 착수에 이
르지 아니한 때에는 법률에 특별한 규정이 없는 한 벌하지 아니한다."
고 규정하고 있고, 절도죄에 대하여는 미수범을 처벌하는 외에 달리 예
비나 음모행위를 처벌하는 규정이 없기 때문에 사안에서 甲이 절도죄의
실행에 착수한 것으로 볼 수 없다면, 죄형법정주의의 원칙상 甲에게 어
떠한 형사적인 책임도 물을 수 없게 됩니다.

형법적으로 실행의 착수란 "어떠한 범죄로서 규정되어 있는 범죄의 구
성요건에 해당하는 행위의 실현을 개시"함을 의미하는데, 판례는 위와
같은 사안에서 "노상에 세워 놓은 자동차 안에 있는 물건을 훔칠 생각
으로 자동차의 유리창을 통하여 그 내부를 손전등으로 비추어 본 것에
불과하다면 비록 유리창을 따기 위해 면장갑을 끼고 있었고 칼을 소지
하고 있었다 하더라도 절도의 예비행위로 볼 수는 있겠으나 타인의 재
물에 대한 지배를 침해하는데 밀접한 행위를 한 것이라고는 볼 수 없어
절취행위의 착수에 이른 것이었다고 볼 수 없다." (대법원 1985. 4.
23. 선고 85도464 판결)고 판시하여 절도죄의 실행의 착수를 부정한
바 있습니다. 반면 "소매치기가 피해자의 양복상의 주머니로부터 금품
을 절취하려고 그 주머니에 손을 뻗쳐 그 겉을 더듬은 때에는 절도의
범행은 예비단계를 넘어 실행에 착수하였다."(대법원 1984.12.11. 선
고 84도2524 판결)고 판시한 사례도 있습니다.

사안에서 甲은 판례의 입장에 의할 때 절도죄의 실행에 착수한 것으로
볼 수 없으므로, 절도죄의 미수범으로 처벌되지 않습니다.

■ 수지침시술행위가 무면허의료행위로서 처벌되는지요?

Q. 저는 한의사면허가 없는 자이지만 민간요법으로 행해지는 수지침시술행위를 무료로 하고 있는데, 이것이 무면허의료행위로서 처벌받게 되는지요?

A. 「의료법」 제27조 제1항 본문에서는 "의료인이 아니면 누구든지 의료행위를 할 수 없으며, 의료인도 면허된 이외의 의료행위를 할 수 없다."라고 규정하고 있고, 같은 법 제87조 제1항 제2호에서는 위 규정에 위반한 자는 5년 이하의 징역 또는 2,000만원 이하의 벌금에 처한다고 규정하고 있습니다.

　침술행위가 「의료법」 제27조 제1항 소정의 의료행위에 해당하는지에 관하여 판례는 "의료행위라 함은 의학적 전문지식을 기초로 하는 경험과 기능으로 진찰, 검안, 처방, 투약 또는 외과적 시술을 시행하여 하는 질병의 예방 또는 치료행위 및 그밖에 의료인이 행하지 아니하면 보건위생상 위해가 생길 우려가 있는 행위를 의미하는 것인데, 침술행위는 경우에 따라서 생리상 또는 보건위생상 위험이 있을 수 있는 행위임이 분명하므로 현행 의료법상 한의사의 의료행위(한방의료행위)에 포함된다."라고 하였습니다(대법원 1999. 3. 26. 선고 98도2481 판결).

　그런데 「형법」 제20조는 위법성이 조각되어 처벌되지 아니하는 정당행위에 관하여 "법령에 의한 행위 또는 업무로 인한 행위 기타 사회상규에 위배되지 아니하는 행위는 벌하지 아니한다."라고 규정하고 있고, 같은 법 제20조 소정의 '사회상규에 위배되지 아니하는 행위'라 함은 법질서 전체의 정신이나 그 배후에 놓여 있는 사회윤리 내지 사회통념에 비추어 용인될 수 있는 행위를 말하고, 어떠한 행위가 사회상규에 위배되지 아니하는 정당한 행위로서 위법성이 조각되는 것인지는 구체적인 사정 아래서 합목적적, 합리적으로 고찰하여 개별적으로 판단되어야 할 것이고, 이와 같은 정당행위를 인정하려면 첫째 그 행위의 동기나 목적의 정당성, 둘째 행위의 수단이나 방법의 상당성, 셋째 보호이익과 침해이익과의 법익균형성, 넷째 긴급성, 다섯째 그 행위 외에 다른 수단이나 방법이 없다는 보충성 등의 요건을 갖추어야 합니다(대법원 1999. 4. 23. 선고 99도636 판결).

그렇다면 수지침 시술행위가 「형법」 제20조 소정의 정당행위에 해당될 수 있는지에 관하여 판례는 "일반적으로 면허 또는 자격 없이 침술행위를 하는 것은 의료법 제25조(현행 의료법 제27조)의 무면허 의료행위(한방의료행위)에 해당되어 의료법 제66조(현행 의료법 제87조)에 의하여 처벌되어야 하고, 수지침 시술행위도 위와 같은 침술행위의 일종으로서 의료법에서 금지하고 있는 의료행위에 해당하며, 이러한 수지침 시술행위가 광범위하고 보편화된 민간요법이고, 그 시술로 인한 위험성이 적다는 사정만으로 그것이 바로 사회상규에 위배되지 아니하는 행위에 해당한다고 보기는 어렵다고 할 것이나, 수지침은 시술부위나 시술방법 등에 있어서 예로부터 동양의학으로 전래되어 내려오는 체침의 경우와 현저한 차이가 있고, 일반인들의 인식도 이에 대한 관용의 입장에 기울어져 있으므로, 이러한 사정과 함께 시술자의 시술의 동기, 목적, 방법, 횟수, 시술에 대한 지식수준, 시술경력, 피시술자의 나이, 체질, 건강상태, 시술행위로 인한 부작용 내지 위험발생 가능성 등을 종합적으로 고려하여 구체적인 경우에 있어서 개별적으로 보아 법질서 전체의 정신이나 그 배후에 놓여 있는 사회윤리 내지 사회통념에 비추어 용인될 수 있는 행위에 해당한다고 인정되는 경우에는 형법 제20조 소정의 사회상규에 위배되지 아니하는 행위로서 위법성이 조각된다고 할 것이다."라고 하였습니다(대법원 2000. 4. 25. 선고 98도2389 판결).

반면, 외국에서 침구사자격을 취득하였으나 국내에서 침술행위를 할 수 있는 면허나 자격을 취득하지 못한 자가 단순한 수지침 정도의 수준을 넘어 체침을 시술한 경우, 사회상규에 위배되지 아니하는 무면허의료행위로 인정될 수 없다고 판단한 사례(대법원 2002.12.26. 선고 2002도5077 판결), 단순히 수지침 정도의 수준에 그치지 아니하고 부항침과 부항을 이용하여 체내의 혈액을 밖으로 배출되도록 한 경우, 부항

시술행위가 광범위하고 보편화된 민간요법이고, 그 시술로 인한 위험성이 적다는 사정만으로 그것이 바로 사회상규에 위배되지 아니하는 행위에 해당한다고 보기는 어렵다고 전제한 뒤, 사회상규에 위배되지 아니하는 행위로서 위법성이 조각되는 경우에 해당한다고 할 수 없다고 판단한 사례(대법원 2004.10.28. 선고 2004도3405 판결)가 있습니다.

따라서 수지침 시술행위가 정당행위로 인정되는 경우가 있을 수도 있지만, 모든 수지침 시술행위가 정당행위로서 위법성이 조각되어 처벌되지 않는 것은 아니고, 시술자의 시술의 동기, 목적, 방법, 횟수, 시술에 대한 지식수준, 시술경력, 피시술자의 나이, 체질, 건강상태, 시술행위로 인한 부작용 내지 위험발생 가능성 등을 종합적으로 고려하여 구체적인 경우에 있어서 개별적으로 판단될 것이므로 귀하의 경우에도 이러한 점을 고려하여 신중하게 판단하여야 할 것으로 보입니다.

■ 초·중등학교 교사의 체벌이 어느 정도까지 허용될 수 있는지요?

Q. 저는 중학교 교사로 재직하며 담배를 피운 학생을 훈계하기 위해 뺨을 몇 차례 때렸는데 고막이 파열되고 말았습니다. 이 경우 저의 법적 책임은 어떻게 되는지요?

A. 귀하의 행위는 형법상 상해죄나 폭행치상죄에 해당한다고 볼 수 있습니다. 다만, 교사의 체벌이 교육목적으로 법령상 허용된 징계권의 행사나 사회상규에 벗어나지 않은 행위로서 정당행위에 해당되어 처벌을 받지 않을 수 있는지가 문제된다고 할 것입니다.

「형법」 제20조는 '정당행위'에 관하여 "법령에 의한 행위 또는 업무로 인한 행위 기타 사회상규에 위배되지 아니하는 행위는 벌하지 아니한다."라고 규정하고 있으며, 어떤 행위가 정당한 행위로서 위법성이 조각되는 것인지는 구체적인 경우에 따라서 합목적적·합리적으로 가려져야 할 것인데, 정당행위를 인정하려면 첫째 그 행위의 동기나 목적의 정당성(正當性), 둘째 행위의 수단이나 방법의 상당성(相當性), 셋째 보호이익과 침해이익과의 법익권형성(法益權衡性), 넷째 긴급성(緊急性), 다섯째 그 행위 외에 다른 수단이나 방법이 없다는 보충성(補充性) 등의 요건을 갖추어야 합니다(대법원 2003. 9. 26. 선고 2003도3000 판결, 2006. 4. 27. 선고 2003도4151 판결).

학생에 대한 체벌에 관하여 구)초·중등교육법시행령(2011. 3. 18. 개정 이전 시행령) 제31조 제7항에서는, "학교의 장은 법 제18조제1항 본문의 규정에 의한 지도를 하는 때에는 교육상 불가피한 경우를 제외하고는 학생에게 신체적 고통을 가하지 아니하는 훈육·훈계 등의 방법으로 행하여야 한다."고 규정하고 있었습니다.

이에 의하면 '불가피한 경우'에는 체벌이 가능한 것으로 해석이 되었고, 이에 대하여 대법원에서는 체벌이 정당화될 수 있는 요건에 대하여 "교육상 불가피한 경우에만 신체적 고통을 가하는 방법인 이른바 체벌로 할 수 있고 그 외의 경우에는 훈육, 훈계의 방법만이 허용되어 있는바, 교사가 학생을 징계 아닌 방법으로 지도하는 경우에도 징계하는 경우와 마찬가지로 교육상의 필요가 있어야 될 뿐만 아니라 특히 학생에게 신체적, 정신적 고통을 가하는 체벌, 비하하는 말 등의 언행은 교육상 불가피한 때에만 허용되는 것이어서, 학생에 대한 폭행, 욕설에 해당되는 지도행위는 학생의 잘못된 언행을 교정하려는 목적에서 나온 것이었으며 다른 교육적 수단으로는 교정이 불가능하였던 경우로서 그 방법과 정도에서 사회통념상 용인될 수 있을 만한 객관적 타당성을 갖추었던 경우에만 법령에 의한 정당행위로 볼 수 있을 것이고, 교정의 목적에서 나온 지도행위가 아니어서 학생에게 체벌, 훈계 등의 교육적 의미를 알리지도 않은 채 지도교사의 성격 또는 감정에서 비롯된 지도행위라든가, 다른 사람이 없는 곳에서 개별적으로 훈계, 훈육의 방법으로 지도·교정될 수 있는 상황이었음에도 낯모르는 사람들이 있는 데서 공개적으로 학생에게 체벌·모욕을 가하는 지도행위라든가, 학생의 신체나 정신건강에 위험한 물건 또는 지도교사의 신체를 이용하여 학생의 신체 중 부상의 위험성이 있는 부위를 때리거나 학생의 성별, 연령, 개인적 사정에서 견디기 어려운 모욕감을 주어 방법·정도가 지나치게 된 지도행위 등은 특별한 사정이 없는 한 사회통념상 객관적 타당성을 갖추었다고 보기 어렵다."(대법원 2004.06.10. 선고 2001도5380 판결)고 판시하였습니다.

이러한 판례의 태도에 의하면, 교사의 신체를 이용하여 학생의 신체 중 부상의 위험성이 있는 부위인 뺨을 때려 고막이 파열되는 정도에 이르렀다면, 사회통념상 객관적 타당성을 갖추었다고 보기는 어려울 것으로 보입니다.

또한, 2011. 3. 18. 초·중등교육법시행령이 개정되어 시행령 제31조 제8항에서는 "학교의 장은 법 제18조제1항 본문에 따라 지도를 할 때에는 학칙으로 정하는 바에 따라 훈육·훈계 등의 방법으로 하되, 도구, 신체 등을 이용하여 학생의 신체에 고통을 가하는 방법을 사용해서는 아니 된다"고 규정하여, 명시적으로 신체에 고통을 가하는 방법의 체벌을 금지하고 있습니다.

따라서 이러한 개정된 법률에 의하더라도, 귀하의 행위와 같이 학생의 뺨을 때려 상해를 입힌 경우는 위 시행령을 위반한 행위로서 상해죄 또는 폭행치상죄 등의 형사책임을 면하기 어려울 것으로 보입니다.

■ 경찰관이 행인의 소지품을 수색한 경우, 그 행위는 정당한 것인지요?

Q. 저는 21세의 학생인데 학원으로 가던 중 지하철역 입구에서 경비 중이던 경찰관이 불심검문을 하여 이를 거부하자 그 경찰관이 인근 파출소로 연행하려고 하였습니다. 저는 인근시민들의 도움으로 연행되지는 않았지만 경찰관이 아무나 불심검문 하여 소지품을 검사할 수 있는지, 또한 이 경우 제가 이것을 거부할 권리는 없는지요?

A. 불심검문 또는 직무질문이란 경찰관이 거동이 수상한 자를 발견한 때에 이를 정지시켜 질문하는 것을 말합니다. 「경찰관직무집행법」에는 불심검문에 관한 규정이 있으며, 「의무경찰대 설치 및 운영에 관한 법률」도 검문에 관한 규정을 두고 있습니다(경찰관직무집행법 제3조, 의무경찰대 설치 및 운영에 관한 법률 2조의2).

불심검문의 대상은 수상한 거동 기타 주위의 사정을 합리적으로 판단하여 죄를 범하였거나 범하려 하고 있다고 의심할만한 상당한 이유가 있는 자 또는 이미 행하여진 범죄나 행하여지려고 하는 범죄행위에 관하여 그 사실을 안다고 인정되는 자입니다.

이 불심검문에 있어 특히 문제되는 사항을 살펴보면 다음과 같습니다. 경찰관은 질문함에 있어서 답변을 강요할 수는 없으며, 질문하는 동안 수갑을 채우는 것과 같이 답변을 사실상 강요하는 결과가 되는 행위도 금지되어 있습니다. 동행요구는 그 장소에서 질문하는 것이 당해인에게 불리하거나 교통에 방해가 된다고 인정되는 때에 한하여 할 수 있고, 임의동행이 아닌 의사에 반한 동행의 강요는 할 수 없는 것입니다.

판례도 "경찰관이 임의동행을 요구하며 손목을 잡고 뒤로 꺾어 올리는 등으로 제압하자 거기에서 벗어나려고 몸싸움을 하는 과정에서 경찰관에게 경미한 상해를 입힌 경우, 위법성이 결여된 행위다."라고 하고 있습니다(대법원 1999. 12. 28. 선고 98도138 판결, 2002. 5. 10. 2001도300 판결).

소지품검사에 있어서는 흉기소지 여부만을 조사할 수 있으나 의복 또는 소지품의 외부를 손으로 만져서 확인하는 정도, 소지품의 내용을 개시할 것을 요구하는 것은 강요적이지 않는 한 허용된다고 보고 있습니다.

불심검문에 있어 경찰관의 질문에 대하여 거부하는 경우 또는 처음에는 응했으나 질문도중 자리를 떠나는 경우 이에 대해 원칙적으로 경찰관의 강제나 실력행사는 허용되지 않으나, 다만 사태의 긴급성, 혐의의 정도, 질문의 필요성과 수단의 상당성을 고려하여 어느 정도의 유형력의 행사(정지를 위하여 길을 막거나 몸에 손을 대는 정도)는 허용된다고 보고 있습니다.

따라서 귀하의 경우에도 소지품검사 등의 요구를 일응 거부할 수 있겠습니다. 다만, 경찰관의 불심검문은 특정인에게 피해를 주기 위함이 아니라 범죄를 미리 예방하고 도주 중인 범인의 검거에 그 목적이 있는 만큼 상황에 따라 이에 협조하여 민주시민의 자세를 보이는 것도 필요하다 하겠습니다.

■ 싸움 중에 행해진 가해행위가 정당방위에 해당할 수 있는지요?

Q. 언쟁을 하다가 乙이 먼저 폭행을 하자 격분하여 乙과 상호 폭행을 하게 되었고, 그로 인하여 각각 3주의 진단이 나오는 상해를 입었습니다. 이 경우 乙이 먼저 폭행을 하였으므로 그에 대하여 응수한 甲의 행위가 정당방위가 될 수는 없는지요?

A. 「형법」 제21조는 정당방위에 관하여 "①자기 또는 타인의 법익에 대한 현재의 부당한 침해를 방위하기 위한 행위는 상당한 이유가 있는 때에는 벌하지 아니한다. ②방위행위가 그 정도를 초과한 때에는 그 정황에 의하여 그 형을 감경 또는 면제할 수 있다. ③전항의 경우에 그 행위가 야간 기타 불안스러운 상태하에서 공포, 경악, 흥분 또는 당황으로 인한 때에는 벌하지 아니한다."라고 규정하고 있습니다. 즉, 정당방위가 인정되기 위해서는 ①현재의 부당한 침해가 있을 것, ②자기 또는 타인의 법익을 방위하기 위한 행위일 것, ③상당한 이유가 있을 것이라고 하는 세 가지 요건이 구비되어야 합니다.

이러한 정당방위가 성립하려면 침해행위에 의하여 침해되는 법익(法益)의 종류, 정도, 침해의 방법, 침해행위의 완급과 방위행위에 의하여 침해될 법익의 종류, 정도 등 일체의 구체적 사정들을 참작하여 방위행위가 사회적으로 상당한 것이어야 하고, 정당방위의 성립요건으로서의 방어행위에는 순수한 수비적 방어뿐만 아니라 적극적 반격을 포함하는 반격방어의 형태도 포함되나, 그 방어행위는 자기 또는 타인의 법익침해를 방위하기 위한 행위로서 상당한 이유가 있어야 합니다(대법원 1992. 12. 22. 선고 92도2540 판결, 2007. 4. 26. 2007도1794 판결).

그런데 싸움 중에 이루어진 가해행위가 정당방위에 해당할 수 있는지에 관하여 판례는 "싸움과 같은 일련의 상호투쟁 중에 이루어진 구타행위는 서로 상대방의 폭력행위를 유발한 것이므로 정당방위가 성립되지 않는다."라고 하였고(대법원 1996. 9. 6. 선고 95도2945 판결), "가해자의 행위가 피해자의 부당한 공격을 방위하기 위한 것이라기 보다는 서로 공격할 의사로 싸우다가 먼저 공격을 받고 이에 대항하여 가해하게 된 것이라고 봄이 상당한 경우, 그 가해행위는 방어행위인 동시에 공격행위의 성격을 가지므로 정당방위 또는 과잉방위행위라고 볼 수 없다."라고 하였으며(대법원 2000. 3. 28. 선고 2000도228 판결), "피해자의 침해행위에 대하여 자기의 권리를 방위하기 위한 부득이한 행위가 아니고, 그 침해행위에서 벗어난 후 분을 풀려는 목적에서 나온 공격행위는 정당방위에 해당한다고 할 수 없다."라고 하였습니다(대법원 1996. 4. 9. 선고 96도241 판결).

그러나 "서로 격투를 하는 자 상호간에는 공격행위와 방어행위가 연속적으로 교차되고 방어행위는 동시에 공격행위가 되는 양면적 성격을 띠는 것이므로, 어느 한쪽 당사자의 행위만을 가려내어 방어를 위한 정당행위라거나 또는 정당방위에 해당한다고 보기 어려운 것이 보통이나, 외관상 서로 격투를 하는 것처럼 보이는 경우라고 할지라도 실지로는 한쪽 당사자가 일방적으로 불법한 공격을 가하고 상대방은 이러한 불법한 공격으로부터 자신을 보호하고 이를 벗어나기 위한 저항수단으로 유형력을 행사한 경우라면, 그 행위가 적극적인 반격이 아니라 소극적인 방어의 한도를 벗어나지 않는 한 그 행위에 이르게 된 경위와 그 목적 수단 및 행위자의 의사 등 제반 사정에 비추어 볼 때 사회통념상 허용될 만한 상당성이 있는 행위로서 위법성이 조각된다고 보아야 할 것이다."라고 하면서 외관상 서로 격투를 한 당사자 중 일방의 유형력의 행사가 타방의 일방적인 불법폭행에 대하여 자신을 보호하고 이를 벗어나기 위한 저항수단으로서 소극적인 방어의 한도를 벗어나지 않았다는 이유로 위법성이 조각된다고 본 사례가 있습니다(대법원 1999.10.12. 선고 99도3377 판결, 헌법재판소 2002.5.30. 선고 2001헌마733 결정, 2002.12.18.선고 2002헌마527 결정).

따라서 위 사안의 경우에도 단순히 乙이 먼저 폭행을 시작하였다는 것만으로 甲의 乙에 대한 폭행이 정당방위에 해당되어 처벌되지 않을 것으로는 보이지 않습니다.

■ 관리비가 체납된 경우 관리사무소의 단수조치가 정당행위인지요?

Q. 저는 갑작스런 실직으로 인하여 수도요금이 포함된 아파트관리비를 4개월 간 체납하였는데, 아파트관리사무소에서는 자치회규칙에 정해진 바에 따라서 수도계량기를 떼어 가겠다고 합니다. 비록 제가 아파트관리비를 연체하기는 하였지만 수도계량기를 떼어가 단수가 되도록 하는 것은 부당하다고 생각되는데, 아파트관리사무소의 위와 같은 행위가 정당한지요?

A. 「형법」 제20조는 위법성이 조각되어 처벌되지 아니하는 정당행위에 관하여 "법령에 의한 행위 또는 업무로 인한 행위 기타 사회상규에 위배되지 아니하는 행위는 벌하지 아니한다."라고 규정하고 있습니다.

이러한 정당행위의 성립요건에 관하여 판례는 "형법 제20조는 '법령에 의한 행위 또는 업무로 인한 행위 기타 사회상규에 위배되지 아니하는 행위는 벌하지 아니한다.'라고 규정하고 있는데, 어떠한 행위가 정당한 행위로서 위법성이 조각되는 것인지는 구체적인 경우에 따라 합목적적, 합리적으로 가려져야 할 것인바, 정당행위를 인정하려면 첫째, 그 행위의 동기나 목적의 정당성, 둘째 행위의 수단이나 방법의 상당성, 셋째 보호이익과 침해이익과의 법익 균형성, 넷째 긴급성, 다섯째 그 행위 외에 다른 수단이나 방법이 없다는 보충성 등의 요건을 갖추어야 한다."라고 하였습니다(대법원 1999. 4. 23. 선고 99도636 판결, 2001. 2. 23. 선고 2000도4415 판결, 2002. 12. 26. 선고 2002도5077 판결). 또한, "형법상 처벌하지 아니하는 소위 사회상규에 반하지 아니하는 행위라 함은 법규정의 문언상 일응 범죄구성요건에 해당된다고 보이는 경우에도 그것이 극히 정상적인 생활형태의 하나로서 역사적으로 생성된 사회질서의 범위 안에 있는 것이라고 생각되는 경우에 한하여 그 위법성이 조각되어 처벌할 수 없게 되는 것으로서, 어떤 법규정이 처벌 대상으로 하는 행위가 사회발전에 따라 전혀 위법하지 않다고 인식되고 그 처벌이 무가치할 뿐만 아니라 사회정의에 위반된다고 생각될 정도에 이를 경우나, 국가법질서가 추구하는 사회의 목적가치에 비추어 이를 실현하기 위하여서 사회적 상당성이 있는 수단으로 행하여졌다는 평가가 가능한 경우에 한하여 이를 사회상규에 위배되지 아니한다고 할 것이다."라고 하였으며(대법원 1994. 11. 8. 선고 94도1657 판결, 2002. 1. 25. 선고 2000도1696 판결, 2003. 5. 13. 선고 2003도939 판결), "범행의 동기와 목적이 주관적으로는 정당성을 가진다 하더라도, 사람을 살해한 행위는 사회상규에 위배되지 않는 정당행위가 될 수 없다."라고 하였습니다(대법원 1997. 11. 14. 선고 97도2118 판결).

위 사안과 관련하여 판례는 "피고인이 피해자에 대하여 채권이 있다고 하더라도 그 권리행사를 빙자하여 사회통념상 용인되기 어려운 정도를 넘는 협박을 수단으로 상대방을 외포(畏怖)케 하여 재물의 교부 또는 재산상의 이익을 받았다면 공갈죄가 되는 것이다."라고 하였으며(대법원 2000. 2. 25. 선고 99도4305 판결), "법규에 위반되는 행위가 정당행위가 되려면 사회통념상 허용될만한 것이어야 하고, 관리비를 안냈다고 계량기를 떼간 것은 그러한 정당행위라고 볼 수 없다."라고 하면서 '관리비를 1개월 이상 연체 시 수도공급을 제한할 수 있다.'라는 자치회규칙을 내세워 수도료가 포함된 관리비를 연체한 아파트주민의 집에 무단으로 들어가 수도계량기를 떼어가 재물손괴죄 등 혐의로 기소된 아파트자치회장에게 벌금 100만원을 선고한 원심을 확정한 대법원 판결이 있습니다(대법원 2000. 10. 27. 선고 2000도3477 판결).

따라서 위 사안의 경우에도 귀하가 수도료가 포함된 아파트관리비를 4개월 정도 연체하였다고 하여도 아파트관리사무소에서 일방적으로 수도계량기를 떼어 가는 방법으로 단수조치를 행하는 것은 위법이라 할 것입니다.

참고로 "피고인이 시장번영회의 회장으로서 시장번영회에서 제정하여 시행중인 관리규정을 위반하여 칸막이를 천장에까지 설치한 일부 점포주들에 대하여 단전조치를 하여 위력으로써 그들의 업무를 방해하였다는 공소사실에 대하여, 피고인이 이러한 행위에 이르게 된 경위가 '단전 그 자체를 궁극적인 목적으로 한 것이 아니라' 위 관리규정에 따라 상품진열 및 시설물 높이를 규제함으로써 시장기능을 확립하기 위하여 적법한 절차를 거쳐 시행한 것이고, 그 수단이나 방법에 있어서도 비록 전기의 공급이 현대생활의 기본조건이기는 하나 위 번영회를 운영하기 위한 효과적인 규제수단으로서 회원들의 동의를 얻어 시행되고 있는 관리규정에 따라 전기공급자의 지위에서 그 공급을 거절한 것이므로 정당한 사유가 있다고 볼 것이고, 나아가 제반 사정에 비추어 보면 피고인의 행위는 법익균형성, 긴급성, 보충성을 갖춘 행위로서 사회통념상 허용될 만한 정도의 상당성이 있는 것이므로 피고인의 각 행위는 형법 제20조 소정의 정당행위에 해당한다고 판단하였는바, 원심의 이러한 판단은 정당하고 거기에 정당행위에 관한 법리를 오해한 위법이 있다고 할 수 없다."라고 하였습니다(대법원 1994. 4. 15. 선고 93도2899 판결).

■ 중개수수료를 초과하여 받은 경우에 법률의 착오인인 경우도 형사처벌의 대상이 되는지요?

Q. 부동산중개업을 하고 있는 저는 ○○아파트 분양권의 매매를 중개하면서 중개수수료산정에 관한 법령을 잘못 해석하여 '일반주택'이 아닌 '일반주택을 제외한 중개대상물'을 중개하는 것으로 알고서 법에서 허용되는 범위 내의 것으로 믿고 거래가액에 '일반주택을 제외한 중개대상물'의 수수료율('일반주택'보다 높음)을 곱한 수수료 한도액 범위 내에서 중개수수료를 교부받았으나, 법에서 허용되는 범위를 초과하여 중개수수료를 받았다는 이유로 경찰에 단속되었는데, 이런 경우도 형사처벌의 대상이 되는지요?

A. 「공인중개사법」은 제32조, 제33조, 제49조 등에서 중개업자가 중개업무와 관련하여 중개의뢰자로부터 사례·증여 그 밖의 어떠한 명목으로도 법령에 정해진 수수료를 초과하여 금품을 받을 수 없도록 금지하고 있고, 이를 위반한 경우 형사처벌하고 있습니다. 그런데 「형법」 제16조는 "자기의 행위가 법령에 의하여 죄가 되지 아니하는 것으로 오인한 행위는 그 오인에 정당한 이유가 있는 때에 한하여 벌하지 아니한다."라고 규정하여, 법률의 착오 또는 위법성의 착오 즉 행위자가 무엇을 하는가는 인식하였으나 그것이 허용된다고 오인한 경우 그 오인에 정당한 이유가 있으면 책임비난에 필요한 위법성의 인식이 없어 처벌되지 않도록 하고 있습니다.

이러한 법률의 착오 또는 위법성의 착오에 관하여 판례는 "범죄의 성립에 있어서 위법의 인식은 그 범죄사실이 사회정의와 조리에 어긋난다는 것을 인식하는 것으로 족하고 구체적인 해당 법조문까지 인식할 것을 요하는 것은 아니다."라고 하였고(대법원 1987. 3. 24. 선고 86도2673 판결), "형법 제16조에서 자기의 행위가 법령에 의하여 죄가 되지 아니한 것으로 오인한 행위는 그 오인에 정당한 이유가 있는 때에 한하여 벌하지 아니한다고 규정하고 있는 것은 단순한 법률의 부지의 경우를 말하는 것이 아니고 일반적으로 범죄가 되는 행위이지만 자기의 특수한 경우에는 법령에 의하여 허용된 행위로서 죄가 되지 아니한다고 그릇 인식하고 그와 같이 그릇 인식함에 있어서 정당한 이유가 있는 경우에는 벌하지 않는다는 취지이다. 그러므로 유흥접객업소의 업주가 경찰당국의 단속대상에서 제외되어 있는 만 18세 이상의 고등학생이 아닌 미성년자는 출입이 허용되는 것으로 알고 있었더라도 이는 미성년자보호법 규정을 알지 못한 단순한 법률의 부지에 해당하고 특히 법령에 의하여 허용된 행위로서 죄가 되지 않는다고 적극적으로 그릇 인정한 경우는 아니므로 비록 경찰당국이 단속대상에서 제외하였다 하여 이를 법률의 착오에 기인한 행위라고 할 수는 없다."(대법원 1985. 4. 9. 선고 85도25 판결, 2003. 4. 11. 선고 2003도451 판결 등), "자신의 행위가 건축법상의 허가대상인 줄을 몰랐다는 사정은 단순한 법률의 부지에 불과하고 특히 법령에 의하여 허용된 행위로서 죄가 되지 않는다고 적극적으로 그릇 인식한 경우가 아니어서 이를 법률의 착오에 기인한 행위라고 할 수 없다."라고 하였으며(대법원 1991. 10. 11. 선고 91도1566 판결, 2005. 9. 29. 선고 2005도4592 판결), "부동산중개업법 제3조 제2호에 규정된 중개대상물 중 '건물'에는 기존의 건축물뿐만 아니라, 장차 건축될 특정의 건물도 포함된다고 볼 것이므로 아파트의 특정 동, 호수에 대하여 피분양자가 선정되거나 분양계약이 체결된 후에는 그 특정아파트가 완성되기 전이라 하여도 이에 대한 매매 등 거래를 중개하는 것은 '건물'의 중개에 해당한다. 부동산중개업자가 아파트 분양권의 매매를 중개하면서 중개수수료 산정에 관한 지방자치단체의 조례를 잘못 해석하여 법에서 허용하는 금액을 초과한 중개수수료를 수수한 경우가 법률의 착오에 해당하지 않는다."고 하였습니다(2005. 5. 27. 선고 2004도62 판결). 따라서 귀하가 중개수수료산정에 관한 법령을 잘못 해석하여 허용되는 금액을 초과하여 부동산중개수수료를 받은 것은 단순한 법률의 부지에 해당하고 특히 법령에 의하여 허용된 행위로서 죄가 되지 않는다고 적극적으로 그릇 인정한 경우는 아니므로 법률의 착오에 해당하지 않아 형사처벌의 대상이 될 것으로 보입니다.

참고로 정당한 이유가 있는 법률의 착오에 해당하는 것으로 인정된 경우로는

"경제의 안정과 성장에 관한 긴급명령 공포 당시 기업사채의 정의에 대한 해석이 용이치 않았던 사정하에서 겨우 국문을 해석할 수 있는 60세의 부녀자인 채권자가 채무자로부터 사채신고권유를 받았지만 지상에 보도한 내용을 검토하고 관할 공무원과 자기가 소송을 위임했던 변호사에게 문의 확인한 바 채권이 이미 소멸되었다고 믿고 신고치 않은 경우에는 이를 벌할 수 없다 할 것이다."(대법원 1976. 1. 13. 74도3680 판결), "행정청의 허가가 있어야 함에도 불구하고 허가를 받지 아니하여 처벌대상의 행위를 한 경우라도, 허가를 담당하는 공무원이 허가를 요하지 않는 것으로 잘못 알려주어 이를 믿었기 때문에 허가를 받지 아니한 것이라면 허가를 받지 않더라도 죄가 되지 않는 것으로 착오를 일으킨 데 대하여 정당한 이유가 있는 경우에 해당하여 처벌할 수 없다."(대법원 1992. 5. 22. 선고 91도2525 판결) 등이 있습니다.

■ 부하직원의 배임행위를 발견하고도 방치한 경우, 형사처벌되는지요?

Q. 甲은 A은행의 지점장인데, 부하직원 乙이 B회사 발행의 어음이 당
좌예금 잔고를 초과함에도 이를 부정결제 하여 B회사로 하여금 재
산상 이익을 취득하게 한다는 사정을 알게 되었습니다. 甲이 이러
한 사정을 알면서도 방치하였다면 甲이 아무런 이익을 취하지 않았
다고 하여도 처벌되는지요?

A. 법령, 계약, 조리 또는 선행행위에 의하여 일정한 행위를 할 것이 기대
되는 자가 이를 이행하지 않는 경우, 이러한 부작위에 의하여도 범죄가
성립할 수 있는데 이를 부작위범(不作爲犯)이라 합니다.

부작위범의 성립요건에 관하여 판례는 "형법이 금지하고 있는 법익침
해의 결과발생을 방지할 법적인 작위의무를 지고 있는 자가 그 의무를
이행함으로써 결과발생을 쉽게 방지할 수 있었음에도 불구하고 그 결과
의 발생을 용인하고 이를 방관한 채 그 의무를 이행하지 아니한 경우
에, 그 부작위가 작위에 의한 법익침해와 동등한 형법적 가치가 있는
것이어서 그 범죄의 실행행위로 평가될 만한 것이라면, 작위에 의한 실
행행위와 동일하게 부작위범으로 처벌할 수 있고, 여기서 작위의무는
법령, 법률행위, 선행행위로 인한 경우는 물론, 기타 신의성실의 원칙이
나 사회상규 혹은 조리상 작위의무가 기대되는 경우에도 인정된다."라
고 하고 있습니다(대법원 2006. 4. 28. 선고 2003도4128 판결).

형법상 방조 역시 작위에 의하여 정범의 실행행위를 용이하게 하는 경
우는 물론, 직무상의 의무가 있는 자가 정범의 범죄행위를 인식하면서
도 그것을 방지하여야 할 제반조치를 취하지 아니하는 부작위로 인하여
정범의 실행행위를 용이하게 하는 경우에도 성립된다 할 것이므로 은행
지점장인 甲이 정범인 부하직원 乙의 범행을 인식하면서도 乙의 A은행
에 대한 배임행위를 방치하였다면 배임죄의 방조범이 성립하게 될 것입
니다(대법원 1984. 11. 27. 선고 84도1906 판결).

그밖에 부작위범의 성립이 인정된 사례로는 ① 인터넷 포털 사이트 내 오

락채널 총괄팀장과 위 오락채널 내 만화사업의 운영 직원에게 콘텐츠제공 업체들이 게재하는 음란만화의 삭제를 요구할 조리상의 의무가 있다고 하여 구 전기통신기본법 제48조의2 위반 방조죄의 성립을 긍정한 사례(대법원 2006. 4. 28. 선고 2003도4128 판결), ② 백화점 입점 점포의 위조상표 부착 상품 판매사실을 알고도 방치한 백화점 직원에 대하여 부작위에 의한 상표법위반 방조 및 부정경쟁방지법위반 방조죄의 성립을 인정한 사례(1997. 3. 14. 선고 96도1639 판결), ③ 입찰업무를 담당하는 공무원이 입찰보증금이 횡령되고 있는 사실을 알고도 이를 방지할 조치를 취하지 아니함으로써 새로운 횡령범행이 계속된 경우 횡령의 방조범으로 처벌한 사례(대법원 1996. 9. 6. 선고 95도2551 판결), ④ 살해의 의사로 위험한 저수지로 유인한 조카(10세)가 물에 빠지자 구호하지 아니한 채 방치한 행위를 부작위에 의한 살인행위로 본 사례(대법원 1992. 2. 11. 선고 91도2951 판결), ⑤ 폭약을 호송하는 자가 화차 내에서 촛불을 켜 놓은 채 잠자다가 폭약상자에 불이 붙는 순간 발견하고도 도주한 경우 부작위에 의한 폭발물파열죄의 성립을 인정한 사례(대법원 1978. 9. 26. 선고 78도1996 판결) ⑥ 법무사가 아닌 사람이 법무사로 소개되거나 호칭되는 데에도 자신이 법무사가 아니라는 사실을 밝히지 않은 채 법무사 행세를 계속하면서 근저당권설정계약서를 작성한 사안에서 부작위에 의한 법무사법 제3조 제2항 위반죄를 인정한 사례 (대법원 2008. 2. 28. 선고 2007도9354호 판결), ⑦ 특정 질병을 앓고 있는 사람이 보험회사가 정한 약관에 그 질병에 대한 고지의무를 규정하고 있음을 알면서도 이를 고지하지 아니한 채 그 사실을 모르는 보험회사와 그 질병을 담보하는 보험계약을 체결한 다음 바로 그 질병의 발병을 사유로 하여 보험금을 청구한 경우 사기죄의 성립을 인정한 사례 (대법원 2007. 4. 12. 선고 2007도967호 판결) 등이 있습니다.

■ 공모공동정범의 처벌은 어떠한 기준이 있는지요?

Q. A가 B에게 같이 C를 살해할 것을 제의하여 범죄를 공모하고 살인의 수법 등에 대하여 구체적으로 논의하였으나, 실제 C에 대한 살인행위에는 가담하지 아니하여 B가 혼자 C를 살해한 경우, A는 어떠한 죄로 처벌되는지요?

A. 형법 제30조에서는 "2인 이상이 공동하여 죄를 범한 때에는 각자를 그 죄의 정범으로 처벌한다." 규정하고 있으며 이에 따라 판례는 이른바 공모공동정범의 개념을 인정하여 "2인 이상이 범죄에 공동 가공하는 공범관계에서 공모는 법률상 어떤 정형을 요구하는 것이 아니고 2인 이상이 어느 범죄에 공동 가공하여 그 범죄를 실현하려는 의사의 결합만 있으면 되는 것이므로, 비록 전체의 모의과정이 없었다고 하더라도 수인 사이에 순차적으로 또는 암묵적으로 상통하여 그 의사의 결합이 이루어지면 공모관계가 성립하고, 이러한 공모가 이루어진 이상 실행행위에 직접 관여하지 아니한 자라도 다른 공모자의 행위에 대하여 공동정범으로서의 형사책임을 진다."(대법원 2000.11.10. 선고 2000도3483 판결 2006. 1. 26. 선고 2005도8507 판결 등)고 판시한 바 있습니다.

나아가 "공모공동정범에 있어서 공모자 중의 1인이 다른 공모자가 실행행위에 이르기 전에 그 공모관계에서 이탈한 때에는 그 이후의 다른 공모자의 행위에 관하여는 공동정범으로서의 책임은 지지 않는다 할 것이나, 공모관계에서의 이탈은 공모자가 공모에 의하여 담당한 기능적 행위지배를 해소하는 것이 필요하므로 공모자가 공모에 주도적으로 참여하여 다른 공모자의 실행에 영향을 미친 때에는 범행을 저지하기 위하여 적극적으로 노력하는 등 실행에 미친 영향력을 제거하지 아니하는 한 공모자가 구속되었다는 등의 사유만으로 공모관계에서 이탈하였다고 할 수 없다."(대법원 2007.4.12. 선고 2006도9298 판결 , 대법원 2008.4.10. 선고 2008도 1274 판결 등)는 것이 판례의 입장이므로, 사안에서 공모에 주도적으로 참여한 A는 설령 살인의 실행행위에 직접 가담하지 아니하였더라고 하더라도, B와 함께 C에 대한 살인죄의 공동정범으로서 처벌될 것입니다.

■ 지압서비스가 의료법상의 의료행위에 해당되는지요?

Q. 甲은 지압서비스업소를 운영하고 있는데, 그 업소에서 근육통을 호소하는 손님들에게 엄지손가락과 팔꿈치 등을 사용하여 근육이 뭉쳐진 허리, 어깨 등의 부위를 누르는 방법으로 근육통을 완화시켜 주는 행위를 하고 그에 대한 대가를 받고 있는바, 甲의 이러한 행위가 위법은 아닌지요?

A. 「의료법」 제27조 제1항 본문에서는 "의료인이 아니면 누구든지 의료행위를 할 수 없으며, 의료인도 면허된 이외의 의료행위를 할 수 없다." 라고 규정하고 있으며, 「보건범죄단속에관한특별조치법」 제5조는 "의료법 제27조의 규정을 위반하여 영리를 목적으로 의사가 아닌 자가 의료행위를, 치과의사가 아닌 자가 치과의료행위를, 한의사가 아닌 자가 한방의료행위를 업으로 한 자는 무기 또는 2년 이상의 징역에 처한다. 이 경우에는 100만원 이상 1,000만원 이하의 벌금을 병과(倂科)한다."라고 규정하고 있습니다.

그런데 「의료법」 제27조 제1항 소정의 '의료행위'라 함은 의학적 전문지식을 기초로 하는 경험과 기능으로 진찰, 검안, 처방, 투약 또는 외과적 시술을 시행하여 하는 질병의 예방 또는 치료행위 및 그밖에 의료인이 행하지 아니하면 보건위생상 위해가 생길 우려가 있는 행위를 의미하는데, 판례는 "의료인으로서 갖추어야 할 의학상의 지식과 기능을 갖지 않는 피고인이 지두로서 환부를 눌러 교감신경 등을 자극하여 그 흥분상태를 조정하는 소위 지압의 방법으로 소아마비, 신경성위장병 환자 등에 대하여 치료행위를 한 것은 생리상 또는 보건위생상 위험이 있다고 보아야 하고, 이와 같은 경우에는 피고인의 위 소위를 위 법조 소정의 의료행위로 봄이 상당하다 할 것인바, 의료법상의 면허나 자격이 없는 피고인이 위와 같은 의료행위를 하고 그 치료비로서 수인으로부터 금품을 받은 소위에 대하여 보건범죄단속에관한특별조치법 제5조를 적용한 원판결 조치는 정당하며, 원판결에 의료행위에 관한 법리오해나 법률적용을 그릇한 위법사유 없다."

라고 한 바 있고(대법원 1978. 5. 9. 선고 77도2191 판결), "지압서비스업소에서 근육통을 호소하는 손님들에게 엄지손가락과 팔꿈치 등을 사용하여 근육이 뭉쳐진 허리와 어깨 등의 부위를 누르는 방법으로 근육통을 완화시켜준 행위가 의료행위에 해당하지 않는다."라고 한 사례가 있고(대법원 2000. 2. 22. 선고 99도4541 판결), "의료행위라 함은 의학적 전문지식을 기초로 하는 경험과 기능으로 진찰, 검안, 처방, 투약 또는 외과적 시술을 시행하여 하는 질병의 예방 또는 치료행위 및 그밖에 의료인이 행하지 아니하면 보건위생상 위해가 생길 우려가 있는 행위를 의미한다 할 것이고, 안마나 지압이 의료행위에 해당하는지에 대해서는 그것이 '단순한 피로회복을 위하여 시술'하는데 그치는 것이 아니라 '신체에 대하여 상당한 물리적인 충격을 가하는 방법으로 어떤 질병의 치료행위에까지 이른다면' 이는 보건위생상 위해가 생길 우려가 있는 행위, 즉 의료행위에 해당한다고 보아야 할 것이다."라고 하였습니다(대법원 2002. 6. 20. 선고 2002도807 전원합의체 판결, 2004. 1. 15. 선고 2001도298 판결).

따라서 위 사안의 경우에도 甲의 지압서비스가 단순한 피로회복을 위하여 시술하는 경우라면 위법문제가 제기될 수 없을 것이지만, 그것을 넘어서 신체에 대하여 상당한 물리적인 충격을 가하는 방법으로 어떤 질병의 치료행위에까지 이른다면 그것은 무면허 의료행위로서 「보건범죄단속에관한특별조치법」 제5조 위반으로서 처벌될 것으로 보입니다.

■ 근로자의 쟁의행위가 형법상 정당행위가 되기 위한 요건은 어떻게 되는지요?

Q. 甲은 회사 내 노동조합장으로서 회사의 업무가 09:00 이전에 출근하여 업무준비를 한 후 09:00부터 정상근무를 하도록 되어 있음에도 불구하고, 임금협상이 결렬되었다는 이유로 노동조합원 전원이 09:00에 출근하도록 하였는바, 이러한 경우에 甲에 대하여 형사책임을 물을 수 없는지요?

A. 「형법」 제20조는 위법성이 조각되어 처벌되지 아니하는 정당행위에 관하여 "법령에 의한 행위 또는 업무로 인한 행위 기타 사회상규에 위배되지 아니하는 행위는 벌하지 아니한다."라고 규정하고 있습니다.

이러한 정당행위의 성립요건에 관하여 판례는 "형법 제20조는 '법령에 의한 행위 또는 업무로 인한 행위 기타 사회상규에 위배되지 아니하는 행위는 벌하지 아니한다.'고 규정하고 있는데, 어떠한 행위가 정당한 행위로서 위법성이 조각되는 것인지는 구체적인 경우에 따라 합목적적, 합리적으로 가려져야 할 것인바, 정당행위를 인정하려면 첫째, 그 행위의 동기나 목적의 정당성, 둘째 행위의 수단이나 방법의 상당성, 셋째 보호이익과 침해이익과의 법익 균형성, 넷째 긴급성, 다섯째 그 행위 외에 다른 수단이나 방법이 없다는 보충성 등의 요건을 갖추어야 한다."라고 하였습니다(대법원 1999. 2. 23. 선고 98도1869 판결, 2000. 4. 25. 선고 98도2389 판결, 2002. 12. 26. 선고 2002도5077 판결).

그런데 근로자의 쟁의행위가 형법상 정당행위가 되기 위한 요건에 관하여 판례는 "근로자의 쟁의행위의 정당성은 첫째, 그 주체가 단체교섭의 주체로 될 수 있는 자이어야 하고, 둘째 그 목적이 근로조건의 향상을 위한 노사간의 자치적 교섭을 조성하는 데에 있어야 하며, 셋째 사용자가 근로자의 근로조건 개선에 관한 구체적인 요구에 대하여 단체교섭을 거부하였을 때 개시하되 특별한 사정이 없는 한 조합원의 찬성결정 및 노동쟁의발생신고 등 절차를 거쳐야 하는 한편, 넷째 그 수단과 방법이 사용자의 재산권과 조화를 이루어야 할 것은 물론 폭력의 행사에 해당되지 아니하여야 한다는 여러 조건을 모두 구비하여야 비로소 인정될 수 있다."라고 하였으며 (대법원 2001. 6. 26. 선고 2000도2871 판결, 2001. 10. 25. 선고 99도4837 판결, 2002. 2. 26. 선고 99도5380 판결, 2007. 5. 11. 선고 2006도9478 판결), "단체협약에 따른 공사 사장의 지시로 09:00 이전에 출근하여 업무준비를 한 후 09:00부터 근무를 하도록 되어 있음에도 피고인이 쟁의행위의 적법한 절차를 거치지도 아니한 채 조합원들로 하여금 집단으로 09:00 정각에 출근하도록 지시를 하여 이에 따라 수백, 수천명의 조합원들이 집단적으로 09:00 정각에 출근함으로써 전화고장수리가 지연되는 등으로 위 공사의 업무수행에 지장을 초래하였다면 이는 실질적으로 피고인 등이 위 공사의 정상적인 업무수행을 저해함으로써 그들의 주장을 관철시키기 위하여 한 쟁의행위라 할 것이나, 쟁의행위의 적법한 절차를 거치지 아니하였음은 물론 이로 인하여 공익에 커다란 영향을 미치는 위 공사의 정상적인 업무운영이 방해되었을 뿐만 아니라 전화고장수리 등을 받고자 하는 수요자들에게도 상당한 지장을 초래하게 된 점 등에 비추어 정당한 쟁의행위의 한계를 벗어난 것으로 업무방해죄를 구성하고, 피고인의 이와 같은 행위가 노동3권을 보장받고 있는 근로자의 당연한 권리행사로서 형법 제20조 소정의 정당행위에 해당한다고 볼 수 없다."라고 하였습니다(대법원 1996. 5. 10. 선고 96도419 판결).

따라서 위 사안에서도 쟁의행위의 적법한 절차를 거치지도 아니한 채 위와 같은 행위를 하였다면 업무방해죄의 문제소지가 있다고 할 것입니다.

■ 노동조합원의 찬반투표 없이 한 쟁의행위는 형사처벌이 가능한지요?

Q. 甲은 乙회사의 노동조합지부장으로서 노동조합원의 찬·반투표를 실
시하지 않고 조합간부들만의 결정으로 파업을 주도하였습니다. 그
런데 乙회사에서 노동조합원의 찬·반투표를 실시하지 않고 파업을
주도하였다는 이유로 업무방해죄로 고소를 하였습니다. 이 경우 甲
의 행위가 업무방해죄가 성립되는지요?

A. 쟁의행위의 제한과 금지에 관하여 「노동조합 및 노동관계조정법」 제41
조 제1항은 "노동조합의 쟁의행위는 그 조합원의 직접·비밀·무기명투표
에 의한 조합원 과반수의 찬성으로 결정하지 아니하면 이를 행할 수 없
다."라고 규정하고 있습니다.

그리고 조합원간의 찬·반투표를 거치지 아니한 쟁의행위의 정당성에 관하
여 판례는 "근로자의 쟁의행위가 형법상 정당행위가 되기 위해서는, 첫째
그 주체가 단체교섭의 주체로 될 수 있는 자이어야 하고, 둘째 그 목적이
근로조건의 향상을 위한 노사간의 자치적 교섭을 조성하는 데에 있어야
하며, 셋째 사용자가 근로자의 근로조건 개선에 관한 구체적인 요구에 대
하여 단체교섭을 거부하였을 때 개시하되 특별한 사정이 없는 한 조합원
의 찬성결정 등 법령이 규정한 절차를 거쳐야 하고, 넷째 그 수단과 방법
이 사용자의 재산권과 조화를 이루어야 함은 물론 폭력의 행사에 해당되
지 아니하여야 한다는 여러 조건을 모두 구비하여야 하는바, 특히 그 절
차에 관하여 조합원의 직접·비밀·무기명투표에 의한 찬성결정이라는 절차
를 거쳐야 한다는 노동조합및노동관계조정법 제41조 제1항의 규정은 노
동조합의 자주적이고 민주적인 운영을 도모함과 아울러 쟁의행위에 참가
한 근로자들이 사후에 그 쟁의행위의 정당성 유무와 관련하여 어떠한 불
이익을 당하지 않도록 그 개시에 관한 조합의사의 결정에 보다 신중을 기
하기 위하여 마련된 규정이므로, 위의 절차를 위반한 쟁의행위는 그 절차
를 따를 수 없는 객관적인 사정이 인정되지 아니하는 한 정당성을 인정받
을 수 없다 할 것이다. 만약 이러한 절차를 거치지 않은 경우에도 조합원

의 민주적 의사결정이 실질적으로 확보된 때에는 단지 노동조합 내부의
의사형성 과정에 결함이 있는 정도에 불과하다고 하여 쟁의행위의 정당성
이 상실되지 않는 것으로 해석한다면 위임에 의한 대리투표, 공개결의나
사후결의, 사실상의 찬성간주 등의 방법을 용인하는 결과가 되어 위 관계
규정과 종전 대법원의 판례취지에 반하는 것이 된다. 이와 견해를 달리한
대법원 2000. 5. 26. 선고 99도4836 판결은 이와 저촉되는 한도 내에
서 변경하기로 한다."라고 하였습니다(대법원 2001. 10. 25. 선고 99도
4837 판결, 대법원 2007.5.11. 선고 2005도8005 판결).

따라서 위 사안에 있어서도 甲이 노동조합원의 찬·반투표 없이 파업을
강행하였다면 업무방해죄로 처벌될 것으로 보입니다.

■ 스스로 범죄를 범한 자가 긴급피난을 할 수 있는지요?

Q. 甲은 乙女를 성폭행 하려다가 미수에 그쳤지만, 乙이 반항하면서 甲의 손가락을 깨물자 甲이 손가락을 비틀어 잡아 뽑다가 乙의 치아를 손상시켰습니다. 이 경우 甲은 어떠한 죄명으로 형사책임을 지게 되는지요?

A. 「형법」 제297조는 "폭행 또는 협박으로 사람을 강간한 자는 3년 이상의 유기징역에 처한다."라고 규정하고 있고, 같은 법 제301조는 "제297조 내지 제300조(미수범)의 죄를 범한 자가 사람을 상해하거나 상해에 이르게 한 때에는 무기 또는 5년 이상의 징역에 처한다."라고 규정하고 있습니다. 그러므로 甲이 乙의 치아를 손상시킨 것이 위법이라면 강간죄가 아닌 강간치상죄가 문제될 것입니다.

그런데 「형법」 제22조 제1항은 긴급피난(緊急避難)에 관하여 "자기 또는 타인의 법익에 대한 현재의 위난을 피하기 위한 행위는 상당한 이유가 있는 때에는 벌하지 아니한다."라고 규정하고 있습니다. 정당방위와 긴급피난의 차이는 정당방위는 '부정한 침해' 즉, 위법한 침해에 대한 방어행위임을 요하나, 긴급피난의 경우에는 위난이 현재 진행되고 있으면 족하고, 위법한 침해가 있는 것을 요하지 않는 점에 있습니다.

어느 행위가 긴급피난에 해당되어 처벌되지 않으려면 ①자기 또는 타인의 법익에 대한 현재의 위난이 존재하여야 하고, ②위난을 피하기 위한 행위이어야 하며, ③피난행위가 상당한 이유를 가지고 있어야 합니다. 위난의 원인은 묻지 않으며 또한 그것이 사람의 행위에 의한 것이든 자연에 의한 것이든 불문하며, 피난행위란 현재의 위난을 모면하기 위한 일체의 행위를 말합니다. 긴급피난의 상당한 이유 즉, 상당성이 인정되기 위해서는 ①피난행위가 위난에 빠져 있는 법익을 보호하기 위한 유일한 수단이어야 하고(보충성의 원리), ②피해자에게 가장 경미한 손해를 주는 방법을 택하여야 하며, ③피난행위에 의하여 보호되는 이익이 이로 인하여 침해되는 이익보다 커야 하며(균형성의 원리), ④피난행위 자체가 사회윤리나 법질서 전체의 정신에 비추어 위난을 피하기 위한 적합한 수단이어야 합니다(적합성의 원리)(대법원 2006. 4 13. 선고 2005도9396판결).

 그러나 민법상의 긴급피난에 관하여 판례는 "민법 제761조 제2항 소정의 '급박한 위난'에는 가해자의 고의나 과실에 의하여 조성된 위난은 포함되지 아니한다."라고 하였습니다(대법원 1975. 8. 19. 선고 74다1487 판결, 1981. 3. 24. 선고 80다1592 판결). 또한, "강간 등에 의한 치사상죄에 있어서 사상의 결과는 간음행위 그 자체로부터 발생한 경우나 강간의 수단으로 사용한 폭행으로부터 발생한 경우는 물론, 강간에 수반하는 행위에서 발생한 경우도 포함하고, 피고인이 스스로 야기한 강간범행의 와중에서 피해자가 피고인의 손가락을 깨물며 반항하자 물린 손가락을 비틀며 잡아 뽑다가 피해자에게 치아결손의 상해를 입힌 행위를 가리켜 법에 의하여 용인되는 피난행위라 할 수 없다."라고 하였습니다(대법원 1995. 1. 12. 선고 94도2781 판결).

 따라서 위 사안에서 甲은 강간치상죄로 처벌받게 될 것으로 보입니다.

■ 외국으로 도피하려는 채무자를 저지하다가 상해를 입힌 경우, 상해죄 등으로 처벌받게 되는지요?

Q. 저는 甲에게 3,000만원을 빌려주었는데, 甲은 변제기일이 지나도록 원금은 물론 이자도 지급하지 않고 있습니다. 그런데 저는 어제 해외로 도피하려고 공항에서 출국하려는 甲을 붙잡아 경찰서로 끌고 가려 했으나, 甲이 완강히 저항하여 어쩔 수 없이 甲에게 전치 1주의 상해를 입혔습니다. 이 경우에 제가 상해죄 등으로 처벌받게 되는지요?

A. 아무리 정당한 권리라 하더라도 법적 절차에 따라 이를 해결하는 것이 원칙입니다. 그러나 시간이 촉박하고 권리행사의 실효를 거둘 수 없는 경우에까지 절차적 원칙을 관철한다면 사실상 권리확보가 불가능한 경우가 있게 될 것입니다.

「형법」 제23조는 "법정절차에 의하여 청구권을 보전하기 불가능한 경우에 그 청구권의 실행불능 또는 현저한 실행곤란을 피하기 위한 행위는 상당한 이유가 있는 때에는 벌하지 아니하고 이러한 행위가 그 정도를 초과한 때에는 정황에 의하여 형을 감경(減輕) 또는 면제할 수 있다"는 자구행위(自救行爲)에 관한 규정을 두고 있어, 위와 같은 경우 일정한 요건 아래 위법성이 배제되어 민·형사책임을 면제받을 수도 있습니다.

다만 이러한 자구행위는 법정절차에 의하여 청구권을 보전하기 불가능한 경우에 허용되는 것이므로 채무자가 해외로 도피하려고 하더라도 채무자에게 인적, 물적 담보 등이 마련되어 있는 상황이라면 자구행위는 허용되지 아니할 것입니다. 또한, 청구권의 보전이 불가능하고 청구권의 실행이 불능 또는 곤란한 경우에도 청구권의 보전 수단이 객관적으로 사회상규에 비추어 상당하다고 인정되는 범위 한도 내에서 허용된다고 할 것이고 이러한 상당성 여부는 구체적인 정황을 고려하여 객관적인 기준에서 판단될 것입니다.

위 사안으로 돌아가 귀하의 행위는 일단 형법상 상해죄의 구성요건에 해당한다고 볼 수 있습니다. 다만 甲이 해외로 도피할 경우 권리실현에 상당한 어려움이 예상된다 할 것이고, 상해의 정도가 중하지 아니하다는 점에서, 자구행위로 인정되어 위법성이 배제되어 무죄가 될 여지도 있습니다. 다만, 자구행위가 지나쳐 그 상당성의 정도를 벗어난 과잉자구행위(過剩自救行爲)가 되는 경우에는 위법성이 조각되지 않고 처벌을 받게 될 것입니다.

■ 돈을 갚지 않을 때 채무자의 물건을 빼앗아 올 수 있는지요?

Q. 채무자가 빌려간 돈을 갚지 않아 그의 재산을 무단으로 빼앗아 온 경우 법적으로 문제가 되는지요?

A. 「형법」 제23조는 "법정절차에 의하여 청구권을 보전하기 불능한 경우에 그 청구권의 실행불능 또는 현저한 실행곤란을 피하기 위한 행위는 상당한 이유가 있는 때에는 벌하지 아니하고, 이러한 행위가 그 정도를 초과한 때에는 정황에 의하여 형을 감경 또는 면제할 수 있다."라고 규정하고 있고, 「민법」 제209조는 "점유자는 그 점유를 부정하게 침입하여 빼앗을 경우 또는 방해하는 행위에 대하여 자력으로 이를 방위할 수 있고, 점유물이 침입 당해 빼앗겼을 경우에 부동산일 때에는 점유자는 빼앗긴 후 즉시 가해자를 배제하여 이를 탈환할 수 있으며, 동산일 때에는 점유자는 현장에서 또는 추적하여 가해자로부터 이를 탈환할 수 있다."라고 규정하고 있습니다.

그러므로 채권자가 채무자 모르게 그의 물건을 가져오면 절도죄가 되고, 채무자가 가져가지 못하게 하는데도 강제로 가져오면 강도죄가 될 수 있습니다. 채무자가 돈을 갚을 능력이 있으면서도 빚을 갚지 않고 미루기만 하는 경우 채권자 측에서 간혹 홧김에 상대방의 물건을 가져와서 그 결과 형사상 처벌을 받는 경우를 보게 되는데, 이는 새로운 불법사실을 유발하는 행위가 될 수 있습니다. 판례도 "피고인이 피해자에게 석고를 납품한 대금을 받지 못하고 있던 중 피해자가 화랑을 폐쇄하고 도주하자, 피고인이 야간에 폐쇄된 화랑의 베니어판 문을 미리 준비한 드라이버로 뜯어내고 피해자의 물건을 몰래 가지고 나왔다면, 위와 같은 피고인의 강제적 채권추심 내지 이를 목적으로 하는 물품의 취거행위(取去行爲)를 형법 제23조 소정의 자구행위라고 볼 수 없다."라고 하였습니다 (대법원 1984. 12. 26. 선고 84도2582, 84감도397 판결).

따라서 귀하가 채무자의 재산을 무단으로 빼앗아 온 경우 강도죄가 성립될 수 있을 것으로 여겨집니다.

■ 도박죄를 처벌하지 않는 국가에서 도박을 한 행위가 형사 처벌의 대상
이 되는건가요?

Q. 저는 마카오에서 상습적으로 카지노를 출입하여 거액의 판돈으로
도박을 하였다는 혐의로 상습도박죄로 기소된 상태입니다. 분명히
마카오에서는 도박죄를 처벌하지 않는 것으로 알고 카지노에 출입
하였을 뿐인데, 이를 가지고 기소한다는 것은 너무하다고 생각합니
다. 제가 한 행위가 형사 처벌의 대상이 되는건가요?

A. 형법에서는 도박을 한 사람을 처벌하고 있으며(형법 제246조 제1항 본
문), 상습적으로 도박을 한 사람은 가중처벌하고 있습니다(형법 제246
조 제2항). 다만, 일시오락 정도에 불과한 경우라면 처벌대상에 포함되
지는 않습니다(형법 제246조 제1항 단서).

한편, 형법은 장소적 적용범위에 대해 속지주의를 원칙으로 하고, 속인주
의와 보호주의를 보충적으로 채택하고 있는 것으로 해석할 수 있습니다.
그 중 형법 제3조는 "본법은 대한민국 영역 외에서 죄를 범한 내국인에
게 적용한다"라고 하여 속인주의를 택하고 있음을 밝히고 있습니다.

이에 따르면, 대한민국 국민이 도박죄를 처벌하지 않는 국가에서 상습도
박을 한 경우에도 형법이 적용됨을 알 수 있습니다. 대법원도 "형법 제3
조는 '본법은 대한민국 영역 외에서 죄를 범한 내국인에게 적용한다.'고
하여 형법의 적용 범위에 관한 속인주의를 규정하고 있고, 또한 국가 정
책적 견지에서 도박죄의 보호법익보다 좀 더 보호가치가 높은 국가이익
을 위하여 예외적으로 내국인의 출입을 허용하는 폐광지역개발지원에관
한특별법 등에 따라 카지노에 출입하는 것은 법령에 의한 행위로 위법성
이 조각된다고 할 것이나, 도박죄를 처벌하지 않는 외국 카지노에서의
도박이라는 사정만으로 그 위법성이 조각된다고 할 수 없다."고 하여 외
국 카지노에서의 도박도 경우에 따라 처벌 받을 수 있다고 판시하고 있
습니다(대법원 2001. 9. 25. 선고 99도3337 판결, 대법원 2004. 4.
23. 선고 2002도2518 판결).

따라서 귀하께서 만약 일시오락의 정도를 넘어 상습적으로 도박을 하신 경우라면, 비록 도박행위를 처벌하지 않는 외국 카지노에서 한 경우라 하더라도 형법이 적용되어 형사 처벌될 수 있습니다.

■ 폭행과 사망 사이에 인과관계가 인정되는 경우, 형사책임을 지나요?

Q. 갑은 을의 멱살을 잡아 흔들고 가슴과 얼굴을 구타하는 등 외상이 생길 정도로 심하게 폭행을 가하였고, 평소에 심장질환을 앓고 있던 을은 심근경색 등으로 사망하게 되었습니다. 이 경우 갑은 을의 사망에 대하서도 형사책임을 지나요?

A. 피해자의 질병이 개입되어 결과가 발생했다고 하더라도 피고인의 폭행의 방법, 부위나 정도 등에 비추어 피고인의 폭행과 피해자의 사망 사이에 상당인과관계가 있다고 볼 수 있다면 피고인은 피해자의 사망에 대해서도 형사책임을 집니다. 갑은 을의 멱살을 잡아 흔들고 주먹으로 가슴과 얼굴을 구타하는 등 외상이 생길 정도로 심하게 폭행을 가함으로써 나쁜 상태에 있는 피해자의 심장에 더욱 부담을 주어 나쁜 영향을 초래하도록 하였다면 비록 평소에 심장질환을 앓고 있던 을이 심근경색 등으로 사망하였다고 하더라도 갑의 폭행의 방법, 부위나 정도 등에 비추어 갑의 폭행과 을의 사망과 간에 상당인과관계가 있었다고 볼 수 있습니다.

■ 신분에 대한 부당한 침해를 방위하고자 폭행한 경우에도 정당방위에 해당할 수 있는지요?

Q. 갑은 타인이 보는 자리에서 인륜상 용납할 수 없는 폭언과 함께 폭행을 가하려는 그의 아들인 을을 1회 구타하였습니다. 이 경우 갑의 행위는 정당방위에 해당할 수 있나요?

A. 형법 제21조에 따르면 자기 또는 타인의 법익에 대한 현재의 부당한 침해를 방위하기 위한 행위는 상당한 이유가 있는 때에는 벌하지 아니하는데, 타인이 보는 자리에서 인륜상 용납할 수 없는 폭언과 함께 폭행을 가하려는 그의 아들인 을을 1회 구타한 행위는 갑의 신체에 대한 법익뿐 아니라 아버지로서의 신분에 대한 법익에 대한 현재의 부당한 침해를 방위하기 위한 행위로써 정당방위에 해당하여 범죄를 구성하지 않을 수 있습니다.

■ 위법한 강제연행 과정에서 음주측정 요구에 응하여야 하는지요?

Q. 운전을 하다가 교통사고를 낸 甲은 상대방 운전자의 신고로 출동한
경찰관이 음주운전을 하였다는 의심할 만한 사유가 있다는 이유로
음주측정을 요구하자 이를 거부하였고, 그 과정에서 체포되어 경찰
서로 강제 연행된 후 다시 음주측정요구에 불응하여 도로교통법위
반(음주측정거부)로 기소되었는데 이 경우 처벌을 받는지요?

A. 「도로교통법」 제44조 제2항은 "경찰공무원은 교통의 안전과 위험방지를
위하여 필요하다고 인정하거나 제1항의 규정을 위반하여 술에 취한 상태
에서 자동차등을 운전하였다고 인정할 만한 상당한 이유가 있는 때에는
운전자가 술에 취하였는지의 여부를 호흡조사에 의하여 측정할 수 있다.
이 경우 운전자는 경찰공무원의 측정에 응하여야 한다."라고 규정하고
있고, 같은 법 제148조의2 제1항 제2호에서 "술에 취한 상태에 있다고
인정할 만한 상당한 이유가 있는 사람으로서 제44조제2항에 따른 경찰
공무원의 측정에 응하지 아니한 사람은 1년 이상 3년 이하의 징역이나
500만원 이상 1천만원 이하의 벌금에 처한다."라고 규정하고 있습니다.
　그런데 음주측정을 위해 운전자를 강제로 연행하는 것이 적법한 공무
집행인지 또한 강제연행을 위한 절차 및 위법한 체포상태에서 이루어진
음주측정요구에 불응한 행위를 처벌할 수 있는지가 문제됩니다.
　이에 관하여 판례는 "음주측정을 거절하는 운전자를 음주측정할 목적으로 파
출소로 끌고 가려한 행위를 적법한 공무집행으로 볼 수 없다."라고 하였으며
(대법원 1994. 10. 25. 선고 94도2283 판결), 또한 운전자가 위법하게 강
제연행된 상태에서 음주측정을 거부한 경우에 관하여 "교통안전과 위험방지를
위한 필요가 없음에도 주취운전을 하였다고 인정할 만한 상당한 이유가 있다
는 이유만으로 이루어지는 음주측정은 이미 행하여진 주취운전이라는 범죄행
위에 대한 증거 수집을 위한 수사절차로서의 의미를 가지는 것인데, 구 도로
교통법(2005. 5. 31. 법률 제7545호로 전문 개정되기 전의 것)상의 규정들
이 음주측정을 위한 강제처분의 근거가 될 수 없으므로 위와 같은 음주측정

을 위하여 당해 운전자를 강제로 연행하기 위해서는 수사상의 강제처분에 관한 형사소송법상의 절차에 따라야 하고, 이러한 절차를 무시한 채 이루어진 강제연행은 위법한 체포에 해당한다. 이와 같은 위법한 체포 상태에서 음주측정요구가 이루어진 경우, 음주측정요구를 위한 위법한 체포와 그에 이은 음주측정요구는 주취운전이라는 범죄행위에 대한 증거 수집을 위하여 연속하여 이루어진 것으로서 개별적으로 그 적법 여부를 평가하는 것은 적절하지 않으므로 그 일련의 과정을 전체적으로 보아 위법한 음주측정요구가 있었던 것으로 볼 수밖에 없고, 운전자가 주취운전을 하였다고 인정할 만한 상당한 이유가 있다 하더라도 그 운전자에게 경찰공무원의 이와 같은 위법한 음주측정요구에 대해서까지 그에 응할 의무가 있다고 보아 이를 강제하는 것은 부당하므로 그에 불응하였다고 하여 음주측정거부에 관한 도로교통법 위반죄로 처벌할 수 없다."라고 하였습니다(대법원 2006. 11. 9. 선고 2004도8404 판결).

따라서 위 사안의 경우 甲이 체포되어 경찰서로 강제연행 되는 과정에서 만약 그 체포가 위법한 체포로 인정된다면 경찰관의 음주측정요구 또한 위법한 것으로 인정되어서 그에 응하지 아니하였다 하더라도 처벌을 받지 않게 될 것이나, 반대로 甲에 대한 체포절차가 적법하다면 甲은 「도로교통법」상 음주측정거부죄로 처벌을 받게 될 것입니다.

■ 범죄행위 중 자의로 범행을 중단했을 경우에도 처벌하는지요?

Q. 현재 20세인 저희 아들은 친구와 함께 강간을 하려고 여자를 끌고 갔다가 양심의 가책을 느껴 강간하려는 친구를 말리며 서로 다투어 여자를 되돌려 보냈으나 신고를 받고 온 경찰에 붙잡혀 현재 「성폭력범죄의 처벌 등에 관한 특례법」 위반(특수강간미수)의 혐의로 구속되어 있습니다. 실제로 강간이 이루어진 것도 아니고 또한 제 아들은 친구를 말리다가 다투기까지 하였는데, 이 경우 형벌이 더 가벼워지지는 않는지요?

A. 「성폭력범죄의 처벌 등에 관한 특례법」 제4조 및 제15조에 의하면 특수강간의 경우 미수범도 처벌이 됩니다. 다만, 미수의 경우에도 각 경우에 따라서 처벌이 달라지는바, 「형법」 제25조(미수범) 및 제26조(중지범)에 의하면 범죄의 실행에 착수하여 행위를 종료하지 못하였거나 결과가 발생하지 아니한 때에는 미수범으로 처벌하고, 미수범의 형은 기수범보다 감경(減輕)할 수 있으며, 또한 범인이 자의로 실행에 착수한 행위를 중지하거나 그 행위로 인한 결과의 발생을 방지한 때에는 형을 감경 또는 면제한다고 규정하고 있습니다. 그러므로 단순히 외부적 장애로 인하여 미수에 그친 경우는 형법 제25조에 의하여 기수범보다 형을 감경할 수 있습니다. 이 경우에는 판사의 재량에 따른 임의적인 것이므로 죄질 등에 따라 감경하지 않을 수도 있는 것입니다.

그러나 외부적 장애로 인한 것이 아닌 범죄행위자의 자의(自意)에 의하여 범죄실행을 중지했거나 결과발생 등을 적극적으로 방지했을 경우는 중지범(中止犯)으로서 형을 감경 또는 면제하여야 합니다. 중지범 즉, 중지미수에 관하여 판례는 "중지미수라 함은 범죄의 실행행위에 착수하고 그 범죄가 완수되기 전에 자기의 자유로운 의사에 따라 범죄의 실행행위를 중지하는 것으로서 장애미수와 대칭 되는 개념이나, 중지미수와 장애미수를 구분하는데 있어서는 범죄의 미수가 '자의에 의한 중지이냐' 또는 '어떤 장애에 의한 미수이냐'에 따라 가려야 하고, 특히 자의에 의한 중지 중에서도 '일반사회통념상 장애에 의한 미수라고 보여지는 경우를 제외'한 것을 중지미수라고 풀이함이 일반이다."라고 하였습니다(대법원 1985. 11. 12. 선고 85도2002 판결, 1993. 10. 12. 선고 93도1851 판결, 1999. 4. 13. 선고 99도640 판결). 또한, 공범의 경우에 관하여 판례는 "다른 공범자의 범행을 중지케 한 바 없으면 범의(犯意)를 철회하여도 중지미수가 될 수 없다."라고 하였습니다(대법원 1969. 2. 25. 선고 68도1676 판결).

따라서 위 사안에서 귀하의 아들은 범의(犯意)는 있었으나 도중에 자의에 의해 친구의 범죄를 극구 만류하였고, 그로 인하여 미수에 그친 것으로 보여지는바, 이를 입증한다면 「형법」 제26조의 규정에 따라 형이 감경 또는 면제될 수 있을 것으로 보입니다.

■ 만취 후 운전하여 교통사고를 낸 경우, 심신장애로 인한 형의 감경을 받을 수 있는지요?

Q. 제 동생은 평소 가정의 불화로 고민하다가 음주운전을 하겠다는 생각으로 음주하여 만취된 후 자동차를 운전하다가 피해자를 상해하는 등의 교통사고를 일으키고 현재 구속기소 되었습니다. 이 경우 만취상태였으므로 심신장애로 인한 형의 감경을 받을 수 있는지요?

A. 심신장애자의 처벌에 관하여 「형법」 제10조는 "①심신장애로 인하여 사물을 변별할 능력이 없거나 의사를 결정할 능력이 없는 자의 행위는 벌하지 아니한다. ②심신장애로 인하여 전항의 능력이 미약한 자의 행위는 형을 감경(減輕)한다. ③위험의 발생을 예견하고 자의로 심신장애를 야기한 자의 행위에는 전 2항의 규정을 적용하지 아니한다."라고 규정하고 있습니다.

행위자가 고의 또는 과실로 자기를 심신상실 또는 심신미약의 상태에 빠지게 한 후 이러한 상태에서 범죄를 실행하는 것을 '원인에 있어서 자유로운 행위'라고 합니다. 예컨대, 살인을 결심한 자가 용기를 얻기 위하여 음주하여 정신을 차릴 수 없을 정도로 만취한 상태에서 범행을 저지른 경우 등을 말하는데, 이 경우 행위자는 비록 심신미약이나 심신상실의 상태에서 행위를 하였다고 할지라도 형이 감경되거나 면제되지 아니하고 「형법」 제10조 제3항에 따라 그 행위에 대한 완전한 책임을 부담하게 됩니다.

관련 판례를 보면, "피고인이 자신의 차를 운전하여 술집에 가서 술을 마신 후 운전을 하다가 교통사고를 일으켰다면, 이는 피고인이 음주할 때 교통사고를 일으킬 수 있다는 위험성을 예견하고도 자의로 심신장애를 야기한 경우에 해당하여, 가사 사고 당시 심신미약 상태에 있었다고 하더라도 심신미약으로 인한 형의 감경을 할 수 없다."라고 하였으며(대법원 1994. 2. 8. 선고 93도2400 판결, 1995. 6. 13. 선고 95도826 판결, 2002. 11. 8. 2002도5109 판결), 또한 "형법 제10조 제3항은 고의에 의한 원인에 있어서의 자유로운 행위만이 아니라 과실에 의한 원인에 있어서의 자유로운 행위까지도 포함하는 것으로서, 위험의 발생을 예견할 수 있었는데도 자의로 심신장애를 야기한 경우도 그 적용대상이 된다고 할 것이어서, 피고인이 음주운전을 할 의사를 가지고 음주만취한 후 운전을 결행하여 교통사고를 일으켰다면 피고인은 음주시에 교통사고를 일으킬 위험성을 예견하였는데도 자의로 심신장애를 야기한 경우에 해당하므로 위 법 조항에 의하여 심신장애로 인한 감경 등을 할 수 없다."라고 하였습니다(대법원 1992. 7. 28. 선고 92도999 판결).

따라서 귀하의 동생의 경우에도 비록 고의에 의하지 아니하였다고 하더라도 음주운전의 위험성을 예견한 경우에 해당한다 할 것이므로 심신미약을 이유로 형의 감경을 인정받기는 어려울 것으로 보입니다.

■ 충동조절장애에 따른 범행을 심신장애로 인한 범행으로 볼 수 있는지요?

Q. 저는 31년 전에 결혼하여 남편과 아들 셋 및 며느리를 둔 가정주부
로서 남편은 주식회사의 이사로 재직하고 있는 등 남부럽지 않게
살고 있습니다. 그런데 저는 몇 년 전 계단에서 굴러 떨어져 머리
를 다친 이후 생리기간이 되면 밖으로 나가고 싶어지고, 가게 등에
서 티셔츠, 화장지, 기저귀, 세제 등의 물건을 보면 온 몸에 열이
나면서 순간적으로 아무런 생각 없이 물건을 그냥 집어 들고 가게
되곤 하여 부정기적으로 정신과치료도 받아 왔고 생리기간 중에는
밖에 나가고 싶어도 참고 집에서 지내는데 그러다가 일이 생겨 부
득이 밖에 나가면 조심하려고 애를 써도 엉떻결에 물건을 훔치곤
합니다. 이런 경우에도 심신장애로 인한 범행으로 볼 수 있는지요?

A. 「형법」 제10조는 "① 심신장애로 인하여 사물을 변별할 능력이 없거나
의사를 결정할 능력이 없는 자의 행위는 벌하지 아니한다. ② 심신장애
로 인하여 전항의 능력이 미약한 자의 행위는 형을 감경한다."라고 규
정하여, 심신장애를 형의 감면 사유의 하나로 정하고 있습니다.

일반적으로 형법상의 심신장애는 ⅰ) 진행성뇌연화, 노인성치매, 뇌손
상에 의한 창상성정신병, 음주 및 약품에 의한 중독, 정신분열증, 조울
증, 전간 등의 정신병, ⅱ) 백치·치매와 같은 정신박약, ⅲ) 그 정도가
심하여 병적 가치가 인정되는 감정·의사 또는 성격장애 등의 정신병질
과 의식장애를 말하고, 위와 같은 심신장애로 인하여 사물을 변별할 능
력이 없거나 의사를 결정할 능력이 없는 상태 또는 미약한 상태에서 범
죄를 저지른 경우, 책임무능력자 또는 한정책임능력자로 보아 「형법」
제10조에 의하여 그 형을 감면하도록 하고 있습니다.

이러한 심신장애와 관련하여 판례는 "편집형 정신분열증 환자는 자기의 행
동을 알 때도 있고 모를 때도 있으나 사물에 대한 판단력이 없는 것이 특
징이고 또 사물을 변별하고 그에 따라서 자신의 의사결정을 하거나 자기의
의지를 제어할 능력이 없으므로 심신상실의 상태에 있는 자라고 봄이 상당

하다."라고 하였고(대법원 1980. 5. 27. 선고 80도656 판결, 1991. 5. 28. 선고 91도636 판결), "형법 제10조의 심신장애로 인하여 사물을 변별할 능력이 없거나 의사를 결정할 능력이 없는 자 및 이와 같은 능력이 미약한 자라 함은 어느 것이나 심신장애의 상태에 있는 사람을 말하고, 이 양자는 단순히 그 장애정도의 강약의 차이가 있을 뿐 정신장애로 인하여 사물의 시비 또는 선악을 변별할 능력이 없거나 그 변별한 바에 따라 행동할 능력이 없는 경우와, 정신장애가 위와 같은 능력을 결여하는 정도에는 이르지 않았으나 그 능력이 현저하게 감퇴된 상태를 말한다. 피고인의 정신상태가 정신분열증세와 방화에 대한 억제하기 어려운 충동으로 말미암아 사물을 변별하거나 의사를 결정할 능력이 미약한 상태에서 불과 6일간에 여덟 차례에 걸친 연속된 방화를 감행하였다면, 피고인을 심신미약자로 인정하고 형법 제10조 제2항을 적용하여 처단한 조치는 정당하다."라고 하였으며(대법원 1984. 2. 28. 선고 83도3007 판결), "자신의 충동을 억제하지 못하여 범죄를 저지르게 되는 현상은 정상인에게서도 얼마든지 찾아볼 수 있는 일로서, 특단의 사정이 없는 한 위와 같은 성격적 결함을 가진 사람에 대하여 자신의 충동을 억제하고 법을 준수하도록 요구하는 것이 기대할 수 없는 행위를 요구하는 것이라고는 할 수 없으므로, 원칙적으로 충동조절장애와 같은 성격적 결함은 형의 감면사유인 심신장애에 해당하지 아니한다고 봄이 상당하지만, 그 이상으로 사물을 변별할 수 있는 능력에 장애를 가져오는 원래의 의미의 정신병이 도벽의 원인이라거나 혹은 도벽의 원인이 충동조절장애와 같은 성격적 결함이라 할지라도 그것이 매우 심각하여 원래의 의미의 정신병을 가진 사람과 동등하다고 평가할 수 있는 경우에는 그로 인한 절도 범행은 심신장애로 인한 범행으로 보아야 한다."(대법원 2002. 5. 24. 선고 2002도1541 판결), "충동조절장애와 같은 성격적 결함이라 할지라도 그것이 매우 심각하여 원래의 의미의 정신병을 가진 사람과 동등하다고 평가할 수 있는 경우에는 그로 인한 범행은 심신장애로 인한 범행으로 보아야 한다. 피고인의 병력, 가족관계, 성장환경, 그동안의 전력, 피고인의 범죄 횟수 및 그 시간적 간격, 각 범행 전후의 정황, 피고인에 대한 정신감정결과 등에 비추어 피고인의 각 범행이 매우 심각한 충동조절장애와 같은 성격적 결함으로 인하여 심신장애 상태에서 순간적으로 저지른 것일 가능성이 있는데도, 원심판결이 객관적 정신감정기관을 통하여 자세한 정신감정을 다시 실시하는 등의 방법으로 심신장애 여부를 심리하지 아니한 것은 위법하다."라고 하였습니다(대법원 2006. 10. 13. 선고 2006도5360 판결).

따라서 귀하의 경우 정신감정결과 등에 비추어 생리기간 중에 심각한 충동조절장애에 빠져 절도 범행을 저지른 것으로 인정될 수 있다면 심신장애로 인한 범행으로 볼 여지가 있습니다.

한편, 치료감호 등에 관한 법률 제2조에서는 「형법」 제10조 제1항의 규정에 의하여 벌할 수 없거나 같은 조 제2항의 규정에 의하여 형이 감경되는 심신장애자로서 금고 이상의 형에 해당하는 죄를 범한 자로서 치료감호시설에서의 치료가 필요하고 재범의 위험성이 있는 자에 대하여 검사의 청구가 있을 때에는 판결로써 치료감호를 선고할 수 있도록 규정하고 있어 처벌을 면하게 되는 경우에도 치료감호가 선고될 가능성은 있습니다.

■ 운전면허가 취소된 줄 모르고 운전한 경우, 무면허운전에 해당되는지요?

Q. 저는 1종 보통 운전면허를 소지하고 있었는데, 정해진 기간 안에 정기적성검사를 받지 않아 운전면허가 취소된 사실을 알지 못하고 승용차를 운전하다가 경찰에 단속되었습니다. 저는 그 동안 정기적성검사를 받지 못하여 면허취소를 당한 적이 없고 아무런 귀책사유도 없이 면허취소처분 통지를 받지 못하였으며, 면허취소 후 보름 정도 되었는데, 이런 경우도 무면허운전으로 형사처벌을 받게 되는지요?

A. 「도로교통법」 제43조, 제152조는 운전면허를 받지 아니하거나 운전면허의 효력이 정지된 자의 운전 즉 무면허운전을 처벌하고 있고, 같은 법 제87조는 제1종 운전면허를 받은 사람은 최초의 운전면허 갱신기간은 운전면허시험을 합격한 날로부터 기산하여 10년(운전면허시험 합격일에 65세 이상인 사람은 5년)이 되는 날이 속하는 해의 1월 1일부터 12월 31일까지, 이후 운전면허증 갱신기간은 직전의 운전면허증 갱신일부터 기산하여 매 10년(직전의 운전면허증 갱신일에 65세 이상인 사람은 5년)이 되는 날이 속하는 해의 1월 1일부터 12월 31일까지 갱신하여 발급받아야 하며 위 갱신기간에 정기적성검사를 받도록 하고 있고, 적성검사기간 만료일 다음날부터 적성검사를 받지 아니하고 1년을 초과한때는 같은 법 제93조에 의해 운전면허가 취소됩니다.

그런데 「형법」 제13조 본문은 "죄의 성립요소인 사실을 인식하지 못한 행위는 벌하지 아니한다."고 규정하여 범죄의 성립에 주관적 요소로서 범의(고의)가 있을 것을 요구하고 있으므로, 귀하의 경우 무면허운전의 고의가 있었는지 문제됩니다.

이러한 범죄의 성립에 필요한 주관적 요소로서의 범의에 관하여 판례는 "도로교통법 제109조 제1호, 제40조 제1항 위반의 죄는 유효한 운전면허가 없음을 알면서도 자동차를 운전하는 경우에만 성립하는, 이른바 고의범이므로, 기존의 운전면허가 취소된 상태에서 자동차를 운전하였더라도 운전자가 면허취소사실을 인식하지 못한 이상 도로교통법위반(무면허운전)죄에 해당한다고 볼 수 없고, 관할 경찰당국이 운전면허취소통지에 갈음하여 적법한 공고를 거쳤다고 하더라도 공고만으로 운전면허가 취소된 사실을 알게 되었다고 단정할 수 없으며, 이 경우 운전자가 그러한 사정을 알았는지는 각각의 사안에서 면허취소의 사유와 취소사유가 된 위법행위의 경중, 같은 사유로 면허취소를 당한 전력의 유무, 면허취소처분 통지를 받지 못한 이유, 면허취소 후 문제된 운전행위까지의 기간의 장단, 운전자가 면허를 보유하는 동안 관련 법령이나 제도가 어떻게 변동하였는지 등을 두루 참작하여 구체적·개별적으로 판단하여야 한다."라고 하였습니다(대법원 1993. 3. 23. 선고 92도3045 판결, 2004. 12. 10. 선고 2004도6480 판결).

 귀하는 그 동안 정기적성검사를 받지 못하여 면허취소를 당한 적이 없을 뿐만 아니라 아무런 귀책사유도 없이 면허취소처분 통지를 받지 못하였고 면허가 취소된 날로부터 보름이 갓 지나서 차량을 운전하였으며,「도로교통법」의 순차 개정으로 정기적성검사기간이 연장되었고, 정기적성검사에 관하여 사전에 대상자에게 통보하는 제도가 마련되어 있지 아니한 점 등을 고려하여 볼 때, 비록 귀하가 소지하고 있던 운전면허증 앞면에 적성검사기간이 기재되어 있고, 뒷면 하단에는 "적성검사 또는 면허증 갱신기간 내에 적성검사 또는 면허증을 갱신하지 아니하면 범칙금이 부과되며 1년이 지나면 운전면허가 취소됩니다."라는 경고 문구가 있다고 하더라도 정기적성검사 미필로 면허가 취소된 사실을 미필적으로나마 인식하였다고 추단하기 어렵다고 할 것입니다.

 따라서 귀하는 정기적성검사를 받지 않아 면허가 취소된 사실을 미필적으로도 인식하지 못하였다고 인정되어, 비록 운전면허가 취소된 상태에서 승용차를 운전하였지만 고의가 부정되어 무면허운전으로 형사처벌을 받지 아니할 것으로 보입니다.

■ 피고인에게 불리한 판례변경과 소급금지원칙은 어디까지 적용되는지요?

Q. 저는 2013. 2. 14. 아내를 강간했다는 혐의로 재판을 받고 있습니다. 제가 위 행위를 할 당시만 해도 혼인의 실질이 있는 부부사이에는 강간죄가 성립되지 않는다고 알고 있었는데, 대법원전원합의체판결로 강간죄가 성립하는 것으로 판례가 변경되었다고 합니다. 판례를 믿고 처벌 받지 않을 줄 알고 있었는데 억울한 면이 있습니다. 제가 형사 처벌의 대상이 될까요?

A. 우선, 대법원은 지난 40여 년 간 혼인의 실질이 있는 부부 사이에는 강간죄가 성립하지 않는다는 태도를 유지해오다 대법원 2013.5.16.선고 2012도14788 전원합의체 판결로 부부 사이에서도 강간죄가 성립할 수 있는 것으로 판례를 변경했음은 말씀하신 바와 같습니다. 즉, "헌법이 보장하는 혼인과 가족생활의 내용, 가정에서의 성폭력에 대한 인식의 변화, 형법의 체계와 그 개정 경과, 강간죄의 보호법익과 부부의 동거의무의 내용 등에 비추어 보면, 형법 제297조가 정한 강간죄의 객체인 '부녀'에는 법률상 처가 포함되고, 혼인관계가 파탄된 경우뿐만 아니라 혼인관계가 실질적으로 유지되고 있는 경우에도 남편이 반항을 불가능하게 하거나 현저히 곤란하게 할 정도의 폭행이나 협박을 가하여 아내를 간음한 경우에는 강간죄가 성립한다고 보아야 한다"고 하여 이제 혼인관계가 실질적으로 유지되고 있는 경우에도 반항을 불가능하게 하거나 현저히 곤란하게 할 정도의 폭행이나 협박을 가하여 아내를 간음한 경우에는 강간죄가 성립할 수 있다고 판시한 것입니다.

한편, 대법원은 피고인에게 불리한 판례변경의 경우에 소급금지원칙이 적용되는지가 문제된 사안에서 "형사처벌의 근거가 되는 것은 법률이지 판례가 아니고, 형법 조항에 관한 판례의 변경은 그 법률조항의 내용을 확인하는 것에 지나지 아니하여 이로써 그 법률조항 자체가 변경된 것이라고 볼 수는 없으므로, 행위 당시의 판례에 의하면 처벌대상이 되지 아니하는 것으로 해석되었던 행위를 판례의 변경에 따라 확인된 내용의 형법조항에 근거하여 처벌한다고 하여 그것이 헌법상 평등의 원칙과 형벌불소급의 원칙에 반한다고 할 수는 없다"고 하였습니다(대법원 1999. 9. 17. 선고 97도3349 판결). 즉, 판례가 법률이 아니라는 전제 하에 피고인에게 불리한 판례변경의 경우에는 소급금지원칙이 적용되지 않고, 따라서 그렇게 불리하게 변경된 판례에 따라 처벌하더라도 위헌이나 위법의 문제가 발생하지 않는다는 것입니다.

따라서 사안의 경우에 귀하께서 만약 반항을 불가능하게 하거나 현저히 곤란하게 할 정도의 폭행이나 협박을 가하여 아내를 간음하였다는 혐의로 기소되었다면, 형사처벌을 받을 수 있습니다.

■ 외국인이 국외에서 사문서를 위조한 경우, 형법이 적용되는지요?

Q. 저는 중국에 거주하던 해외교포(중국 국적)입니다. 한국에서 일자리를 구하고 싶던 저는 한국에 너무 입국하고 싶었으나 제 명의로는 여권이 만들어지지 않아 친형의 명의를 도용하여 한국으로 입국하기로 마음먹고 중국 북경시 소재 대한민국 영사관 여권부에서 그곳에 비치된 여권발급신청서 용지의 인적사항에 친형의 이름 등을 적고 사진부착란에 저의 사진을 붙여 여권발급신청서를 1장 위조하였습니다. 제가 형사 처벌의 대상이 될까요?

A. 형법은 속지주의와 속인주의 외에도 보호주의를 통해 형법 적용의 흠결을 보충하고 있습니다. 보호주의란 범죄인의 국적 및 범죄지 여하를 불문하고 자국 또는 자국민에 대한 법익침해가 있는 때에는 자국 형법의 적용을 인정하는 원칙을 말합니다. 형법은 제5조에서 "본법은 대한민국 영역 외에서 다음에 기재한 죄를 범한 외국인에게 적용한다. 1. 내란의 죄 2. 외환의 죄 3. 국기에 관한 죄 4. 통화에 관한 죄 5. 유가증권, 우표와 인지에 관한 죄 6. 문서에 관한 죄 중 제225조 내지 제230조 7. 인장에 관한 죄 중 제238조"라고 규정하고 있고, 제6조에서 "본법은 대한민국영역 외에서 대한민국 또는 대한민국국민에 대하여 전조에 기재한 이외의 죄를 범한 외국인에게 적용한다. 단 행위지의 법률에 의하여 범죄를 구성하지 아니하거나 소추 또는 형의 집행을 면제할 경우에는 예외로 한다."라고 규정하여 보호주의를 택하고 있음을 명백히 밝히고 있습니다.

따라서, 외국인이 외국에서 범죄를 저지른 경우라 하더라도 형법 제5조 또는 제6조에서 정한 경우에 해당하면 형사처벌을 받을 수 있습니다.

다만, 사안과 유사한 사례에서 대법원은 "형법의 적용에 관하여 같은 법 제2조는 대한민국 영역 내에서 죄를 범한 내국인과 외국인에게 적용한다고 규정하고 있으며 같은 법 제6조 본문은 대한민국 영역 외에서 대한민국 또는 대한민국 국민에 대하여 같은 법 제5조에 기재한 이외의 죄를 범한 외국인에게 적용한다고 규정하고 있는바 중국 북경시에 소재한 대한민국 영사관 내부는 여전히 중국의 영토에 속할 뿐 이를 대한민국의 영토로서 그 영역에 해당한다고 볼 수 없을 뿐 아니라 사문서위조죄가 형법 제6조의 대한민국 또는 대한민국 국민에 대하여 범한 죄에 해당하지 아니함은 명백하다."는 이유로 우리 형법이 적용되지 않고 따라서 피고인에 대한 재판권이 없다고 판단한 바 있습니다(대법원 2006.09.22. 선고 2006도5010 판결).

 결론적으로 귀하의 경우 대법원의 입장에 따르면 사문서에 대한 위조행위를 하였더라도 대한민국 형법으로는 처벌할 수 없을 것으로 보입니다. 다만, 국외 추방과 같은 행정상의 재제가 있을 수 있고, 타국의 형사절차에 따라 처벌받을 수 있습니다.

■ 실질적인 경영자가 따로 있는 경우, 양벌규정상 형사책임의 주체는 누구인지요?

Q. 저는 약사 A에게 고용되어 약국에서 근무하는 약사입니다. 그러나 A의 요구에 따라 약국의 개설약사로는 제 명의가 등록되어 있는 상황에서, A가 고용한 약사가 아닌 종업원이 약사법 위반행위를 하였습니다. 이러한 경우, 약사법 상 양벌규정에 의해 제가 처벌받게 되나요?

A. 양벌규정이란, 위법행위에 대하여 행위자를 처벌하는 외에 그 업무의 주체인 법인 또는 개인도 함께 처벌하는 규정을 말합니다. 즉, 법인의 대표자나 법인 또는 개인의 대리인·사용인 및 기타의 종업원이 법인 또는 개인의 업무에 관하여 위법행위를 한 때에 행위자를 처벌하는 외에 그 법인 또는 개인도 처벌하는 규정을 말하며 행정법규의 실효성을 확보하기 위한 것입니다.

한편, 명의상 경영자와 실질적 경영자가 따로 있는 경우, 누가 양벌규정상의 형사책임을 지게 되는지 문제가 된 사안에서 대법원은 "법인이 아닌 약국에서의 영업으로 인한 사법상의 권리의무는 그 약국을 개설한 약사에게 귀속되므로 대외적으로 그 약국의 영업주는 그 약국을 개설한 약사라고 할 것이지만, 그 약국을 실질적으로 경영하는 약사가 다른 약사를 고용하여 그 고용된 약사를 명의상의 개설약사로 등록하게 해두고 실질적인 영업약사가 약사 아닌 종업원을 직접 고용하여 영업하던 중 그 종업원이 약사법위반 행위를 하였다면 약사법 제78조의 양벌규정상의 형사책임은 그 실질적 경영자가 지게 된다."고 판시하여 실질적 경영자가 양벌규정상 형사책임의 주체라고 판시한바 있습니다(대법원 2000. 10. 27. 선고 2000도3570 판결).

따라서 사안과 같이 실질적 경영자가 따로 있는 경우 명의상 경영자에 불과한 귀하께서는 양벌규정상의 형사 책임을 지지는 않을 것으로 보입니다.

■ 나이트클럽에 단체로 대학생을 입장시켰는데 그 중 한명이 미성년자인 경우, 형사 처벌을 받게 될까요?

Q. 저는 나이트클럽을 운영하는 사업자입니다. 미성년자는 절대 출입시키지 않는 것을 철칙으로 삼아왔고, 지금까지는 이를 잘 지켜왔습니다. 그러다가 지난번에 대학교 3학년 단체손님 30여 명이 교수와 함께 왔기에 일부 학생들의 학생증을 확인해보니 3학년이자 성인임이 분명하기에 다 확인해볼 수도 없어 입장시켜주었습니다. 그런데 그 중에 아직 성인이 되려면 몇 개월이 남은 학생 한 명이 섞여 있었던 것이 경찰 단속에서 밝혀졌습니다. 저는 정말 어쩔 수 없는 상황이었는데 이러한 경우에도 형사 처벌을 받게 될까요?

A. 우리 형법 체계상 범죄의 성립요건은 구성요건해당성, 위법성, 책임으로 이루어져 있습니다. 이 중 책임이란 위법한 행위에 대하여 행위자를 개인적으로 비난할 수 있느냐의 문제를 말하는 것으로 형사 책임이 있다는 것은 행위자에 대한 비난가능성이 있음을 말합니다. '책임 없으면 형벌 없다'는 법언에서도 알 수 있듯이 책임주의는 형사법의 대원칙이라고 할 수 있습니다.

형법상 범죄의 성립요건 중 하나인 책임의 성립을 조각하는 사유를 책임조각사유 또는 면책사유라고 합니다. 형법에서는 저항할 수 없는 폭력 등으로 인한 강요된 행위(형법 제12조), 과잉방위(형법 제21조 제2항, 제3항), 과잉피난(형법 제22조 제3항), 과잉자구행위(형법 제23조), 친족 간의 증거인멸, 은닉, 위조 또는 변조(형법 제155조 제4항) 등의 책임조각사유를 규정하고 있으며 책임무능력(형법 제9조, 제10조), 금지착오와 같은 책임배제사유를 합쳐 넓은 의미의 책임조각사유 규정들을 두고 있습니다.

한편, 형법에 규정되어 있지는 않지만 책임의 본질이 적법한 행위를 기대할 가능성에 있다는 점에서 기대불가능성을 초법규적 책임조각사유로 인정하는 것이 일반적인 견해입니다. 대법원도 사안과 유사한 경우에 대하여

"수학여행을 온 대학교 3학년생 34명이 지도교수의 인솔 하에 피고인 경영의 나이트클럽에 찾아와 단체입장을 원하므로 그들 중 일부만의 학생증을 제시받아 확인하여 본즉 그들이 모두 같은 대학교 같은 학과 소속의 3학년 학생들로서 성년자임이 틀림없어 나머지 학생들의 연령을 개별적, 기계적으로 일일이 증명서로 확인하지 아니하고 그들의 단체입장을 허용함으로써 그들 중에 섞여 있던 미성년자(19세 4개월 남짓된 여학생) 1인을 위업소에 출입시킨 결과가 되었다면 피고인이 단체입장 하는 위 학생들이 모두 성년자일 것으로 믿은 데에는 정당한 이유가 있었다고 할 것이고, 따라서 위와 같은 상황 아래서 피고인에게 위 학생들 중에 미성년자가 섞여 있을지도 모른다는 것을 예상하여 그들의 증명서를 일일이 확인할 것을 요구하는 것은 사회통념상 기대가능성이 없다고 봄이 상당하므로 이를 벌할 수 없다"고 판시한 바 있습니다(대법원 1987. 1. 20. 선고 86도874판결).

따라서 대법원의 입장에 따르면 사안의 경우와 같은 특수한 상황 하에서 모든 신분증을 하나 하나 검사해보는 것은 사회통념상 기대할 수 없는 행동이라 할 수 있으므로 귀하께서는 책임이 조각되어 처벌받지 않을 가능성이 높습니다.

■ 자동차 전용도로에서 무단횡단하는 보행자를 미처 발견하지 못하고 치어 중상을 입혔을 경우, 형사 처벌의 대상이 될까요?

Q. 저는 자동차전용도로를 주행하던 중 갑자기 무단횡단하는 보행자를 미처 발견하지 못하고 차로 치어 중상을 입혔습니다. 저는 형사 처벌의 대상이 될까요?

A. 형법 제14조는 "정상의 주의를 태만함으로 인하여 죄의 성립요소인 사실을 인식하지 못한 행위는 법률에 특별한 규정이 있는 경우에 한하여 처벌한다."고 하여 과실범의 경우 법률에 특별히 처벌하는 규정이 있는 경우에 한해 처벌할 수 있다고 하고 있습니다. 여기서 과실이란 요구되는 주의의무를 다하지 못하여 일정한 결과를 발생시킨 것을 말합니다. 결국 과실범이 성립하기 위해서는 그 전제로 행위자에게 일정한 주의의무가 있어야 하는 것입니다.

한편, 오늘날의 기술사회에서 이러한 주의의무가 무한정 확장하는 것을 방지하기 위해 주의의무를 제한하는 여러 가지 법리가 존재하고 있으며 특히 위험성을 내포하고 있는 도로교통과 관련하여서는 신뢰의 원칙이라는 법리가 있습니다. 신뢰의 원칙이란, 스스로 교통규칙을 준수한 운전자는 다른 교통관여자가 교통규칙을 준수할 것이라고 신뢰하면 족하고, 교통규칙에 위반하여 비이성적으로 행동할 것까지 예견하여 이에 대한 방어조치를 취할 의무는 없다는 원칙을 말합니다. 결국 사안에서 귀하의 주의의무가 신뢰의 원칙에 의해 제한될 수 있는지 여부가 주된 쟁점이라고 할 수 있습니다.

사안과 유사한 경우에 있어 대법원은 "도로교통법상 자동차전용도로는 자동차만이 다닐 수 있도록 설치된 도로로서 보행자 또는 자동차 외의 차마는 통행하거나 횡단하여서는 안 되도록 되어 있으므로 자동차전용도로를 운행하는 자동차의 운전자로서는 특별한 사정이 없는 한 무단횡단하는 보행자가 나타날 경우를 미리 예상하여 감속 서행할 주의의무는 없다"고 판시한 바 있습니다(대법원 1989. 2. 28. 선고 88도1689 판결).

따라서 자동차전용도로를 운행 중이던 귀하의 경우 다른 특별한 사정이 없는 한 갑자기 무단횡단하기 위해 뛰어든 보행자를 미리 예견하고 회피해야 할 주의의무가 있다고 보기 어려워, 형사처벌을 받지 않을 가능성이 높습니다.

■ 고속도로를 주행 하던 중 무단횡단하던 보행자에게 중상을 입힌 경우, 형사 처벌을 받게 되나요?

Q. 저는 고속도로를 주행하던 중 무단횡단 하던 보행자를 약 40m 전 방에서 발견하였으나 반대편의 차가 없어 잘 건너갈 것이라고 믿고 특별한 조치를 취하지 않은 채 속도를 유지하여 운행하던 중 피해 자가 갑자기 우뚝 멈춰서는 바람에 피해자를 충돌하여 중상을 입게 하였습니다. 고속도로를 주행하는 운전자는 갑자기 무단횡단 하는 보행자를 예견해서 조치를 취하여야 할 주의의무는 없는 것으로 알 고 있는데, 그렇다면 저는 형사 처벌을 면하지 않을까요?

A. 우리 대법원은 일반적으로 고속도로에서는 "보행으로 통행, 횡단하거나 출입하는 것이 금지되어 있으므로 고속도로를 주행하는 차량의 운전자 는 도로양측에 휴게소가 있는 경우에도 동 도로상에 보행자가 있음을 예상하여 감속 등의 조치를 할 주의의무가 있다 할 수 없다"고 하여 갑 자기 무단횡단 하는 보행자를 예상하고 감속 등의 조치를 취할 주의의 무는 없다고 판단을 하고 있습니다(대법원 1977. 6. 28. 선고 77도 403 판결). 이는 교통규칙을 준수한 운전자는 다른 교통관여자가 교통 규칙을 준수할 것이라고 신뢰하면 족하고, 교통규칙에 위반하여 비이성 적으로 행동할 것까지 예견하여 이에 대한 방어조치를 취할 의무는 없 다는 신뢰의 원칙의 관점에서 이해할 수 있습니다.

그러나 주의의무를 제한하는 원칙인 신뢰의 원칙도 그 적용에 있어 한 계가 있는데 이러한 예로 상대방의 규칙위반을 이미 인식한 경우, 상대 방의 규칙 준수를 신뢰할 수 없는 경우(예 : 유아, 장애인 등), 운전자 가 스스로 교통규칙을 위반한 경우 등을 들 수 있습니다.

대법원도 사안과 유사한 경우에 "고속도로상을 운행하는 자동차 운전자 는 통상의 경우 보행인이 그 도로의 중앙방면으로 갑자기 뛰어드는 일이 없으리라는 신뢰 하에서 운행하는 것이지만 위 도로를 횡단하려는 피해 자를 그 차의 제동거리 밖에서 발견하였다면 피해자가 반대 차선의 교행

차량 때문에 도로를 완전히 횡단하지 못하고 그 진행차선 쪽에서 멈추거나 다시 되돌아 나가는 경우를 예견해야 하는 것이다."라고 하여 상대방의 규칙위반을 이미 인식한 경우 신뢰의 원칙 적용이 제한된다는 취지로 판시한 바 있습니다(대법원 1981. 3. 24. 선고 80도3305 판결).

따라서 귀하께서는 무단횡단 하던 보행자를 40m 전방에서 발견하였으므로 급제동을 하는 등의 방법으로 보행자와의 충돌을 방지할 의무가 있으므로, 이를 게을리하여 특별한 조치를 하지 않아 피해자에게 중상을 가하였다면 형사처벌을 면하기는 어려울 것으로 보입니다.

■ **외국에서 처벌받은 범죄행위에 대해 다시 국내에서 처벌받을 수 있는지요?**

Q. 성인이 된 후 외국국적을 취득한 甲이 외국에서 만난 대한민국 국민인 乙에 대해 100억 원 상당의 사기를 저질러 외국 법원에서 10년형을 선고받고 형의 집행을 마친 후 출소하였습니다. 출소 후 대한민국으로 입국한 甲을 상대로 乙이 고소할 경우 이미 외국에서 사기죄로 처벌을 받은 甲이 다시 처벌받을 수 있나요?

A. 甲은 외국국적을 취득한 후 범죄를 저질렀기 때문에 형법 제3조 속인주의 규정의 적용을 받지는 않습니다. 그러나 형법 제6조에서는 "본법은 대한민국영역 외에서 대한민국 또는 대한민국국민에 대하여 전조에 기재한 이외의 죄를 범한 외국인에게 적용한다. 단 행위지의 법률에 의하여 범죄를 구성하지 아니하거나 소추 또는 형의 집행을 면제할 경우에는 예외로 한다."고 규정하고 있으므로, 甲은 이에 따라 대한민국 국민인 乙에 대하여 죄를 범한 외국인에 해당하여 대한민국 형법의 적용을 받게 됩니다.

다만, 甲이 이미 외국에서 판결을 받고 형의 집행까지 마쳤기 때문에 일사부재리 원칙에 따라 대한민국에서 다시 처벌받아야 하는지에 대해 의문이 있을 수 있으나, "외국판결은 우리나라에서는 기판력이 없으므로 여기에 일사부재리원칙이 적용될 수 없다."(대법원 1983. 10. 25. 선고 83도2366 판결)는 것이 판례의 입장이므로, 甲은 대한민국 형법에 따라 다시 처벌받을 수 있습니다. 형법 제7조에서는 이런 경우를 대비하여 "범죄에 의하여 외국에서 형의 전부 또는 일부의 집행을 받은 자에 대하여는 형을 감경 또는 면제할 수 있다."고 규정하고 있는데, 이에 대해 헌법재판소는 최근 "외국에서 실제로 형의 집행을 받았음에도 불구하고 우리 형법에 의한 처벌 시 이를 전혀 고려하지 않는다면 신체의 자유에 대한 과도한 제한이 될 수 있으므로 그와 같은 사정은 어느 범위에서든 반드시 반영되어야 한다."는 이유로 외국에서 형의 집행을 받은 경우 이를 반드시 양형에 반영하라는 취지로 헌법불합치결정을 선고

하였습니다(헌법재판소 2015.5.28. 선고 2013헌바129 판결).

 따라서 甲은 대한민국 형법 제347조에 적용을 받아 처벌받지만, 외국에서 10년 형이 집행된 사정을 반영하여 형을 전부면제 또는 일부감경을 받게 될 것입니다.

■ 아르바이트생에게 최저임금이 변경된 사실을 알지 못하고 기존의 기준
에 따라 시급을 지급한 경우에, 관련법에 의해 처벌되는지요?

Q. 편의점 업주 甲이 최저임금이 변경된 사실을 알지 못하고 아르바이
트생에게 기존의 기준에 따라 시급을 계산하여 임금을 지급한 경우
에, 자기의 행위가 범죄가 되는 줄 알지 못하였음에도 불구하고 관
련법에 의해 처벌되는지요?

A. 「형법」 제16조는 "자기의 행위가 법령에 의하여 죄가 되지 아니하는
것으로 오인한 행위는 그 오인에 정당한 이유가 있는 때에 한하여 벌하
지 아니한다."라고 규정하고 있습니다.

　그리고 위 규정 취지에 관하여 판례는 "형법 제16조에 자기가 행한
행위가 법령에 의하여 죄가 되지 아니한 것으로 오인한 행위는 그 오인
에 정당한 이유가 있는 때에 한하여 벌하지 아니한다고 규정하고 있는
것은 단순한 법률의 부지(不知)를 말하는 것이 아니고, 일반적으로 범
죄가 되는 경우이지만 자기의 특수한 경우에는 법령에 의하여 허용된
행위로서 죄가 되지 아니한다고 그릇 인식하고 그와 같이 그릇 인식함
에 정당한 이유가 있는 경우에는 벌하지 않는다는 취지이다."라고 하였
습니다(대법원 2001. 6. 29. 선고 99도5026 판결, 2003. 4. 11. 선
고 2003도451 판결, 2010. 4. 29. 선고 2009도13868 판결).

「형법」 제16조 소정의 '정당한 이유'의 존부에 관하여 판례는 "관할관
청이 장의사영업허가를 받은 상인에게 장의소요기구, 물품을 판매하는
도매업에 대하여는 영업허가가 필요 없는 것으로 해석하여 영업허가를
해 주지 않고 있었다면 피고인이 영업허가 없이 도매를 해온 행위는 무
죄이다."(대법원 1989.2.28. 선고 88도1141 판결) 또는 "변리사에게
문의 및 감정의뢰를 하여 이미 의장등록이 되어 있는 타인의 상품과 피
고인의 상품이 유사하지 않다는 전문적인 감정결과를 받아 특허국에 등
록한 후 상품을 생산하였다면, 그 후 피고인의 의장등록이 취소되기까
지의 상품생산행위는 의장법 위반행위가 되지 아니한다."(대법원 1982.

1. 19. 선고 81도646 판결)고 하여 굉장히 엄격한 사정 하에서 법률의 착오를 인정하고 있습니다.

따라서 위 사안에서 甲이 단지 최저임금이 변경된 사실을 알지 못하였다는 사유만으로는 법률의 착오에 기인한 것으로서 인정되지 않을 것이고, 관련 법 규정에 따라 처벌될 것으로 보입니다.

■ 성주물성애증이라는 정신질환이 있는 경우, 절도 범행에 대한 심신장애에 해당한다고 볼 수 있는지요?

Q. 갑은 무생물인 옷 등을 성적 각성과 희열의 자극제로 믿고 이를 성적 흥분을 고취시키는 데 쓰는 성주물성애증이라는 정신질환을 앓고 있는 자입니다. 갑이 을의 물건을 절도한 경우, 갑은 정신질환이 있다는 이유로 형을 감면 받을 수 있나요?

A. 대법원 판례에 따르면 형법 제10조에 규정된 심신장애는 정신병 또는 비정상적 정신상태와 같은 정신적 장애가 있는 외에 이와 같은 정신적 장애로 말미암아 사물에 대한 변별능력이나 그에 따른 행위통제능력이 결여 또는 감소되었음을 요하므로 정신적 장애가 있는 자라고 하여도 범행 당시 정상적인 사물변별능력과 행위통제능력이 있었다면 심신장애로 볼 수 없다고 합니다. 그리고 특별한 사정이 없는 한 성격적 결함을 가진 사람에 대하여 자신의 충동을 억제하고 법을 준수하도록 요구하는 것이 기대할 수 없는 행위를 요구하는 것이라고 할 수 없으므로 성주물성애증이라는 정신질환이 있다고 하더라도 그러한 사정만으로는 절도 범행에 대한 형의 감면사유인 심신장애에 해당할 수 없다고 합니다. 다만 그 증상이 매우 심각하여 원래의 의미의 정신병이 있는 사람과 동등하다고 평가할 수 있거나 다른 심신장애사유와 경합된 경우 등에는 심신장애를 인정할 여지가 있습니다.

■ 정신분열증세 등이 있는 상태에서 연속된 방화를 감행한 경우, 형을 감경받을 수 있는지요?

Q. 갑은 정신분열증세와 방화에 대한 억제하기 어려운 충동으로 사물을 변별하거나 의사를 결정할 능력이 미약한 상태에서 6일간 여덟 차례에 걸쳐 연속된 방화를 하였습니다. 이 경우, 갑은 형을 감경받을 수 있나요?

A. 대법원 판례에 따르면 형법 제10조의 심신장애로 인하여 사물을 변별할 능력이 없거나 의사를 결정할 능력이 없는 자 및 이와 같은 능력이 미약한 자라 함은 어느 것이나 심신장애의 상태에 있는 사람을 말하고 이 양자는 단순히 그 장애 정도의 강약의 차이가 있을 뿐 정신장애로 인하여 사물의 시비 또는 선악을 변별할 능력이 없거나 그 변별한 바에 따라 행동할 능력이 없는 경우와 정신장애가 위와 같은 능력을 결여하는 정도에는 이르지 않았으나 그 능력이 현저하게 감퇴된 상태를 말하는 것이라고 합니다. 갑의 정신상태가 정신분열증세와 방화에 대한 억제하기 어려운 충동으로 사물을 변별하거나 의사를 결정할 능력이 미약한 상태에서 불과 6일간 여덟차례에 걸쳐 연속된 방화를 감행하였다면 갑은 심신미약자이므로 형법 제10조 제2항에 따라 형을 감경받을 수 있습니다.

■ 자기의 지휘, 감독을 받는 자를 교사 또는 방조한 경우, 가중처벌되나요?

Q. 갑은 자신의 자녀인 미성년자 을을 교사하여 병의 물건을 절취하도록 하였습니다. 이 경우, 갑은 가중처벌되나요?

A. 형법 제34조는 자기의 지휘, 감독을 받는 자를 교사 또는 방조하여 범죄행위의 결과를 발생하게 한 자는 교사인 때에는 정범에 정한 형의 장기 또는 다액에 그 2분의 1까지 가중하고 방조인 때에는 정범의 형으로 처벌한다고 규정하고 있습니다. 갑은 자기의 지휘, 감독을 받는 그의 자녀인 을을 교사하여 절도의 결과를 발생하게 한 바, 절도죄에 관하여 정한 형의 장기 또는 다액에 그 2분의 1까지 가중하여 처벌됩니다.

■ 의사의 부정확한 설명에 의하여 수술승낙을 받은 후 의료사고가 발생한
  경우, 의사가 형사책임을 지나요?

Q. 산부인과 의사인 갑은 자신의 촉진결과 등을 과신한 나머지 초음파
   검사 등 피해자의 병증이 자궁 외 임신인지, 자궁근종인지를 판별
   하기 위한 정밀한 진단방법을 실시하지 아니한 채 을의 병명을 자
   궁근종으로 오진하고 이에 근거하여 을의 자궁을 적출하였습니다.
   이 경우, 갑은 형사책임을 지나요?

A. 피해자의 승낙이 있는 경우 위법성이 조각되나 갑은 자신의 시진, 촉진
   결과 등을 과신한 나머지 초음파검사 등 피해자의 병증이 자궁 외 임신
   인지, 자궁근종인지를 판별하기 위한 정밀한 진단방법을 실시하지 아니
   한 채 을의 병명을 자궁근종으로 오진하고 이에 근거하여 의학에 대한
   전문지식이 없는 위 을에게 자궁적출술의 불가피성만을 강조하였을 뿐
   위와 같은 진단상의 과오가 없었다면 당연히 설명 받았을 자궁 외 임신
   에 관한 내용을 설명 받지 못한 을로부터 수술승낙을 받은 사실을 인정
   할 수 있다면 위 승낙은 갑의 부정확 또는 불충분한 설명을 근거로 이
   루어진 것으로서 수술의 위법성을 조각할 유효한 승낙이라고 볼 수 없
   습니다. 따라서 갑의 행위는 업무상과실치상죄에 해당합니다.

■ 군 상관의 체벌이 정당행위에 해당하는지요?

Q. 상사 계급의 갑은 그의 잦은 폭력으로 신체에 위해를 느끼고 겁을 먹은 상태에 있던 부대원들에게 청소 불량 등을 이유로 40분 내지 50분간 머리박아(속칭 '원산폭격')를 시키거나 양손을 깍지 낀 상태에서 약 2시간 동안 팔굽혀펴기를 50-60회 정도 하게 하였습니다. 갑은 형사책임을 지나요?

A. 형법 제20조 소정의 '사회상규에 위배되지 아니하는 행위'라 함은 법질서 전체의 정신이나 그 배후에 놓여 있는 사회윤리 내지 사회통념에 비추어 용인될 수 있는 행위를 말하고, 어떠한 행위가 사회상규에 위배되지 아니하는 정당한 행위로서 위법성이 조각되는 것인지는 구체적인 사정 아래서 합목적적, 합리적으로 고찰하여 개별적으로 판단되어야 하므로, 이와 같은 정당행위를 인정하려면, 첫째 그 행위의 동기나 목적의 정당성, 둘째 행위의 수단이나 방법의 상당성, 셋째 보호이익과 침해이익과의 법익균형성, 넷째 긴급성, 다섯째 그 행위 외에 다른 수단이나 방법이 없다는 보충성 등의 요건을 갖추어야 합니다. 그런데 상사 계급의 갑이 그의 잦은 폭력으로 신체에 위해를 느끼고 겁을 먹은 상태에 있던 부대원들에게 청소 불량 등을 이유로 40분 내지 50분간 머리박아(속칭 '원산폭격')를 시키거나 양손을 깍지 낀 상태에서 약 2시간 동안 팔굽혀펴기를 50-60회 정도 하게 하였다면 이는 훈계의 차원에서 이루어진 것이었다고 하더라도 그 정도를 넘어선 것으로서 수단과 방법에 상당성이 인정된다고 보기 어려운 바, 형법 제324조에서 정한 강요죄에 해당한다고 할 것입니다.

■ 범행당시 정신분열증으로 심신장애의 상태에 있었던 경우, 범행의 경위를 소상하게 기억하고 있다면 처벌할 수 있나요?

Q. 범행당시 정신분열증으로 심신장애의 상태에 있었던 갑이 을을 "사탄"이라고 생각하고 살해한다는 명확한 의식이 있었고 범행의 경위를 소상하게 기억하고 있다면 갑을 처벌할 수 있나요?

A. 범행당시 정신분열증으로 심신장애의 상태에 있었던 갑이 을을 살해한다는 명확한 의식이 있었고 범행의 경위를 소상하게 기억하고 있다고 하여 범행당시 사물의 변별능력이나 의사결정능력이 결여된 정도가 아니라 미약한 상태에 있었다고 단정할 수는 없습니다. 갑이 을을 살해할 만한 다른 동기가 전혀 없고, 오직 을을 "사탄"이라고 생각하고 피해자를 죽여야만 갑이 천당에 갈 수 있다고 믿어 살해하기에 이른 것이라면, 갑은 범행당시 정신분열증에 의한 망상에 지배되어 사물의 선악과 시비를 구별할 만한 판단능력이 결여된 상태에 있었던 것으로 볼 여지가 없지 않습니다.

■ 법률전문가의 의견을 신뢰하여 오인한 상태에서 범행을 저지른 경우에
   도 처벌되는지요?

Q. 갑이 변호사에게 문의하여 자문을 받은 후 자신의 행위가 죄가 되
   지 않는다고 믿고 압류물을 승인 없이 그 관할구역 밖으로 옮긴 경
   우 갑은 처벌되나요?

A. 형법 제16조에서 자기가 행한 행위가 법령에 의하여 죄가 되지 아니한
   것으로 오인한 행위는 그 오인에 정당한 이유가 있는 때에 한하여 벌하
   지 아니한다고 규정하고 있는바, 여기에서 정당한 이유가 있는지 여부
   는 행위자에게 자기 행위의 위법의 가능성에 대해 심사숙고하거나 조회
   할 수 있는 계기가 있어 자신의 지적능력을 다하여 이를 회피하기 위한
   진지한 노력을 다하였더라면 스스로의 행위에 대하여 위법성을 인식할
   수 있는 가능성이 있었음에도 이를 다하지 못한 결과 자기 행위의 위법
   성을 인식하지 못한 것인지 여부에 따라 판단합니다. 그런데 위의 경
   우, 갑은 변호사 등에게 자문을 구하였을 뿐 집행관에 대하여 상세한
   내용의 문의를 하였다는 사정이 없으므로 갑의 행위를 처벌하지 아니할
   정도로 정당한 이유가 있다고 보기 어렵습니다. 따라서 갑은 공무상비
   밀표시무효죄로 처벌됩니다.

■ 성장교육과정을 통하여 형성된 확신으로 인하여 범행을 저지른 경우 처벌되는지요?

Q. 고아였던 갑은 을에 의하여 어릴 때부터 테러리스트가 되기 위한 교육을 받았고, 만 16세가 되던 해, 을의 지시로 사람을 살해하였습니다. 갑의 의사결정이 사실상 강제되었다는 이유로 그는 처벌을 면할 수 있나요?

A. 형법 제12조에서 말하는 강요된 행위는 저항할 수 없는 폭력이나 생명, 신체에 위해를 가하겠다는 협박 등 다른 사람의 강요행위에 의하여 이루어진 행위를 의미하는 것이지 어떤 사람의 성장교육과정을 통하여 형성된 내재적인 관념 내지 확신으로 인하여 행위자 스스로의 의사결정이 사실상 강제되는 결과를 낳게 하는 경우까지 의미한다고 볼 수 없습니다. 따라서 갑은 의사결정이 사실상 강제되었다는 이유로 처벌을 면할 수 없고 살인죄의 죄책을 집니다.

■ 예비행위를 중지한 경우에도 형을 감경 또는 면제할 수 있는지요?

Q. 갑은 총을 훔치고 을의 집의 설계도를 확보하여 강도를 하기 위한 준비행위를 마쳤습니다. 그런데 갑은 갑자기 변심하여 실행에 옮기지는 않았습니다. 이 경우, 갑은 강도예비죄로 처벌되지 않을 수도 있나요?

A. 중지범은 범죄의 실행에 착수한 후 자의로 그 행위를 중지한 때를 말하는 것이고, 실행의 착수가 있기 전인 예비음모의 행위를 처벌하는 경우에 있어서는 중지범의 관념은 이를 인정할 수 없다는 것이 대법원의 입장입니다. 따라서 갑이 이미 강도를 하기 위한 준비행위를 마친 이상 그 이후에 자의로 강도의 실행에 착수하지 않았다고 하더라도 형법 제26조에 따라 형을 면제받을 수는 없고, 강도예비죄로 처벌될 수밖에 없습니다.

■ 공범 중 일부만이 범행을 중지하였고, 결과가 발생한 경우, 형을 감경하거나 면제할 수 있나요?

Q. 갑은 을과 합동하여 병을 텐트 안으로 끌고 간 후 을, 갑의 순으로 성관계를 하기로 하고 갑은 위 텐트 밖으로 나와 주변에서 망을 보고 을은 병의 옷을 모두 벗기고 병의 반항을 억압한 후 병을 1회 간음하여 강간하고, 이어 갑이 위 텐트 안으로 들어가 병을 강간하려 하였으나 병이 반항을 하며 강간을 하지 말아 달라고 사정을 하여 강간을 하지 않았습니다. 이 때, 갑에 대한 형을 감경하거나 면제할 수 있나요?

A. 형법 제26조는 범인이 자의로 실행에 착수한 행위를 중지하거나 그 행위로 인한 결과의 발생을 방지한 때에는 형을 감경 또는 면제한다고 규정하고 있으나 다른 공범의 범행을 중지하게 하지 아니한 이상 자기만의 범의를 철회, 포기하여도 중지미수로는 인정될 수 없습니다. 즉, 공범인 경우에 형법 제26조의 적용을 받기 위해서는 자신의 범의를 철회, 포기할 뿐만 아니라 다른 공범의 범행을 중지하게 해야 하는 것입니다. 갑이 자신의 범의를 철회, 포기하고 강간행위에 나아가지 않았다고 하더라도 을이 갑과의 공모 하에 강간행위에 나아간 이상 갑에 대한 형을 감경하거나 면제할 수는 없습니다.

■ 과실절도의 경우 처벌되는지요?

Q. 갑은 을의 집에 가서 놀다가 주의를 태만하여 을의 물건을 가져오고 말았습니다. 결코 고의로 절취한 것은 아니었습니다. 이 경우에도 갑은 처벌되나요?

A. 형법 제14조는 정상의 주의를 태만함으로 인하여 죄의 성립요소인 사실을 인식하지 못한 행위는 법률에 특별한 규정이 있는 경우에 한하여 처벌한다고 규정하고 있습니다. 절도죄는 고의로 타인의 재물을 절취한 경우에 성립하는 범죄입니다. 이 외에 과실로 타인의 재물을 절취한 경우에 처벌하는 형법 규정은 없습니다. 따라서 갑이 주의의무를 다하지 않은 것이 명백하다고 하더라도 고의로 절취한 것이 아니라면 처벌을 받지 않습니다.

■ 행정상의 단속을 목적으로 하는 경우에는 명시적 규정 없이 과실범으로 처벌할 수 있는지요?

Q. 술을 마시고 찜질방에 들어온 갑은 찜질방 직원 몰래 후문으로 나가 술을 더 마시고 들어와 잠을 자다가 그만 사망하였습니다. 이 경우 찜질방 직원 및 영업주는 과실로 음주 등으로 목욕장의 정상적인 이용이 곤란하다고 인정되는 자를 출입시켰다는 이유로 처벌될 수 있나요?

A. 정상의 주의를 태만함으로 인하여 죄의 성립요소인 사실을 인식하지 못한 행위는 법률에 특별한 규정이 있는 경우에 한하여 처벌한다는 형법 제14조는 행정상의 단속을 목적으로 하는 법규의 경우에도 마찬가지로 적용됩니다. 즉 음주 등으로 목욕장의 정상적인 이용이 곤란하다고 인정되는 자를 고의로 출입시키는 경우에 처벌할 수 있도록 규정이 마련되어 있는 상태라면 해석상 과실범도 벌할 뜻이 명확한 경우가 아닌 한 과실로 위와 같이 행위를 하더라도 결코 처벌되지 않습니다.

■ 종업원이 처벌되지 않는 경우에도 양벌규정에 의하여 영업주를 처벌할 수 있는지요?

Q. 을이 운영하는 극장에 미성년자의 관람이 금지된 영화가 상영되고 있음에도 불구하고 미성년자가 위 극장에 출입하였습니다. 이 경우, 위 극장의 종업원인 갑이 처벌되지 않고, 을만 처벌될 수도 있나요?

A. 대법원 판례에 따르면 미성년자보호법 상 양벌규정에 의한 영업주의 처벌은 금지위반행위자인 종업원의 처벌에 종속하는 것이 아니라 독립하여 그 자신의 종업원에 대한 선임감독상의 과실로 인하여 처벌되는 것입니다. 따라서 영업주의 과실책임을 묻는 경우 금지위반 행위자인 종업원에게 구성요건상의 자격이 없다고 하더라도 영업주의 범죄성립에는 아무런 지장이 없습니다. 극장의 종업원인 갑이 처벌되지 않더라도 을만 처벌될 수 있습니다.

■ 지속적인 폭행이나 학대를 당해서 참을 수 없는 상태에 이르자 살해했을 경우, 정당방위에 해당한다고 볼 수 없나요?

Q. 갑은 평소 남편 을로부터 지속적인 폭행이나 학대를 당해왔습니다. 그러던 어느 날 갑은 더 이상 참을 수 없는 상태에 이르자 잠자고 있는 을을 살해하기에 이르렀습니다. 이 경우, 갑의 행위는 정당방위에 해당한다고 볼 수 없나요?

A. 형법 제21조 제1항에 규정된 정당방위로 인정되려면 무엇보다도 자기 또는 타인의 법익에 대한 '현재의 부당한 침해'가 있어야 하고, 위와 같은 침해의 현재성 여부는 피침해자의 주관적인 사정에 따라 결정되는 것이 아니라 객관적으로 결정되어야 할 뿐만 아니라, 이러한 정당방위이 범죄의 구성요건에 해당하는 어떤 행위의 위법성을 예외적으로 소멸시키는 사유라는 점에 비추어 그 요건으로서의 침해의 현재성은 엄격히 해석·적용되어야 합니다. 따라서 평소 남편 을로부터 지속적인 폭행이나 학대를 당해오던 갑이 잠자고 있는 을을 살해한 사안에서 오랜 기간

동안 을로부터의 폭력이나 학대에 시달려온 갑의 특별한 심리상태를 수긍하더라도 그러한 사정만으로는 살해 당시 객관적으로도 갑의 법익에 대한 침해나 위난이 현존하고 있었다고 보기 어렵다는 이유로 정당방위의 성립을 인정할 수는 없습니다.

■ 불법선거운동을 적벌하기 위하여 타인의 주거에 침입한 경우, 정당행위에 해당하는지요?

Q. 갑은 불법선거운동을 자행하고 있는 을의 행태를 고발하기 위하여 을의 주거에 침입을 하였습니다. 그리고 불법선거운동에 관한 충분한 증거를 확보하였습니다. 이 경우 갑은 정당행위에 해당한다는 이유로 처벌을 면할 수 있나요?

A. 대법원 판례에 따르면 정당행위로 인정되기 위해서는 행위의 동기나 목적의 정당성뿐만 아니라 행위의 수단이나 방법의 상당성, 보호법익과 침해이익과의 법익균형성, 긴급성, 보충성 등의 요건을 갖추어야 합니다. 그런데 범행이 비록 불법선거운동을 적발하려는 목적으로 이루어진 것이라고 하더라도 타인의 주거에 무단으로 침입하는 등의 행위는 그 수단과 방법의 상당성을 결하는 것으로서 정당행위에 해당하지 않는다고 합니다. 따라서 갑의 행위는 주거침입죄에 해당하여 처벌될 수밖에 없습니다.

■ 폭행과 사망 사이에 인과관계가 부정되는 경우, 형사책임을 지나요?

Q. 갑이 을의 왼쪽 뺨을 때렸는데 두개골이 비정상적으로 얇고, 심신
   허약자인 을이 그 충격에 의하여 급성뇌성압상승으로 넘어지면서
   사망에 이르게 된 경우 갑은 을의 사망에 대하서도 형사책임을 지
   나요?

A. 을이 뒤로 넘어지면서 머리를 지면에 부딪혀 사망한 것이 사실이라고
   하더라도 을이 위와 같이 뒤로 넘어진 것이 갑으로부터 뺨을 맞은 탓이
   아니라 평소의 허약상태에서 온 급격한 뇌압상승 때문이었고, 또 직접
   적인 사인이 보통 사람의 두개골은 3내지 5mm인데 비하여 을은 그에
   비하여 비정상적인 얇은 두개골이었던 것에서 연유한 것이라면 갑은 을
   이 다른 사람에 비하여 두뇌의 특별이상이 있음을 알고 있던 것이 아닌
   한, 을의 사망에 대해서까지 형사책임을 지지는 않습니다.

■ 횡령되고 있는 사실을 알고도 이를 방지할 조치를 취하지 않아 새로운 횡령범행이 계속되었을 경우, 횡령죄의 공범으로 처벌되나요?

Q. 갑은 입찰업무 담당 공무원인데 입찰보증금이 횡령되고 있는 사실을 알고도 이를 방지할 조치를 취하지 않았고, 이에 새로운 횡령범행이 계속되었습니다. 이 경우 갑은 횡령죄의 공범으로 처벌되나요?

A. 형법상 부작위범이 인정되기 위해서는 형법이 금지하고 있는 법익침해의 결과 발생을 방지할 법적인 작위의무를 지고 있는 자가 그 의무를 이행함으로써 결과 발생을 쉽게 방지할 수 있었음에도 불구하고 그 결과의 발생을 용인하고 이를 방관한 채 그 의무를 이행하지 아니한 경우에 그 부작위가 작위에 의한 법익침해와 동등한 형법적 가치가 있는 것이어서 그 범죄의 실행행위로 평가될 만한 것이어야 하는데, 작위의무는 법적인 의무이어야 하므로 단순한 도덕상 또는 종교상의 의무는 포함되지 않으나 작위의무가 법적인 의무인 한 성문법이건 불문법이건 상관이 없고 또 공법이건 사법이건 불문하므로 법령, 법률행위, 선행행위로 인한 경우는 물론이고 기타 신의성실의 원칙이나 사회상규 혹은 조리상 작위의무가 기대되는 경우에도 법적인 작위의무는 있다고 할 것입니다. 법원의 입찰사건에 관한 제반 업무를 주된 업무로 하는 공무원이 자신이 맡고 있는 입찰사건의 입찰보증금이 계속적으로 횡령되고 있는 사실을 알았다면, 담당 공무원으로서는 이를 제지하고 즉시 상관에게 보고하는 등의 방법으로 그러한 사무원의 횡령행위를 방지해야 할 법적인 작위의무를 지는 것이 당연하고, 비록 그의 묵인 행위가 배당불능이라는 최악의 사태를 막기 위한 동기에서 비롯된 것이라고 하더라도 자신의 작위의무를 이행함으로써 결과 발생을 쉽게 방지할 수 있는 공무원이 그 사무원의 새로운 횡령범행을 방조 용인한 것을 작위에 의한 법익 침해와 동등한 형법적 가치가 있는 것이 아니라고 볼 수는 없다는 이유로 갑은 횡령죄의 공범으로 처벌됩니다.

■ 운전하던 오토바이에 충격되어 도로에 전도된 후 다른 차량에 치어 사망한 경우, 피고인의 과실과 피해자의 사망 사이의 인과관계는 어떻게 되나요?

Q. 야간에 무단횡단을 하던 을은 갑이 운전하던 오토바이에 충격되어 도로에 전도되었는데 40초 후 다시 병이 운전하던 차량에 치어 사망하였습니다. 이 경우 갑은 을의 사망에 대해서도 형사책임을 지나요?

A. 피고인의 과실과 피해자의 사망 사이의 인과관계는 사고지점 부근의 도로상황, 사고시간, 사고경위 등에 비추어 판단합니다. 갑이 야간에 오토바이를 운전하다가 도로를 무단횡단하던 을을 충격하여 을로 하여금 위 도로상에 전도케 하고, 그로부터 40초 후에 병이 운전하던 차량이 도로위에 전도되어 있던 을을 역과하여 사망케 한 경우, 갑이 전방좌우의 주시를 게을리한 과실로 을을 충격하였고 나아가 이 사건 사고지점 부근 도로의 상황에 비추어 야간에 을을 충격하여 위 도로에 넘어지게 한 후 40초 동안 그대로 있게 한다면 후속차량의 운전사들이 조금만 전방주시를 태만히 하여도 을을 역과할 수 있음이 당연히 예상되었던 경우라면 갑의 과실행위는 을의 사망에 대한 직접적 원인을 이루는 것이어서 양자 간에는 상당인과관계가 있습니다. 따라서 갑은 을의 사망에 대해서도 형사책임을 집니다.

■ 특별히 중한 죄가 되는 사실을 인식하지 못한 경우, 가중처벌되나요?

Q. 갑은 을을 살해하려고 하였으나 캄캄한 밤중에 사람이 많이 모여 혼잡한 상황에서 자신의 아버지인 병을 을로 오인하여 살해하였습니다. 이 경우 갑은 존속살해죄로 가중처벌되나요?

A. 형법 제15조 제1항은 특별히 중한 죄가 되는 사실을 인식하지 못한 행위는 중한 죄로 벌하지 아니한다고 규정하고 있습니다. 따라서 갑의 경우 직계존속임을 인식하지 못하고 살인을 하였으므로 갑의 행위는 형법 제15조의 특히 중한 죄가 되는 사실을 인식하지 못한 행위에 해당하고, 갑은 존속살해죄가 아니라 보통살해죄로 처벌받게 됩니다.

■ 과실에 의한 교사·방조의 경우, 범죄를 방조한 자로서 함께 처벌되나요?

Q. 근로자 갑은 야근을 마친 뒤 실수로 창문을 닫지 않고서 퇴근하였습니다. 그런데 그날 밤 열린 창문으로 을이 침입하여 회사의 물품들을 절취하는 사고가 발생하고 말았습니다. 이 때 갑은 을의 범죄를 방조한 자로서 함께 처벌되나요?

A. 형법 제14조에 의하여 정상의 주의를 태만한 과실범에 대한 처벌이 가능하나 과실범에 대한 교사 또는 방조는 모두 고의범인 경우에만 처벌이 가능합니다. 즉 과실에 의한 교사 또는 방조는 인정되지 않습니다. 따라서 갑은 고의로 절도 등의 행위를 방조하였다고 볼 수 없는 바, 형사책임을 지지 않습니다.

■ 간호사의 의료사고에 대해서 처방의사는 형사책임을 지나요?

Q. 간호사 갑은 의사 을의 처방에 의한 정맥주사(Side Injection 방식) 를 의사의 입회 없이 실시하다가 과실로 환자 병을 사망에 이르게 하였습니다. 이 경우 을은 갑과 함께 병의 사망에 대하여 형사책임 을 지나요?

A. 간호사가 '진료의 보조'를 함에 있어서는 모든 행위 하나하나마다 항상 의사가 현장에 입회하여 일일이 지도·감독하여야 한다고 할 수는 없고, 경우에 따라서는 의사가 진료의 보조행위 현장에 입회할 필요 없이 일 반적인 지도·감독을 하는 것으로 족한 경우도 있을 수 있다 할 것인데, 여기에 해당하는 보조행위인지 여부는 보조행위의 유형에 따라 일률적 으로 결정할 수는 없고 구체적인 경우에 있어서 그 행위의 객관적인 특 성상 위험이 따르거나 부작용 혹은 후유증이 있을 수 있는지, 당시의 환자 상태가 어떠한지, 간호사의 자질과 숙련도는 어느 정도인지 등의 여러 사정을 참작하여 개별적으로 결정하여야 한다는 것이 대법원의 입 장입니다. 을이 입회하지 않더라도 갑이 주사의 부위 및 방법에 관하여 착오를 일으킬 만한 사정이 없었고, 갑의 경력과 그가 취한 행동에 비 추어 볼 때 병에 대한 주사의 부위 및 방법에 관하여 정확히 이해하고 있었고 그의 자질에 문제가 없었으며, 사고 전까지 주사로 인한 부작용 이 발생하지 아니하였다는 등의 사정이 있다면 을은 병의 사망에 대하 여 형사책임을 지지 않습니다.

■ 현행범 체포행위가 정당화될 수 있는 요건은 무엇인지요?

Q. 갑은 갑의 차를 손괴하고 도망하려는 을을 도망하지 못하게 멱살을 잡고 흔들어 을에게 전치 14일의 흉부찰과상을 가하였습니다. 갑은 형사책임을 지나요?

A. 현행범인은 누구든지 영장 없이 체포할 수 있으므로 사인의 현행범인 체포는 법령에 의한 행위로서 위법성이 조각된다고 할 것인데, 현행범인 체포의 요건으로서는 행위의 가벌성, 범죄의 현행성·시간적 접착성, 범인·범죄의 명백성 외에 체포의 필요성 즉, 도망 또는 증거인멸의 염려가 있을 것을 요합니다. 적정한 한계를 벗어나는 현행범인 체포행위는 그 부분에 관한 한 법령에 의한 행위로 될 수 없다고 할 것이나, 적정한 한계를 벗어나는 행위인가 여부는 결국 정당행위의 일반적 요건을 갖추었는지 여부에 따라 결정되어야 할 것이지 그 행위가 소극적인 방어행위인가 적극적인 공격행위인가에 따라 결정되어야 하는 것은 아닙니다. 갑의 차를 손괴하고 도망하려는 을을 도망하지 못하게 멱살을 잡고 흔들어 을에게 전치 14일의 흉부찰과상을 가한 경우, 이는 정당행위에 해당하므로 갑은 처벌되지 않습니다.

■ 통행로로 이용되고 있는 토지의 지배권자가 통행로로 이용하지 못하게
할 수 있는지요?

Q. 갑은 그가 지배하고 있는 토지를 인근 주민들이 통행로로 사용하자
위 토지에 철주와 철망을 설치하는 등 통행로로 이용하지 못하게
하였습니다. 이 경우 갑은 처벌되나요?

A. 형법상 자구행위라 함은 법정절차에 의하여 청구권을 보전하기 불능한
경우에 그 청구권의 실행불능 또는 현저한 실행곤란을 피하기 위한 상
당한 행위를 말하는 것입니다. 그런데 갑에게는 법정절차에 의하여 토
지의 소유권을 방해하는 사람들에 대한 방해배제 등 청구권을 보전하는
것이 불가능하였거나 현저하게 곤란하였다고 볼 수 없을 뿐만 아니라
갑의 행위가 그 청구권의 실행불능 또는 현저한 실행곤란을 피하기 위
한 상당한 행위라고 보기 어렵습니다. 따라서 인근 상가의 통행로로 이
용되고 있는 토지의 사실상 지배권자인 갑이 위 토지에 철주와 철망을
설치하고 포장된 아스팔트를 걷어냄으로써 통행로로 이용하지 못하게
한 경우, 이는 일반교통방해죄를 구성합니다.

■ 방위행위가 그 정도를 초과한 경우, 처벌되나요?

Q. 갑은 평소 흉포한 성격인데다가 술까지 몹시 취한 을이 갑을 죽여 버리겠다며 식칼을 들고 달려들자 을의 목을 손으로 졸라 숨쉬기를 어렵게 함으로써 결국 을로 하여금 질식하여 사망에 이르게 하였습니다. 이 경우 갑은 처벌되나요?

A. 형법 제21조 제2항은 방위행위가 그 정도를 초과한 때에는 정황에 의하여 그 형을 감경 또는 면제할 수 있고, 동조 제3항은 전항의 경우에 그 행위가 야간 기타 불안스러운 상태 하에서 공포, 경악, 흥분 또는 당황으로 인한 때에는 벌하지 아니한다고 규정하고 있습니다. 대법원은 갑의 경우 야간에 흉포한 성격에 술까지 취한 을이 식칼을 들고 피고인의 생명, 신체를 위협하는 불의의 행패와 폭행을 하여 온 불안스러운 상태 하에서 공포, 경악, 흥분 또는 당황 등으로 말미암아 살인을 저질렀으므로 형법 제21조 제3항에 해당한다고 판단하였습니다. 따라서 갑은 처벌되지 않습니다.

■ 생명을 보호하기 위하여 타인의 재산을 침해한 경우 처벌되는지요?

Q. 갑은 선박을 타고 있던 중 태풍이 몰아치자 선박과 선원들의 생명을 보호하기 위하여 선박의 닻줄을 7샤클로 늘여 놓았습니다. 그 바람에 근처에 정박해 있던 을의 선박이 파손되었습니다. 갑은 손괴죄로 처벌되나요?

A. 선박이동에도 새로운 공유수면점용허가가 있어야 하고 휴지선을 이동하는 데는 예인선이 따로 필요한 관계로 비용이 많이 들어 다른 해상으로 이동을 하지 못하고 있는 사이에 태풍을 만나게 되었다면 갑은 그와 같은 위급한 상황에서 선박과 선원들의 안전을 위하여 사회통념상 가장 적절하고 필요불가결하다고 인정되는 조치를 취하였다면 형법상 긴급피난으로서 위법성이 없어서 범죄가 성립되지 아니한다고 보아야 하고 미리 선박을 이동시켜 놓아야 할 책임을 다하지 아니함으로써 위와 같은 긴급한 위난을 당하였다는 점만으로는 긴급피난을 인정하는데 아무런 방해가 되지 않습니다. 따라서 갑은 손괴죄로 처벌되지 않습니다.

■ 사인이 현행범을 체포하기 위하여 타인의 주거에 침입할 수 있는지요?

Q. 갑은 갑의 차를 손괴하고 도망하던 을이 을의 아버지의 집에 들어 가자 따라 들어가 을과 시비 끝에 을을 체포하였습니다. 갑은 형사 책임을 지나요?

A. 현행범인은 누구든지 영장 없이 체포할 수 있으므로 사인의 현행범인 체포는 법령에 의한 행위로서 위법성이 조각된다고 할 것인데, 현행범인 체포의 요건으로서는 행위의 가벌성, 범죄의 현행성·시간적 접착성, 범 인·범죄의 명백성 외에 체포의 필요성 즉, 도망 또는 증거인멸의 염려가 있을 것을 요합니다. 적정한 한계를 벗어나는 현행범인 체포행위는 그 부분에 관한 한 법령에 의한 행위로 될 수 없다고 할 것이나, 적정한 한계를 벗어나는 행위인가 여부는 결국 정당행위의 일반적 요건을 갖추 었는지 여부에 따라 결정되어야 할 것이지 그 행위가 소극적인 방어행 위인가 적극적인 공격행위인가에 따라 결정되어야 하는 것은 아닙니다. 그런데 사인이 현행범을 체포하기 위하여 타인의 주거에 침입하는 행위 는 적정한 한계를 벗어나는 행위로서 위법성이 조각되지 않는다는 것이 대법원의 입장입니다. 따라서 갑은 주거침입죄로 처벌받게 됩니다.

부   록 II

형법 죄명별 공소시효 일람표

■ 형법 죄명별 공소시효 일람표 ■

1. 공소시효의 의의

① 공소시효란 확정판결 전에 일정한 사건의 경과에 의하여 형벌권이 소
멸되는 것을 말합니다. 공소시효도 형의 시효와 같이 형사시효의 하
나이나, 확정판결 전에 발생한 실체법상의 형벌권을 소멸케 하는 점
에서 확정판결 후의 형벌권을 소멸케 하는 형의 시효와 구별됩니다.

② 또한 공소시효는 미확정의 형벌권의 소멸이라는 실체법상의 사유가
소송법에 반영되어 소극적 공소조건으로 됩니다. 따라서 이 소송조건
은 실체적 소송조건이고, 공소시효가 완성되어 있음에도 불구하고 공
소의 제기가 있으면 면소의 판결이 선고됩니다.

2. 공소시효의 기간

① 공소시효는 다음의 기간을 경과함으로서 완성합니다(형사소송법 제
249조 제1항).

(1) 사형에 해당하는 범죄에는 25년

(2) 무기징역 또는 무기금고에 해당하는 범죄에는 15년

(3) 장기 10년이상의 징역 또는 금고에 해당하는 범죄에는 10년

(4) 장기 10년 미만의 징역 또는 금고에 해당하는 범죄는 7년

(5) 장기 5년 미만의 징역 또는 금고, 장기 10년 이상의 자격정지 또는
벌금에 해당하는 범죄에는 5년

(6) 장기 5년 이상의 자격정지에 해당하는 범죄에는 3년

(7) 장기 5년 미만의 자격정지, 구류, 과료 또는 몰수에 해당하는 범죄
에는 1년

② 공소가 제기된 범죄는 판결의 확정이 없이 공소를 제기한 때로부터
25년을 경과하면 공소시효가 완성된 것으로 본다(형사소송법 제249

조 제2항).

③ 개정 형사소송법(일부개정 2007.12.21 법률 제8730호)은 2007.12.21.에 시행되었는바, 부칙 제3조에는 '이 법 시행전에 범한 죄에 대하여는 종전의 규정을 적용한다'고 정하여 불소급함을 명시하고 있습니다.

④ 공소시효기간의 기준이 되는 형은 처단형이 아니라 법정형입니다. 2개 이상의 형을 병과하거나 2개 이상의 형에서 그 1개를 과(科)할 범죄에는 중한 형을 기준으로 하고, 형법에 의하여 형을 가중 또는 감경할 경우에는 가중 또는 감경하지 아니한 형을 기준으로 합니다.

⑤ 시효는 범죄행위가 종료한 때로부터 진행하며, 공범의 경우에는 최종행위가 종료한 때로부터 공범 전체에 대한 시효기간을 기산합니다. 여기서 '범죄행위가 종료한 때' 의미와 관련하여 행위설이 있으나, 시효는 객관적인 사실상태를 기초로 하는 것이므로 결과발생시가 기준이 될 것입니다(대법원 1997.11.28. 선고 97도1740 판결).

⑥ 시효기간의 계산에 관하여는 초일은 시간을 계산함이 없이 1일로 산정하고, 기간의 말일이 공휴일이라도 기간에 산입합니다(형사소송법 제66조).

3. 공소시효의 정지

① 현행법은 공소시효의 정지만을 인정하고 있고 공소시효의 중단은 인정하고 있지 않습니다. 시효의 중단의 경우에는 중단하면 중단한 때로부터 다시 새로이 시효의 전체기간이 진행됩니다.

② 이에 대하여 시효의 정지는 일시 시효기간의 진행을 정지합니다. 즉, 정지의 기간이 종료되면 그때부터 남은 기간이 진행됩니다. 다만, 중단의 사유는 즉시적인 것이고 정지의 사유는 계속적인 것이어서 소송진행 중에는 시효의 진행이 정지됩니다.

③ 따라서 법원이 사건을 심리하지 않고 몇 년간 방치하더라도 시효가 완성되지 아니할 것입니다. 이는 시효의 취지에 반하므로 현행 형사소송법은 제249조 제2항에서 "공소가 제기된 범죄는 판결의 확정

없이 공소를 제기한 때로부터 25년을 경과하면 공소시효가 완성된 것으로 간주한다"라고 규정하고 있습니다.

④ 시효는 공소의 제기로 진행이 정지되고 공소기각 또는 관할위반의 재판이 확정된 때로부터 진행합니다(형사소송법 제253조 제1항).

⑤ 공소시효정지의 효력은 공소제기된 피고인에 대하여만 미칩니다. 따라서 진범이 아닌 자에 대한 공소제기는 진범에 대한 공소시효의 진행을 정지하지 않습니다. 그러나 공범의 1인에 대한 시효정지는 다른 공범자에게 대하여 효력이 미치고, 당해 사건의 재판이 확정된 때로부터 진행합니다. 한편 범인이 형사처분을 면할 목적으로 국외에 있는 경우 그 기간동안 공소시효가 정지됩니다(형사소송법 제253조 제3항).

⑥ 또한 준기소절차에 의한 재정신청이 있을 때에는 고등법원의 재정결정이 있을 때까지 공소시효의 진행을 정지합니다(형사소송법 제262조의4). 그리고 소년보호사건에 대하여 소년부 판사가 심리개시의 결정을 한 때에는 그 사건에 대한 보호처분의 결정이 확정될 때까지 공소시효의 진행이 정지됩니다(소년법 제54조).

4. 공소제기의 효과

① 공소제기의 효과로서는 공소계속, 사건범위의 한정 및 공소시효진행의 정지를 들 수 있습니다. 공소의 제기에 의하여 종래 검사의 지배 아래에 있던 사건은 법원의 지배 아래로 옮겨지게 되며 사건이 법원에서 실제로 심리될 수 있는 사실상태를 소송계속이라고 합니다.

② 공소의 제기에 의하여 사건의 범위는 한정됩니다. 즉, 공소장에 기재된 피고인과 공소사실에 대하여 사건의 단일성·동일성이 있는 한 그 전부에 대하여 불가분적으로 미치고, 그 이외에 대하여는 미치지 아니합니다. 이를 공소불가분의 원칙이라고 합니다.

③ 공소는 검사가 지정한 피고인 이외의 다른 사람에게는 그 효력이 미치지 아니합니다. 이점에서 고소의 효력과는 다릅니다. 고소에 있어서

는 원칙적으로 주관적 불가분을 인정하고 있기 때문입니다. 공소에
있어서는 설령 지정된 피고인과 공범관계에 있는 자라도 이에 대하여
는 효력이 미치지 아니합니다.

④ 따라서 공소사실 중에 공범자의 성명이 기재되어 있더라도 그 자가
피고인으로서 적시되어 있지 아니하는 한 이를 재판할 수는 없고, 이
러한 공범자를 처벌하기 위하여는 별도로 피고인으로서 기소함을 요
합니다. 다만, 공소시효정지의 효력은 공범자에게도 미칩니다.

⑤ 공소의 효력은 공소장에 기재한 공소사실 및 이와 단일성·동일성 있
는 사실의 전부에 대하여 불가분적으로 미치고 그 이외에는 미치지
아니합니다. 따라서 1개의 범죄에 대하여 그 일부만의 공소는 인정되
지 아니합니다. 다만, 범죄사실의 일부에 대한 공소는 그 효력이 전
부에 미칩니다. 이를 공소불가분의 원칙이라고 합니다.

⑥ 그러나 이 경우에는 법원의 현실적 심판대상은 공소장에 기재된 1죄
의 일부에 한정되며 나머지 부분은 공소장변경 등에 의해서만 현실적
심판대상으로 되기 때문에 공소의 효력이 미치지 아니하는 사건에 대
하여는 법원은 심판할 수 없습니다. 이 원칙을 불고불리의 원칙이라
고 합니다.

5. 형법 죄명별 공소시효 일람표

※ 공소시효의 기간(형사소송법 제249조~제252조)

죄 명	공소시효	조문
◇ 내란의 죄 ◇		
내란수괴죄	25년	87조1호
내란(모의참여,중요임무종사,실행)	25년	87조2호
내란부화수행죄	7년	87조3호
내란목적의 살인죄	25년	88조
내란죄의 미수범	제87-8조 적용	89조
내란죄의 예비, 음모, 선동,선전죄	10년	90조
◇ 외환의 죄 ◇		
외환유치죄	25년	92조
여적죄	25년	93조
모병이적죄	25년	94조1항
모병이적에 응한 죄	15년	94조2항
시설제공이적죄	25년	95조
시설파괴이적죄	25년	96조
물건제공이적죄	15년	97조
간첩죄	25년	98조
일반이적죄	15년	99조
외환죄의 미수범	제92-99조	100조
외환죄의 예비, 음모, 선동,선전죄	10년	101조
전시군수계약불이행죄	10년	103조

◇ 국기에 관한 죄 ◇		
국기, 국장의 모독죄	7년	105조
국기, 국장의 비방죄	5년	106조
◇ 국교에 관한 죄 ◇		
외국원수에 대한 폭행등 죄	7년	107조
외교사절에 대한 폭행,협박죄	7년	108조1항
외교사절에 대한 모욕, 명예훼손죄	5년	108조2항
외국의 국기, 국장의 모독죄	5년	109조
외국에 대한 사전죄	10년	111조1,2항
동 예비음모죄	5년	111조3항
중립명령위반죄	5년	112조
외교상기밀의 누설죄	7년	113조
◇ 공안을 해하는 죄 ◇		
범죄단체의 조직죄	목적한 죄의 공소시효	114조1항
병역 또는 납세의무 거부목적의 범죄 단체조직죄	10년	114조2항
소요죄	10년	115조
다중불해산죄	5년	116조
전시공수계약불이행죄	5년	117조
공무원자격의 사칭죄	5년	118조
◇ 폭발물에 관한 죄 ◇		
폭발물사용죄	25년	119조
폭발물사용죄의 예비, 음모, 선동죄	10년	120조
전시폭발물제조 등 죄	10년	121조

◇ 공무원의 직무에 관한 죄 ◇		
직무유기죄	5년	122조
직권남용죄	7년	123조
불법체포감금죄	7년	124조
특수공무원의 폭행가혹행위죄1	7년	125조
피의사실공표죄	5년	126조
공무상비밀누설죄	5년	127조
선거방해죄	10년	128조
단순수뢰죄	7년	129조1항
사전수뢰죄	5년	129조2항
제3자뇌물제공죄	7년	130조
수뢰후부정처사죄	10년	131조1,2항
사후수뢰죄	7년	131조3항
알선수뢰죄	5년	132조
뇌물공여죄	7년	133조
◇ 공무방해에 관한 죄 ◇		
공무집행방해죄	7년	136조
위계에 의한 공무집행방해죄	7년	137조
법정 또는 국회의장 모욕죄	5년	138조
인권옹호직무방해죄	7년	139조
공무상비밀표시무효죄	7년	140조
부동산강제집행효용침해죄	7년	140의2
공용서류등의 무효죄	7년	141조1항

공용물의 파괴죄	10년	141조2항
공무상보관물의 무효죄	7년	142조
특수공무방해치상죄	10년	144조2항
특수공무방해치사죄	15년	144조2항
◇ 도주와 범인은닉의 죄 ◇		
도주, 집합명령위반죄	5년	145조
특수도주죄	7년	146조
도주원조죄	10년	147조
간수자의 도주원조죄	10년	148조
도주원조죄의 예비음모죄	5년	150조
범인은닉죄	5년	151조
◇ 위증과 증거인멸의 죄 ◇		
위증죄	7년	152조1항
모해위증죄	10년	152조2항
허위의 감정·통역·번역죄	7년	154조,152조2항
모해 허위의 감정·통역·번역죄	10년	154조,152조1항
협의의 증거인멸죄	7년	155조1항
증인은닉죄	7년	155조2항
모해증거인멸죄	10년	155조3항
◇ 무고의 죄 ◇		
무고죄	10년	156조

◇ 신앙에 관한 죄 ◇

장례식등의 방해죄	5년	158조
사체등의 오욕죄	5년	159조
분묘의 발굴죄	7년	160조
사체등의 영득죄	7년	161조1항
분묘발굴 사체등의 영득죄	10년	161조2항
변사체검시방해죄	5년	163조

◇ 방화와 실화의 죄 ◇

현주건조물등에의 방화죄	15년	164조1항
현주건조물방화치상죄	15년	164조2항
현주건조물방화치사죄	25년	164조2항
공용건조물등에의 방화죄	15년	165조
일반건조물등에의 방화죄	10년	166조1항
자기소유일반건조물등에의 방화죄	7년	166조2항
일반물건에의 방화죄	10년	167조1항
자기소유일반물건에의 방화죄	5년	167조2항
연소죄	10년	168조1항
연소죄	7년	168조2항
진화방해죄	10년	169조
실화죄	5년	170조
업무상실화중실화죄	5년	171조
폭발성물건파열죄	10년	172조1항
폭발성물건파열치사상죄	15년	172조2항

가스·전기등 방류죄	10년	172조의2 1항
가스·전기등 방류치사상죄	15년	172조의2 2항
가스·전기등 공급방해죄	10년	173조1항, 2항
가스·전기등 공급방해치상죄	10년	173조3항 전단
가스·전기등 공급방해치사죄	15년	173조3항후단
과실폭발물폭발등 죄	7년	173조의2 1항
방화죄등의 예비음모죄	7년	175조
◇ 일수와 수리에 관한 죄 ◇		
현주건조물등에의 일수죄	15년	177조 1항
현주건조물등에의 일수치상죄	15년	177조 2항
공용건조물등에의 일수죄	15년	178조
일반건조물등에의 일수죄	10년	179조 1항
자기소유일반건조물등에의 일수죄	5년	179조 2항
방수방해죄	10년	180조
과실일수죄	5년	181조
일수죄의 예비음모죄	5년	183조
수리방해죄	7년	184조
◇ 교통방해의 죄 ◇		
일반교통방해의 죄	10년	185조
기차 선박등의 교통방해죄	10년	186조
기차등의 전복등 죄	15년	187조
교통방해치사상죄	15년	188조

과실, 업무상과실, 중과실에 의한 교통방해죄	5년	189조
교통방해죄의 예비음모죄	5년	191조
◇ 음용수에 관한 죄 ◇		
음용수의 사용방해죄	5년	192조 1항
독물등 혼입에 의한 음용수사용방해죄	10년	192조 2항
수도음용수의 사용방해죄	10년	193조
음용수혼독치사상죄	15년	194조
수도불통죄	10년	195조
음용수에 관한 죄의 예비음모죄	5년	197조
◇ 아편에 관한 죄 ◇		
아편등의 제조등 죄	10년	198조
아편흡식기의제조등죄	7년	199조
세관공무원의 아편등의수입죄	10년	200조
아편흡식등 동 장소제공죄	7년	201조
아편등의 소지죄	5년	205조
◇ 통화에 관한 죄 ◇		
내국통화위조등 및 동행사, 수입등 죄	15년	207조1항, 4항
외국통화위조등 및 동행사, 수입등 죄	10년	207조2항~4항
위조통화의 취득죄	7년	208조
위조통화취득후의 지정행사죄	5년	210조
통화유사물의제조등죄	5년	211조

통화에 관한 죄의 예비음모죄	7년	제213조

◇ 유가증권, 우표와 인지에 관한 죄 ◇

유가증권의 위조등 죄	10년	214조
자격모용에 의한 유가증권의 작성죄	10년	215조
허위유가증권의 작성등죄	7년	216조
우표,인지의위조등 죄	10년	218조
위조우표, 인지등의 취득죄	5년	219조
소인의 말소죄	5년	221조
인지, 우표, 유사물의 제조등 죄	5년	222조
유가증권, 우표와 인지에 관한 죄의 예비음모죄	5년	224조

◇ 문서에 관한 죄 ◇

공문서등의 위조, 변조, 및 동행사죄	10년	225조, 229조
자격모용에 의한 공문서 등의 작성 및 동행사죄	10년	226조, 229조
허위공문서등의 작성 및 동행사죄	7년	227조, 229조
공전자기록위작·변작죄 및 동행사죄	10년	227조의2, 229조
공정증서원본등의 불실기재 및 동행사죄	7년	228조1항, 229조
공정증서원본등의 불실기재 및 동행사죄	5년	228조2항, 229조
공문서등의 부정행사죄	5년	230조
허위진단서등의 작성 및 동행사죄	7년	231조, 234조
자격모용에 의한 사문서의 작성 및 동행사죄	7년	232조, 234조

사전자기록위작변작죄 및 동행사죄	7년	232조의2,234조
허위진단서등의 작성 및 동행사죄	5년	233조, 234조
사문서의 부정행사죄	5년	236조
◇ 인장에 관한 죄 ◇		
공인 등의 위조, 부정사용 및 동행사죄	7년	238조
사인 등의 위조, 부정사용 및 동행사죄	5년	239조
◇ 성풍속에 관한 죄 ◇		
간통죄	5년	241조
음행매개죄	5년	242조
음화반포등 죄	5년	243조
음화제조등 죄	5년	244조
공연음란죄	5년	245조
◇ 도박과 복표에 관한 죄 ◇		
도박, 상습도박죄	5년	246조
도박개장죄	5년	247조
복표의 발매등 죄	5년	248조
◇ 살인의 죄 ◇		
살인, 존속살해죄	25년	250조
영아살해죄	10년	251조
촉탁 승낙에 의한 살인등 죄	10년	252조

위계등에 의한 촉탁살인 등 죄	25년	253조
살인죄의 예비음모죄	10년	255조
◇ 상해와 폭행의 죄 ◇		
상해죄	7년	257조1항
존속상해죄	10년	257조2항
(존속)중상해죄	10년	258조
상해치사죄	10년	259조1항
존속상해치사죄	15년	259조2항
폭행죄	5년	260조1항
존속폭행죄	7년	260조2항
특수폭행죄	7년	261조
폭행치상죄	7년	262조 257조1항
폭행중상해, 존속폭행중상해죄	10년	262조 258조
폭행치사죄	10년	262조 259조1항
존속폭행치사죄	15년	262조 259조2항
◇ 과실치사상의 죄 ◇		
과실치상죄	5년	266조
과실치사죄	5년	267조
업무상과실, 중과실에 의한 치사상죄	7년	268조

◇ 낙태의 죄 ◇		
낙태죄	5년	269조1항, 2항
촉탁·승낙낙태치상죄	5년	269조3항,전단
촉탁·승낙낙태치상죄	7년	269조 3항,후단
의사등의 낙태, 부동의낙태죄	5년	270조 1항, 2항
의사등의 낙태, 부동의낙태치상죄	7년	270조 3항,전단
의사등의 낙태, 부동의낙태치사죄	10년	270조 3항,후단
◇ 유기와 학대의 죄 ◇		
유기죄	5년	271조 1항
존속유기죄 및 존속유기로 인한 생명에 위험을 초래한 죄	10년	271조2항,4항
단순유기로 인한 생명에 위험을 초래한 죄	7년	271조 3항
영아유기죄	5년	272조
학대죄	5년	273조 1항
존속학대죄	7년	273조 2항
영아혹사죄	7년	274조
(제271조 내지 제273조) 유기등 치상죄	7년	275조 1항,전단
(제271조 내지 제273조) 유기등 치사죄	10년	275조 1항,후단
존속(제271조 내지 제273조)유기등 치상죄	10년	275조 2항,전단
존속(제271조 내지 제273조)유기등 치사죄	15년	275조 2항,후단

◇ 체포와 감금의 죄 ◇		
체포감금죄	7년	제276조 1항
존속체포감금죄	10년	제276조 2항
중체포, 중감금죄	7년	제277조 1항
존속중체포, 존속중감금죄	10년	제277조 2항
특수체포, 감금죄	7년	제278조 제276조 1항
존속특수체포, 감금죄	10년	제278조 제276조 2항
특수중체포감금죄	7년	278조, 277조 1항
존속특수중체포감금죄	10년	278조, 277조 2항
체포감금치상죄	10년	281조 1항, 276조 1항
존속체포감금치상죄	10년	281조 2항 276조 2항
체포감금치사죄	10년	281조 1항 276조 1항
존속체포감금치사죄	15년	281조 2항 276조 2항
◇ 협박의 죄 ◇		
협박죄	5년	283조 1항
존속협박죄	7년	283조 2항
특수협박죄	7년	284조
◇ 약취와 유인의 죄 ◇		
미성년자의 약취유인죄	10년	287조
영리등을 위한 약취, 유인, 매매등 죄	10년	288조
국외이송을 위한 약취, 유인, 매매등 죄	10년	289조
국외이송을 위한 약취, 유인, 매매등 죄의 예비음모죄	5년	290조

결혼을 위한 약취, 유인죄	7년	291조
약취, 유인, 매매된 자의 수수 또는 은닉죄	7년	292조
상습으로 약취, 유인, 매매된 자의 수수 또는 은닉 및 추행, 간음 또는 영리목적으로 약취, 유인, 매매된 자의 수수 또는 은닉죄	10년	293조 1항, 2항
◇ 강간과 추행의 죄 ◇		
강간죄	10년	297조
강제추행죄	10년	298조
준강간, 준강제추행죄	10년	299조
강간등에 의한 상해·치상죄	15년	301조
강간등 살인죄	25년	301조의 2전단
강간등 치사죄	15년	301조의 2후단
미성년자에 대한 간음죄	7년	302조
업무상위력등에 의한 간음죄	7년	303조
혼인빙자 등에 의한 간음죄	5년	304조
미성년자(13세미만)에 대한 간음, 추행죄	10년	305조,297조
미성년자(13세미만)에 대한 간음, 추행상해, 치상죄	15년	305조,301조
◇ 명예에 관한 죄 ◇		
명예훼손죄	5년	307조 1항
허위사실적시명예훼손죄	7년	307조 2항
사자의 명예훼손죄	5년	308조
출판물등에 의한 명예훼손죄	5년	309조 1항
허위사실적시출판물등에 의한 명예훼손죄	7년	309조 2항
모욕죄	5년	311조

◇ 신용, 업무와 경매에 관한 죄 ◇		
신용훼손죄	7년	313조
업무방해죄	7년	314조
경매입찰방해죄	5년	315조
◇ 비밀침해의 죄 ◇		
비밀침해죄	5년	316조
업무상비밀누설죄	5년	317조
◇ 주거침입의 죄 ◇		
주거침입, 퇴거불응죄	5년	319조
특수주거침입죄	7년	320조
주거·신체수색죄	5년	321조
◇ 권리행사를 방해하는 죄 ◇		
권리행사방해죄	7년	323조
강요죄	7년	324조
인질강요죄	10년	324조의2
인질상해·치상죄	15년	324조의 3
인질살해죄	25년	324조의4 전단
인질치사죄	15년	324조의4 후단
점유강취, 준점유강취	7년	325조
중권리행사방해죄	10년	326조
강제집행면탈죄	5년	327조

◇ 절도와 강도의 죄 ◇		
절도죄	7년	329조
야간주거침입절도죄	10년	330조
특수절도죄	10년	331조
자동차등 불법사용죄	5년	331조의2
강도죄	10년	333조
특수강도죄	15년	334조
준강도죄	10년	335조 333조
준특수강도죄	15년	335조,334조
인질강도죄	10년	336조
강도상해, 치상죄	15년	337조
강도살인죄	25년	338조전단
강도치사죄	15년	338조후단
강도강간죄	15년	339조
해상강도, 해상강도상해치상죄	15년	340조 1항, 2항
해상강도살인, 치사죄	25년	340조3항
상습강도, 상습특수절도, 상습인질강도, 상습해상강도등 죄	15년	341조
강도죄의 예비음모죄	7년	343조
◇ 사기와 공갈의 죄 ◇		
사기죄	10년	347조
컴퓨터등 사용사기죄	10년	347조의 2
준사기죄	10년	348조
편의시설부정이용죄	5년	348조의 2

부당이득죄	5년	349조
공갈죄	10년	350조

◇ 횡령과 배임의 죄 ◇

횡령, 배임죄	7년	355조
업무상의 횡령과 배임죄	10년	356조
배임수뢰죄	7년	357조1항
배임증뢰죄	5년	357조2항
점유이탈물횡령죄	5년	360조

◇ 장물에 관한 죄 ◇

장물의 취득, 알선등 죄	7년	제362조
상습장물의 취득, 알선등 죄	10년	제363조
업무상과실, 중과실로 인한 장물취득등 죄	5년	제364조

◇ 손괴의 죄 ◇

재물 또는 문서의 손괴죄	5년	제336조
공익건조물 파괴죄	10년	제367조
중손괴죄	10년	제368조 1항
재물손괴등 치상죄	10년	제368조 2항
재물손괴등 치사죄	10년	제368조 2항
특수손괴죄	7년	제369조 1항
특수손괴죄	10년	제369조 2항
경계침범죄	5년	제370조

◆ 편저 김 창 범 ◆

• 경희대 법률학과 졸업
• 전(前) 서울지방경찰청 근무
• 전(前) 동대문 수사과 근무
• 전(前) 대형법무법인 사무국장 역임
• 의.약실무법률편찬연구소(수석연구원)

저서 : 민사소송실무총람
　　　 형벌법대전
　　　 수사서류작성요해
　　　 교통사고 예방과 대책 등
　　　 고소장 작성방법과 실무
　　　 정석 형벌법 실무정해(전2권)

형사사건 처리 및 배상은 이렇게 해결하세요　정가 24,000원

2018年 9月 5日 인쇄
2018年 9月 10日 발행
편　저 : 김 창 범
발행인 : 김 현 호
발행처 : 법문 북스
공급처 : 법률미디어

서울 구로구 경인로 54길4(우편번호 : 08278)
TEL : 2636-2911~2, FAX : 2636~3012
등록 : 1979년 8월 27일 제5-22호
Home : www.lawb.co.kr

┃ISBN 978-89-7535-687-2 (13360)
┃이 도서의 국립중앙도서관 출판예정도서목록(CIP)은 서지정보유통지
　원시스템 홈페이지(http://seoji.nl.go.kr)와 국가자료종합목록시스템
　(http://www.nl.go.kr/kolisnet)에서 이용하실 수 있습니다. (CIP제
　어번호 : CIP2018025255)
┃파본은 교환해 드립니다.